Peter Philipp Wolf

Allgemeine Geschichte der Jesuiten

von dem Ursprunge ihres Ordens bis auf gegenwärtige Zeiten - 2. Band

Peter Philipp Wolf

Allgemeine Geschichte der Jesuiten
von dem Ursprunge Ihres Ordens bis auf gegenwärtige Zeiten - 2. Band

ISBN/EAN: 9783743649507

Hergestellt in Europa, USA, Kanada, Australien, Japan

Cover: Foto ©ninafisch / pixelio.de

Weitere Bücher finden Sie auf **www.hansebooks.com**

Allgemeine

Geschichte

der

Jesuiten

von dem

Ursprunge ihres Ordens

bis auf gegenwärtige Zeiten.

Herausgegeben

von

Peter Philipp Wolf.

Zweiter Band.

Lissabon,
bei Pombal und Compagnie.
1792.

Vorrede.

Zufälliger Weise ist der Orden, von dessen Geschichte ich hier den zweiten Band dem Publikum übergebe, durch die Revoluzionen, die sich seit einigen Jahren fast in allen Theilen der Welt eräugnen, wieder ungemein merkwürdig geworden. Nie scheinen öffentliche Begebenheiten einen so ausserordentlichen Wechsel von Begriffen in den Denkungsarten ganzer Völkerschaften hervorgebracht zu haben, als gegenwärtig zu einer Zeit, wo Leidenschaften gegen Leidenschaften, Freyheit gegen Despotismus, und Gesetze gegen Gesetze fast noch mit gleichen Kräften wider einander im Kampfe stehen.

Es ist kein Geheimniß, daß die Jesuiten an den Begebenheiten unsrer Zeit einen nicht bloß leidenden Antheil nehmen. Man sagt es öffentlich und ohne Scheue, daß Du Vivier und Feller, jener als Sekretair des Kardinalerzbischofs von Mecheln, und dieser als Verfasser aufrührischer Schriften, an der Spitze der niederländischen Rebellen stunde; daß sie, unterstützt von einer Legion fanatischer Mönche, unter dem glänzenden Vorwande, das Volk von einer tyrannischen Regierung zu befreyen, dasselbe an die weit unerträglichere Fesseln eines geistlichen Aristokratenregiments

Vorrede.

schmieden, und dabey auf eine so gewaltsame und grobe Art zu Werke gehen, daß sich beynahe nicht nur jede benachbarte oder ferne Macht, sondern sogar jeder Ehrenmann Bedenken machen muß, sich für ein Volk zu interessiren, dessen Anführer von der errungenen Freyheit einen so unerlaubten und schändlichen Gebrauch machen. Man irret sich ferner nicht, wenn man behauptet, daß Oesterreich, Ungarn und Böhmen von Jesuiten wimmeln, welche geflissentlich unters Volk den Saamen von Mißvergnügen gegen die Regierung ausstreuen, und dasselbe verleiten, sogar auf die Widerrufung solcher Verordnungen zu bringen, deren wohlthätige Folgen selbst von dem blödsinnigsten Verstande begriffen und gefühlt werden. Aber es ist auch kein Wunder, wenn sie so weit in ihren Versuchen gehen. Sie sehen den Zeitpunkt für sehr bequem an, sich auf eine ganz besondere Art den Monarchen wieder unentbehrlich zu machen. Während sie durch heimliche Emissarien und verdeckte Ränke die Unterthanen gegen ihre Regenten empören, wissen sie diesen zu gleicher Zeit das Vorurtheil beyzubringen, daß Unglauben und Freyheit im Denken alle die Schreckensscenen veranlaßt haben, welche nothwendig jeden Beherrscher in Bestürzung und Verlegenheit setzen müssen. Es braucht nichts weiter, als solche Ideen in Umlauf zu bringen, — und wir werden vielleicht wieder in wenigen Jahren das Zeitalter Ludwigs XIV.

Vorrede.

erleben, in welchem die Jesuiten durch einen elenden Schulstreit, wie zum Beyspiel bey Gelegenheit der jansenistischen Kezerey, die Unterthanen vergessen machen, daß sie nach Willkür und nicht nach Gesetzen beherrscht werden. Solche Besorgnisse sind nicht ganz unbegründet. Die in der ganzen Welt zerstreuten Glieder des Ordens sind in unbeschreiblicher Bewegung. Sie haben, wie bekannt, dem Kongreß der Flanderschen und Brabantischen Stände die Wiederaufnahme ihrer Gesellschaft empfohlen. Der Patriarch von Lissabon erließ an alle aus diesem Königreiche vertriebenen Jesuiten ein Schreiben, worinn sie zur Wiederkehr nach Portugal eingeladen werden. Selbst in der Ständeversammlung zu Paris kommen Jesuiten zum Vorschein. „Diese Un„glücklichen", (sagte ein Deputierter aus dem Elsaß, Herr Lavie *) „sind nicht der Frey„heit, nicht der Vernunft und dem Vaterlan„de, sondern dem Partheigeiste, der Rache „und dem unversöhnlichen Hasse aufgeopfert „worden." Wie sehr stimmt diese Aeusserung mit den Ausdrücken überein, die man seit dem Jahre 1773. bis jetzt auf den meisten Kanzeln der Jesuiten hört! und wie wenig braucht es noch, von solchen Aeusserungen auf den Wunsch zu kommen, daß eine Gesellschaft, die aus Partheigeiste, Rache und Haß aufgehoben wurde, wieder in ihren ehemaligen Zustand versetzt werden möge!

*) Journal de Paris pour l'année 1790. Nr. LI. pag. 202.

Vorrede.

Vielleicht sind anch die Schwierigkeiten, die sich am römischen Hofe ihrer Wiederaufnahme im Wege legen, nicht so groß, daß dieselben nicht in Rücksicht anderer Vortheile beseitiget werden könnten. Es muß dem päbstlichen Stuhle in noch frischen Andenken seyn, wie wesentliche Vortheile dieser Orden der römischen Hierarchie durch die geschwinde Ausbreitung der in der Nachtmahlsbulle enthaltenen Grundsätze verschafte. Es ist nicht möglich, daß man in Rom, was die Obergewalt der Päbste betrift, auch nur in einem Stücke andern Sinnes geworden sey; und nicht wahrscheinlich, daß man eine günstige Gelegenheit, die Theorie der Kuria praktisch zu üben, so unverzeihlich versäumen werde. Das Betragen der florentinischen Geistlichkeit sowohl, als die Händel mit Neapel, könnten den päbstlichen Hof leicht auf die Bemerkung führen, daß es für das Interesse der H. Kirche sehr vortheilhaft wäre, durch so geschickte Unterhändler, als es die Jesuiten sind, Geschäfte von solcher Wichtigkeit besorgen zu lassen. Selbst das in Deutschland wankende Nunziaturwesen könnte mittels der Jesuitenmacht nachdrücklich unterstützt werden. Denn wer anders, als die Jesuiten, hat nach den Zeiten der Reformazion die Mißbräuche der römischen Nunziaturen in

Vorrede.

Uebrigens muß ich hier einem Einwurf begegnen, der mir vielleicht bey diesem Bande mehr, als beym ersten, gemacht werden könnte. Man wird es nämlich nicht durchgehends billigen, daß ich in der ganzen Geschichte von den Jesuiten nur die schlimme und nicht auch ihre gute Seite darstelle; daß ich nur von ihren Lastern und nicht auch von ihren Tugenden Beyspiele anführe. Dieser Einwurf würde mich verlegen machen, wenn mich nicht der Plan, nach welchem ich diese Geschichte ausarbeitete, von dieser Seite rechtfertigte. Allerdings würde ich durch so eine Vernachläßigung den Vorwurf von Partheylichkeit verdienen, wenn ich nur bloß die Geschichte des Ordens und aller seiner einzelnen Glieder, ausser aller Verbindung mit der allgemeinen Staatengeschichte der verschiedenen Regierungen, unter denen derselbe geduldet oder geschützet wurde, zu schreiben mir vorgenommen hätte. In diesem Falle hätte ich nun freylich nicht selten Anlaß gefunden, von wirklich schätzbaren Jesuiten, bald von ihrem ruhigen und friedlichen Lebenswandel, und bald von ihren nützlichen Bemühungen in einigen Fächern der Gelehrsamkeit mit Lobsprüchen zu reden. Allein da man das Verdienstliche, was einzelnen Gliedern zugeschrieben werden darf, gegen das Heillose des ganzen Körpers durchaus nicht vergleichen kann; da ich überhaupt nur eine allgemeine Idee von den wichtigen Folgen des gesammten Jesuitismus auf Staaten = und

Vorrede.

Menschenglück geben wollte, so könnte ich mich, ohne den Faden meines Plans zu zerreissen, nicht wohl füglich in ein Detail über die Verdienste einzelner Jesuiten einlassen. Indessen wird wohl jeder vernünftige Leser von selbst begreifen, daß es in der schlimmsten Welt eben so wenig an guten, als in der beßten am Bösen fehle. Ueberhaupt aber kann ich nicht unbemerkt lassen, daß in einer so ausserordentlich zahlreichen Gesellschaft, welche nur von so wenigen obern nach dem Systeme eines blinden Gehorsams regiert wurde, die meisten Untergebenen bedauernswürdige Opfer des Betrugs gewesen, und daß es folglich ungerecht wäre, jeden zu hassen, der einmal im Jesuitenrocke stack. Wenn gleich der ganze Orden, in Rücksicht seines Instituts, und als Orden betrachtet, schädlich und gefährlich ist, so sind es doch nicht alle seine Glieder; besonders jetzt, wo die Gesunden wohl Zeit und Gelegenheit fanden, sich von den Aussätzigen zu sondern.

Schließlich bezeuge ich dem Publikum, welches den ersten Band dieser Geschichte mit Beyfall aufgenommen hat, meinen Dank, und wünsche, daß die Erwartungen, mit welchen man dem zweyten entgegensah, nicht gänzlich getäuscht werden mögen.

Der Verfasser.

Inhalt.

Sechstes Buch.

Von den Missionen der Jesuiten ausser Europa.

                                                            Seite

Erstes Kapitel. Allgemeine Uebersicht des Plans der jesuitischen Missionen und ihrer Absichten.   1

Zweites Kapitel. Schicksal der jesuitischen Mißion im Kaiserthum Japon, Gewaltthätigkeiten und Intriguen der Jesuiten gegen die Bonzen des Reiches und gegen christliche Mißionarien aus andern Religiosenorden. Politischer Beweggrund, warum sie hauptsächlich mit so vielem Eifer sich der Bekehrung der Japonesen annahmen. Veranlassung und Erfolg einer Empörung der Christen wider den Kaiser. Gänzliche Vertilgung des christlichen Namens, und Ende der jesuitischen Mißion in Japon.   5

Drittes Kapitel. Aufnahme der Jesuiten in China. Durch welche Kunstgriffe sie sich am kaiserlichen Hofe in Credit und Ansehen brachten.   20

Viertes Kapitel. Fernere Schicksale der jesuitischen Mißion in China. Ansehn und Beschäftigungen der Jesuiten am kaiserlichen Hofe. Ihr Betragen gegen die Holländer.   27

Fünftes Kapitel. Aergerlicher Proceß zwischen den Jesuiten, Dominikanern und Kapuzinern. Antheil, den der römische Hof an diesem Processe nahm. Die Jesuiten machen den Pabst in China lächerlich. Schicksale des Kardinals von Tournon und des Herrn Mezzabarba.   37

Sechstes Kapitel. Geschichte der jesuitischen Mißion in Ostindien. Ursprung eines langwierigen Streites zwischen Kapuzinern und Jesuiten wegen Zulassung heidnischer Gebräuche auf der malabarischen Küste. Verhalten der Jesuiten gegen ihre Gegner, und gegen die Ansprüche des apostolischen Stuhls.   53

Seite

Siebentes Kapitel. Von den Reichthümern und
dem Kaufhandel der Jesuiten in Ostindien. 65

Achtes Kapitel. Geschichte der jesuitischen Mission in Westindien. Ihre Regierung in Paraquay. 80

Neuntes Kapitel. Grausames Verfahren der Jesuiten gegen die Bischöfe Cardenas und Dom Palafox. 88

Siebentes Buch.

Von dem Ansehn, den Verrichtungen und den Schicksalen der Jesuiten in Deutschland während des siebenzehnten Jahrhunderts.

Erstes Kapitel. Zustand der Reformazion unter Ferdinands I. und Maximilianus II. Regierung in Deutschland. Bemühungen der Jesuiten, die evangelische Kirche in den österreichischen Landen zu unterdrücken. 103

Zweites Kapitel. Schicksale der evangelischen Kirche in Oesterreich unter Rudolf II. und seinen Nachfolgern, bis auf Ferdinand II. Macht der Jesuiten am kaiserl. Hofe. 110

Drittes Kapitel. Böhmischer Krieg. Verbannung der Jesuiten aus Böhmen, Schlesien, Mähren und Ungarn. Ob sie sich durch ihre Apologie gegen die böhmischen Stände hinlänglich gerechtfertiget? 118

Viertes Kapitel. In wie ferne die Jesuiten an dem dreyßigjährigen Kriege Antheil genommen. Sie kommen wieder nach Böhmen, und reissen mit Gewalt und List die Universität zu Prag an sich. Ihre Bemühungen, die vom Kaiser befohlene Restituzion der Kirchengüter und Klöster zum Vortheil ihres Ordens zu verwenden. Ihre Gewaltthätigkeit gegen Mönche und Nonnen. 129

                                                                Seite
Fünftes Kapitel. Fernere Versuche der Jesuiten,
die deutschen Protestanten in den Schooß der römischen Kirche zu bringen.   =   150

Sechstes Kapitel. Ergebenheit des baierischen
Regentenhauses gegen die Jesuiten. Folgen
davon.   =   -   -   162

Siebentes Kapitel. Untersuchung, in wie ferne
die durch die Reformation beförderte Aufklärung
durch die Bemühungen der Jesuiten im katholischen Deutschlande gehemmt und unterdrückt
wurde.   -   =   -   166

Achtes Buch.

Schicksale der Jesuiten in Frankreich, bis zu Ende der Regierung Ludwigs XIV.

Erstes Kapitel. Verhalten der Jesuiten nach ihrer Verbannung aus Frankreich. Heinrich IV.
fürchtet die Folgen ihrer Macht, und beschließt
ihre Wiederaufnahme in sein Königreich. Vergebliche Bemühungen des Herzogs von Sülly
und des Parlaments, den König von dem Nachtheile dieses Entschlusses zu überzeugen. - 180

Zweites Kapitel. List und Gewaltthätigkeit der
Jesuiten, sich neue Etablissements in Frankreich
zu verschaffen. Ränke der Hofjesuiten. Sie suchen den Herzog von Sülly zu stürzen. - 199

Drittes Kapitel. Die Jesuiten suchen die Universität von Paris in ihre Gewalt zu bekommen.
Widerstand von Seite der Universität. Ravaillac ermordet den König. In wie ferne die
Jesuiten an diesem Königsmord Antheil gehabt
haben.   =   -   =   207

Viertes Kapitel. Streitigkeiten der Jesuiten mit
der Universität von Paris. Ihr Einfluß bey
der im Jahr 1614. und 1615. gehaltenen Generalversammlung der Stände.   =   234

Seite

Fünftes Kapitel. Zustand der reformirten Religion unter der Regierung Ludwigs XIII. Sie wird in der Provinz Bearn unterdrückt. Konföderazion der Reformirten. Religionskrieg. Welchen Antheil die Jesuiten an der Verfolgung derselben genommen. 256

Sechstes Kapitel. Neue Angriffe auf die Souverainität des Königs von Frankreich. Verlegenheit der französischen Jesuiten. Wie sie sich aus derselben zu helfen wußten, ohne den Pabst und ihren Ordensgeneral zu kompromitiren. Anzeige einiger Schriftsteller aus der Gesellschaft Jesu, welche wider das Ansehn und die Unabhängigkeit der Monarchen sowohl, als wider die Sittlichkeit und Moralität geschrieben haben. 267

Siebentes Kapitel. Ursprung und Geschichte des Molinismus. Bemühungen der römischen Kirche, den hierüber entstandenen Streit beyzulegen. Hartnäckigkeit der Jesuiten. Sie machen sich dem Pabst Klemens VIII. durch Drohungen fürchterlich. Man hat die Jesuiten im Verdachte, daß sie diesen Pabst aus der Welt geschafft haben. Ihre Intriguen gegen seinen Nachfolger Paul V. 286

Achtes Kapitel. Entstehung des Jansenismus. Er ist eine Erfindung der Jesuiten, sich mittels desselben an ihren Feinden zu rächen, und auch von dieser Seite in der ganzen Welt sich furchtbar zu machen. 307

Neuntes Kapitel. Zustand der reformirten Kirche unter der Regierung Ludwigs XIV. Gewaltsame Bekehrungen. Aufhebung des Edikts von Nantes. Unmenschliches Verfahren gegen diejenigen, die sich nicht durch Dragoner wollten bekehren lassen. 319

Zehntes Kapitel. Neue Angriffe der Jesuiten wider die Jansenisten. Fürchterliche Macht des königlichen Beichtvaters le Tellier. Er verfolgt den Kardinalerzbischof von Paris. Entstehung der Unigenitusbulle. Folgen derselben. Ludwig XIV. Tod. Ob er durch Gelübde mit dem Jesuitenorden in Verbindung war? 345

Neuntes Buch.

Zustand des Ordens in den übrigen Europäischen Reichen, bis zu Anfang des achtzehnten Jahrhunderts.

Seite

Erstes Kapitel. Religionsveränderungen der Königinn Christine von Schweden. Dieselbe war ein Werk der Jesuiten. = = 367

Zweites Kapitel. Verhalten der Jesuiten am portugiesischen Hofe unter Philipp III. und IV. Einführung der Nachtmahlsbulle und des römischen Bücherverbots in Portugal. Unterdrückung der Landesgesetze. Immunitätsstreit. 381

Drittes Kapitel. Thronrevoluzion in Portugal. Wie sich die Jesuiten dabey benommen. König Johann IV. macht seinen Beichtvater zum Staatsminister. Muster einer Jesuitischen Prinzenerziehung. = = = 393

Viertes Kapitel. Vormundschaftliche Regierung der Königinn Louise. Schwärmerische Frömmigkeit, die ihr Beichtvater am Hofe einführte. Ränke der Jesuiten, den Prinzen Alphons von der Regierung auszuschliessen. Gewaltthätiges Verfahren gegen ihn. Sie verstossen ihn vom Throne, und machen sich mittels der Reichsstände zu Aristokraten von Portugal. = 402

Fünftes Kapitel. Verhalten der Jesuiten unter Dom Pedros Regentschaft. Sie sind gute Freunde der Juden. Ihre Bemühung, die Inquisizion unter ihre Gewalt zu bekommen. Anstalten, mittels der Mißionen im portugesischen Indien eine von der weltlichen Macht unabhängige Monarchie zu errichten. = = 413

Sechstes Kapitel. Planmäßige Bemühungen der Jesuiten, die katholische Religion in England einzuführen. In wie ferne ihnen ihr Vorhaben unter den Regierungen Jacobs I. Karls I. und

	Seite
Karls II. gelungen. Merkwürdige Verschwörung unter Karls II. Regierung.	422

Siebentes Kapitel. Jacobs II. Thronbesteigung Ausbreitung der katholischen Religion. Der Jesuite Petersen wird königlicher Staatsrath. Grosses Ansehn der Jesuiten am brittischen Hofe. Schwangerschaft der Königinn. Zweifel dagegen. Man beargwohnet die Jesuiten, den Prinzen von Wallis unterschoben zu haben. Thronrevolution zu Gunsten des Prinzen von Oranien. 440

Geschichte der Jesuiten.

Zweiter Band.

Geschichte der Jesuiten.

Sechstes Buch.
Von den Mißionen der Jesuiten ausser Europa.

Erstes Kapitel.
Allgemeine Uebersicht des Plans der jesuitischen Mißionen, und ihrer Absichten.

Vergebens haben die Jesuiten die Welt zu bereden gesucht, daß es ihnen bey Gründung und Ausbreitung ihrer Bekehrungsanstalten in fremden und entfernten Welttheilen einzig nur um die Seligkeit der Heiden und um die Einführung und Fortpflanzung der christlichen Religion zu thun gewesen sey. Nur der grosse, von ihnen verblendete Haufen der Menschen glaubte in seiner Einfalt an die abgeschmackten Märchen, die sie in ihren bekannten erbaulichen Briefen, von den ausserordentlichen Fortschritten des Christenthums, von unzähligen Blutzeugen, von Wunderwerken und Wundergaben erlogen. Es war ihnen ein leichtes, durch dergleichen erbauliche Legenden ein abergläubisches Volk zu belustigen, welches weder Einsichten noch Geduld genug hatte, um die Geschichte dieser fremden und meistens erst entdeckten

Nazionen aus den zuverläßigsten Berichten der Reisenden im Zusammenhange zu studiren. Das grosse Ansehn, in welches sie sich ungeachtet der gröbsten Verbrechen beleidigter Majestät durch scheinbare Heiligkeit bey dem gemeinen Volke zu setzen wußten, und die wichtigen Vortheile, die sie aus der von ihnen fast allgemein übernommenen Volkserziehung gewannen, setzten sie vollends in den Stand, ihren dreisten Lügen das Gepräge von Zuverläßigkeit und den Werth von Orakelsprüchen zu geben. Kein Orden hat von der Wichtigkeit seiner apostolischen Bemühungen in Mißionsgeschäften, so ein lautes, betäubendes Geschrey gemacht, als der Orden der Jesuiten. Mehr als hundert Bände haben sie mit historischen Erzählungen und erbaulichen Briefen angefüllt, um den Europäern zu beweisen, daß ohne ihre Anstalten kein Christenthum in Amerika, Afrika und Asien seyn würde.

Allein der Betrug, den sie mit so abgeschmackten Märchen spielten, blieb eben so wenig verborgen, als der Plan und die Absichten, die sie durch ihre Mißionen zu erreichen suchten. Wer das Institut ihres Ordens kennet, und mit dem Geiste ihrer Konstituzionsbücher bekannt ist, darf nicht erst dahin gewiesen werden, um sich zu überzeugen, daß eine Gesellschaft, die sich mehr um die Herrschaft der Welt, als um den Dienst Gottes bemühte, bey weitem andere Absichten, als die Ausbreitung des Christenthums, zum Augenmerk genommen haben mußte, als sie Mißionen in entfernten Welttheilen anlegte. Wenn es auch bey der ersten Absicht des Ordensstifters, die gewiß kein anderer als fanatischer Bekehrungseifer war, geblieben wäre, so würden ganz sicher alle jesuitischen Mißionsanstalten bald nach ihrem Entstehen sich wieder verloren haben. Es war nicht die Sache der Jesuiten, sich ohne zeitlichen Vortheil, sondern einzig aus wahrem Religionstriebe so vielen Gefahren aufzuopfern, mit welchen, wenigstens für

Sechstes Buch.

andere Religiosen, die Bekehrung der rohesten heidnischen Völkerschaften verbunden war. Es beweiset nichts für sie, wenn einige ihrer Mißionarien Martyrer ihres Eifers geworden. Sie waren vielmehr Martyrer des blinden Gehorsams, den sie ihren Oberen leisten mußten. Gleichwie mancher Soldat an einen Posten gestellt wird, von welchem nur der Feldherr weiß, daß er der gefährlichste ist, so gieng es manchem Jesuiten, dem die Plane unbekannt waren, nach welchen ihn sein Oberer in diese oder jene Provinz verschickte. Ein Jesuitenoberer durfte in diesem Falle das Leben seiner Untergebenen immer leichter aufs Spiel setzen, als ein Feldherr seine Soldaten. Es kostet die Jesuiten nichts, aus dergleichen verunglückten Opfern ihres Eigennutzes und ihrer Herrschsucht Heilige und Martyrer zu machen; und dabey hatten sie noch immer den Vortheil, sich in den Augen eines bigotten Volkes in Europa Bewunderung und Ansehn zu verschaffen.

Freylich nicht aus ihren eignen, aber aus den Schriften ihrer Gegner, der Dominikaner und Kapuziner, aus den Verfügungen und Bullen der Päbste, aus den urkundlichen Zeugnissen frommer und gottseliger Bischöfe, und endlich aus der allerjüngst vom portugiesischen Hofe bekannt gemachten Geschichte der Kriege in Paraguay ersieht man, wohin eigentlich die Bemühungen der Jesuiten in Mißionsländern abzweckten. Alleinherrschaft, und die Sucht sich zu bereichern, war der Mittelpunkt, wohin ihr so gepriesenes Mißionsgeschäft zielte. Beides stimmt mit dem Hauptplan ihres Ordens überein, und beides war auch die Quelle von unaufhörlichen Vorwürfen, die man ihnen bald nach ihrem Entstehen bis auf unsere Zeiten fast in ganz Europa machte.

Sie haben durch den hartnäckigen Widerstand gegen päbstliche Befehle, durch ihre rachgierigen Verfolgungen jener Bischöfe, denen sie nach ka-

Geschichte der Jesuiten.

nonischem Rechte Gehorsam schuldig waren, und durch ihr christliches Heidenthum in China und Ostindien die Kirche eben so geärgert, als sie durch ihren weitläuftigen Handel, durch ihre Widersetzlichkeit gegen weltliche Gouverneurs, durch ihre Bestechungen, und durch ihre kriegerischen Unternehmungen gegen Portugal und Spanien die weltlichen Regenten beleidiget haben. Es war ihnen nicht zu verdenken, daß sie alle diese Verbrechen begangen. Sie mußten es, um ihre Zwecke, Alleinherrschaft und Reichthum, zu erreichen; und sie konnten es, weil sie die Entfernung, der Schutz der Grossen, die kriegerische Verfassung, in die sie sich setzten, der erstaunliche Reichthum, und die List ihres alles übersehenden Generals, vor Bestrafung schützte. Es ist mehr als blosse Muthmassung, daß der Orden sich durch seine Mißionen den Europäern weit furchtbarer machte, als durch seine Mordtheologie. Hätte Pombal nicht mit so ausserordentlichem Muth und Glücke gegen die Jesuiten gekämpft, so wären in wenigen Jahren alle handelnde Nazionen ihnen zinsbar geworden.

Ich will nun durch ein getreues historisches Gemälde von der Geschichte ihrer Mißionen in Ost- und Westindien, den Leser in den Stand setzen, sich von der Wahrheit dieser kurzen vorausgeschickten Einleitung durch Thatsachen zu überzeugen.

Sechstes Buch.
Zweites Kapitel.

Schicksal der jesuitischen Mißion im Kaiserthum Japon. Gewaltthätigkeiten und Intriken der Jesuiten gegen die Bonzen des Reiches und gegen christliche Mißionarien aus andern Religiosenorden. Politischer Beweggrund, warum sie hauptsächlich mit so vielem Eifer sich der Bekehrung der Japonesen annahmen. Veranlassung und Erfolg einer Empörung der Christen wider den Kaiser. Gänzliche Vertilgung des christlichen Namens, und Ende der jesuitischen Mißion in Japon.

So lächerlich schon Xaver *) die christliche Religion in Japon machte, und so wenig ihm seine Bekehrungsabsichten gelangen, so liessen sich doch die in diesem Reiche zurückgelassene Ordensbrüder nicht abschrecken, seine nun einmal angefangene Arbeit mit unverdrossenem Eifer fortzuführen. Sie predigten in einer Sprache, welche den Heiden unverständlich war, und tauften, auch mit Gewalt, die armen Ungläubigen, die nicht wußten, was Taufe und Christenthum war.

Allein sie liessen es nicht bey Predigten und Taufen bewenden. Ihr Eifer trieb sie weiter. Sie rissen die Tempel der Heiden nieder, schlugen ihre Gottheiten in Stücke, und pflanzten Krucifixe und Marienbilder auf die zerstörten Götzenaltäre. Es war kein Wunder, wenn über diesen lästerlichen Frevel die Bonzen des Reiches gegen eine Sekte entbrannten, welche ihr Heiligstes angriff; und es war eben so wenig ein Wunder, wenn in den tumultuosen Aufruhren, die bey solchen Veranlassungen zwischen den Rechtgläubigen und den neuen Christen ausbrachen, auch manchmal ein Jesuite das

*) S. den ersten Band dieser Geschichte. Buch II. Kap. VII. S. 116.

Geschichte der Jesuiten.

Opfer der Rache und der Wuth eines Volkes geworden, welches in diesen neuen Fremdlingen eben so viele Schänder seiner Landesreligion mit Abscheu erblicken mußte.

Die allererste Erscheinung der Jesuiten und der christlichen Religion in diesen grossen Reichen war auch die Epoche von unaufhörlichen Empörungen, Aufruhren, Kriegen und Christenverfolgungen. Die Japonesen, so wenig sie auch vom Christenthume wußten, waren demungeachtet nichts weniger, als ein barbarisches Volk. Sie hatten ihre Künste, ihre Wissenschaften und ihren Luxus auf einen Grad gebracht, in welchem es ihnen nur noch die Chinesen gleich thaten. So wenig sie mit fremden Nazionen in Verbindung stunden, so wenig hatten sie dies auch nöthig, nachdem ihnen die Weitläuftigkeit ihres Kaiserthums in allem hinlängliche Hülfe verschaffte, unabhängig und selbstständig zu seyn. Selbst ihre Religionssysteme sind ein Beweis, wie weit sie es in der Weisheit und in der Thorheit, auch ohne gemeinschaftliche Verbindungen mit andern Nazionen, gebracht. Sie hatten ihre Philosophen, die an keine Religion glaubten, und ihre Bonzen, die den Pöbel ängstigten.

Es mag zum Theil Anfangs nur Toleranz gewesen seyn, was die Jesuiten in ihrem Bekehrungswesen von Seite der Regierung begünstigte. Man scheint sie keiner Aufmerksamkeit würdig gefunden zu haben, weil sie sich selbst theils durch ihre Sprachignoranz, theils durch ihre abgeschmackte Bekehrungsmethode in den Augen des Pöbels lächerlich machten. Ausserdem war in ganz Japon eine allgemeine Toleranz der Religionen, insoferne sie den Grundgesetzen des Staates nicht schädlich waren, eingeführt. Man erblickte in diesem Reiche eine Menge Sekten, die von einander in der Dogmatik verschieden dachten, und die Regierung nahm nie Antheil an dem Gezänke, welches zwischen den Philosophen und den Bonzen manchmal entstand.

Sechstes Buch.

Was den Jesuiten aber am meisten in ihren Absichten zu statten kam, war die Eifersucht der verschiedenen Unterkönige, von welchen jeder die Handlung der Portugiesen an sich ziehen wollte. Nur meistens unter dem Schutze der Portugiesen und auf ihren Schiffen schlichen sie sich Anfangs in die Seehäven des Reiches. Sie hatten aber kaum einmal festen Fuß gefaßt, da sie sogleich als die Hauptpersonen mit grossem Stolze auftraten. Hiezu trugen selbst die Portugiesen das ihrige bey. Sie begegneten den Jesuiten mit so einer knechtischen Unterwürfigkeit, und fürchteten sich, da sie wohl wußten, wie mächtig sie am Hofe geworden, so sklavisch vor ihnen, daß die Unterkönige von Japon sich in der Folge vorerst der Gunst der Jesuiten versicherten, um durch ihre Vermittelung dann die Portugiesen, deren Handlungsgeschäfte ihnen vortheilhaft schienen, zu gewinnen *). So kam es, daß verschiedene von diesen dem Kaiser untergeordneten Regenten sich taufen liessen, und durch solche Beyspiele ihre Unterthanen verleiteten, ein Gleiches zu thun. Allein da der Beweggrund der Grossen, das Christenthum anzunehmen, fast durchgehends nur Eigennutz war, so hatte die Duldung desselben gemeiniglich nie länger statt, als der Eigennutz seine Rechnung dabey fand.

Gleichwohl machten die Jesuiten in Europa grosses Geschrey von ihren glücklichen Progressen in Japon, und von der Wichtigkeit ihrer Bekehrungen **).

---

*) Versuch einer neuen Geschichte des Jesuitenordens. Th. II. Buch III. §. 66. S. 342. — §. 186. S. 387.
**) Schon im Jahre 1569. ließ die Gesellschaft zu Löwen in zween Oktabbänden eine Sammlung von Briefen drucken, welche die Missionarien über den Zustand des Christenthums in Japon an ihren General schrieben. Im Jahr 1572 ließ der Jesuit Maffai eine ähnliche Sammlung drucken, so wie im gleichen Jahre die indischen Geschichten des Pater Emanuel Acosta erschienen, wor-

8 Geſchichte der Jeſuiten.

Zu dem Ende veranſtalteten ſie im Jahre 1585 eine glänzende Ambaſſade, die drey von ihnen bekehrten Könige, nämlich die von Bungo, Arima und Omura, an den damals regierenden Pabſt Gregor XIII. ſandten. Sie hatten dabey einen doppelten Vortheil. Einmal ſtaunten die Europäer die Jeſuiten als Leute an, die alles vermögen; und dann ſchmeichelten ſie auch durch ſo einen glänzenden Streich der Ehrſucht des päbſtlichen Hofes, der ſeine Gerichtsbarkeit auch über fremde Welttheile auszuüben wünſchte *).

Indeſſen war ihr Triumph von keiner langen Dauer. Der Kaiſer glaubte zu bemerken, daß die Portugieſen ſeine Unterkönige gegen einander verhetzten, um ſich mit der Zeit ſelbſt des Reiches zu bemächtigen. Das Einverſtändniß der Jeſuiten mit den Portugieſen, und ihr Hervordrängen, ſobald es um Welthändel zu thun war, mußte ſie bey weitem verdächtiger machen, als ihre Religion. Die hohe Bonzenſchaft erfuhr kaum, wie man am

inn vier Bücher nur allein Briefe enthalten, die aus Japon von Ordensgeſellſchaftern geſchrieben ſind. In den Jahren 1611 und 1615 wurden zu Antwerpen die jährlichen Briefe aus Japon gedruckt. Man kann überhaupt die Vorrede des franzöſiſchen Ueberſetzers von Kämpfers Geſchichte des japoniſchen Reiches nachleſen, um zu finden, was die Jeſuiten über den Zuſtand ihrer Miſſionen, und über die Schickſale der chriſtlichen Religion in dieſem Reiche geſchrieben haben.

*) In keinem andern Geſichtspunkte muß man auch die Nachricht beurtheilen, die der Jeſuite de Sande von dieſer Geſandtſchaft in japoniſcher und lateiniſcher Sprache drucken ließ. Um den Japoneſen eine Vorliebe für Rom einzuflößen, ſchilderte er mit den umſtändlichſten Details das ſtolze Zeremoniel, das am römiſchen Hofe herrſchte. Er iſt unerſchöpflich an Bildern, um die Superiorität des römiſchen Pabſtes über alle Regenten zu verſinnlichen.

Sechstes Buch.

Hofe von den Jesuiten dachte, als sie sogleich mit Nachdruck gegen die Christensekte zu eifern anfieng. Sie spottete allenthalben einer Religion, deren Stifter eines schimpflichen Todes am Kreuze starb. Auf der andern Seite erhuben auch die sogenannten Philosophen, Leute die keine Religion hatten, ihre Stimmen wider die Jesuiten. Sie beschuldigten sie eines heuchlerischen Enthusiasmus, unter welchem politische Absichten verborgen wären. Sie machten sie als Leute verdächtig, die unter der Maske der Religion die Vergrösserungsabsichten des portugiesischen Hofes beförderten, um Japon unter fremde Herrschaft zu bringen *). Eine Folge von allen diesen Beschuldigungen war, daß der Kaiser alle Jesuiten und mit ihnen alle Christen aus seinen Staaten verbannte. Sie fanden es diesmal für ihr Interesse nicht zuträglich, dem kaiserlichen Befehle zu gehorchen, und krochen unter den Schatten einiger kleinen Landesfürsten zurücke, welche mit ihrem Oberhaupt im Zerwürfnisse waren. Die Neubekehrten aber fielen gemeiniglich wieder in ihr Heidenthum zurück, da sie keine lebendige Ueberzeugung von der Wahrheit des Christenthums haben konnten.

Einheimische Kriege und Staatsrevoluzionen waren den Jesuiten bald darauf wieder zu ihrem Aufkommen behülflich. Je nachdem die verschiedenen Regenten, von welchen einer den andern vom Throne warf, gegen das Christenthum gesinnt waren, kam

*) Kämpfer, welcher die beste historische Beschreibung von Japon lieferte, führt unter andern Ursachen des geringen Fortgangs der christlichen Religion und der verschiedenen Verfolgungen auch diese an, daß die Jesuiten sich in Händel mischten, die schlechterdings dem Berufe eines Mißionars und den Absichten der Religion widersprechen. S. Histoire naturelle, civile & ecclesiastique de l'empire du Japon dans l'Appendice. pag. 62.

Geschichte der Jesuiten.

dieses bald in Flor, bald wieder in Verfall. Gleichwohl aber muß den Jesuiten ihre Mißion in Japon einträglich gewesen seyn. Denn sie konnten es nie leiden, daß auch andere Religiosenorden, und vornehmlich die Franziskaner, an dem Bekehrungswerke Antheil nehmen wollten. Sie suchten dies nicht nur nach allen Kräften zu verhindern, sondern verfolgten und lästerten die armen Bettelmönche auf die grausamste und unbescheidenste Weise. Pabst Paul V. ernannte einen Franziskaner, Ludwig Sotelo, zum Bischof von Japon. Wie viele Maschinen setzten nicht die Jesuiten in Bewegung, um zu verhindern, daß dieser fromme Mann nicht an seinen Posten kommen konnte! Sie hörten nicht eher auf, ihn zu lästern und zu verfolgen, als bis er in eine langwierige Gefangenschaft gesetzt, und endlich durch einen Martertod aus der Welt geschafft worden *).

Als im Jahre 1611 die Holländer einen Weg nach Japon gefunden, bekam die Mißion der Je=

---

*) Lettre du R. P. Louis Sotelo de l'Ordre de S. François, nommé Eveque du Japon par le Pape Paul V. qu'il addressa au Pape Urbain VIII. de sa prison d'Omura, d'ou il fut conduit au Martyre. Man findet in diesem Briefe eine Menge umständlich ausgeführter Thatsachen von dem listigen und gewaltthätigen Verfahren der Jesuiten gegen diesen Bischof, so wie überhaupt gegen alle Mißionarien, die nicht von ihrem Orden waren. Indessen hat ihnen die Bekanntmachung dieses Briefes so vielen Verdruß gemacht, daß sie, um die Wichtigkeit seines Inhaltes zu entkräften, die Welt zu bereden suchten, als wäre er von dem bekannten Kaspar Sciopp unterschoben worden. Dieses Kunstgriffes haben sie sich bey ähnlichen Veranlassungen unzählige Male bedient, um die größten Vorwürfe, die ihnen sonst unverdächtige Leute machten, von sich abzulehnen. S. la Morale pratique des Jesuites. Tome I. Part. II. pag. 108 & seq. — & Part. III. §. IX. pag. 241 & seq.

Sechstes Buch.

suiten einen ehpfindlichen Streich. Beide Nazionen, die Holländer und Portugiesen, suchten sich einander ihrer Habsucht aufzuopfern. Die erstern, welche mehr Spekulazion für Handelsvortheile als für Bekehrungen machten, mußten natürlich bald auf die Bemerkung fallen, daß ihnen der bigottische Eifer der letztern, und die Intriguen der Jesuiten, welche es dahin zu leiten wußten, daß die neubekehrten Japonesen nur allein mit den Portugiesen Handelsverkehr pflegen durften, am allermeisten in ihren Geschäften hinderlich seyen. Die Jesuiten thun aber den Holländern offenbar zu viel, wenn sie vorgeben, daß nur diese allein die schöne Saat des Christenthums zerstörten, welche sie mit dem Blute so vieler heiligen Martyrer, und mit so unbeschreiblicher Mühe düngten. Sie haben unstreitig selbst an ihrem Untergange gearbeitet. Als nämlich im Jahre 1614 eine allgemeine Christenverfolgung in Japon ausbrach, arbeiteten sie noch immer heimlich durch Emissarien an der Ausbreitung des Christenthums. Es war ganz den Grundsätzen ihres Ordens gemäß, die Verfolger als Tyrannen zu verschreyen, die man aus der Welt schaffen müßte. Da sie sich selbst gegen christliche Regenten eine ähnliche Sprache in ihren Schriften, und noch mehr in ihren Beichtstühlen bedienten; sollten sie wohl gegen heidnische Regenten, die noch dazu mit Feuer und Schwert gegen das Christenthum wütheten, anders gedacht und gesprochen haben? Sie hatten wirklich dazumal schon einen ausserordentlichen Anhang, indem sie verschiedene Kollegien anlegten, worinn eingeborne Japonesen, die sie in ihre Gesellschaft aufgenommen, von ihrer Kindheit an in den Grundsätzen und dem Geiste ihres Ordens erzogen wurden. Es war ihnen nicht zu verdenken, wenn sie, vornämlich durch Hülfe eingeborner Ordensbrüder, ihren Anhang immer verstärkten, und am Ende wohl gar hoffen durften, das ganze Reich unter die Fahne des

Christenthums, und folglich auch unter die Herrschaft des römischen Pabstes zu bringen. Schon im Jahr 1587 sollen, wie Crasset in seiner Kirchengeschichte meldet, sich 200000 Christen in Japon befunden haben; und obgleich im Jahre 1590 nach Puffendorfs Bericht *) 20570 Personen unter den Händen der Henker gestorben seyn sollen, so wurde doch in zwey darauf folgenden Jahren ihr Abgang durch die fleißigen Bemühungen der Jesuiten wieder hinreichend ersetzt.

Allerdings war das Oberhaupt des Reiches befugt, mit Strenge gegen eine Sekte zu verfahren, die immer weiter um sich griff, und unter der Hülle eines fanatischen Religionseifers die Sicherheit des Throns und die Freyheit des Volks zu beunruhigen anfieng. Auch darauf mußte der Kaiser schon aufmerksam werden, daß sich unter seinen Hofleuten verschiedene heimliche Christen fanden, gegen die er nicht anders als mißtrauisch seyn konnte. Wenn man dazu noch die ausserordentliche Standhaftigkeit nimmt, mit welcher sich einige Neugläubige bey langsamem Feuer lebendig für ihre Religion braten liessen **), so halfen alle diese Umstände zusammen, den Namen der Christen verhaßt zu machen.

*) Hist. universf. T. VI. pag. 50.
**) Freylich nehmen die Jesuiten diese Standhaftigkeit, die sie in ihren Berichten noch weit mehr übertreiben, als sie es verdient, unbedingt für den höchsten Beweis der göttlichen Kraft des Evangeliums an. Aber liessen sich nicht auch Chatel, Ravaillac und Damian mit einem fast unglaublichen Heroismus von Pferden zerreissen, in dem Wahne, eine Marterkrone zu verdienen? — Bis zum Eckel erhebt der Jesuite Tanner den Muth und den Heldenmuth derjenigen, die in Japon der Religion wegen hingerichtet worden. S. Societas Jesu usque ad sanguinis & vitæ profusionem militans, in Europa, Africa, Asia & America, contra Gentiles, Mahometanos, Judæos, Hæreticos, Impios, pro Deo, fide, ecclesia,

Sechstes Buch.

Ich weiß nicht, mit wie vielem Rechte Herr Tavernier *) die letzte Hauptverfolgung der Christen in Japon der Jntrike eines Holländers zuschreiben kann. Er sagt, Caron, so hieß dieser Holländer, habe als Präsident eines holländischen Komptoirs aus Eifersucht die Portugiesen vom Handel verdrängen wollen. Um seinen Zweck zu erreichen, habe er vermittelst einiger Provinzialstatthalter und durch Bestechungen die Religion der letztern am Hofe verdächtig zu machen gesucht. Als ihm dies nicht gelungen, (denn auch die Portugiesen hatten ihre Freunde am Hofe) so sey er darauf gefallen, einen in portugiesischer Sprache geschriebenen Brief fälschlich zu unterschieben, worinn von einem allgemeinen Aufstande der Christen in Japon, und von einer sonderheitlichen Verschwörung wider das Leben des Kaisers die Rede war. Dieser Brief soll nebst andern Papieren einem portugiesischen Schiffe, welches von Japon nach Goa segelte, von einem holländischen Kapitain abgenommen worden seyn. Caron übergab dieses Schreiben einem vornehmen Herrn, dessen Vertrauen er gewonnen hatte, und setzte noch hinzu, die Spanier, unter deren Botmäßigkeit damals die Portugiesen stunden, hätten die gefährliche Maxime, allenthalben, wo sie sich niederliessen, keine andere Religion, als die ihrige neben sich zu dulden, und weder des Lebens noch der Freyheit der Menschen zu schonen, um diese Religion verbreiten zu können. Ausserdem glaubten sie noch, Gott ein

---

pietate; sive vita & mors eorum, qui ex Societate Jesu in causa fidei & virtutis propugnatæ, violenta morte toto orbe sublati sunt. Auctore R. P. M. Tanner. pag. 251—432. Mit nicht geringerm Stolze spricht auch der Verfasser des Imago primi Sæc. von den in Japon hingerichteten Jesuiten. Lib. IV. Cap. XII. pag. 528-531.

*) Relation du Japon & de la cause de la persecution contre les chretiens dans ses Isles. pag. 13 & seq.

wohlgefälliges Opfer zu bringen, wenn sie diejenigen erwürgten, die sie nicht bekehren könnten. Von ganz anderer Beschaffenheit waren die Holländer. Sie verstünden sich mit allen Nazionen und mit allen Religionen, und dächten an weiter nichts, als an ihren Handel.

Während dem der Plan dieser Verrätherey angelegt wurde, beschleunigten die Jesuiten durch ihre Habsucht die Rache, die sich wider alle Portugiesen und wider das Christenthum bewaffnete. Sie hatten einen vornehmen Höfling samt seinen vier Söhnen zu Christen gemacht. Der jüngste davon wurde krank, und auf ein Landgut gebracht, welches sehr ansehnliche Einkünfte hatte. Die Jesuiten folgten ihm auf dieses Landgut. Mittlerweile starb der Vater. Die Söhne wollten als nächste Erben das Landgut in Empfang nehmen; allein die Jesuiten sahen es schon als ihr Eigenthum an, und schlossen die rechtmäßigen Erben von dem Besitze desselben aus. Die beiden jüngern Brüder, von den Jesuiten durchaus geleitete Maschinen, liessen sich es gar wohl gefallen. Dagegen aber schrien die beiden ältern über Verletzung des Patrimonialrechts, über Betrug, über Habsucht. Zum Unglück wandte sich der holländische Präsident mit dem Geheimnisse von einer heimlichen Verschwörung der Portugiesen an diese beyde Brüder gerade in dem Zeitpunkte, da sie über die Jesuiten entrüstet waren. Beyde waren Günstlinge des Kaisers, und beyde verstunden die Kunst, ihr Privatinteresse mit dem Interesse des Staates zu vereinbaren. Sie brachten also ihre Klagen vor den Kaiser. „Weder das Eigenthum der Familien, noch die Ruhe „des Reiches, noch das Leben des Regenten ist in „Sicherheit, sagten sie, so lange man nicht alle „Portugiesen, und auch selbst jene eingeborne Japonesen vertilget, welche von dem Gifte solcher „Lehren und Maximen angesteckt sind". Um diese ihre Auflage zu rechtfertigen, legten sie dem Kai-

Sechstes Buch.

fer das Schreiben vor, welches sie vom holländischen Präsidenten erhielten, und worinn der Plan einer Verschwörung wider das ganze Reich verrathen war.

Der Monarch entsetzte sich vor der Gefahr, in der er schwebte, und erließ sogleich heimliche Befehle an seine Kommandanten, alle Portugiesen und Christen, die sich in den Provinzen des Reiches fänden, auszurotten. Allein ehe noch die strengen Befehle gehörigen Ortes einliefen, waren die Christen durch Freunde, die sie am Hofe hatten, schon von den Verfügungen unterrichtet, die der Kaiser gegen sie genommen. Die beyden Brüder, welche den Jesuiten den Besitz ihres ererbten Landgutes abtraten, stellten sich an die Spitze von 37000 Christen, um sich mit bewaffneter Hand ihrem Gesetzgeber und ihrem Landesherrn zu widersetzen. Auf die Nachricht, die der Hof von dieser allgemeinen Bewaffnung der Christensekte erhielt, ließ er eine ansehnliche Armee gegen sie anrücken. Die Christen schlugen sie, und der Kaiser war genöthigt, selbst an der Spitze eines zweiten Heeres gegen die Rebellen ins Feld zu ziehen. Mit äusserster Erbitterung schlugen sich zween Tage hinter einander beyde Armeen; der Sieg war lange zweifelhaft, bis endlich die kaiserlichen Völker durch eine gänzliche Niederlage der Christen das Schlachtfeld behaupteten. Nur wenige retteten sich durch die Flucht, und verbargen sich in unwegsamen Gebürgen. Da wenige Jahre vor dieser Begebenheit, nämlich 1629. sich in dem Umfange des Reiches über 400000 Christen befanden, so ist leicht zu erachten, daß obige Niederlage nur den kleinsten Theil derselben aufgerieben, und daß der Kaiser zu den allerstrengsten Verfügungen schreiten mußte, um sich und seinen Thron in Sicherheit zu setzen. Ausser den zu verschiedenen Zeiten veranstalteten Inquisitionen wider die im Verborgenen herumschleichenden Christen, ließ er nun auch in den Seehäfen das Bild des gekreuzigten Christus auf die Erde heften, welches jeder, der nur einen Fuß ins Reich setzen will, zum Zeichen, daß er kein Christ sey, mit Fußtritten bewillkommen muß. Nach dem Berichte eines holländischen Schiffkapitains war schon in dem Jahre 1649 alle Spur vom Christenthum in Japon vertilget.

Ich bin bis hieher in der Hauptsache dem Berichte des Herrn Tavernier *) gefolget. Ohne dem wichtigen Ansehn dieses berühmten Reisebeschreibers zu nahe zu treten, glaube ich doch, in seiner Erzählung das Gepräge eines zuverläßigen Geschichtschreibers zu vermissen. Er sucht durchgehends, um die Holländer verhaßt zu machen, die Sache der Christen, ihren Aufstand gegen den Kaiser, und ihre erstaunliche Ausbreitung zu beschönigen. Jeder Christ muß im Herzen wünschen, daß eine so wohlthätige Religion, als die seinige ist, in aller Welt verbreitet werden möge. Aber ein Geschichtschreiber hat, als Geschichtschreiber andere Pflichten, als nur die eines Christen. Ausserdem beraubt er sich durch sein eignes Geständniß aller Glaubwürdigkeit. „Ich habe diese ganze Geschichte, sagt „er, von denjenigen vernommen, welchen sie jene „Unglückliche erzählten, die sich nach der Niederla„ge der Christen in Gebürgen verkrochen". So eine Erzählung konnte nicht anders, als einseitig und

par-

---

*) Dans sa relation du Japon & de la cause de la persecution contre les Chretiens. pag. 11—31.
**) Tout le monde fut passé au fil de l'epée, à la reserve de quelques Chretiens du pais, qui se cacherent dans les montagnes, & qui conterent depuis cette histoire à ceux, *dont je l'ay apprise.* pag. 27. Bayle giebt ihm das Zeugniß eines redlichen aber dabey sehr leichtgläubigen Mannes. V. Dictionaire histor. h. v.

Sechstes Buch.

partheyisch seyn. Der in immerwährender Furcht und Schrecken umherirrende Christ mußte um so mehr seinen Verfolgern alle erdenkliche Greuel aufbürden, da sich zu seiner vermeintlichen Ueberzeugung von der Gerechtigkeit seiner Sache auch ein unvertilgbarer Religionshaß gesellte.

Will man den ganzen Verlauf der Sache in seinem Umfange, und ohne eine Parthey zu nehmen, aufmerksam beurtheilen; so ergiebt sich leicht, daß die Christen in ihrer Rebellion planmäßig zu Werke giengen, und daß es allerdings auf eine allgemeine Verschwörung, die der holländische Kapitain in der Bosheit seines Herzens erdichtet haben sollte, abgesehn seyn konnte. Der fatale Ausgang dieses Aufstandes rührte weniger von der Ohnmacht der Christen und von ihrem zu schwachen Widerstande, als vielmehr daher, daß sie wider ihr Erwarten zu früh und zu unvorbereitet überrascht wurden. Der besondere, und selbst von Herrn Tavernier bemerkte Umstand, daß die beyden jüngern Söhne eines am Hofe viel vermögenden Grossen sich an die Spitze der Rebellen stellten, und daß beyde durchaus von Jesuiten beherrschte und geleitete Kreaturen waren, giebt über das ganze Faktum um so mehr die zuverläßigsten Aufschlüsse, wenn man dabey noch auf die Plane und auf den Geist des Jesuitenordens einige Rücksichten nimmt. Die Geschichte dieser Empörung der Christen und ihrer Vertilgung fällt gerade in die glänzendste Epoche der Jesuiten, in die Mitte des siebenzehnten Jahrhunderts. Wir werden erst im Verfolge sehen, in welcher nahen Verbindung damals alle Revoluzionen in Europa mit dem Systeme ihres Ordens stunden, wie sie die vornehmsten Maschinen waren, welche die Höfe in Bewegung setzten, und wie ihr Geist der fast allgemeine Geist der Welt geworden.

Man müßte von dem Institute der Gesellschaft keine Begriffe haben, wenn man glauben wollte,

(Gesch. d. Jes. II. Band.) B

daß der General von allen Vorfällen in Japon keine Wissenschaft gehabt. Kein Monarch kennt in einem so umständlichen Detail die Lage seines eignen Landes, als der Jesuitengeneral die ganze Welt kennen mußte. Die ganze Grundlage des Ordens ruhte auf einer ununterbrochenen Korrespondenz, in welcher die Untergebenen mit den Obern stunden; und, ohne das erste Grundgesetz, den blinden Gehorsam zu verletzen, konnte nichts ohne Bewilligung des Generals unternommen werden.

Ich will zum Beschlusse noch dasjenige anführen, was ein andrer Reisebeschreiber, Herr Martin, von dem Verhalten der Jesuiten in Japon meldet.

„Die Geschichten und Nachrichten, sagte er*), „welche diese Väter von ihren Bekehrungen und „Missionen in Indien nach Europa schicken, sind „in einem glänzenden, unterhaltenden, und manch= „mal auch überredenden Stile geschrieben. Aber „warum verhüllen sie darunter die Wahrheit? „Warum schreiben sie nach Europa gerade das Ge= „gentheil von dem, was man in Indien von ihnen „weiß? Warum wollen sie, daß wir diejenigen, „welche in Japon als Friedensstörer und als „Leute hingerichtet wurden, welche das Volk „wider die Natur und wider den souverainen „Regenten empörten, für Heilige und Märtyrer „halten sollen? Warum schreiben sie ihre Ver= „folgung in diesem Reiche einzig nur den Folgen „ihres Eifers für die Religion zu, da doch alle „Europäer, die sich in Indien um diese Zeit „aufhielten, gar wohl wußten, daß dieselbe eine „Folge ihres Geitzes und ihrer Habsucht war? — „Man fodert nicht von ihnen, daß sie eine Wahr= „heit, wenn sie ihnen nachtheilig ist, aufrichtig „gestehen sollen; aber dieß sollte man doch wenig=

---

*) Voyages aux Indes du Quene. Tom. III. pag. 83. & seq.

Sechstes Buch.

„stens von ihnen erwarten, daß sie lieber schwie‑
„gen, als sich mit Lügen vertheidigten. Man
„kann z. B. ihre Aufrichtigkeit nicht so weit auf
„die Probe setzen, und von ihnen das Geständniß
„verlangen, daß es allein ihre Schuld sey, wenn
„der heilige Name Jesus in Japon geschändet, und
„das Christenthum verflucht wird. Man glaubt es
„ihnen gerne, daß die Japonesen die Gottheit
„Christi läugnen; daß die Begriffe, die sie von
„unserm Heilande haben, sie zurückschrecken, das
„Christenthum anzunehmen; daß aber dieser Vor‑
„urtheile ungeachtet sie (die Jesuiten) viele Bekeh‑
„rungen machten. Wollen sie dieß nun läugnen
„warum behaupteten sie es denn mit so vielem
„Triumphe in ihren nach Europa übersandten Be‑
„richten? Hatte aber die Ausbreitung des Evange‑
„liums so einen guten Fortgang, wie es auch wirk‑
„lich wahr ist, was hinderte denn wohl diesen?
„Gewiß nur der Geist der Widersetzlichkeit der Un‑
„terthanen gegen den Souberain. Und wer fach‑
„te diesen Rebellengeist an? — Niemand, als
„die Jesuiten, welche sich desjenigen, wozu sie
„kein Recht hatten, mit Gewalt bemächtigen woll‑
„ten. Dieß war die fatale Veranlassung, daß
„das Christenthum in ganz Japon vertilgt, und
„die Jesuiten verflucht wurden. Man darf sich
„nur in ihrer Kleidung sehen lassen, um sogleich
„mit dem Tode bestraft zu werden. Diejenigen,
„welche dazumal in Japon waren, wurden nicht
„als Christen, (die Religion kam darinn in kei‑
„nen Betracht) sondern als Staatsverbrecher,
„als Störer der öffentlichen Ruhe hingerichtet.
„Diese sind, so fährt Herr Martin fort, nach
„dem einstimmigen Zeugnisse aller europäischen Na‑
„zionen, die Ursachen von der Verfolgung, wel‑
„cher alle Christen, sowohl Katholiken als Kal‑
„vinisten unterliegen mußten. Daher kömmt es,
„daß niemand, wer er auch sey, in das Reich
„eingelassen wird, ehe er nicht zuvor, zum zu

Geschichte der Jesuiten.

„beweisen, daß er kein Christ sey, das Bild des
„gekreuzigten Heilandes mit Füssen getretten.
„Dieser schrecklichen Enthe͏̈ligung haben die Hol-
„länder ihre Handelsfreyheit in Japon zu ver-
„danken. Sie begegnen, wenn sie in die Häven
„dieses Reiches kommen, dem Gekreuzigten mit
„Fußtritten, und beantworten die Frage, von
„welcher Religion sie seyen, damit, daß sie sagen,
„sie wären Holländer. Ich weiß nicht, ob man
„dieß einer handelnden Nazion verzeihen könne;
„aber unverzeihlich und gotteslästerlich ist es von
„Jesuiten, welche ihrem in diesem Reiche ge-
„wohnten Handel so wenig entsagen können, daß
„sie vielmehr täglich auf holländischen Schiffen
„nach Japon segeln, bey dem Eintritt in die
„Seehäfen das Christusbild mit schimpflichen
„Fußtritten bewillkommen *) und diesen gottes-
„lästerlichen Frevel mit ihrer Intenzionslehre be-
„schönen, indem sie vorgeben, daß sie nur leblo-
„ses Metall mit Füssen tretten, ohne deßwegen
„den Respekt aus den Augen zu verlieren, wel-
„chen sie dem schuldig sind, der unter diesem
„Metalle vorgestellt wird".

Drittes Kapitel.

Aufnahme der Jesuiten in China. Durch welche Kunstgriffe sie sich am kaiserlichen Hofe
in Kredit und Ansehen brachten.

Nach Xavers Tode, welcher ihn eben zur Zeit
überraschschte, als er Anstalt traf, nach China zu segeln, machten seine Ordensbrüder, von
Goa und Macao aus, seit dreyßig Jahren vergebliche Versuche, über die Grenzen dieses Reiches zu kommen. Erst in dem Jahre 1581. gelang es einigen, unter denen Matthäus Ricci

*) Du Quene führt hievon Beyspiele an, und beruft sich
namentlich auf Augenzeugen, die allen Glauben verdienen.

Sechstes Buch.

der vornehmste war, sich zu Chao-king in der Provinz Guang-tong festzusetzen. Zwar mußten sie auch diesen Ort bald wieder verlassen, indem der Vicekönig dieser Provinz, der sich von den Jesuiten bestechen ließ, dieses Umstandes wegen die Ungnade des Kaisers befürchtete. Allein die Geduld und der Eifer des Pater Ricci ermüdete nicht. Er hatte sich schon vorher mit den chinesischen Wissenschaften, mit dem Charakter und den Gewohnheiten der Nazion bekannt gemacht, und wußte sich vornämlich durch seine mathematische und mechanische Kenntnisse Ansehn zu verschaffen. Ausserdem waren die Chinesen ein aufgeklärtes, und nicht sehr mißtrauisches Volk. So wie in Japon wurden auch in China alle Religionen geduldet. Der Hof hielt es bald mit den Bonzen, bald mit den Gelehrten, und die unaufhörlichen Einfälle der Tartaren beschäftigten eine Reihe von mehreren Regenten stets mit den grossen Sorgen für die Erhaltung des Reiches.

Alle diese Umstände kamen den Absichten der Jesuiten treflich zu statten. Ihr Ricci gewann nach dem Zeugnisse seines Ordensbruders, des du Halde *), in kurzer Zeit, durch sein gefälliges Betragen und durch seine Kenntnisse, die Liebe und das Zutrauen der Chinesen. Er machte sich noch um so beliebter, nachdem er eine geographische Karte von China entwarf, welche bis zu dieser Zeit in diesem Reiche noch eine fremde Erscheinung war. Im Verfolge schrieb er auch in der Gestalt eines Catechismus ein christliches Lehrbuch, worinn er sehr geschickt die Dogmen der Kirche mit der natürlichen Moral und vorzüglich mit den in China herrschenden Begriffen und Grundsätzen vereinbaret haben soll. Durch diesen

---

*) Defcription geographique, hiftorique, chronologique, politique, & phyfique de l'empire de la Chine & de la Tartarie Chinoife. Tom. III. pag. 86.

Kunstgriff, und dadurch, daß er sich in Ansehung der Kleidung und Lebensart den Bonzen des Landes näherte, gelang es ihm, eine Menge Proselyten zu machen. Allein seine unbegränzte Ehrsucht war noch lange mit solchen Eroberungen nicht befriedigt. Er wollte glänzen. Die Bekehrung des Pöbels war eine viel zu niedrige Beschäftigung für einen nach Ehre geitzenden Jesuiten. Er drang sich bald aus seiner eingeschränkten Sphäre hervor. Er warf die armselige Kleidung eines Bonzen hinweg, und erschien in der eines Mandarinen. So wagte er sich immer tiefer in das Reich, gewann sich unter den Grossen Freunde, und fand vermittelst ihrer Gunst einen Weg nach der Kaiserlichen Residenz Pecking.

Nur mit vieler Mühe, und nach vielen vergeblichen Versuchen gelang es ihm im Jahr 1601. mittelst Bestechungen und kriechender Schmeicheleyen gegen die Grossen, die das Hoflager umrangen, endlich selbst sich dem Throne nähern zu dürfen. Er hatte einige Seltenheiten aus Europa mitgebracht, die man in China als Wunderwerke anstaunte. Unter diesen waren zwey Gemälde, und eine Uhr, die er dem Kaiser überreichte. Chin-Tsong hatte Lebensart. Er nahm die Geschenke mit gnädigem Wohlgefallen an, und erlaubte dem Jesuiten, in Pecking ein Haus mit beständigen Einkünften in Besitz zu nehmen, und das Christenthum zu lehren.

Ricci war nun in seiner Sphäre. In der Nachbarschaft des Hofes, unter den Augen der Grossen, in einer der volkreichsten und üppigsten Städte der Welt setzte er alle Maschinen seiner Klugheit und seines Ehrgeizes in Bewegung, um sein Ziel zu erreichen. Sein vorzüglichstes Augenmerk gieng auf die Bekehrung der Mandarinen. Gleichwie diese als die herrschende Religionssekte, und als die eigentlich so genannten Gelehrten des Reiches am meisten auf das übrige Volk wirkten, so

Sechstes Buch.

konnte es nicht fehlen, daß nicht in kurzer Zeit christliche Gemeinden erst in der Hauptstadt, und dann in den vornehmsten Provinzialstädten zu blühen anfiengen. Was vorzüglich den Fortgang des Christenthums beschleunigte, war die gefällige Art der Jesuiten, mit der sie sich in die Gebräuche und in die Sitten der Chinesen zu schicken wußten. Sie machten ihren Neubekehrten die Religion sehr bequem. Sie konnten, ohne in der Hauptsache aufzuhören Heiden und Götzendiener zu seyn, doch Christen und wenn sie sich ein besonders Verdienst um die Ehre und den Nutzen der Gesellschaft Jesu erwarben, auch Heilige werden *).

Gleichwohl erhuben sich von Zeit zu Zeit einige Stürme wider die Jesuiten. Die Bonzen sahen es nicht mit gleichgültigen Augen an, daß sich mitten unter ihnen ein so sonderbares Gemische von Götzendienst und Christenthum verbreitete. „Wir wollen es euch gerne erlauben, sagten sie zu „den Jesuiten, den Herrn des Himmels anzubeten; „aber dieß können wir euch nicht verzeihen, daß „ihr unsern Gottheiten ihre Herrschaft über die „Erde streitig machet„. Auf solche Erinnerungen antworteten die Jesuiten nur mit einem übermüthigen Stolze. Den Bonzen aber ward es unerträglich, sich von fremden Barbaren höhnen zu lassen. Sie suchten Gelegenheit zur Rache. Schon hatten sie einen Verschnittenen, welcher das Orakel der Maitressen des Kaisers war, auf ihre Seite gebracht, und es wäre ihnen wahrscheinlich

---

*) Von dieser Art Heiliger war eine junge, schöne Chineserinn, Namens Kandide Hiu, deren heiliges und erbauliches Leben die Jesuiten ganz ausserordentlich rühmen. Sie können in diesem Falle nicht als Undankbare gescholten werden. Dieses heilige Frauenzimmer hinterließ ihnen bey ihrem Sterben ein ungeheures Vermögen. *Du Halde* description de la Chine. Tom. III. pag. 93 - 95.

gelungen, durch diesen Kanal den Jesuiten beyzukommen; wenn nicht der schlaue Ricci durch einen Meisterstreich die List und die Intrigue seiner Gegner zu Schanden gemacht hätte. Denn gerade um die Zeit, als die christlichen Missionäre ins Gedränge kommen sollten, erschien eine Schmähschrift wider den Kaiser. Man hatte in China noch keinen Begriff von den Kunstgriffen der Jesuiten, welche Pasquille verbreiten, und die Verfassung derselben fälschlich ihren Feinden aufbürden, um sich an ihnen zu rächen. Man glaubte dem Pater Ricci aufs Wort, als er behauptete, eben der Bonze, welcher sich seiner Gesellschaft am hitzigsten widersetzte, sey Verfasser jener Schmähschrift. Der Bonze starb unter einer grausamen Bastonade auf die Fußsohlen; und die Jesuiten hatten das Vergnügen, sich für den Eifer, den sie in dieser Sache bewiesen, mit neuen Vortheilen und Privilegien belohnt zu sehen *).

Aber nicht nur die Bonzen allein, selbst die Christen, und, was ihnen die Jesuiten nimmermehr verzeihen können, europäische Christen suchten das Verderben des Ordens. Eine zwischen dem bischöflichen Generalvikariate zu Macao und den Jesuiten entstandene Irrung veranlaßte unter beiden Partheyen einen fast unvertilgbaren Haß.

*) Du Halde erzählt diesen Vorfall ganz kurz wie folgt: Les choses etoient à un point, où le P. Ricci crut voir perir en un moment le fruit & les esperances de ses travaux: mais dans la triste situation où il se trouvoit, le secours lui vint de la providence par un evenement auquel il n'etoit pas naturel se s'attendre. Un libelle peu respecteux pour l'Empereur, se repandit alors dans le Palais, & on *l'attribua aux Bonzes*: ils furent severement punis; & le credit du principal Bouze, qui etoit devenu *l'ennemi capital des Missionaires*, ne se sauva pas de la cruelle bastonade, sous la quelle il finit miserablement sa vie. *Description de la Chine*, Tom. III. p. 96.

Sechstes Buch.

Der Stolz und die Herrschsucht der letztern gab den Anhängern der erstern nur zu bald Anlaß, sie den von Natur sehr furchtsamen und mißtrauischen Chinesen verdächtig zu machen. So entstund in Macao, einer von den Chinesen sehr stark besuchten Handelsstadt, allgemein das Gerüchte, daß die Jesuiten nach einem unmäßigen Ansehen strebten, und daß die Religion, die sie in China predigten, nur die Hülle sey, unter welcher sie ihre Absicht, sich des Kaiserthrones zu bemächtigen, verhehlten. Von Canton bis Pecking hätten sie sich ausgebreitet; und diese wären eben die vortheilhaftesten Plätze, ihre Entwürfe auszuführen. Bemerke man noch, wie sorgfältig und heimlich sie von einem Orte zum andern umher reisen, wie ihnen der Gouverneur von Macao verkauft sey, und in welcher nahen Verbindung sie mit den Christen in Japon stünden; so sey es keine Chimäre, zu denken, daß es ihnen ein leichtes seyn würde, hinlängliche Armeen zu finden, welche sie in so ungeheuern Entwürfen unterstützen könnten.

Der Inhalt dieser Beschwerden und Anklagen kam bald zur Wissenschaft des Gouvernements von Canton. Man wurde daselbst sehr aufmerksam auf die Schritte der Jesuiten. Der Gouverneur ließ den Pater Franz Martinez, welcher von Macao dahin reiste, ergreifen, und ihm eine Bastonade geben, unter welcher er seine Seele aushauchte *). Dem Pater Longobardi wäre ein gleiches Schicksal wiederfahren; und wenn der Ruf dieser wichtigen Beschuldigungen bis vor den Thron des Kaisers gedrungen, wäre vielleicht das ganze Missionsgeschäft zu Grunde gegangen, wenn nicht Ricci in der Eile einen Freund gefunden hätte, welcher mit seinem Ansehn die Untersuchung gegen die Jesuiten hemmen, den Gou-

---

*) Societas Jesu usque ad sanguinem militans. Act. Tanner. pag. 272 — Du Halde l. c. pag. 79.

verneur für seine Uebereilung, mit welcher er den Martinez todtschlagen ließ, bezüchtigen, und solchergestalt die Ehre des Ordens und der Mission retten konnte.

Diesen Vorfall überlebte Ricci nicht lange mehr. Er starb im Jahr 1610. nachdem er 27. Jahre in China mit unermüdendem Eifer für das Beßte seines Ordens arbeitete, im allgemeinen Rufe der Heiligkeit. Er stund, nach dem Zeugnisse des dü Halde *), mit den mehresten Grossen und Mandarinen des Reiches in ununterbrochener Korrespondenz, um sie für das Christenthum und für die Mission zu gewinnen. Er schrieb eine Menge Bücher religiosen und wissenschaftlichen Inhalts, und war nach Confuz der berühmteste Mann, der seit vielen Jahrhunderten in China lebte **). Sein Tod wurde, sagt dü Halde ferner, allgemein im ganzen Reiche von Christen und Heiden betrauert. Die Grossen erwiesen ihm die letzte Ehre, und der Kaiser ließ ihm ein prächtiges Grabmahl errichten.

Nach seinem Tode genossen die Christen bis zum Jahre 1615. den Schutz des Kaisers. Aber in diesem Jahre gelang es einem der vornehmsten Mandarine von Nanking, vor den kaiserlichen Thron seine Beschwerden wider die Sekte der

---

*) l. c. pag. 98.
**) Wenn, nach dem Urtheile der Jesuiten Ignaz und Xaver grösser als Peter und Paul, oder als Cäsar und Pompejus sind, so darf man es dem dü Halde nicht verargen, wenn er seinen Ordensbruder Ricci dem Confuz an die Seite setzte. Er drückt sich wie folgt aus: Comme il (Ricci) passoit pour l'homme le plus celébre, qui eût paru à la Chine depuis Confucius, il etoit accablé des visites qu'il recevoit des Grands de Peking & des Mandarins des Provinces, que leurs affaires attiroient dans cette capitale; & il ne pouvoit s'exempter de leur rendre ces mêmes devoirs de civilité, que le genie de la Nation rend indispensables. l, c.

Sechstes Buch.

Christen zu bringen. Es erfolgte eine allgemeine Verfolgung derselben. Bastonaden, Landesverweisungen und Gefängnisse entfernten die Missionarien, und die Hofjesuiten waren genöthiget, nach Macao zu fliehen. Ihre Geschichtschreiber beobachten über den Inhalt der Beschwerden, welche der Mandarin an den Hof gelangen ließ, ein tiefes Stillschweigen. Aber es läßt sich vermuthen, daß sie von besonderer Wichtigkeit gewesen seyn müssen, indem sonst der Kaiser, der die Christen und vornämlich die Jesuiten so ausserordentlich begünstigte, nicht zu so strengen und grausamen Verfügungen geschritten wäre.

Viertes Kapitel.

Fernere Schicksale der jesuitischen Mission in China. Ansehn und Beschäftigung der Jesuiten am kaiserlichen Hofe. Ihr Betragen gegen die Holländer.

Die Verfolgung der Christen war von keiner langen Dauer; denn der Kaiser starb bald, ob eines natürlichen oder gewaltsamen Todes, darüber haben sich die Jesuiten, welche die Geschichte dieses Reiches schrieben, nicht deutlich erkläret. Du Halde sagt nur *): Die Verfolgung nahm erst mit dem Tode des Verfolgers ein Ende.

Um diese Zeit erneuerten die Tartaren ihre Einfälle ins Reich. Sie drangen schon bis Peking vor. Der Mandarin, Paul Siu, eine an die Jesuiten verkaufte Kreatur und Vater der berüchtigten Kandide Siu, rieth dem Thronfolger, die Portugiesen gegen die Tartaren zu Hülfe zu rufen. Niemand, sagte er, versteht sich besser auf die Artillerie, als diese Nation; aber man kann sie nicht anders gewinnen, als wenn den Christen freye Religionsübung und den Jesuiten freyer

---

*) l. c. pag. 99.

Eintritt ins Reich gestattet wurde. Der Kaiser, so geneigt er den Bonzen war, befolgte den Rath seines Mandarins. Die Jesuiten kamen wieder nach Peking, und die Tartaren wurden geschlagen, ohne der Hülfe der Portugiesen benöthigt gewesen zu seyn.

So weit hatten die Jesuiten es schon vermittelst ihres Einflusses auf die Großen des Hofes gebracht, als die regierende Kaiserinn Helena einen ziemlich unzweydeutigen Beweis von der Macht und dem Ansehn gab, welches sich die Missionarien bereits am Hofe erworben. Sie schrieb (man kennt ohne Mühe die Hand derjenigen, deren sie sich im Schreiben bediente,) an den Pabst Alexander VII welchen sie den heiligsten Vater, den größten Herrn, den Lehrer der allgemeinen Kirche und den Statthalter Christi auf Erde nennt *), folgenden Brief:

„Ich, Helena, beschämt, in dem kaiserlichen „Palaste zu wohnen, da ich nur eine arme und „geringe Chineserinn bin, und ohne Kenntniß von „fremden Gesetzen auf keine andere dachte, als „eingezogen von der Welt zu leben, war so glück„lich, einen Jesuiten, Andre Xavier mit Na„men **), zu finden, welcher an unsern Hof „kam, um eine heilige Lehre zu predigen, und „sich dadurch eine grosse Achtung erwarb. Ich „war neugierig, ihn zu sehen; und als ich ihn „sah, so überzeugte ich mich von der Wahrheit „dessen, was man zu seinem Ruhme sagte, eben „so sehr, als davon, daß er ein ganz ausseror„dentlicher Mann war.

„Die Achtung, die mir sein persönliches Ver„dienst für ihn einflößte, war sehr geschickt, mich „für seine Lehre einzunehmen. Ich empfieng von „seiner eigenen Hand die heilige Taufe, und habe „zum Theil auch die Mutter des Kaisers, seine

---

*) Du Halde description de la Chine. Tom. III. p. 101.
**) Eigentlich Pat. Andre Koffler, ein deutscher Jesuite.

Sechstes Buch.

„rechtmäßige Gemahlinn, und seinen Erbprinzen
„dahin bewogen, nach vorläufigem Unterrichte in
„den heiligen Wahrheiten der Religion sich gleich=
„falls taufen zu lassen.

„Nun wünschte ich, so grossen Begnadigungen
„des Himmels würdig entsprechen zu können. Oft
„schon dachte ich daran, selbst zu Euer Heiligkeit
„zu reisen, um zu vernehmen, welche Pflichten
„ich nun zu beobachten habe. Allein die weite
„Entfernung hindert mich an so einem Unterneh=
„men. In dieser Rücksicht sende ich Ew. Heilig=
„keit gegenwärtiges Schreiben, damit durch Höchst=
„dero heiliges Gebet die göttliche Majestät bewo=
„gen werde, so armen Sünderinnen, als wir
„sind, gnädig zu seyn, und uns eine vollkomme=
„ne Erlassung unsrer Sünden in unserer Sterbe=
„stunde zu verleihen.

„Wir bitten euch, heiligster Vater, Gott, und
„die ganze heilige Kirche anzuflehen, daß er
„gnädig unser Kaiserthum in seinem Schutz nehme,
„und unserm kaiserlichen Hause und allen ihren
„Unterthanen die Gnade gebe, den wahren Gott
„Jesu Christ zu erkennen und anzubeten.

„Wir bitten euch noch, von der Güte zu seyn,
„uns noch mehrere heilige Jesuiten zu schicken,
„damit sie im ganzen Reiche die Lehren des hei=
„ligen Evangeliums verbreiten. Wir werden Ew.
„Heiligkeit unendlichen Dank dafür schuldig seyn.
„In dieser Absicht senden wir mit gegenwärtiger
„unterthänigster Bitte den Pater Michael Boym
„ab, welcher eine vollkommene Kenntniß von
„den Umständen und der Lage unsers Reiches
„hat. Er wird Ew. Heiligkeit mündlich alles
„das sagen können, was wir im Vertrauen wün=
„schen, und wird Ew. Heiligkeit bezeugen, wie
„groß unsere Ergebenheit und Unterwerfung
„gegen die Kirche sey.

„Da unser Reich eines vollständigen Friedens
„sich freut, so hoffen wir, bald wieder einen

„von diesen Vätern, den Jesuiten, absenden zu
„können, um vor dem Throne der heiligen Apo=
„stel Peter und Paul, so wie jetzt, unsere Wün=
„sche mit tiefstem Respekte niederzulegen.

„Auf den Knien, und unser Antlitz gegen
„die Erde neigend, bitten wir Ew. Heiligkeit um
„diese Gnade, und hoffen, daß uns Höchstdiesel=
„ben eines gnädigen Anblickes würdigen wer=
„den. Geschrieben den 4. Wintermonat 1650.

Alexander VII. ermangelte nicht, in der Be=
antwortung dieses Schreibens die Jesuiten mit
den schmeichelhaftesten Lobsprüchen hervorzuheben,
und ihre Uneigennützigkeit und ihren Eifer für das
Seelenheil anzurühmen. „Es ist Zulassung Got=
„tes, sagt der Pabst in seinem Breve an die
„Kaiserinn, daß sich Leute, voll des heiligsten Ei=
„fers gefunden haben, welche aus eigner Bewe=
„gung, ohne alle Verbindlichkeit sich so vielen
„Gefahren und dem Tode aussezten, um euch die
„Wahrheiten des Heils zu verkündigen, und euch
„auf den Weg des Himmels zu führen. Vergesset
„nie, meine liebe Tochter, fährt Alexander fort,
„was ihr diesen Vätern schuldig seyd.„

Die Jesuiten wurden auch um diese Zeit (1655.)
am Hofe des Kaisers ganz ausserordentlich begün=
stigt. Der deutsche Jesuite, Adam Schall, genoß
die Gunst des Monarchen in einem so vorzüglichen
Grade, daß er zur Würde eines Mandarins vom
ersten Range, und zum Präsidenten des Tribunals
der Mathematik erhoben wurde. Bekanntlich hat
diese Wissenschaft für die Chinesen eine Art von
Religionsheiligkeit, indem nach ihren Begriffen
der Lauf der Gestirne die Bestimmung ihres glück=
lichen oder unglücklichen Schicksals anzeigt. Der
Jesuite, ein geschickter Mathematiker, gab diesem
Tribunale bald denjenigen Glanz, den es bisher
unter der Aufsicht der Mahometaner nicht hatte.
Man sah nun das Kollegium der Jesuiten mehr
für die Werkstätte eines Mechanikers, als für

Sechstes Buch.

eine Schule der Religion an. Alles beschäftigte sich mit Verfertigung mathematischer Instrumente. Dieser arbeitete an Klavieren, jener an Kalendern. Dort beschäftigte sich einer mit Uhren, und hier einer mit astronomischen Tabellen. Andre machten Almanache, und wieder andere chemische Prozesse *). Der Kaiser war mit der Geschäftigkeit der Jesuiten so wohl zufrieden, daß er den Pater Schall eines ganz besondern Vertrauens würdigte. Sonst pflegten die chinesischen Souverains während ihrer Regierung nie ihren Palast zu verlassen. Allein Chun tchi machte von der Regel eine Ausnahme, und beehrte in zwey Jahren mehr als zwanzigmal den Präsidenten seines mathematischen Tribunals. Ja seine Vertraulichkeit gegen den Jesuiten gieng so weit, daß er an seinem Geburtstage, anstatt auf seinem Throne die Glückswünsche des kaiserlichen Hofstaates anzunehmen, vielmehr den ganzen Tag in der Wohnung des Pater Schalls zubrachte **). Ein andermal beraubte er sich zur Winterszeit seiner eigenen Kleidung, um dem Jesuiten, der fror, damit ein Geschenke zu machen. Er nannte ihn nie anders, als Ma Fa; eine Benennung, die in der Sprache der Tartaren den höchsten Grad von Ehrfurcht ausdrückt. Die allerwichtigste und für die Absichten der Jesuiten allervortheilhafteste

---

*) Voyages autour du Monde par Gemelli Careri. Tom. IV. pag. 191.
**) *Du Halde description de la Chine.* Tom. III. pag. 105. Windbeuteln mag der Jesuite, der dieß Alles erzählt, wohl ein bischen viel. Indessen ist es nichts destoweniger wahr, daß auch selbst die größten europäischen Regenten bey weitem noch mehr von ihrem Ansehn vergaben, als der chinesische Kaiser. Die Beichtvaterschaften an dem französischen und kaiserlichen Hofe sind hievon, wie wir im Verfolge sehen werden, nur zu überzeugende und zu grosse Beyspiele.

Begünstigung bestund aber darinn, daß Pater Schall die Freyheit hatte, sich in eignen oder fremden Anliegenheiten unmittelbar an den Monarchen wenden zu dürfen, da sich alle übrige Hofbedienten und Unterthanen nicht anders als vermittelst des Tribunals der Bittschriften, und folglich durch mehrere Mittelspersonen an ihn richten konnten. Wie sehr vielen Einfluß mußte dieser Jesuite unter solchen Begünstigungen in Regierungsgeschäften behaupten! Wie sehr mußte er erst, nachdem er bald darauf nach dem Tode dieses Kaisers Lehrer des Thronfolgers geworden, von ganz China geehrt und gefürchtet werden! Man kann ihm nicht den Vorwurf machen, unter so günstigen Umständen das Interesse seines Ordens vernachläßigt zu haben. Die Anlegung vieler christlichen Kirchen mag wohl sein geringstes Verdienst gewesen seyn. Bey weitem wichtiger war der Vortheil, den seine Gesellschaft von dem Kredite zog, in welchem er am Hofe stand. Unter ihm kamen eine Menge Jesuiten ins Reich, und an den Hof. Der niederländische Jesuite, Pater Verbiest, ist als chinesischer Mandarin vom ersten Range bekannt. Schall wußte sich in allen Fällen, und bey allen Veranlassungen, in denen für den Nutzen seines Ordens etwas zu erhaschen war, der Gunst des Kaisers zu bedienen. Schon unter ihm fieng sich der weitläuftige Handel der Jesuiten an, die das Commerz von ganz Ostindien an sich zu bringen suchten. Man kann sich nun vorstellen, wie viel den Jesuiten daran gelegen seyn mußte, sich den Holländern zu widersetzen, als diese mit so grossem Aufwande Gesandtschaften nach China veranstalteten, um die Handelsfreyheit in diesem grossen Reiche zu erhalten.

Die Holländer, diese spekulative und fleißige Nazion, hatten im Jahre 1655. einen Versuch gemacht, für ihre Handlung einen Weg nach China zu finden. Eine ansehnliche Gesandtschaft schickte sich

Sechstes Buch.

sich in diesem Jahre mit prächtigen Geschenken für den Kaiser zu Kanton ein. Die Holländer liessen es an kostbarem Aufwande nicht fehlen, um durch Bestechungen die Grossen und die Reichsräthe zu gewinnen. Allein lange schon waren die Portugiesen im alleinigen Besitze der Handelsfreyheit, welche ihnen die Jesuiten, die an dem Gewinne und den Vortheilen derselben den größten Antheil hatten, mittelst ihres Ansehns am Hofe und ihres Einflusses über die Grossen des Reiches zu verschaffen wußten. Es lag also sowohl ihnen, als den Portugiesen daran, die Bemühungen der Holländer zu vereiteln. Erst suchten sie, da ihnen wohl bekannt seyn konnte, wie viel reiche Geschenke und Bestechungen am Hofe vermögen, zu verhindern, daß die Gesandschaft daselbst nicht vorgelassen würde *). Sie versprachen einem Hofbedienten sechshundert Tael **), wenn er es dahin zu bringen wüßte, daß den Holländern ihr Ansuchen um eine kaiserliche Audienz abgeschlagen würde. Der Hofbediente war zu furchtsam, und die Jesuiten zu geizig, da sie zwar grosse Summen versprachen, aber nicht zu bezahlen im Sinne hatten. Dieser Versuch mißlang ihnen also. Aber sie waren unerschöpflich an neuen Kunstgriffen. Sie nahmen nun zur Fanatick und Heucheley ihre Zuflucht. Sie stellten öffentliche Gottesdienste und besondere heilige Uebungen an, zu welchen sie ihre Kreaturen einluden, worunter gar viele Hofleute und Fürsten waren. Diesen schilderten sie die Holländer als Leute, welche von niederträchtigem und meineidigem Gemüthe wären, als Abtrünnige und

---

*) Allgemeine Historie der Reisen zu Wasser und Lande. Aus dem Englischen. Band V. Buch XIV. Kap. V. Abschn. I. S. 379.

**) Ein Tael hat am Werthe eine Unze Silber, und gilt sieben französische Pfund, zehn Sols, oder sechs Schillinge acht Stüber englisch.

Ketzer in der Religion, und als Aufrührer und Rebellen wider ihren rechtmäſſigen Oberherrn. Keine Verträge, sagten sie ferner, könne irgend ein Volk wider diese allgemeine Räuber in Sicherheit stellen, die sich alle Herrschaft über die See anmaaßten, und ohne Rücksicht auf Freunde und Feinde alle Schiffe kaperten, die ihnen in die Hände fielen. Se. Majestät würden demnach nicht nur ihr eigenes Reich in Verwirrung und Unglück stürzen, sondern auch allen übrigen Monarchen Aergerniß verursachen, wenn sie so gottlosen Räubern freye Handlung gestatteten, indem alle übrige Monarchen sich hüteten, mit ihnen Geschäfte zu machen, weil sie dieselben für die schädlichste Pest hielten, die sich jemals in ihre Herrschaften einschleichen könnte *). Der Unwillen, der nach solchen Aeusserungen in den Gemüthern der Zuhörer entstand, war so groß, daß einer unter ihnen sich aufhub, und schrie: „Der Kaiser sollte billig Befehl geben, daß man sie, als öffentliche Diebe und Aufrührer wider das ganze menschliche Geschlecht aufhängen sollte, damit sie in Zukunft von dergleichen Unternehmungen abgeschreckt würden,„. Ohnezweifel wäre den Jesuiten ein Gefallen geschehen, wenn dieser grausame Vorschlag ausgeführt worden wäre. Allein sie wußten ihrer Verleumdung als unnachahmliche Heuchler sogleich wieder den Schein von Güte und Gerechtigkeit zu geben. Sie antworteten: „Ein solches Verfahren würde zu streng und ungerecht seyn, weil sie doch die Rechte öffentlicher Gesandten geniessen müßten. Und da sie sich selbst der Treue des Kaisers überlassen hätten, so müßten sie auch auf alle Weise wider Gewaltthätigkeit geschützt werden. Es würde, zum I, da sie reiche Geschenke mitgebracht hätten, Sr. Majestät besser anstehen, ihnen, als Fremden, Gnade zu erzeigen, und sie in Friede

---

*) Historie der Reisen l. c. S. 380.

Sechstes Buch.

wieder von sich zu lassen. Nur müßte man sie abschrecken, daß sie nicht wieder kämen, und ihnen daher nichts von ihrer Bitte zugestehen *).

Indessen würden den Jesuiten alle diese Kunstgriffe mißlungen seyn, wenn nicht ihr mächtiger Mandarin, Pater Adam Schall, gerade damals den Hof beherrscht hätte. Er war das Orakel des Kaisers, und in dieser Eigenschaft gelang es ihm gar leicht, diesem schwachen und jungen Monarchen zu beweisen, daß die Holländer Besitzer eines kleinen Striches Landes wären, den sie durch Aufruhr ihrem rechtmäßigen Beherrscher entrissen hätten. Nun wären sie Seeräuber geworden, und beraubten, um ihre Landmacht zu behaupten, alle diejenigen, bey denen sie etwas zu rauben fänden. Der Kaiser hörte die Erzählung des Jesuiten mit Wohlgefallen. Dieser aber wurde immer dreister, und fieng nun an, aus einem andern Ton zu sprechen. Er machte die Anmerkung, daß, wo die Holländer einmal, unter dem Vorwande der Handlung, einen Fuß an irgend einem Orte gewonnen hätten, sie sogleich damit anfiengen, Festungen anzulegen und Kanonen aufzupflanzen. Er müsse sich wundern, wie es gekommen wäre, daß man sie durch die Lande Sr. Majestät von Süden bis nach Norden geführt, und erlaubt hätte, daß sie auf ihrer Reise alle Plätze in Augenschein nehmen durften. Denn wofern sie die Absicht hätten, in das Königreich Kajo einzufallen, und auf dem Eylande, welches den Namen des goldenen Berges führt, und mitten in der Mündung des grossen Flusses liegt, eine Festung anzulegen; so würden sie im Stande seyn, den ganzen Paß zu bestreichen, und die vier grossen nahe gelegenen Städte zu beängstigen. Hiezu hätten sie nicht mehr, als hundert Mann, nöthig, da hingegen Se. Majestät

*) Daselbst S. 381.

gezwungen seyn würden, zwey bis drey tausend Mann auf den Beinen zu halten, um ihre Bewegungen zu beobachten. Es würde auch unmöglich seyn, sie daraus zu vertreiben, weil sie auf der See mit allen Arten von Nothwendigkeiten versehen werden könnten. Und eben diese Gefahr müßte man von ihnen in allen andern Plätzen besorgen, wo man ihnen erlauben würde, sich festzusetzen. Der Kaiser, so schloß der Jesuite seinen Vortrag, nehme es also nicht ungnädig, daß ich so frey meine Meinung von der Gefahr entdecke, welcher seine Lande ausgesetzt sind Denn ich stehe vor meinem gnädigsten Herrn und Gebiether, dem ich verbunden bin, alles zu entdecken, was ihm einiges Unglück drohen kann. Die Furcht dieserwegen verursachet mir nicht wenig Angst in meinem Herzen *).

Diese heuchlerischen Gesinnungen verfehlten ihren Zweck nicht. Der Kaiser nahm zwar von der holländischen Gesandschaft die Geschenke; aber er schickte sie mit aller Höflichkeit wieder nach Hause. Die Jesuiten schrieben diesen fruchtlosen Versuch der Holländer, den chinesischen Handel an sich zu bringen, den Verfügungen des Himmels zu, welcher nicht wollte, daß so infame Ketzer den Nutzen der christlichen Mission, welche durch ihre Habsucht vertilgt worden wäre, zum Nachtheil des Seelenheils vieler tausend bekehrter Heiden zu Grund richteten. Man sieht aber aus dem Zusammenhange dieses ganzen Vorfalls, den ich absichtlich weitläuftiger ausführte, in wie naher Verbindung die Maschinen, welche sie in China in Bewegung setzen, mit denen stehen, deren sie sich an europäischen Höfen bedienen, um den Nutzen ihres Ordens zu befördern. Andächteley, Bestechung, Verleumdung, und, wenn all' dieß nicht fruchtet, Gewaltthätigkeit und Mißbrauch der

*) Daselbst. Abschn. II. S. 390.

Sechstes Buch.

Hofgunst, waren von jeher die Waffen, die sie gegen ihre Gegner mit besonderer Geschicklichkeit zu führen wußten.

Fünftes Kapitel.

Aergerlicher Prozeß zwischen den Jesuiten, Dominikanern und Kapuzinern. Antheil, den der römische Hof an diesem Prozesse nahm. Die Jesuiten machen den Pabst in China lächerlich. Schicksale des Kardinals von Tournon und des Herrn Mezzabarba.

Das Ansehn der Hofjesuiten, und mehr noch die Gleichgültigkeit des Kaisers und seiner Hofbedienten gegen Religionssekten, war der Ausbreitung des Christenthums sehr günstig. Wenn auch manchmal durch die Kaballe der Bonzen, oder durch die bestochene Leichtgläubigkeit einiger Unterkönige, die Mission litt oder gedrückt ward, so wußten die Jesuiten als Mandarine vom ersten Range am Hofe bald Hülfe zu finden. Die Chinesen sind bey weitem so barbarisch nicht, als es andere Völker sind. Man genügte sich gemeiniglich damit, die Missionarien nach Kanton zu verweisen, und nur selten bediente man sich strengerer Zwangsmitteln, die Ausbreitung der Christensekte zu hindern. Wenn auch einige mit Bastonaden begrüßt wurden, so waren es gemeiniglich nur verwegene Schwärmer, die nach den Begriffen ihrer Fanatick, und als blindgeführte Sklaven der Jesuitenobern, sich noch ein grosses Verdienst daraus machten, ihre Widersetzlichkeit gegen Regierungsbefehle mit Streichen auf die Fußsohlen zu büssen.

Die christliche Religion würde um so mehr noch grosse Fortschritte in China gemacht haben, da die Jesuiten es den Chinesern sehr bequem werden liessen, das Christenthum anzunehmen, ohne in der Hauptsache von den heidnischen Gebräuchen und Nazionalbegriffen sich zu entfernen. Confuz ist den Chinesen fast das, was uns Christus ist. Sie erweisen ihm, als dem Urheber ihrer Sittenlehre und Moral, göttliche Ehre. Ausserdem glauben sie an die Seelenwanderung, und sind in Ansehung ihrer Begriffe von der Weltseele pure Materialisten. Die Jesuiten machten frühe genug die Bemerkung, daß es vergebene Mühe seyn würde, die Chinesen zum Christenthum bekehren zu wollen, wenn sie ihnen nicht zugleich erlaubten, ihrem Confuz und Abgestorbenen Opfer zu bringen, und zu glauben, daß das höchste Wesen aus materiellem Stoffe bestehe. Die Jesuiten nahmen die Sache so genau nicht, und hatten durch diese Gefälligkeit gegen die Nazionalbegriffe ein sogenanntes christliches Heidenthum in China eingeführt.

Der ganzen Welt hätte diese Sache gleichgültig seyn mögen. Allein fataler Weise kounten die Dominikaner und Kapuziner, welche in der Mitte des siebenzehnten Jahrhunderts ebenfalls in Missionsgeschäften nach China kamen, nicht begreifen, daß es möglich sey, ein guter katholischer Christ zu seyn, und zugleich dem Confuz göttliche Ehre zu erweisen ꝛc. Hierüber entspann sich zwischen diesen Vätern und den Jesuiten ein ärgerlicher Prozeß, der bis auf den heutigen Tag noch unentschieden ist. Ich wi" die Geschichte desselben, so kurz, als möglich, zusammen fassen.

Im Jahre 1633. kamen der Dominikanermönch, Joh Bapt. von Morales, und der Kapuziner Anton von St. Maria nach China. Sie erstaunten, als sie christliche Priester in gottesdienstlichen Verrichtungen nach heidnischen Gebräuchen dem Confuz und den Abgestorbenen Opfer bringen sahen *). Sie erkundigten sich über den Ursprung dieses Unfugs, und erfuhren zu ihrem grossen Er-

---

*) Morale pratique des Jesuites. [Tom. VI. Chap. IV. pag. 57.

Sechstes Buch.

staunen, daß die Jesuiten den neubekehrten Chinesen die Fortsetzung ihrer heidnischen Gewohnheiten erlaubten. Hierüber machten diese orthodoxen Väter den Jesuiten die allerbittersten Vorwürfe. Diese aber beantworteten ihre ängstlichen Besorgnisse bald mit feinem und bald mit grobem Spotte, und liessen sich in ihrer Bekehrungsmethode nicht irre machen. Dieß verdroß den Dominikaner, welcher, um sein Gewissen über alle Aergernisse dieser Art zu beruhigen, nach Rom reiste, dem Pabst Innocenz X. den Greuel der Verwüstung in den chinesischen Kirchen schilderte, und auf einen richterlichen Ausspruch drang. Innocenz entschied zum Vortheile der Dominikaner, und verdammte die Jesuiten. Triumphirend kehrte Morales nach China in der Erwartung zurück, die Jesuiten würden sich in Demuth dem Ausspruche des ersten Kirchenhauptes unterwerfen. Er betrog sich in seiner Erwartung. Seine Gegner wollten nicht ungehört verdammt werden, und schickten ihrerseits den Pater Martini mit den nöthigen Instrukzionen nach Rom, um den heiligen Vater zu belehren, daß die Dominikaner aus gehäßigem Neide und aus Unwissenheit die Gesellschaft Jesu gelästert haben. Alexander VII. ein den Jesuiten sehr ergebener Pabst, hatte andere Ueberzeugungen, als sein Vorgänger, und schickte den Pater Martini mit einem Bescheide zurück, gegen welchen seine Ordensbrüder nichts, destomehr aber die Dominikaner und Kapuziner einzuwenden hatten.

Es erfolgte ein Schriftenwechsel zwischen beiden Partheyen, der allein den Raum einer weitläuftigen Bibliothek ausfüllen würde. Alle Jesuiten in der Welt nahmen an diesem Zwiste Antheil, und alle verketzerten und lästerten ihre Gegner. Mehrere Gesandtschaften erschienen von Seite der Partheyen in Rom, und die Kongregazion von der Fortpflanzung des Glaubens nahm sich der

Geschichte der Jesuiten.

Sache mit einem ganz aufferordentlichen Ernste an. Schon im Jahre 1648. erschienen mehrere Verordnungen gegen die ketzerischen Gebräuche der Chinesen, gegen ihre Anbethung des Confuz, und gegen die Opfer, die sie mit Bewilligung der Jesuiten ihren Götzen brachten. Geschenke und Drohungen, und allermeist der Einfluß, den die Gesellschaft Jesu über die Gesinnungen und Entschliessungen der römischen Karbinäle zu behaupten wußte, benahmen aber diesen Verordnungen grossentheils ihren Nachdruck.

Erst Clemens X. und Innocenz XII. fiengen die Sache mit grossem Eifer zu betreiben an. Sie verdammten die Jesuiten, und letzterer ließ in Rom öffentlich eine Verordnung kund machen, die jenen gar nicht behagen konnte. Mit dieser Verordnung setzte Karl Maigrot, päbstlicher Vikar, die ganze Missionsgenossenschaft vollends in Brand. Er machte dieselbe im Jahre 1693. öffentlich im Kaiserthum China bekannt. Darinn waren alle heidnischen Gebräuche, welche Pabst Alexander VII. erlaubte, unter den feyerlichsten Verfluchungen gegen die Uebertretter verdammt. Die Jesuiten verfluchten ihrerseits mit nicht geringerm Nachdrucke den apostolischen Vikar, und nannten sein Verfahren ketzerisch, gottlos, unklug und erschlichen. Ein so hitziges Gezänke ärgerte selbst die Christen in China; indessen behaupteten die Jesuiten immer die Oberhand über ihre Gegner, indem sie der Schutz des kaiserlichen Hofes furchtbar machen mußte, und sie überhaupt, da der ganze Orden für sie arbeitete, mit mehrerem Nachdrucke, theils vermittelst ihrer Intriguen, theils durch Bestechungen und Insolenz wirken konnten.

Das Feuer dieses ärgerlichen Zwistes hatte bereits den spanischen und französischen Hof ergriffen, und beide nahmen an dem unnützen Gezänke der Partheyen einen nähern Antheil, als es ein so

Sechstes Buch.

elender Schulstreit verdiente. Aber was vermogten die Jesuiten, die damals gerade die höchste Stuffe ihrer Macht erreicht hatten, nicht über den Geist der katholischen Höfe, die unter ihrem Einflusse standen, und an denen sie ihre fürchterlichen Tribunalien aufgeschlagen hatten! Beide Höfe begünstigten die Jesuiten in ihrem heftigen Widerstande gegen den apostolischen Stuhl so sehr, daß auch die allermäßigsten Schriften ihrer Gegner dem Henker übergeben wurden, indessen jene volle Freyheit hatten, diese mit Hohn und Spott zu lästern.

So weit hatte dieser Brand um sich gegriffen, als Pabst Klemens XI. mit Ernste auf Rettungsmittel zu denken anfieng. Er verdammte neuerdings mit den fürchterlichsten Bannflüchen die chinesischen Gebräuche, und schickte im Jahre 1702. mit den weitläuftigsten Vollmachten den Titularbischof von Antiochien, und nachmaligen Kardinal, Karl Thomas Maillard von Tournon, in der Eigenschaft eines Nunzius a Latere von Ostindien nach China, um an der Quelle dem Ursprunge dieses unseligen Zwistes nachzuforschen, und nach Erforderniß der Umstände jene Gebräuche zu bewilligen oder zu verdammen. Tournon war ein redlicher und eifriger Mann, dem die Reinigkeit der Glaubenslehre eben so nahe, als die Ehre des päbstlichen Stuhles am Herzen lag. Er befand sich von Jugend auf in dem Schooße der Jesuiten, denen er ausserordentlich ergeben war. Man konnte also um so mehr erwarten, daß er ohne leidenschaftliche Partheylichkeit wider die Sache der Gesellschaft Jesu zu Werke gehen würde. Wirklich ließ es diese bey seiner Ankunft in Ostindien an Schmeicheleyen nicht fehlen, um ihn zu gewinnen, so wie jener auch die ungeheucheltsten Merkmale seiner Anhänglichkeit für das Interesse derselben an den Tag legte. Allein bald gewann die Sache eine andere Gestalt. Tournon fand in seiner Ueberzeugung die Gebräuche der Heiden gottlos und verdammlich, und die Jesuiten rächten sich dafür an ihm, daß sie mittelst ihrer Intriguen den chinesischen Kaiser wider ihn entrüsteten, und es soweit brachten, daß Tournon im Gefängnisse zu Macao die tiefste Kränkung von den Jesuiten dulden, und endlich gar als Märtyrer seiner Ehre und seines Eifers für die Ehre des päbstlichen Stuhles gewaltsam aus der Welt geschaft werden mußte *).

Clemens XI. wollte, so mächtig und furchtbar ihm die Gesellschaft geworden, doch nichts von seinem Ansehn vergeben. Er bestätigte die Verfügungen des Kardinals. Nun flogen wieder von allen Seiten Rechtfertigungen des Betragens der Jesuiten umher. In Italien, und vornehmlich in Rom, dem Hauptsitze des Pabstes, konnte man nicht begreifen, wie die Jesuiten wohl ungestraft so verwegen seyn durften, sich dem Ansehn und den Aussprüchen des Kirchenhauptes, dem sie zufolge eines sonderheitlichen Eides blinden Gehorsam geloben, mit so ausserordentlicher Hartnäckigkeit zu widersetzen. Dafür wußte der General Tamburini bald Rath zu schaffen. Er warf sich den 20. Wintermonat 1711. samt seinen Assistenten und den Prokuratoren aus jeder Provinz

*) Memoires historiques presentés en 1724. au Souverain Pontife Benoit XIV. sur les Missions des Peres Jesuites aux Indes orientales. Par *R. P. Norbert.* Tom. III. Liv. I. pag. 99 - 148. Dieser unermüdete und eifrige Kapuziner, dem beynahe die Welt zu enge wurde, um der Rache der Jesuiten und ihren Verfolgungen zu entgehen, beweiset in diesen Memoiren urkundlich, daß Tournon in seinem Gefängnisse zu Macao mit einer Chocolate von den Jesuiten vergiftet worden. Ein Augenzeuge davon, Angelita, Chorrher von St. Peter in Carcer, machte von dieser Vergiftung eine umständliche Beschreibung bekannt. Man lieset sie in Norberts Memoiren am angeführten Orte.

Sechstes Buch. 43

zu den Füſſen Sr. Heiligkeit, und betheuerte in
ſeinem und in dem Namen der ganzen Geſellſchaft, daß mit tiefſter Unterwürfigkeit und mit
blindem Gehorſam alles befolgt werden ſoll, was
der heilige Stuhl überhaupt, und inſonderheit
über die chineſiſchen Gebräuche zu verfügen belieben wird. Er und die Geſellſchaft machen ſich
verpflichtet, alles buchſtäblich, ohne allen Wi-
derſpruch, ohne Rückhalt und ohne Verzug
zu beobachten. Auſſerdem erklärt der General,
daß dieſe Sprache die Sprache der ganzen Geſellſchaft, und dieſer Geiſt ihr Geiſt ſey*). Der

---

*) Die urkundliche Schrift des Generals iſt zu merkwür-
dig und überzeugend, wie ſehr die Jeſuiten in der Heucheley und Verſchlagenheit Meiſter ſind, als daß ich
mich enthalten könnte, ſie in der Urſprache wörtlich hier
anzuführen. Sie iſt mit folgenden Worten abgefaßt:
Beatiſſime Pater! Tam juſtis, tam gravibus ac ne-
ceſſariis P. P. Procuratorum Poſtulatis obſecundans
Præpoſitus Generalis Societatis Jeſu ad Sanctitatis Veſtræ pedes humillime provolutus, quocunque optimo
ac certiſſimo modo poteſt, cum omni aſſervatione ac
ſinceritate ſua ac *totius Societatis nomine* profitetur
ac declarat Sanctitati Veſtræ & Sanctæ Sedi Apoſto-
licæ *conſtantiſſimum* obſequium, *reverendiſſimam* ſub-
miſſionem, & obedientiam *cæcam* in amplectendis &
exequendis., quæcunque per eamdem Sanctam ſedem
decreta fuerint & imperata; *iisque potiſſimum*, quæ
circa *ſinicos ritus* edita ſunt tum anno 1704. die
20. Novemb. tum anno 1710. die 25. Sept. Quæ
quidem Decreta, etiam prout a Sanctitate Veſtra
explicata & expoſita fuerunt in litteris, Sanctitatis
Veſtræ nomine eidem Præpoſito Generali ſcriptis ab
illuſtriſſimo & reverendiſſimo Aſſeſſore S. Officii ſub
die 11. Octobris anno 1710. *inconcuſſe & inviolabi-
liter, ſub cenſuris & poenis ibidem expreſſis, ſine ulla
contradictione, tergiverſatione, aut cunctatione, quovis
contrafaciendi colore aut prætextu penitus ſublato, ſibi
ad amuſſim obſervanda & exequenda ſponte & ultro*

General, alle Aſſiſtenten und Prokuratoren der
Provinzen unterſchrieben dieſe Erklärung eigenhän-
dig und im Namen der ganzen Geſellſchaft. Der

admittit & amplectitur Societas univerſa. Teſtatur
autem idem Præpoſitus Generalis, hanc eſſe vocem,
hoc votum, hunc ſpiritum Societatis univerſæ; hunc
& futurum eſſe; ſicut Procul Dubio ſemper fuit.
(Man bemerke doch dieſe äuſſerſt ſonderbare und freche
Aeuſſerung!) Quod ſi quis nihilominus e Noſtris
eſſet ubicunque terrarum, quod avertant Superi, qui
aliter ſentiret aut loqueretur aut locuturus eſſet: nam
id omnino prævenire aut impedire nulla ſatis poteſt
humana prudentia in tanta ſubditorum multitudine:
declarat, aſſerit ac profiter Præpoſitus Generalis nomine totius Societatis, ſic jam nunc illum reprobare,
repudiare, ac merita caſtigandum pœna (welches in der
Geſellſchaft noch nie, auch bey den allergröbſten Verbrechen
geſchehen) neque agnoſcendum pro vero & genuino filio
Societatis: illum tum quam degenerum & non Suum
habebit Uti Tales Semper Habuit (welche Unwahrheit!)
& modo habet Societas, & quantum poterit, ſemper compeſcet, comprimet & conteret. Ea mens, ho-
propoſitum, ea conteſtatio Societatis eſt, quam ejus
totius nomine deponit ad Sanctiſſimos pedes Beatitudinis Veſtræ ipſius Generalis, ut inde per univerſam
diſſeminetur & ſpargatur eccleſiam. Quodſi ad ex-
primendam efficacius Societatis in hac proteſtatione
mentem inveniri poſſent verba clariora & magis ſi-
gnificantia aut formulæ magis diſtinctæ diſertæque, ad
obſtruendum omnem cavillationibus & ſiniſtris inter-
pretationibus aditum, intendit, optat, vult Præpoſitus Generalis, ut ea, quæ in hoc ſcripto adhibet,
verba vim omnem aliorum quorumcumque magis ido-
neorum habeant: fatereturque, ſibi non occurriſſe me-
liora & apertiora, quibus veram & ſinceram totius
Societatis mentem declararet. Ex Domo Profeſſa
Romana die 20. Novemb. 1711. Ita fatetur & pro-
teſtatur Michael Angelus Tamburinus Præpoſitus Generalis.

Sechstes Buch.

Pabst war ganz wohl damit zufrieden, und dachte an nichts, als daß nunmehr nach so deutlichen und bestimmten Aeusserungen die Dekrete des heiligen Stuhles befolgt würden. Allein der Erfolg hat es leider zu seinem grossen Kummer, und zu seiner Demüthigung bewirken, wie wenig Treu und Glauben auch die allerheiligsten Eide und Versicherungen der Jesuiten verdienen. Kaum wagte er es, durch ein apostolisches Verbot den Gebrauch des chinesischen Wortes Tien tchu, mit welchem die Chinesen das höchste Wesen benennen, zu verbieten, als sie Himmel und Erde wider den Pabst und wider seine Dekrete in Bewegung setzten. Sie streuten sogar in China Schutzschriften ihres Ordens aus, die ihres ärgerlichen Inhaltes wegen in Rom durch Henkers Hände verbrannt werden mußten.

Mit so vieler Hitze, Gewaltthätigkeit und Haß stritt man sich beynahe ein ganzes Jahrhundert um die Frage, ob die Art, dem Confuz und den Abgestorbenen Ehre zu erweisen, ein bloß bürgerlicher, oder ein religiöser Gebrauch sey. Den Jesuiten, die in Kraft ihrer Intenzion ohne Sünde und Entheiligung das Bild des gekreuzigten Heilandes in Japon befußtritten konnten, war es ein leichtes, zu beweisen, daß es keine Religionshandlung sey, den Geistern der Abgeschiedenen stattliche Mahlzeiten vorzusetzen, um sich daran zu sättigen. Allein ihre Gegner konnten dieß eben so wenig begreifen, als daß es mit der Reinigkeit des christlichen Lehrsystems bestehen könnte, den materiellen Himmel als das höchste erschaffende Wesen anzubeten. Die Jesuiten bewiesen in dieser ganzen Prozedur ohnstreitig mehr Klugheit, Verstand und Politik, als ihre Gegner. Sie kannten die Verfassung des chinesischen Reiches, den Charakter seiner Bewohner, und ihre stolze Anhänglichkeit an Nazionalgebräuche zu gut, als daß sie nicht voraussehen konnten, wie gefährliche Folgen es für die Mission nach sich ziehen würde, wenn man so unpolitisch=orthodox wäre, die Achtung der Chinesen für geheiligte Landesgebräuche lächerlich zu machen, da diese vielleicht in Ansehung unsers eignen Religionsceremoniels in dem gleichen Falle seyn könnten. Die Jesuiten haben sich laut genug auf diesen Umstand berufen; allein man hatte am päbstlichen Hofe die dummstolze Meynung gefaßt, daß sich alle Völker den Vorschriften des heiligen Stuhls unterwerfen müßten, und daß es, um sich Gehorsam zu verschaffen, weiter nichts brauche, als Fluchbullen auf die Häupter der Ungläubigen und Ketzer zu schleudern.

Diese Blitzstrahlen des Vatikans waren den Jesuiten so wenig furchtbar, daß sie ihnen vielmehr nur dazu dienten, die Macht des Pabstes zu erschüttern; sein eiteles Bestreben, sich in China Gehorsam zu verschaffen, lächerlich zu machen, und lieber das ganze Christenthum zu Grunde gehen zu lassen, als sich den Aussprüchen Sr. Heiligkeit, unbeschadet des blinden Gehorsams gegen den heiligen Stuhl, und ohne Rücksicht der Eidschwüre, die der General Tamborini im Namen der ganzen Gesellschaft vor den Füssen des päbstlichen Thrones niederlegte, zu unterwerfen.

In dieser Hinsicht muß der Erfolg der zweyten päbstlichen Gesandtschaft nach China beurtheilt werden. Clemens XI. setzte mit unklugem Eifer seine Bemühungen fort, die chinesischen Streitigkeiten beyzulegen. Er schickte im Jahre 1719. den Karl Ambros von Mezzabarba als apostolischen Abgesandten mit gehörigen Vollmachten nach China. Mezzabarba war ein feiner Kopf. Aber die Jesuiten waren es noch weit mehr. Sie hatten den Kaiser und alle Hofbedienten auf ihrer Seite. Durch ihre Lästerungen wurden die Namen des Herrn Maigrot und des Kardinals von Tournon verhaßt. Sie brachten dem Kaiser die Idee bey, daß Mezzabarba in gleicher Absicht nach China gekommen, und daß es unschicklich sey, eine fremde europäische Macht irgend eine Gerichtsbarkeit in den

Landen Sr. Majestät ausüben zu lassen. Se. Heiligkeit, der Pabst, gebe durch seine Verfügungen und Dekrete laut genug zu verstehen, daß eben diese Gerichtsbarkeit die vornehmste Absicht der Gesandtschaften nach China sey. Darüber wären unter den Christen große Aergernisse und für Se. Majestät unangenehme Verdrüßlichkeiten entstanden. Auch stehe es gar nicht in der Macht des Pabstes, zu entscheiden, was in China schicklich oder unschicklich sey u. s. f.

So sprachen die Jesuiten zu eben der Zeit, als sich ihr General vor die Füsse des Pabstes mit aller Unterwürfigkeit und mit der Versicherung eines unbeschränkten und blinden Gehorsams warf, von der Macht desselben in China; und so suchten sie seinen Gesandten, noch vor desselben Erscheinung am Hofe, durch die niedrigsten Kaballen und Ränke zu verlästern. Der Hochmuth, mit welchem sie diesem erhabenen Prälaten begegneten, ist über alle Beschreibung. Wenn Mezzabarba nach Landessitte auf den Knien die Befehle des Kaisers anhören mußte, so stunden die Jesuiten in der schimmernden Kleidung der Mandarine, und mit der frechen und stolzen Miene seiner Richter vor ihm *). Ehe er zur kaiserlichen Audienz gelassen wurde, mußte er sich den beschämendsten Umständlichkeiten unterziehen. Unaufhörlich folterten ihn die Jesuiten, oder die in ihrem Solde stehenden Mandarine mit marternden Vorwürfen. Sie waren unbescheiden genug, ihm ins Gesicht zu sagen, daß, wenn er sich nicht gefälliger und nachgiebiger als Maigrot und Tournon bezeigen würde, sie nicht dafür stehen könnten, wenn ihn ein noch weit schlimmeres Schicksal, als seine Vorgänger in der Gesandschaft, treffen sollte. Ein chinesischer Jesuite, Namens Ludwig Fan, entblödete sich nicht, zu sagen: „Der Pabst giebt sich das Ansehn, alles beherrschen zu wollen. Wer ist denn dieser Pabst? — Ein elender Tropf, der sich nicht einmal den Gehorsam der Holländer und Engländer ver-

---

*) Memoires historiques sur les Missions des Peres Jesuites; par *Norbert.* Tom. II. Liv. X. pag. 72.

schaffen kann; und er will in China Meister seyn? Dafür wissen wir zu sorgen. Die Holländer und Engländer waren in der That keine blöde Köpfe, daß sie sich des Gehorsams gegen den römischen Stuhl entledigten „ *). Noch weit vermessener sprach ein anderer Jesuite, Namens Simonetti. „ Wenn der Pabst, sagt er **), sich untersteht, die Gesellschaft Jesu zu belästigen, so wird sich diese in die Nothwendigkeit versetzt sehen, der ganzen Welt zu zeigen, was sie vermag,.. „ Ich begreife nicht, sagte bey dieser Gelegenheit der Jesuite Mourao wie der Pabst mit gutem Gewissen Verfügungen von dieser Art treffen konnte. Es ist eine ausgemachte Sache, daß er eine schwere Todsünde begieng, als er die Bulle ex illa die machte. Denn wollen wir dem Inhalte dieser Bulle Folge leisten, so geht die Mißion zu Grunde.***)„.

Solche Grobheiten sagten die Jesuiten dem päbstlichen Gesandten ins Gesichte. Bey weitem feiner betrug sich der Kaiser gegen ihn. Mezzabarba hatte fünf Audienzen bey diesem Monarchen; und obgleich der Plan jeder Unterredung ganz sichtbarlich nach dem Systeme der Hofjesuiten angelegt war, und obgleich diese als Dolmetscher beiden Partheyen dienten, so bemerkte man doch in den Fragen des Kaisers einen feinen Witz, der freylich jeden andern als den Mezzabarba ausser alle Fassung gebracht haben würde. So sagte Kang hi in der ersten Audienz, indem er sich drey Stücke Zeug, ein rothes, ein weisses und ein gelbes, auf die Tafel legen ließ, zur ganzen Versam-

*) Ibidem. pag. 74.
**) Le Jesuite Simonetti dit expressement, que puisqu'il (Pape) vouloit irriter la Compagnie, elle se verroit obligée de montrer à toute la terre ce, qu'elle étoit capable de faire. Ibid pag. 78.
***) Ibidem pag. 79.

Sechstes Buch.

sammlung: „Was würde man von jenem urthei=
„len, welcher behaupten wollte, daß der rothe
„Zeug weiß, und der weiße gelb sey? Ist es
„möglich, Leuten zu glauben, die die nämliche
„Farbe bald weiß und bald gelb nennen *)?„
Die Anspielung dieses Scherzes war sehr fein.
Er wollte die Widersprüche der päbstlichen De=
krete in Ansehung der chinesischen Gebräuche lä=
cherlich machen. Mezzabarba war sehr um eine
Antwort verlegen. Aber er faßte sich gleich, und
sagte: „Jesus Christus habe bey seinem Aufent=
„halte auf Erden alles, was er zum Beßten sei=
„ner Religion für nöthig befunden, ausgemacht,
„und alle Sachen, die eine Verwandtschaft damit
„hätten, entschieden. Wie er aber nachher gegen
„Himmel gefahren sey, so habe er hienieden in
„St. Peters und seiner Nachfolger Personen ei=
„nen Statthalter gelassen, der in allen Sachen,
„die das Christenthum beträfen, einen Ausspruch
„thun könnte. Er verhüte durch besondern Bey=
„stand seines Geistes, daß sein Statthalter nicht
„irre, wenn er Streitigkeiten entscheidet, oder
„die Schrift ausleget; folglich habe Clemens XI.
„unter dem Beystande eines höhern Lichtes, nicht
„können betrogen werden.

„Aber, versetzte der Kaiser, ist es wohl mög=
„lich, daß der Pabst von der Beschaffenheit der
„chinesischen Gebräuche urtheilen kann, die er nie
„gesehen, und wovon er keine persönliche Kennt=
„niß hat? Was würde man von mir sagen,
„wenn ich von europäischen Sachen urtheilen
„wollte?„ Seine Heiligkeit antwortete Mezza=
„barba, wollte über die Sachen in China nicht
„richten, sondern nur entscheiden, was für Ge=
„bräuche die Christen, die sich in diesen weiten
„Reichen befänden, beobachten dürften, ohne die

---

*) Allgemeine Historie der Reisen zu Wasser und Lande.
Band. V. Buch. XIV. Kap. XV. S. 557.

„Grundsätze des Christenthums zu verletzen, und
„was für Gebräuche auf der andern Seite nach
„eben diesen Grundsätzen zu verbiethen wären „.
Der Kaiser schien mit dieser gezwungenen Aus=
flucht nicht sehr zufrieden, und entließ den Ge=
sandten. Die Verhandlungen in den darauf folgenden Audienzen waren fast des gleichen Innhal-
tes. Der Kaiser beschwerte sich allermeist darüber,
daß der Pabst durch niederträchtige Leute (Feinde
der Jesuiten) hintergangen worden, und das Maigrot und Tournon nur Verwirrung und Haß
unter den Christen veranlasset hätten. Auch auf
die Unfehlbarkeit des Pabstes und auf den ver=
meintlichen Beystand des heiligen Geistes brachte
er verschiedene Anspielungen an, die den Gesand=
ten in manche Verlegenheit setzten. So verglich
er einst den Pabst mit einem blinden Vogelschü=
tzen, der auf gut Glück in die Luft schießt. Die
Jesuiten lachten über diesen Scherz laut, und nahmen es sehr übel, daß der Gesandte nicht so wie
sie lachte. In der That mißfiel auch dem Kaiser
sein ernsthaftes Gesicht. „Was dünkt euch von
„meiner Anspielung? fragte er den Mezzabarba,
„warum antwortet ihr nicht? — Sie ist sehr
„sinnreich, erwiederte dieser, und Ew. Majestät
„vollkommen anständig *) „.

Offenbar war Mezzabarba während seiner ganzen Gesandtschaft und seines Aufenthaltes am Hofe zu Pecking das Spiel der Jesuiten, die nun
einmal fest entschlossen waren, sich den Ausspru=
chen des Pabstes, es koste auch was es wolle,
in keinem Punkte zu unterwerfen. Sie bedienten
sich ihres Ansehens am Hofe, ihre Gegner zu
verlästern, und den Kaiser zu überzeugen, daß
Mezzabarba nichts mehr und nichts weniger sey,
als ein Störer des Friedens in der chinesischen
Kirche und ein geschworner Feind der Gesellschaft

*) Historie der Reisen l. c. Seite 568.

Sechstes Buch.

Jesu. Das Mißtrauen gegen ihn war so groß, daß man ihn unaufhörlich in seinem Palaste bewachte, und niemand freyen Eintritt zu ihm hatte, als die Jesuiten, die ihn nur mit den bittersten Vorwürfen kränkten.

Gleichwohl aber entließ ihn der Kaiser in der letzten Audienz mit vielen Ehren, ohne jedoch in der Hauptsache etwas von dem zu bewilligen, was die Absicht seiner Gesandtschaft war. Mezzabarba reiste nach Macao, ließ sich daselbst die Gebeine des mit Gifte hingerichteten Kardinal Tournons ausliefern, und kehrte mit geringem Troste nach Europa zurück.

So wenig Ehre der Pabst von dieser Gesandtschaft hatte, so würde dieß doch in Ansehung des Christenthums in China keine schlimmen Folgen nach sich gezogen haben, wenn Kang hi, der sein ganzes Vertrauen den Jesuiten schenkte *), länger gelebt hätte. Allein sein Nachfolger Yong tching, war kein so grosser Jesuitenfreund. Er hatte schon während der Regierung seines Vorfahrers die Bemerkung gemacht, daß dieser die Liebe seiner Unterthanen in eben dem Maasse verlor, in welchem die Christen begünstigt wurden. Die Beschwerden, die sich nun in mehreren Provinzen über das Christenthum erhoben, waren also nicht ganz vergeblich, und das Tribunal der Gebräuche **), welches schon einmal wegen der Christensekte Verfügungen traf, nahm die Sache in nochmalige Berathschlagung. Die Hauptbeschul-

*) Du Halde gesteht, daß weder die Prinzen vom Geblüte, noch die Grossen des Reiches einen so freyen Zutritt zu ihm hatten, als die Mißionarien. Er vergaß oft die Majestät seines Thrones, sagt er, um sich mit ihnen in vertraulichen Gesprächen zu unterhalten. Description de la Chine. Tom. III. pag. 151.

**) Der erste Gerichtshof in China, ohne dessen Beistimmung der Kaiser kein Gesetz abschaffen oder einführen kann.

digungen gegen das Christenthum waren, daß durch dasselbe die Grundgesetze des Staats erschüttert, und Friede und Ruhe unaufhörlich gestöret würden. Man verargete es den Christen, daß sie auf Kosten der Neubekehrten so viele prächtige Tempel erbauten, und daß es scheine, als wollten die Missionare die Chinesen in Europäer umschaffen *).

Wie sich die Hofjesuiten während der Zeit, als sich dieses Gewitter über die Christen zusammenzog, verhalten haben mögen, läßt sich zum Theil aus dem Urtheilsspruche des Tribunals erklären. Es entschied nur überhaupt, daß jene Europäer und Missionarien, welche am Hofe sich aufhalten, geduldet werden mögen, weil sie als Kalendermacher und als Mathematiker dem Staate nützlich sind; dagegen aber müßten jene, die sich in Provinzen aufhalten, Kirchen erbauen, und den unwissenden Pöbel beyderley Geschlechts verführen, als schädliche Leute fortgeschaft werden **).

Man kann sich aus diesem Verfahren des ersten Gerichtshofes in China gar leicht einen Begriff von den Beschäftigungen der Hofjesuiten machen. Sie mußten es immer für das Interesse ihres Ordens einträglicher finden, Mandarine und Kalendermacher zu seyn, als sich durch Predigen und Bekehren verhaßt und lächerlich zu machen. Es konnte ihnen, wo nicht ganz gleichgültig, doch wenigstens erträglicher seyn, wenn das ganze Christenthum zu grund gieng, ohne dabey an der Hauptsache für sich etwas zu verlieren. Denn sie blieben, ungeachtet alle übrige Missionarien an die Gränzen des Reiches geführet wurden, doch immer noch in dem Besitz von dreyen Häusern in **Peking**, deren jedes ihnen jährliche 5000. Thaler Einkünfte abwarf. Und war ihnen am Ende denn doch etwas an der Religion gelegen, so hat-

---

*) *Du Halde* Description. Tom. III. pag. 152. & sq.
**) Ibid. l. c. pag. 153.

Sechstes Buch.

ren sie als Hofleute vom ersten Range noch immer Gelegenheit, etwas zur Ausbreitung derselben, je nach der Neigung der kaiserlichen Regierung, bald heimlich und bald öffentlich zu unternehmen. Wirklich konnte auch das Christenthum nicht ganz in China vertilgt werden, und es befinden sich bis auf den heutigen Tag noch Christen und Missionarien in diesem Reiche. Die letztern aber leben so ausschweifend, daß sie, wie der Bischof von Nankin in einem Schreiben an den Pabst Benedikt XIV. bezeugt, in und ausser dem Beichtstuhle, und vor Lesung der Messe, sich mit Mädchen verunreinigen *).

Unter den Jesuiten befand sich noch im Jahr 1780. Pater Hallerstein, aus Schwaben gebürtig, als Mandarin und als Präsident des grossen mathematischen Tribunals in Peking **).

Sechstes Kapitel.

Geschichte der jesuitischen Mißion in Ostindien. Ursprung eines langwierigen Streites zwischen Kapuzinern und Jesuiten wegen Zulassung heidnischer Gebräuche auf der malabarischen Küste. Verhalten der Jesuiten gegen ihre Gegner und gegen die Aussprüche des apostolischen Stuhls.

Schon vor Entstehung des Jesuitenordens war das Christenthum in Ostindien bekannt. Die handelnden Europäer, die frühzeitig ihren Weg dahin fanden, suchten die heidnischen Völkerschaften durch das Licht des Evangeliums aufzuklären, und näher an ihr Interesse zu binden. Die

---

*) Harenbergs pragmatische Geschichte des Ordens der Jesuiten. Band. I. Kap. III. Abschn. XVII. §. 226.
**) Beytrag zur Geschichte der Jesuiten in Ostindien. S. 111.

Kapuzinerbettelmönche waren die ersten, die, wiewohl mit ausserordentlicher Mühe, Proselyten machten. Goa wurde der Mittelpunkt ihrer Missionsanstalten in Ostindien. Sie machten wenig Geräusche, und ihre Kirche in dieser Hauptstadt gewann ein ziemlich gutes Ansehen. Xaver kam demüthig nach Goa und bat, ehe er zu predigen und zu bekehren anfieng, erst bey dem Vorsteher dieser Kirche um die Erlaubniß. Seine Nachfolger hatten nicht nöthig, so viele Umstände zu machen. Sie waren bald Meister von Goa, und sahen mit Verachtung auf die armen Kapuziner herab, die, ohne zeitlichen Vortheil, schon über ein Jahrhundert das mühvolle Bekehrungsgeschäft besorgt hatten. Noch bey Xavers Lebzeiten legten sie ein Kollegium an, das in der Folge an Pracht und Weitläuftigkeit alle übrigen Ordenskollegien übertraf. Da die Methode, der sie sich gleich nach dem Entstehn ihrer Gesellschaft bey Bekehrungen bedienten, ziemlich tumultuarisch, grausam und inquisitorisch war, so errichteten sie in dieser Stadt auch ein so mörderisches Ketzertribunal, dergleichen in ganz Spanien keines gefunden ward. Sie bedienten sich in dem ganzen Lande der gewaltsamsten Strenge, und mußten ihnen alle portugiesischen Gouverneurs mit Feuer und Schwerdt zu Gebote stehen. Sie vertrieben die reichsten Brachmanen, deren Güter sie sich allenthalben zum Vortheil ihres Ordens bemächtigten *). Die Uebermacht der Europäer in Goa, und die Weichlichkeit, eine Folge des reichen und ausgebreiteten Handels, machte die Einwohner zu feig, als daß sie es hätten wagen dürfen, ihren Henkern Widerstand zu leisten. Sie ließen sich taufen, um nicht am langsamen Feuer lebendig gebraten zu werden, oder

---

*) Versuch einer neuen Geschichte des Jesuiten-Ordens. Theil II. Buch III. §. 183. S. 382.

Sechstes Buch.

in den Gefängnissen der heiligen Inquisizion zu verfaulen.

Doch war zum Glücke dieser grausame Religionseifer von keiner langen Dauer. Die Politik des Ordens, sich durch List und Schmeicheley die Herrschaft über die Welt zu verschaffen, verbreitete sich bald von Europa nach Asien; und da die ganze Gesellschaft nach einem gemeinschaftlichen Plane wirken mußte, so läßt es sich leicht begreifen, daß die Jesuiten in Indien mit ihren Ordensgenossen in Europa in der engsten Verbindung gestanden seyen. Es konnte ihnen aber auch die Bemerkung nicht entgehen, daß eine Herrschaft, die man sich durch Grausamkeit und Furcht über ein Volk verschaft, tausend gefährlichen Revoluzionen ausgesetzt sey, und daß ein unterdrückter Sklave auch in Ketten seinen Despoten noch gefährlich bleiben müsse. Natürlich trug auch der angeborne Abscheu der Indianer vor Europäern, und ihre ausserordentliche Anhänglichkeit an dem Gözendienste, das ihrige dazu bey, daß die Jesuiten geschmeidiger und gefälliger gegen diese heidnischen Völker werden mußten. Sie sahen es sehr wohl ein, daß die orthodoxe Strenge der Kapuziner daran schuld war, daß an den Küsten von Malabar und Coromandel das Christenthum nur wenige Proselyten hatte. Diese religiosen Väter wollten es ihren Neubekehrten nie gestatten, daß sie nach ihrer Bekehrung noch einigen Antheil an abgöttischen Gewohnheiten und Gebräuchen nehmen.

Die Religionsgebräuche dieser Völkerschaften waren in der That auch sehr heidnisch. Sie hielten die Seelenwanderung für eine Glaubenslehre. Nach ihren Begriffen war die Kuhe das einzige Thier, das ihre Gottheiten am liebsten bewohnten. Sie hielten es demnach für den höchsten Grad von Glückseligkeit, wenn sie in den letzten Augenblicken ihres Absterbens den Schwanz einer

Kuh in den Händen halten konnten. Kein rechtgläubiger Indianer wagte es Kuhfleisch zu essen. Aus dem Koth, den dieses Thier auswirft, wurde eine Art Asche gemacht, mit welcher sie sich bestreuten, wenn sie Busse thun, oder sich ihren Gottheiten nähern wollten *). Diese Gebräuche waren auch eben so unzüchtig, als abgöttisch. Wenn ein Mädchen mannbar wurde, trug man die Beweise der Mannbarkeit unter dem Schalle der Musik, und in feyerlicher Prozession öffentlich unter dem Volke umher. Jede Braut pflegte das Bild des Gottes der Unkeuschheit und der Erzeugung öffentlich an dem Halse zu tragen **). Um ihre Seelen zu reinigen, bedienten sie sich gewisser Bäder. Wenn sie im Bade waren, beteten sie, unter den lächerlichsten Bewegungen, abergläubische Gebetsformeln. Die vornehmsten Priester ihrer Gottheiten nannten sich Brachmannen. Sie behaupteten unter diesen heidnischen Völkern den ersten Rang, und man bewies ihnen unendliche Hochachtung. Sie gaben vor, unmittelbare Abstämmlinge ihrer Gottheiten zu seyn, und zeichneten sich allenthalben durch einen finstern Ernst und durch hochmüthigen Stolz gegen diejenigen aus, welche nicht von ihrer Race waren. Diese pflegten sie Parreas zu nennen, und schlossen sie von aller Religions- und bürgerlichen Gemeinschaft mit ihnen aus.

Es ist nicht zu läugnen, daß es den Kapuzinern grosse Mühe gekostet, Proselyten zu machen, da diese Gebräuche, so schändlich sie auch waren, doch immer Landessitte blieben, die man nicht verletzen durfte, ohne sich in den Augen der ungläubigen Indianer strafbar und verhaßt zu machen. Gleichwohl waren ihre Bemühungen nicht

---

*) *Norbert* Memoires historiques sur les Missions des Peres Jesuites aux Indes Orientales. Tom. I. Liv. I. pag. 6. & sq.
**) Ibid. l. c.

Sechstes Buch.

ganz fruchtlos, und sie hatten in Madura und Pondichery ein zwar kleines, aber rechtgläubiges Häuflein Christen zusammengebracht.

In diesem Zustande fanden die Jesuiten, als sie von Goa aus die benachbarten Küsten bestrichen, die Mission der Kapuzinerväter. Als Leute, deren Hauptgrundsatz es war, niemanden neben sich in der nämlichen Beschäftigung zu dulden, fiengen sie bald an, jene zu drücken. Sie entrissen ihnen gewaltthätig die Kirche in Madura, und drangen in gleicher Absicht bis nach Pondichery. Hier und in der ganzen sehr volkreichen Küste fiengen sie ihre Bekehrungen auf eine den Kapuzinern sehr entgegen gesetzte Methode an. Der Pater Robert a Nobili machte sich kein Bedenken, sich in einen Bramin zu verkleiden, um dadurch den Völkern, denen er das Evangelium predigte, ihren angebornen Abscheu vor Ausländern zu benehmen, und sich auf eine gewisse Art zu naturalisiren. Seine Nachfolger giengen noch weiter. Sie machten den Indianern den Uebertritt zur katholischen Kirche sehr bequem. Sie erlaubten den neubekehrten jungen Bräuten, den Gott der Unkeuschheit an dem Halse zu tragen, und hatten nichts dagegen, wenn die indianischen Christen sich mit Kuhmist das Haupt bestreuten. Was man ihnen aber keineswegs verzeihen konnte, war, daß sie die verachtete Volksklasse, die man Parreas nannte, eben so verabscheuten, als sie von den Braminen und allen jenen Indianern verachtet wurden, welche sich göttlichen Ursprungs wähnten. Sie erbauten zwo Kirchen, eine für die Reinen, und eine andere für die Unreinen, die Parreas. Sie schlossen diese von aller kirchlichen Gemeinschaft im Abendmahle und im Bußtribunale mit jenen aus, und verjagten sie mit Gewalt aus den Kirchen, in denen sich die Reinen zu versammeln pflegten. Kein Jesuite ließ sich so weit herunter, in die Wohnung eines Parreas zu gehen, um ihm die lezten Sakramente in der Sterbestunde zu reichen. Man mußte die Sterbenden auf die Straße tragen, und dann erst bediente sich der Jesuite eines kleinen Pinsels, um dem Kirchengebrauche zufolge die Sterbenden zu beschmieren, ohne ihn mit der Hand zu betasten, indem er sich durch eine solche Betastung in den Augen der Reinen oder Noblen bemackelt hätte. Ueberhaupt beobachteten sie in ihren Sakramentalverrichtungen ein ganz andres Ritual, als die Kirche vorgeschrieben. Sie gaben den neugebornen getauften Kindern keine christliche, sondern heidnische Namen, und beobachteten durchgehends die Landessitte, um das Volk auf ihre Seite zu bringen, und die ehrlichen Kapuziner, die gute Katholiken und unverdrossene Bekehrungsapostel waren, verhaßt zu machen *).

Es ist kein Wunder, wenn die Jesuiten mittels dieser Kunstgriffe das Volk gewannen, und ihrer Mission ein bey weitem besseres Ansehn verschaften, als es jene der Kapuziner bisher hatte. Diese aber mehr aus orthodoxer Rechtgläubigkeit, als aus neidischen oder herrschsüchtigen Absichten, konnten die Bekehrungsmethode der Jesuiten in keinem Stücke billigen, und nahmen ihre Zuflucht zum päbstlichen Stuhle, wohin sie ihre Beschwerden und Klagen über das jesuitisch-heidnische Christenthum gelangen ließen. Pabst Gregor XV. war der erste, der im Jahre 1623. eine Konstituzion nach Indien absandte, worinn erklärende Vorschriften für die Missionarien in Ansehung der Malabarischen Gebräuche enthalten waren. Die Jesuiten, welche die päbstliche Konstituzion von 1623. bis 1680. verheimlichten, fanden nicht für gut, ihren Inhalt zu befolgen. Sie fuhren fort, ihre Gegner zu kränken, und sich über alle Vorschriften und Gesetze hinwegzusetzen.

*) *Norbert* Memoires l. c. pag. 10. sq.

Sechstes Buch.

Aergernisse, Verwirrung, und Unordnung waren die natürlichen Folgen dieses Verfahrens. Die Jesuiten erfanden beynahe jeden Tag ein neues Mittel, den Kapuzinern ihre Verachtung und ihren Hochmuth empfinden zu lassen. Im Jahr 1700. veranstalteten sie am Marienhimmelfahrtstage eine Prozession, worinn sie mit heidnischem Pracht das Bild der Maria, zum grossen Spotte der Ungläubigen und zum Verdrusse aller Kapuziner, umhertrugen *). Ein eben so ärgerliches, aber bey weitem nachtheiligeres Spektakel gaben sie im Jahre 1701. zu Pondichery. Sie pflegten jährlich einmal in ihren Kirchen eine Art geistlichen Possenspiels auf einem eigens dazu errichteten Gerüste aufzuführen. Sie wählten in diesem Jahre die Geschichte des heiligen Georgius zum Gegenstande ihrer theatralischen Vorstellung. Man weiß diese Geschichte. Georgius wurde nach den grausamsten Folterungen zum Kaiser Diokletian geführt, und von ihm aufgefodert, den Götzen zu opfern. „Zeige mir deine Gottheiten,, schrie der Heilige. Man brachte ihn hierauf in den Tempel des Apolls. Georgius machte bey Anblick der Götzenbilder das Zeichen des Kreutzes, und gleich fielen diese in Staub zusammen. Aus diesem interessanten Stoffe bearbeiteten die Jesuiten eine Tragödie, die sie in ihrer Kirche unter grossem Zulaufe des heidnischen Volkes aufführten. Die Rolle des heiligen Georgs spielte ein Malabare, und die Götzen, die in Indien angebethet werden, mußten die Gottheiten des alten Roms vorstellen. Als es zur Entwickelung des Schauspiels, zur Staubverwandlung der Abgötter kommen sollte, machte der verkleidete Malabare vergebens seine Kreutzzeichen. Die Gottheiten blieben fest und unbeweglich auf ihren Altären. Allein die Akteurs wußten bald Rath zu schaffen.

*) *Norbert* Memoires l. c. pag. 62.

Sie fielen über die Bildsäulen der Gottheiten her, warfen sie von den Altären, zerschlugen sie in Stücke, und zertraten diese mit Füssen. Wuth und Entsetzen bemächtigten sich der Brachmannen und heidnischen Malabaren, als sie die öffentliche Beschimpfung ihrer Landesgötter erblickten. Die Macht der Europäer in Pondichery und an der ganzen malabarischen Küste hinderte sie zwar, sich auf der Stelle an so verwegenen Freylern ihrer Gottheiten zu rächen. Allein sie fanden an dem Könige des benachbarten Reiches Tanjaour eine mächtige Geisel, die Christen zu züchtigen. Die Brachmannen liessen das gleiche Jesuitenschauspiel im Angesichte des ganzen Hofes aufführen. Der König entrüstete sich über die Verwegenheit der Christen; er veranstalte eine strenge Inquisizion, und befahl, alle diejenigen, welche einer so insolenten Religion, als das Christenthum sey, nicht entsagen würden, in Gefängnisse zu schleppen und Hungers sterben zu lassen. Auf diese Verordnung erfolgte im ganzen Königreiche eine allgemeine Apostasie. Alles lief wieder dem Götzendienste zu, und kein einziger Neubekehrter hatte den Muth, Martyrer des Christenthums zu werden *).

Die Kapuziner nehmen von dieser Verfolgung und von dieser Apostasie neuerdings Anlaß, die Jesuiten zu beschuldigen. Nur ihr mangelhafter Unterricht, sagten sie, und das von ihnen eingeführte Gemische von Abgötterey und Christenthum sey daran Schuld, daß so viele Neubekehrte die Lehren des Evangeliums verachteten und ihren Glauben verläugneten. Die Religion würde durch dergleichen Possenspiele profaniret, und man diene den Heiden mehr zum Spotte als zur Erbauung. Die Jesuiten liessen es ihrerseits an Gegenlästerungen nicht fehlen. Sie beschuldigten die Kapuziner der Verfälschungen und der Ketzereyen. Endlich wollte Klemens XI. der von beyden Fak-

*) l. c. pag. 71. & sq.

Sechstes Buch.

zionen unaufhörlich mit Anklagen bestürmt wurde, alles Ernstes dem unseligen Streit ein Ende machen. Er schickte in der Person des Kardinals Tournon einen Vikar und Legaten mit den weitläuftigsten Vollmachten und mit dem Auftrage nach Indien, sich in persönlicher Anwesenheit über die Beschaffenheit der malabarischen Gebräuche aufzuklären, nach Erforderniß der Umstände die nöthigen Verfügungen zu treffen, und solchergestalt den Zwist der Missionarien, und folglich auch die daraus entstandenen Aergernisse in der ostindischen Kirche zu beenden.

Tournon erreichte den 5. Wintermonat 1703. die malabarische Küste und die französische Pflanzstadt Pondichery. Er ließ sich die Ehre des päbstlichen Stuhles eben so, wie die Lauterkeit des Christenthums angelegen seyn. Sein erstes Geschäft in Pondichery war, sich um die wahre Beschaffenheit des unter den Kapuzinern und Jesuiten erhobenen Streites zu erkundigen. Er bediente sich einer List, um seinen Zweck zu erreichen. Er erschien allenthalben als ein grosser Freund der Jesuiten. Er lobte ihren Bekehrungseifer, und brachte sie solchergestalt in vertraulichen Stunten zu Geständnissen, die ihnen im Verfolge sehr schädlich wurden. Tournon hatte gemeiniglich in einem Nebenkabinette einige Geheimschreiber, welche den Inhalt der Unterredungen niederschrieben, die er mit den Jesuiten in solchen vertrauten Augenblicken über die Beschaffenheit ihrer Bekehrungsmethode zu halten pflegte. Er fieng gewöhnlich damit an, sich über die Schwierigkeiten zu beklagen, welche mit der Bekehrung heidnischer und abergläubischer Völker verbunden seyen. Man müsse in diesem Falle, sagte er, nach dem Beyspiele des heiligen Paulus, Allen Alles werden. — Diese Aeusserungen eröffneten den Jesuiten den Mund, und sie dachten nicht anders, als der Kardinal würde ihre Methode alles Ernstes billigen.

Sie liessen sich über den Geist der malabarischen Gebräuche in ein weitläuftiges Detail ein, und erzählten sehr umständlich, wie sie, um das Volk zu gewinnen, und mehrere Bekehrungen zu machen, ihren Neubekehrten gewisse Landesgebräuche und Zeremonien erlaubten. Diese Jesuiten, namentlich Bouchet und Bartoldo, haben unstreitig einen unverzeihlichen Fehler begangen, da sie gegen einen päbstlichen Vikar so offen und aufrichtig waren. Ihr Oberer, P. Tachard, war tiefsehend genug, um die List und die Absicht des Kardinals zu errathen. Er befahl seinen geschwätzigen Untergebenen, in einer folgenden Audienz bey dem Kardinal entweder alles Gesagte zu widerrufen, oder doch wenigstens durch künstliche Wendungen den malabarischen Gebräuchen andere Begriffe und gelindere Deutungen zu geben. Allein Tournon ließ sich nicht mehr irre machen. Er faßte unterm 23. Brachmonat 1704. ein Dekret ab, welches durch den hartnäckigen Widerstand, den die Jesuiten der Befolgung desselben leisteten, sehr berühmt geworden. Der wesentliche Innhalt dieses Dekretes bezieht sich gänzlich auf die heidnischen Gebräuche der Malabaren, welche die Jesuiten entweder selbst in ihren Amtsverrichtungen beobachteten, oder ihren Neubekehrten gestatteten. Es wird darinn namentlich die Gewohnheit verboten, die Taufe ohne Speichel, Salz und Anhauchung zu verrichten, und den Getauften heidnische Namen zu geben. Keinem Frauenzimmer soll es erlaubt seyn, den Gott der Unkeuschheit in einem Bilde am Halse zu tragen. Eben so wenig sollen auch die Beweise der Mannbarkeit von jungen Mädchen dem Volke in öffentlichen Prozessionen gewiesen werden. Die Jesuiten sollen nimmermehr befugt seyn, das weibliche Geschlecht während der Zeit ihrer Monatsreinigung vom Beichtsakramente auszuschliessen. Sie sollen alles Ernstes dahin angewiesen werden, auch

Sechstes Buch. 63

den geringsten Parreas die Sakramente zu reichen, dieselben nicht ferners von dem gemeinschaftlichen Gottesdienste mit den so genannten Noblen auszuschliessen, und sie ohne allen Unterschied mit gleicher Sorgfalt in der Religion zu unterrichten. Kein getaufter Malabare soll sich zur Seelenreinigung gewisser Bäder, und zur Tilgung seiner Sünden des Kuhmistes bedienen. Schlüßlich wird allen, die dieses Dekret übertretten, mit dem grössern Bannfluch, und den Geistlichen mit der Suspension a Divinis gedrohet *).

So warm und ernstlich es Tournon den Jesuiten ans Herz legte, sich seinen Verfügungen zu unterwerfen, so hartnäckigen Widerstand thaten sie ihm. Zwar hatten sie Feinheit genug, dem Kardinal während seiner Anwesenheit in Pondichery auf alle mögliche Weise zu schmeicheln. Sie erschienen jederzeit in demüthiger Unterwerfung vor ihm, während ihr Herz voll Stolzes und Ungehorsams war. Sie hüteten sich sorgfältig, in seiner Gegenwart ihr Mißfallen über den Inhalt des Dekretes zu bezeugen. Allein sie vermogten doch durch unaufhörliche Vorstellungen so viel über ihn, daß er die gedrohte Erkommunikazionsstrafe für einmal noch auf drey Jahre zurückbehielt.

Kaum aber verließ Tournon Ostindien, als die Jesuiten laut und nachdrücklich den Inhalt des Dekretes zu verlästern anfiengen. Ich müßte zu weitläuftig seyn, wenn ich alle Intriguen hier anführen wollte, deren sie sich bedienten, den Kardinal verhaßt, und sein Dekret lächerlich zu machen. Sie setzten alle Maschinen ihrer Politik in Bewegung, um sich den deutlichsten Aussprüchen des päbstlichen Stuhles zu entziehen. Sie suchten ganz Indien zu bereden, daß Tournon ohne Vollmacht und ohne Gerichtsbarkeit gewesen, und daß folglich seine Dekrete von keiner Verbindlich-

*) *Norbert* Memoires. Tom. I. Part. I. Livr. III. pag. 114 — 137.

seit seyen. Sie bestachen die Gouverneurs von Pondichery, und die Bischöfe von Meliapur und Goa, mit ihnen gemeinschaftliche Sache zu machen. Sie setzten sich auf einen Fuß, daß sie den französischen Gouverneurs wegen ihres mächtigen Einflusses am königlichen Hofe zu Versailles gefährlich werden konnten. Herr Hebert, welcher zweymal Gouverneur der französischen Kolonie in Pondichery war, mußte es empfinden, wie wenig man etwas zum Nachtheile der Jesuiten unternehmen könne, ohne von ihnen an Ehre gekränkt, oder des zeitlichen Glückes beraubt zu werden *). Sie verlästerten ihn am französischen Hofe, und er mußte es sich gefallen lassen, ganz von der Gnade der Jesuiten abzuhangen. Nie hat es sich auffallender gezeigt, was dieser Orden in der ganzen Welt vermogte, als bey Gelegenheit dieses Zwistes. Alle europäischen Höfe wurden in diesen verdrießlichen Handel gezogen; und so wenig an sich selbst der Gegenstand des Streites von Bedeutung und Wichtigkeit war, so verstunden doch die Jesuiten die Kunst, demselben beydes zu geben. Vergebens haben Klemens XI. Nachfolger diesem Gezänke ein Ende machen wollen. Sie haben alle zu ihrer tiefsten Kränkung erfahren, daß der Ungehorsam und die Hartnäckigkeit der Jesuiten bey weitem nachdrück-

*) Les Jesuites (so spricht Hebert) ont tant dit & fait contre moi, qu'ils vinrent à bout de me faire rapeller en Europe avec honte : & comme l'état où se trouvoient alors mes affaires, ne me permettoit pas de rester en France, j'avoue qu'il m'a falu recourir à eux pour retourner aux Indes. Lorque je fus prendre congé de leur Pere Le - Tellier (Beichtvater des Königs) il fut fort bien me dire: *Monsieur, Monsieur, souvenez-vous, que ce que vous ferez à nos Peres à Pondicheri, on vous le fera ici: comme vous les traiterez, on vous traitera.* Memoires historiques par Norbert. Tom. II. Part. II. Liv. II. pag. 329.

Sechstes Buch.

licher war, als Bannflüche und Censuren. So ein aufrichtiges Verlangen Benedikt XIV. hatte, die Sache zur endlichen Entscheidung zu bringen; so wenig konnte er damit zu Stande kommen. Er mußte die Jesuiten allzusehr fürchten. Die Schicksale des Lotharingischen Kapuziners, P. Norberts, beweisen die erstaunliche Macht des Ordens. Er erhielt von gedachtem Pabste den Auftrag, die Geschichte der ostindischen Mißion zu schreiben. Norbert, welcher theils selbst Mißionär in Ostindien war, und theils von seinem Orden die nöthigen Dokumente erhielt, verfaßte seine berühmten Memoires, und überreichte sie dem Pabste, welcher ausserordentlich damit zufrieden war. Allein die Jesuiten bewegten Himmel und Erde, den Pabst zur Verdammung eines Buches zu nöthigen, welches mit seiner Bewilligung und unter der Aufsicht der strengsten Censur gedruckt worden. Dem Verfasser wurde aber beynahe die Welt zu enge, um der Rache und Verfolgung der Jesuiten zu entfliehen. Er war nicht einmal in der protestantischen Schweitz sicher *). Alle Zeitungsblätter verfolgten ihn durch den Hauch der Jesuiten, die keine Kosten sparten, um ihn zu lästern, und denen keine Lüge zu grob war, um den ehrlichen Mann um Ehre, Kredit und Ruhe zu bringen.

Siebentes Kapitel.
Von den Reichthümern und dem Kaufhandel der Jesuiten in Ostindien.

Das Hauptfundament, auf welchem das furchtbare Gebäude der Jesuitenmonarchie aufgeführt war, mußte allerdings Reichthum seyn. Nur vermittelst seiner Schätze konnte sich der Orden so furchtbar und mächtig machen. Daß nach seiner Aufhebung so wenig baares Geld in den verlasse-

---

*) Memoires apologétiques. Tom. III. Liv. I, pag. 7.

Gesch. d. Jes. II. Band.

nen Kollegien gefunden worden, ist kein Beweis von seiner Armuth. Wenn man auch den Umstand, daß er vielleicht aus Vorsicht seine Kapitalien in grossen Banken niedergelegt haben könne, bezweifeln will; so muß man doch auch anderseits gestehen, daß der Aufwand, den die Gesellschaft zu machen genöthiget war, nichts weniger als gemein seyn konnte. Sie verstunden zwar die Kunst, den grossen Volkshaufen durch Bigotterie, Fanatism' und Heuchelen auf ihre Seite zu lenken; allein an grossen Höfen, wo Libertinage und Lüderlichkeit alle religiösen Gefühle unterdrückt hatten, mußten ganz andere Maschinen in Bewegung gesetzt werden. Sie hatten allenthalben Spione nöthig, die sie bezahlen mußten. Ohne Aufopferung von Schätzen konnten sie keine so langwierige Prozesse führen. Sie mußten sich die Beichtvaterstellen an Höfen erkaufen; sie mußten durch Bestechungen hellsehende Minister zum Schweigen bringen; und um sich Kreaturen zu verschaffen, mußten sie Würden und Chargen im Vorrathe haben. Wie viel hat es ihnen nicht gekostet, Krieg oder Frieden in Europa zu stiften, Bündnisse und Heurathen unter Monarchen zu schliessen, die Unterthanen gegen ihre Obrigkeit aufzuhetzen, Meuchelmörder zu bezahlen, Verschwörungen einzuleiten, allen geistlichen und weltlichen Mächten Widerstand zu leisten, ihre Gegner zu verfolgen, und überhaupt alles dasjenige ungestraft thun zu können, was man den ganzen Orden seit seiner Entstehung bis auf den heutigen Tag zu beschuldigen kein Bedenken tragen kann *)!

*) Entretenir sur pied soixante mille hommes de troupes; fonder & nourir des colonies; faire des armemens des plus considerables pour les Indes & pour l'Europe; soutenir des guerres contre des ennemis jaloux des richesses immenses qu'on acquiert par des voyes indignes; se procurer l'entrée des Royaumes ou l'on n'a pu encore penetrer; envoyer des Ambassades pour tacher de rentrer dans ceux dont on a eté chassé; fournir

Sechstes Buch.

Es ist undankbare Vermessenheit, was der Verfasser der kritischen Jesuitengeschichte *) von der

aux frais immenses d'une Compagnie, qui depuis son etablissement ne fait que courir d'un bout de la terre a l'autre; payer dans presque tous les ports de l'Univers des commissionaires & des facteurs, sous le nom desquels on commerce; pensionner des espions dans toutes les cours; acheter argent comptant la direction de la conscience d'un Monarque, de la foiblesse du quel on abuse pour gouverner ses etats sous son nom; ecarter des ministres trop clair-voyans, pour ne mettre auprés des Princes que des hommes, du devouement des quels on est sur; acheter des dignités & des charges pour en revetir des gens qui leur sont vendus; se rendre arbitres souverains du destin des Couronnes; decider de la paix ou de la guerre; negocier des alliances, & les mariages même des Souverains; soulever les peuples contre eux lorsqu'on n'en est pas content; susciter & payer des assassins pour s'en defaire lorsqu'ils deplaisent; tramer des conjurations contre les etats, tant ceux ou l'on n'a pu penetrer que ceux ou l'on a été comblé de bienfaits; acheter a prix d'argent & par les flatteries les plus basses les faveur d'une cour dont on dispose depuis prés de cent ans, & dont il n'est presque point emané de decret qu'on n'ait, pour ainsi dire, dicté; se mettre en etat de resister à force ouverte à toutes puissances, tant spirituelles que temporelles; soutenir contre toute l'eglise la corruption etrange qu'on a introduite dans sa doctrine & dans sa morale; susciter des persecutions des plus violentes contre ses plus zeles defenseurs; faire des pensions aux ministres de sa fureur & de sa vengeance; ecarter de tous les emplois les gens de merite qui les pouroient occuper, brigues ces mêmes emplois ou pour soi même, ou pour ses creatures; corrompre à force d'argent ou des presents l'integrité d'un juge & souvent d'un senat ou d'un parlement entier, devant lequel on porte ses injustices & ses crimes; etouffer par

*) Abschnitt IV. §. 280—288. S. 517—534.

Armuth ihrer Kollegien und ihres ganzen Ordens sagt. „Man treffe gegen ein reiches immer zehn arme oder höchstens mittelmäßige Kollegien an. Die Prälaturen und Abteyen wären ohne Unterschied reicher und besser besoldet, als die Jesuitenhäuser. Man esse darinn sehr gemein, und man wisse nichts von kostbaren Meublen. Selbst die Obern hätten in Ansehung der Kleidung, Wohnung, Bedienung

les mêmes voies le bruit que font dans le public les excés les plus scandaleux; seduire l'innocence des jeunes fillés chretiennes; solliciter au crime les meres mêmes; se livrer à des impudicités encore plus abominables, suborner des faux temoins pour perdre les innocens ou pour enlever les biens de la veuve & de l'orphelin; gagner des notaires pour se faire mettre sur des testamens, ou pour les engager à faire des faux actes; pensionner de gens pour préconiser toutes ses actions; en payer d'autres pour contrebalancer par des panegyriques, aussi faux que fastueux, la haine du public qu'on s'est si justement attiré par ses rapines & par ses crimes; faire imprimer à ses frais ces enormes volumes d'histoires faites à plaisir, dans lesquelles la verité est presque toujours falsifiée; faire imprimer & debiter ces libelles diffamatoires & seditieux dont l'Angleterre, la France, les Pays Bas, l'Espagne, & plusieurs autres Royaumes ont eté si long tems inondés; intenter des procés à tout le genre humain; susciter des querelles; faire naitre des disputes; exciter des haines; persecuter par toute la terre d'une maniere aussi cruelle qu'indigne des Patriarches, des Evéques, & les autres Ministres de Jesu Christ; abattre & perdre ce qui deplait; en un mot allumer & entretenir dans tout l'Univers ce feu de la discorde que y regne depuis deux cens ans; toutes ces choses ne se font point sans des depenses immenses; & voilà l'usage que les Jesuites ont fait de ces tresors qu'on leur reproche justement d'acquerir par des voyes si indignes & si criminelles. *V. l'Introduction à l'Histoire des Religieux de la Compagnie de Jesus, Tom. I. pag. 41 & seq.*

Sechstes Buch.

keine Vorzüge vor den Untergebenen, und ihr General habe in Rom nur ein Paar elende Wohngemächer, worinn weder Spiegel noch Tapeten gefunden würden. Man müsse nicht glauben, daß sich die Gesellschaft jemals durch Testamente oder Vermächtnisse zu bereichern gesucht habe. Sie hätten ehmals die grossen Geschenke ausgeschlagen, welche ihnen Kaiser Ferdinand II. großmüthig angeboten. Die Worte dieses Kaisers, mit welchen er seinen Hofjesuiten diese Geschenke aufdringen wollte, seyen bekannt. Er sagte: *Acceptate; non semper Ferdinandum habebitis* *). Ausser dem hätten die Jesuiten dasjenige, was ihnen von Rechtesswegen gehörte, oft hintangesetzt, und manchen Familien eher ihre Rechte abgetreten, als sich in weitläufige Prozesse eingelassen".

Es gehört nur ein geringer Grad von Beurtheilungskraft dazu, um einzusehen, wie unstatthaft und unerwiesen die Gründe seyen, womit der Jesuite die vermeintliche Armuth seiner Gesellschaft erweisen will. Wir haben schon im vorigen Bande bemerkt, wie sehr die Konstituzionen dafür gesorgt haben, den Orden zu bereichern, und wie das Gelübde der Ar-

---

*) Unter allen Monarchen hat gewiß keiner mehr an die Jesuiten verschwendet, als dieser Kaiser. Sie selbst scheuen sich, zu sagen, wie großmüthig er gegen sie war: „*Quo in ordinem nostrum* (sagt der Jesuit, welcher die Geschichte von Steyermark schrieb) *animo fuerit, prope pudet, dicere; adeo longe & præterita omnia, & futura merita excessit. Viennensis & Pragensis Professorum domus; Viennense item ad S. Annæ, Leobiense, Labacense, Clagenfurtense, Goritiense, Kuttenbergense domicilia nostra Ferdinandum conditorem habent; Viennense, Lincense, Passaviense, Tecense num Styrense, Zagrabiense, ac præprimis hoc nostrum Collegium atque Academiam adeo auxit, ut alter ejus conditor, atque parens dici vero possit.* Herrgott Pinacotheca Principum Austriæ Tom. III. Part. II. Lib. V. Cap. III. §. XXXI. pag. 341.

muth, welches die Jesuiten bey ihrem Eintritte in die Gesellschaft ablegten, weiter nichts als ein Blendwerk war, um befangene Leute in der Irre zu führen. Es ist allerdings wahr, daß jeder Jesuite für sich selbst sehr dürftig und arm war. Allein er war es nur deswegen, weil er all sein Vermögen der Gesellschaft, oder vielmehr dem Generale derselben aufopfern mußte. Ohne Bewilligung des Obern konnte zu keinen Zeiten ein Jesuite über sein Eigenthum schalten. So wie anderseits auch von den Obern ein besonderes Augenmerk darauf genommen worden, vornehme und reiche Jungens in die Gesellschaft zu locken, um mittelst des Gelübdes der Armuth ihre Reichthümer zum Eigenthume des Ordens machen zu können.

Aber nicht blos das Spielwerk ihrer Gelübde war ihnen einträglich. Auch der Umstand, daß ihre Kollegien zum Unterhalt so vieler Scholaren berentet seyn durften, war ihnen eine unerschöpfliche Quelle von Reichthümern. Der Orden zählte in der ganzen Welt nur vier und zwanzig Profeßhäuser, welche, nach dem Inhalte des Institutes ohne Eigenthum waren, und vom Almosen unterstützt werden mußten. Dafür aber hatte die Gesellschaft sechshundert und zwölf Kollegien, und dreyhundert und neun und neunzig Residenzen oder Probazionshäuser, welche zufolge der Konstituzionen Reichthümer aller Arten besitzen durften. Rechnet man hiezu noch eine Menge reicher Abteyen, welche mit den Kollegien vereiniget worden, und die einträglichen Pfründen, die sich die Jesuiten gleich nach ihrer Entstehung, und vornämlich während des dreyßigjährigen Krieges in Deutschland unter verschiedenen Titeln zu verschaffen wußten, so ergiebt sich von selbst, wie unstatthaft ihr Vorgeben von Armuth sey. Die königlichen Beichtväter de la Chaise und Tellier haben sich von Ludwig XIV. ungeheure Vermächtnisse und unzählige Benefizien zu erschleichen gewußt. Man hat weder auf Gesetze noch

Sechstes Buch.

Ordnung Rücksicht genommen. Was immer der Gesellschaft von einigem Nutzen oder Vortheil schien, brachte sie bald durch Schmeicheln, und bald durch den Mißbrauch des königlichen Ansehens an sich *). Schon im Jahr 1626 beschwerte sich die Universität von Paris über die ungeheuern Einkünfte der Jesuitenkollegien. „Mit diesen, sagt der Apologist dieser hohen Schule **), haben sie die besten und reichsten Benefizien, mehrere Landgüter und Stiftungen im ganzen Königreiche vereiniget; sie haben eben so viele Paläste als Häuser. Ihre Einkünfte sind so groß, und ihre Benefizien so zahlreich, daß sie dieselben nun nimmermehr verheimlichen können. Ihre meisten Kollegien gleichen sowohl an Einkünften als Pracht den Palais und Häusern der Könige und Prinzen". Auch gleich nach ihrer Entstehung im Jahre 1564 stellte die römische Klerisey dem damaligen Pabste Pius IV. vor, daß, wenn er nicht in Zeiten die Habsucht der Jesuiten beschränkte, diese bald aller Benefizien, und selbst aller Kirchen in Rom sich bemächtigen würden ***). Hiezu boten ihnen selbst ihre Konstituzionen die Hand. Sie hatten in Professhäusern eigene Priester, welche zu bestimmten Zeiten Almosen betteln mußten. Es läßt sich begreifen, daß man ihnen nicht die Brosamen zuwarf. Die Beichtväter der Regenten und Grossen waren aus Gehorsam verpflichtet, unaufhörlich darauf bedacht zu seyn, wie sie jenen Wohlwollen und Geneigtheit für die Gesellschaft einflössen könnten ****). Ausser dem schleuderte Sixtus IV. die allerfürchterlichsten

---

*) Histoire générale de la Compagnie de Jesus. Tom. IV. Art. XII. pag. 188.
**) Ibid. l. c.
***) Ibid. l. c.
****) *Semper* insistat, ut Principem benevolum ac propensum habeat erga Societatem. *Ordinationes Generalium. Cap.* XI. §. *XII. pag.* 261. *Institutor. Soc. Jesu. Vol. II. Edit. Pragens.*

Fluchkeule auf die Häupter derjenigen, welche es wagen würden, die Rechtgläubigen und Frommen an ihrer Wohlthätigkeit gegen die Gesellschaft Jesu zu hindern. Wenn ein Bischof sich dessen schuldig machte, so wurde er seiner Kirche und seiner Regierung beraubt *). Wie viele Wege stunden ihnen nicht auf diese Art offen, geistliche Benefizien und Pfründen an sich zu bringen! Sie waren aber in der Kunst zu betteln nicht ungeübt. Wenn sie an Höfen durch Politik oder Intrigue ihrer Gesellschaft Reichthümer zu verschaffen wußten, so hatten sie für den gemeinen Haufen des Volks nicht minder ihre besondere Weise zu betteln. Diesen munterten sie mittelst der Andächteley zur Mildthätigkeit gegen die Gesellschaft auf. Abläße, Rosenkränze und Messen hatten sie immer bey Tausenden im Vorrathe, um mit diesem eitlen Prunke des Aberglaubens und der falschen Religiosität die Geistesschwachen zu blenden. „Alle Jahre, sagt ihr Geschichtschreiber Juvenz **), opfert die Gesellschaft im Ganzen 70000 Messen, und wenigstens

---

*) Mandatur Ordinariis, eorumque Vicariis, seu Officialibus, & Curatis, ac *aliis quibuscunque*, qui, ne Christi Fideles Nobis eleemosinas erogare præsumant, suadere, ac etiam sub censuris inhibere, ac erogantes excommunicatos fore, prædicare, seu prædicari facere, seu pronunciare præsumunt, ut ab hujusmodi persuasionibus, inhibitionibus, & mandatis omnino abstineant; persuadentesque, & inhibentes, & huic mandato non curantes obtemperare, nisi penituerint, & persuasiones, & inhibitiones & prædicta revocaverint, intra triduum postquam fuerint requisiti, eo ipso. Ordinarii incurrunt interdictum ingressus Ecclesiæ, ac suspensionem a regimine, & administratione suarum Ecclesiarum, inferiores vero ab iis, sententiam excommunicationis ipso facto incurrent. *Compend. Privileg. verbo Eleemosina. §. I. pag. 294. Institutorum Soc. Jesu. Vol. I.*

**) Historia Soc. Jesu. pag. 321.

Sechstes Buch.

100000 Rosenkränze für ihre Wohlthäter. Sonderheitlich entspricht sie, sobald jemand unsern Häusern etwas zu Gute kommen läßt, allemal auf der Stelle, und nach dem Maaße und der Wichtigkeit dieses Guten, durch mehrere tausend Messen und andere Gebete. Z. B. man liest für die Stifter der Kollegien oder anderer Häuser während ihrem Leben 30000 Messen und betet 20000 Rosenkränze, und eben so viele nach ihrem Tode. Dieses geschieht aber für jedes Kollegium und für jedes Haus, welches sie der Gesellschaft stifteten. Wenn folglich jemand zwey Kollegien oder zwey Häuser stiftet, so bekömmt er 120000 Messen und 80000 Rosenkränze. Ueberhaupt kommen von 48000 Messen, welche jährlich von allen Jesuiten gelesen werden, die meisten davon denjenigen zu gut, welche sich durch ihre Wohlthätigkeit vorzüglich die Gesellschaft verpflichtet haben *).„ Man kennt die Macht des Aberglaubens und überhaupt den Katholizismus nicht, wenn man an der Wichtigkeit der Vortheile zweifeln wollte, welche der Orden aus dieser Charlatanerie zog. Anders als durch dergleichen Religionsbetrug hätte er nie mit so allgewaltigem Nachdrucke auf den Pöbel wirken können **).

Die allerunerschöpflichsten Quellen ihres Reichthums waren endlich ihre Mißionen ausser Europa. Man würde ihrer Politik keine Ehre erweisen, wenn man glauben könnte, daß sie, zumal in einer Zeit, wo fast alle europäischen Mächte mit eifersüchtiger Begierde ihre Schätze aus Ost- und Westindien holten, eine so günstige Gelegenheit, sich zu bereichern, nicht benützt haben sollten. Die ganze

---

*) Qui Societatem beneficiis obstrinxerint l. c.
**) Rom giebt davon ein überzeugendes Beyspiel. In dieser andächtigen Stadt brachte ihnen das Almosen jährlich 40000 römische Thaler ein, und man weiß, daß ihnen in kurzer Zeit drey Familien über 130000 Thaler vermachten. Anhang zu dem Sendschreiben eines Portugiesen aus Lisabon, S. 18.

Anlage ihres Mißionsinstituts zielt hauptsächlich dahin. Es steht nicht in der Macht des Pabstes, diesen oder jenen Jesuiten in dieses oder jenes Land vorzugsweise zu schicken. Diese Macht kömmt einzig dem Generalen der Gesellschaft zu, welcher die individuelleste Kenntniß von allen Ländern in der Welt hat. Da der Pabst nur Profeßjesuiten zu Mißionen bestimmen kann, so kann der General dagegen alle Jesuiten ohne Unterschied, und folglich auch Weltliche dahin befördern. Schon frühe machte man der Gesellschaft Vorwürfe darüber, daß sie nur reiche Länder zum Gegenstande ihrer Bekehrungen zu nehmen, dagegen aber arme Völker, bey denen kein wahrscheinlicher Gewinn zu hoffen sey, ihrem Schicksale und ihrer Blindheit zu überlassen pflege *).

Die Gesellschaft hat auch gleich Anfangs ihre Absichten an den Tag gelegt. Unter dem Vorwande, daß es ihr unmöglich sey, in so entfernten Ländern ohne Handelschaft sich zu erhalten, oder ihre Kollegien, Seminarien und Häuser zu behaupten, wußte sie sich von Pabst Gregor XIII. mittels einer besondern Bulle das Vorrecht zu erschleichen, in allen fremden Ländern den Kaufhandel zu treiben. Zwar haben ihr in der Folge die Päbste dieses Vorrecht wieder genommen; allein sie fand es ihrem Interesse nicht angemessen, den Päbsten hierinn Gehorsam zu leisten. Es stand schon in der Macht ihres Generals, sie aller Verbindlichkeiten gegen päbstliche Verordnungen zu überheben. Eine eben so deutliche Aeusserung ihrer Absichten waren die Verfolgungen, die Lästerungen und die Gewaltthätigkeiten gegen Mißionarien aus andern Religiosenorden; und sicher hatte der Widerstand, den die Jesuiten über ein Jahrhundert hindurch dem päbstlichen Stuhle in Ansehung der malabarischen und chinesischen Ge-

―――――
*) Seconde Apologie de l'Université de Paris 1643. Part. III. pag. 39.

Sechstes Buch.

bräuche leisteten, keinen andern Grund, als ihre unbeschreibliche Begierde, sich durch Handel zu bereichern. Der Bischof von Heliopolis führt in seinem Memoire an die Kongregazion von der Fortpflanzung des Glaubens drey Haupturſachen an, warum die Jeſuiten mit ſo auſſerordentlicher Wuth ihre Gegner, die Dominikaner und Kapuziner, und die päbſtlichen Vikarien verfolgten, welche nach Indien geſchickt worden, die Streitigkeiten beyzulegen, die ſich in den Miſſionen erhoben. Fürs erſte wollen die Jeſuiten, wo es auch immer ſey, weder einen Höhern, noch einen Gleichen neben ſich dulden. Ferners lag es ihnen daran, den Europäern alles, was ſie in fremden Welttheilen thun, und vornehmlich ihren Kaufhandel zu verheimlichen, den ſie uneractet aller päbſtlichen Verbote, die ihnen gar wohl bekannt ſind, mit groſſer Geſchicklichkeit trieben. Und endlich ſuchen ſie auf alle Weiſe zu hindern, daß man keine Landeseingeborne zu Prieſtern und Seelſorgern mache, um ganz allein unbeſchränkt die indiſchen Kirchen beherrſchen zu können *).

Dieſe Zeugniſſe ſind nicht die einzigen, die man gegen die Jeſuiten anführen kann. Auſſer den Berichten, welche von Zeit zu Zeit die Dominikaner und Kapuziner an den päbſtlichen Hof erſtatteten, finden wir ihren auſſerordentlichen Kaufhandel auch in den Nachrichten erwieſen, welche verſchiedene Kommandanten der Colonien oder der Flotten gedruckt der Welt vor Augen legten. Unter dieſen verdient Herr Martin, Generalgouverneur der franzöſiſchen Beſitzungen in Indien, die meiſte Glaubwürdigkeit. „Auſſer den Holländern, ſagt er **), treiben die Jeſuiten den ausgebreitetſten

---

*) Histoire générale de la Compag. de Jesus. Tom. IV. Art. XII. pag. 199.
**) Journal d'un Voyage aux Indes Orientales, par Mr. Du Quesne Chef d'Escadre en 1690. Tom. III. pag. 114 & seq.

und reichsten Handel in Indien. Er übertrifft bey weiten noch den Handel der Britten, der Dänen und anderer Völker. Ich gestehe es sehr gerne, daß einige Jesuiten im wahren Geiste des Evangeliums nach Osten gekommen; und diese sind es auch eigentlich, welchen ihre Gesellschaft das Bekehrungsgeschäft anvertraut. Allein ihre Anzahl ist sehr unbedeutend, und sie sind sicher nicht diejenigen, welche eine Wissenschaft von den Geheimnissen ihres Ordens haben. Letztere sind in Wahrheit weltliche Jesuiten, die es nicht zu seyn scheinen, weil sie keinen Jesuitenrock tragen, und zu Surate, zu Goa, zu Agra, und allenthalben, wo sie sich festgesetzt haben, für das gehalten werden, was der Augenschein zeigt, nämlich für Kaufleute. Es ist erwiesen, daß es Leute von allen Nazionen, selbst Armenier und Türken giebt, welche dem Interesse der Gesellschaft Jesu unentbehrlich seyn können".

„Diese verkleideten Jesuiten mischen sich in alles, und sie wissen genau, bey welchem Kaufmanne oder Bankier von dieser oder jener Waare die besten Produkte zu finden seyen. Die geheime Korrespondenz, welche sie ununterbrochen wechselseitig führen, unterrichtet sie genau, welche Waaren, und bey welcher Nazion sie kaufen müssen, um davon den besten Vortheil zu ziehen. Diese verborgenen Jesuiten verschaffen ihrer Gesellschaft einen unermeßlichen Gewinn, und sie dürfen dafür auch Niemanden Rechnung geben, als ihr, in der Person wahrer Jesuiten, welche unter der Kleidung ihres heiligen Stifters die Welt durchlaufen, und von den Obern aus Europa, die sie mit ihrem Vertrauen und ihren Geheimnissen beehren, die besondern Vorschriften erhalten, welche von den verkleideten Jesuiten befolgt werden müssen. Dies geschieht denn auch mit grosser Pünktlichkeit, weil diese Jesuiten ausser dem Gelübde eines blinden Gehorsams sich auch noch eidlich verpflichten, das Geheimniß zu verschweigen, und alle ihre Kräfte zur Aufnahme und zum zeitlichen Vortheil der Gesellschaft zu verwenden. Diese verkleideten, und in alle Welt zerstreuten Jesuiten, die sich an gewissen Zeichen kennen, handeln alle nach einem gemeinschaftlichen Plane, und nur bey ihnen allein hat jenes Sprichwort nicht statt: So viele Köpfe, so viele Sinne! Der Geist der Jesuiten ist immer der nämliche, und keiner Veränderung, vorzüglich was den Kaufhandel betrifft, unterworfen".

„Mit den Waaren, die sie aus Indien unter dem falschen Vorwande ihrer Mißionen nach Europa senden, machen sie grosse Geschäfte. Sie senden dieselben geradenweges an verkleidete Jesuiten, welche viel darauf gewinnen können, weil sie solche aus der ersten Hand erhalten. Diese Art von Handelschaft, so beträchtlich sie auch war, haben die Jesuiten so geschickt zu verheimlichen gewußt, daß sich in Europa noch niemand öffentlich darüber zu beschweren getraute. Denn die Franzosen, welchen dieser Handel vorzüglich nachtheilig war, sahen sich bis dahin der nöthigen Beweise entblößt, diesen Unfug öffentlich rügen zu dürfen *). Die übrigen Nazionen haben wenig Antheil daran genommen, und es nicht ungerne gesehen, wenn die Franzosen zu Schaden gekommen. Er (Martin) habe schon öfters das nämliche nach Frankreich geschrieben. Seine Schriften, die er dahin geschickt, wären aufrichtig und umständlich gewesen. Mehr hätte er unter solchen Umständen nicht thun können. Allein die Ostindische Handelskompagnie sey so weit davon entfernt gewesen, diesen so nachtheiligen Mißbräuchen abzuhelfen, daß er von ihr vielmehr wiederholt die ausdrücklichsten Befehle erhalten habe, den

---

*) Am allermeisten hatten sie die Hofjesuiten zu fürchten, welche unter Ludwig XIV. und XV. die meisten Kabinette der europäischen Mächte beherrschten.

Jesuiten alles, was sie von ihm als Gouverneur verlangen würden, zu bewilligen, und i'nen so oft, als sie es forderten, Geld vorzustrecken. Dieser Umstand machte sie so übermüthig, daß nur allein Pater Tachard der Kompagnie über 150000 Piaster oder 450000 Livres ohne alle Schuldversicherung schuldig ist. Auf der Eskadre des Herrn Du Quesne befanden sich für die Jesuiten in Ostindien 58 Ballen, deren kleinster grösser war, als diejenigen, die der Kompagnie gehörten. Diese Ballen enthielten keine Reliquien, Rosenkränze, Agnusdei, oder andere Waffen der apostolischen Mißion, sondern gute und schöne Kaufmannswaaren aus Europa. Solche Versendungen geschehen mit allen französischen Kriegsschiffen, die nach Indien gehen. Diejenigen Jesuiten, die mit den Banianen Diamanten und Perlen suchen, thun ebenfalls dem Handel der Ostindischen Kompagnie den größten Abbruch, und schänden überdas den christlichen Namen. Sie kleiden sich wie die Banianen, reden ihre Sprache, essen und trinken mit ihnen, und beobachten die nämlichen Gebräuche. Wer sie nicht kennt, würde sie für wahre Baniane halten. Alles dieses geschieht unter dem betrüglichen Vorwande, sie zu bekehren; indeß sie ihnen allenthalben nachfolgen, und mit ihnen ein um so einträglichers Kommerz treiben, da es nicht in die Augen fällt. Ein Beweis, daß es diesen Mißionarien keineswegs um Religion zu thun sey, ist der besondere Umstand, daß sie noch nie einen Banian bekehrt haben. Einer derselben, der mit ihnen drey weite Reisen that, hat mich versichert, daß in dieser ganzen Zeit fast nie von Religionssachen gesprochen worden sey".

„Zwey Jesuiten kamen vor einigen Wochen nach **Pondichery**, und nahmen von den Waaren, die auf unsern Schiffen aus Frankreich hieher kamen, dreyßig Ballen in Empfang, die sie nach **Madraß**, wo sie sich gegenwärtig befinden, wei-

Sechstes Buch.

ter spedirten. Dieser Umstand beweiset ihren Kaufhandel sowohl, als ihr sträfliches Verständniß mit den Feinden der französischen Krone *). Es ist wahr, jene beyden Jesuiten waren Portugiesen. Aber warum lieferte ihnen Pater Tachard die dreyßig Ballen aus? Und warum lieferten diese die Waare gerade in eine feindliche Festung? Diese Jesuiten sind indessen diejenigen, die über den Verkauf der europäischen Waaren disponiren, da die in den Seestädten Wohnenden nur ihre Faktors sind. Pater Tachard aber und andere seiner Art sind die Direkteurs des ganzen Komerzes und die eigentlichen Generaleinnehmer der Societät **)".

Auf den Antillen gewann der Pater de la Vallette die Hälfte auf den Waaren, die er nach Frankreich sandte. Durch seine Hände giengen beynahe alle Fonds von diesen Inseln ***). Der Kardinal Saldanha hat den Kaufhandel der portugiesischen Jesuiten, die beständig zwey Schiffe in ihren Diensten hatten, mit hinlänglichen Zeugnissen erwiesen. Alle ostindischen Seefahrer sprechen mit Erstaunen von ihrem ausgebreiteten Kommerz. In Europa hatten sie ihre Banken. In den reichsten Handelsstädten, in Marseille, Paris, Genua, Rom u. a. d. waren Jesuiten Bankiers. In allen ihren Häusern verkauften sie öffentlich Spezereyen; und um es mit einigem Rechte thun zu können, ließen sie sich von Pabst Gregor XIII. eine Bulle ausfertigen, worinn ihnen die Ausübung der Arzneywissenschaft erlaubt wurde. Ihre Apothecke zu Lyon ist bekannt. Noch ansehnlicher ist jene von Paris dadurch geworden, weil alle Apothecker ihren Theriak den Jesuiten ab-

---

*) Frankreich war damals mit England im Kriege verwickelt.
**) *Memoires apologetiques de Mr. Norbert.* Tom. III. Liv. I. pag. 89—93.
***) Histoire générale des Jesuites. Tom. IV. Art. XII. pag. 201.

nahmen. In Rom trieben sie ungeachtet aller päbstlichen Verbote den Brod= Spezerey= und Weinhandel ꝛc. *)

Der Geldhandel oder der Wucher war ihnen nicht weniger einträglich. Nach dem Zeugnisse des Kardinals Tournon nehmen die Jesuiten zu Pecking 25 bis 27 Procente für dargeliehenes Geld. Sie machen sich in China sogar kein Bedenken, 100 Procente zu fordern. Dieser Gewinn, sagten sie, ist allerdings erlaubt, weil wir auf Kredit borgen.

Aus alle dem ergiebt sich die natürliche Folge, daß es den Jesuiten nicht an hinlänglichen Mitteln fehlte, ihren Gegnern zu schaden. Man begreift nun sehr leicht, daß vornämlich in den ostindischen Streitigkeiten kein Pabst zum Zwecke kommen konnte, weil die Jesuiten ein besonders Interesse hatten, ihre Gegner nicht aufkommen zu lassen. Man begreift, daß selbst die Gouverneurs der europäischen Besitzungen in Indien bey weiten zu schwach waren, ihren Intriguen und ihrem Ungehorsame Widerstand zu leisten. Was sie nicht durch Ränke vermochten, das gelang ihnen nur zu oft durch Bestechungen.

Achtes Kapitel.

Geschichte der jesuitischen Mißionen in Westindien. Ihre Regierung in Paraguay.

Westindien ist nicht minder als Ostindien, ein Gegenstand jesuitischer Politik geworden. Schon gleich nach Entstehung des Ordens wagten sich einige Bekehrungshelden nach Brasilien, Peru und Maragnan. Wir dürfen nicht glauben, was uns die Jesuiten von den ausserordentlichen Fortschriten des Christenthums in allen diesen weitläufigen Ländern mel-

*) Ibid. l. c.

Sechstes Buch. 81

melden. Was ihnen an andern Orten ihr Apostelamt erschwerte, das gilt auch vornämlich von diesen amerikanischen Provinzen, deren Bewohner bey weitem wilder, und, gereizt durch die Grausamkeiten ihrer Besieger, noch um vieles grausamer und mißtrauischer gegen die Europäer geworden, als es die Japonesen, Chinesen und Malabaren waren. Wenn es weiter nichts brauchte, als den armen Indianern, die sie tauften, Rosenkränze an die Hand, Agnusdei an den Hals und einige Bildchen zwischen die Finger zu hängen; so haben diese Missionarien freylich ganz ausserordentliche Bekehrungen gemacht. Allein mit dergleichen Charlatanerien war dem Christenthum eben so wenig, als den Monarchen gedient, welche in der löblichen Absicht, diese wilden Völker durch christlichen Unterricht geselliger zu machen, mit grossem Aufwande Missionen in jenen besiegten Provinzen anlegten.

Doch äusserten sich auch hier frühzeitig die weitaussehenden Absichten des Ordens. Man konnte bald sehen, daß es den Jesuiten nicht um die Ehre der Religion und um den Vortheil ihrer christlichen Monarchen, sondern um eigenes Interesse zu thun war. Sie fanden die Religion, die sie predigten, sehr bequem, die armen Völkerschaften unter ein bey weiten verhaßteres Joch von Dienstbarkeit und Sklaverey zu beugen, als es jenes war, unter welchem sie bisher aus Furcht vor spanischen und portugiesischen Kanonen seufzten. Ihre Bemühungen sind ihnen auch treflich gelungen, und die Welt hat mit Erstaunen gesehen, daß sie mit Sklaven, die es durch Religion geworden, zweyen mächtigen Kronen die Spitze bieten konnten [*]).

---

[*]) Die Schriften, welche der portugiesische Hof zur Rechtfertigung seines Verfahrens gegen die Jesuiten bekannt gemacht, geben hierüber die deutlichsten Aufschlüße; wenn gleich Herr von Murr an verschiedenen Orten

Gesch. d. Jes. II. Band.   F

Der Plan, den die Jesuiten hiebey befolgten, macht ihrer Politik viele Ehre. Kaum wurden sie von den Dominikanern nach Paraguay berufen, um mit ihnen gemeinschaftlich an der Bekehrung der wilden Völker dieser Provinz zu arbeiten; als sie sogleich, gereizt von der glücklichen und fruchtbaren Lage derselben, auf den Einfall geriethen, sich dieses Reiches als eines Eigenthums anzumaßen. Die Spanier, welche daselbst über verschiedene Distrikte als Statthalter die Herrschaft führten, hätten ihnen in ihren Absichten sehr hinderlich seyn können. Sie mußten also diese zuvorderst entfernen. Es gelang ihnen auch treflich, indem sie dieselben am Hofe zu Madrit im Jahre 1609. als hochmüthige, habsüchtige, grausame und liederliche Leute anschwärzten, die der Fortpflanzung des Christenthums die meisten Hindernisse in den Weg legten. Nach diesen Beschuldigungen legten sie dem frommen königlichen Hofe den Entwurf einer christlichen Republik vor, nach welchem die schönen Tage der ersten Christenheit in dieser Barbarey wieder hergestellt werden sollten. Die Vorschläge, welche die Jesuiten dem Hofe machten, bestunden darinn, daß die spanischen Gou-

seines Journals zur Kunstgeschichte, und vornämlich in der Geschichte der Jesuiten in Portugal unter der Staatsverfassung des Marquis von Pombal, und in den Reisen einiger Mißionarien der Gesellschaft Jesu in Amerika sie zu vertheidigen sucht. Es ist ihm diese Partheylichkeit sehr wohl zu verzeihen, wenn er dieß in Ansehung einzelner Mitglieder thut, die ihm als gelehrte und fromme Männer bekannt geworden; aber er beweiset allemal seine mangelhafte Einsicht in dem Institute des Ordens, so oft er die ganze Gesellschaft in Schutz nimmt. Es gereicht übrigens dem Herrn v. Murr zur besondern Ehre, daß die Jesuiten nicht leicht einen fleißigern und geschicktern Apologisten hätten finden können, als ihn. Nur Schade, daß er sich zum Advokaten eines schlimmen Handels gebrauchen läßt!

Sechstes Buch.

verneurs abgeschaft, und ihnen erlaubt werden sollte, besondere und stete Wohnungen aufzuschlagen, wo die Indianer unter ihrer (der Jesuiten) Aufsicht, ein von spanischer Statthalterschaft unabhängiges, ruhiges, einträchtiges, und nach Art der ersten Christen gemeinschaftliches Leben führen könnten, übrigens aber den König von Spanien für ihren Oberherrn erkennen, und ihm einen jährlichen Tribut abstatten sollten *). Philipp III. war mit diesem Entwurfe zufrieden, und gab den Jesuiten alle Indianer frey, die sie bekehren würden.

Die Ausführung dieses Entwurfs ist ihnen indessen auf eine Art gelungen, die ihnen eben so vielen Ruhm als Tadel zugezogen. Die Einrichtung, die sie getroffen, diese durch spanische Grausamkeiten verscheuten Menschen aus ihren Höhlen zu einem gemeinschaftlichen Leben hervorzulocken, verdient die Aufmerksamkeit und die Bewunderung aller Gesetzgeber. Durch den Reitz der Liebe und Sorgfalt, und durch unaufhörliche Schmeicheleyen, gelang es ihnen gar bald, diesem rohen Volke unvermerkt einen Geschmack an Ordnung beyzubringen. Sie gewöhnten sie allererst an den Feldbau und Viehzucht, und unterrichteten sie in der Kunst, sich ordentliche Häuser und Wohnungen zu bauen. Jemehr sie vorhin vor spanischen Kanonen zitterten, um so mehr wurden sie gerührt, da ihnen die Jesuiten mit Liebe und Sanftmuth entgegen kamen.

Solchergestalt wurden diese Missionarien die Gesetzgeber und Regenten eines Volkes, das sich in kurzer Zeit ausserordentlich vermehrte. Der ganze Grund ihrer politischen und geistlichen Gesetzgebung war die Religion; aber sie offenbarten sie diesen Völkern auf eine ganz eigene Art. Sie machten sich selbst zu Orakeln eines Gottes, dessen Gesetze sie predigten; und das Gebot eines blinden und unbeschränkten Gehorsams gegen diese

F 2

*) Histoire du Paraguay par le Jesuite *François Xavier de Charlevoix.* Tom. II. Liv. V. pag. 34.

Orakel war, das erste Prinzip ihrer Religion. Es kostete sie keine Mühe, ein Volk, welches ihnen seine Freyheit und sein Leben zu verdanken hatte, unvermerkt auf den Begriff zu lenken, daß keine höhere Macht und Gewalt auf Erden sey, als jene der Jesuiten. Dieser Begriff wurde also mit einer ausserordentlichen Verehrung gegen die Missionarien verbunden. Man empfieng ihre Befehle nur auf den Knien, und hielt es für einen hohen Gewinn, den Ermel oder den Rocksaum dieser Väter küssen zu dürfen.

Die Lebensart, die Policey und die Künste, die sie in dieser Republik einführten, entsprach vollkommen den hohen Absichten des Ordens. Alle Einwohner wurden zur Arbeit angehalten. Der Müssiggang, und folglich die Laster die ihn begleiten, waren ganz unbekannt. Die Männer arbeiteten auf den Feldern; die Weiber erhielten alle Wochen eine bestimmte Porzion Flachs oder Baumwolle, die sie in einer gewissen Zeit gesponnen liefern mußten, und die Kinder hatten ihr bestimmtes Tagewerk. Verschiedene Künste wurden aus Europa nach Paraguay verpflanzt, und man bildete Maler, Bau- und Ton-Künstler.

Die öffentlichen Lustbarkeiten bestunden in Schauspielen, die sie mit eben der Pracht als ihren Gottesdienst aufführten. Die Polizey besorgten gewisse Vögte, welche die Jesuiten anstellten, und die von ihnen ganz abhängig waren. Auch das geringste Versehen wurde von ihnen bestraft. Jährlich war ein Generalkongreß, auf welchem die vornehmsten Jesuiten erschienen, und sowohl den Zustand der Kassen als überhaupt die gesammte Administrazion untersuchten. Auf diesen Kongressen wurden allen Unterbeamten und Vögten entweder neue Verhaltungsbefehle oder die Abänderung der alten ertheilt.

Bey alle dem gieng das Hauptabsehen der Jesuiten dahin, diese Völker in einer gänzlichen Un-

Sechstes Buch.

wissenheit zu erhalten. Sie entfernten von ihnen jeden Grad von Kenntniß, den sie mißbrauchen konnten. Alles Eigenthum, und alle gesellschaftliche Ungleichheit war unter ihnen aufgehoben. Die Früchte ihrer Arbeit gehörten der Obrigkeit; und diese ließ ihnen nur so viel, als sie zum nothdürftigsten Unterhalte nöthig hatten. Man begreift, wie wichtig die Schätze seyn mußten, welche der Orden aus einer Provinz zog, deren Bewohner einzig nur zum Vortheile der Mission arbeiteten, ohne dafür einen andern Lohn, als den nothdürftigsten Unterhalt zu beziehen. Man begreift auch, wie vieles den Jesuiten daran gelegen seyn mußte, alle Gemeinschaft zwischen Paraguay und Europa zu unterbrechen, und jeden Ausländern, und vornämlich den Spaniern den Eintritt in ein Land zu verweigern, welches ganz unter ihrer Herrschaft stand.

Ohne mich in eine Untersuchung einzulassen, in wie ferne diese Völker unter einer solchen Herrschaft glücklich oder unglücklich waren, will ich mich nur bloß darauf einschränken, zu beweisen, daß die Jesuiten bey der Errichtung dieser Republik mehr auf ihren eigenen Vortheil, als auf die wahre Veredelung seiner Bewohner Bedacht genommen; ich werde mich hiebey einzig auf die offiziellen Nachrichten beziehen, welche die portugiesischen Kommandanten ihrem Hofe erstatteten, der ihnen in neuern Zeiten die Untersuchung der Beschaffenheit des Missionslandes in Paraguay auftrug.

„Im Jahre 1731. fand der Generalgouverneur des Stadt Potosi, Don Matthia de Anglose Cortari *) dieses Land in 36. Kirchspiele oder Reduktzionen eingetheilt, deren jede über 10000. Familien in sich begrif. Hier nun herrschte so ein Ueberfluß an Schätzen und Gütern, daß ein einziges

---

*) Sammlung der neuesten Schriften, welche die Jesuiten in Portugal betreffen. Band III, S. 226. u. f.

Kirchspiel im Stande war, sechs andere, und ein Kollegium von unzähligen Jesuiten zu versorgen. Auch die unbeträchtlichste Redukzion hatte gegen 40000. Ochsen und Kühe, und viele fruchtbare Felder, worauf alle Arten von Getraide und insonderheit Baumwolle gepflanzt wurde, welche die Jesuiten von Indianerinnen spinnen und weben liessen. Eben so wurde auch sehr viel Zucker und Toback gebaut, mit welchem sie grosse Geschäfte machten.

Allenthalben waren Werkstätte von Indianern, die in Gold und Silber arbeiteten, und Meister, die im Giessen, oder mit dem Hammer, oder in andern Arten von Arbeit sich hervorthaten. Es gab daselbst auch Werkstätte von Schmieden, Schlossern, und Gewehrfabricken. Sie gossen Kanonen, Mörser, und alle andre Waffen, wie auch Werkzeuge von Eisen, Stahl, Erz, Zinn, und Kupfer, die sie zu den Kriegen, die sie führten, zu ihrem eigenen Nutzen oder für diejenigen gebrauchten, die ihnen solche abkaufen wollten. Es befanden sich daselbst Bildhauer, Holzschnitzer, Kupferstecher, und vortrefliche Maler.

Mit verschiedenen Kräutern, die in diesem Missionslande wuchsen, und vorzüglich mit dem sogenannten **Paraguaykraut** trieben sie fast in der ganzen Welt einen ausserordentlichen Handel. Ausserdem führten sie jährlich 60. bis 80000. Ellen Baumwollenzeug aus, die sie zu fünf bis sechs Realen die Elle verkauften, und eine Menge Zucker, Toback, Felle und andere Handlungsproducte.

Die erstaunlichen Geldsummen, welche die Jesuiten aus diesem Handel zogen, wurden von den Missionen in Verwahrung genommen. Alle sechs Jare kamen Generalprofuratoren in diese Provinz, liessen sich Rechnung ablegen, und verschikten die Summen entweder in Wechseln oder in Baarschaft nach Rom.

Sechstes Buch.

Die armen Indianer mußten in einer ausserordentlichen Knechtschaft leben. Ob sie gleich unaufhörlich für die Jesuiten gearbeitet, so erhielten sie dafür Speis, Trank und Kleidung nur sparsam und kärglich. Dabey verfuhren jene so streng gegen sie, daß ihr Elend bey weitem noch alle Grenzen der Sklaverey übertraf. Wenn sie etwas gegen ihre Missionsväter versahen, wurden sie manchmal mit dem Tode bestraft.

In allen Kirchspielen wurden grosse Magazine angelegt, worinn sich alle verkaufbaren Waaren, Gold, Silber und Diamanten befanden. Ihre vornehmsten Handelsplätze waren Santa Fé, Buenos Ayres, und Tucuman. Dahin verführten sie ihre meisten Artikel; und man hat berechnet, daß ihnen dieser Handel jährlich über zehen Millionen Speziesthaler einbrachte.

Der Verfolg dieses sehr weitläufigen Berichts bezieht sich insonderheit auf die Verfahrungsweise der Jesuiten in ihren Missionsgeschäften, und auf ihre Kriege, die sie mit den benachbarten Völkern führten. Man ersieht darinn, daß sich diese Väter sehr gut auf die Taktik verstunden, und ungemein geschickte Feldherren waren. Die europäischen Jesuiten hatten grosse Beweggründe, diese Dinge der Welt zu verheimlichen, und die Nachrichten, die der Hof von Portugal davon bekannt werden ließ, für unerhörte Lästerungen auszuschreyen. Ausser der Rechtfertigung, die der berühmte Muratori auf die einseitigen Berichte der Jesuiten übernahm*), hat auch der Jesuite Charlevoix in sechs Bänden eine Geschichte von Paraguay geschrieben, worinn er mit vieler Geschicklichkeit, aber vergebens, die Vorwürfe, die seinem Orden gemacht wurden, abzulehnen sucht.

---

*) Il Christianesimo felice nelle Missioni de' Padri della Compagnia di Giesu nel Paraguai. 4. Muratori hat noch vor seinem Tode öffentlich bereuet, dieses Werk geschrieben zu haben.

88 **Geschichte der Jesuiten.**

Gleichwohl aber wird sich die Welt nimmermehr bereden können, daß der portugiesische Hof weniger Glauben verdiene, als die Schutzschriften und die Pasquillen, welche die Jesuiten gegen diesen Hof in der ganzen Welt ausgestreut.

Neuntes Kapitel.

Grausames Verfahren der Jesuiten gegen die Bischöfe Cardenas und Dom Palafox.

Die Privilegien, womit der päbstliche Stuhl so verschwenderisch den Orden der Jesuiten versah, hatte die Glieder desselben sehr hochmüthig gemacht; und sie nahmen davon bey unzähligen Gelegenheiten Anlaß, die Vorsteher der Kirche, Bischöfe und Pfarrer, in ihren Rechten zu kränken. Wäre es dabey allemal geblieben, so würde man es ihnen noch verzeihen, wenn sie sich auf Privilegien berufen haben. Aber sie hatten sicher keines aufzuweisen, worinn ihnen erlaubt worden, diejenigen zu Tode zu quälen, die sich ihren Vorrechten widersetzten. Und doch war dieß die gemeinsame Practik ihres Ordens. Unter mehreren Beyspielen will ich nur den Bischof von Paraguay, Bernardin de Cardenas, und den Bischof von Angelopolis, Dom Johan de Palafox, anführen.

Cardenas wurde im Jahre 1641. zum Bischof von Paraguay ernannt. Drey Jahre lebte er sehr friedlich in seinem Bistume. Aber kaum ließ er sich verlauten, als Visitator, zwanzig Pfarreien in den Provinzen Parana und Uraguai, wovon die Jesuiten Meister waren, zu bereisen, als diese seine unversöhnlichsten Feinde wurden. Es war ihnen daran gelegen, einen Besuch zu verhindern, welcher nur zu leicht ihren schlimmen Handel an das Licht gebracht hätte *). Allermeist aber war

*) Histoire de la persecution du saint Eveque *Dom Bernardin de Cardenas.* Chap. II. §. 17. pag. 18.

Sechstes Buch. 89

es ihnen darum zu thun, ihre ausserordentlichen Schäze, die sie in diesen Provinzen besassen, und die kriegersche Verfassung zu verbergen, in welche sie bereits die von ihnen unterjochten Indianer gesezt hatten. Um also den Bischof von seiner vorhabenden Visitazion abzulenken, versuchten sie es anfangs mit Bestechungen und Schmeicheleien. Als aber diese Kunstgriffe vergebens waren, brauchten sie List und Gewalt. Sie fiengen damit an, daß sie die bischöfliche Macht und Gerichtsbarkeit des Herrn de Cardenas bestritten, und auf allen Kauzeln und in allen Beichtstühlen sich verlauten liessen, daß man dem Bischofe keinen Gehorsam schuldig sey, indem er sich mit Gewalt aufgedrungen hätte. Sie giengen noch weiter; sie bestachen den spanischen Gouverneur mit 30000. Thalern *), und bewogen ihn, den unglücklichen und verlästerten Bischof mit gewafneter Hand aus seiner Kirche zu verstossen, und auf einen kleinen Schiffernachen zu setzen, auf welchem er ohne Ruder und Hülfe als ein Spiel des Stromes und des Windes fast einen Weg von 80. Meilen bis nach las Corientes schwamm. In dieser Stadt, welche zum Kirchspiele des Metropolitanbischofes von Buenos-Ayres gehört, hielt sich Cardenas zwey Jahre auf, indessen die Jesuiten und der von ihnen gewonnene Gouverneur zu Assumpzion, der Residenz des verstossenen Bischofes, die unglaublichsten Ausschweifungen begiengen. Unter andern gewaltthätigen Schritten, wozu sich lezterer von den Jesuiten verleiten ließ, that er auch diesen, daß er allen Christen unter Todesstrafe verbot, in einer andern, als in der Kirche der Jesuiten Messe und Predigt anzuhören.

Die königliche Regierung zu la Plata, wohin sich Cardenas mit Beschwerden gegen den Gouverneurs und die Jesuiten wendete, that den Ausspruch, daß der verstossene Bischof wieder in seine

*) Ibid. l. c. Chap. III. §. 24. pag. 21.

Kirche und in seine Rechte eingesetzt werden sollte. Allein seine hitzigen Gegner ließen es hiezu nicht kommen. Er wurde zum zweitenmal verstoßen. Der bald darauf erfolgte Abtritt des Gouverneurs von der Regierung verschafte ihm Gelegenheit, von seiner verlassenen Kirche wieder Besitz zu nehmen. Er erschien, und das Volk frohlockte über die Gegenwart eines Bischofes, den es verehrte. Aber die noch immer unbefriedigte Rachbegierde der Jesuiten, die in der Kunst, ihre Gegner zu quälen, keine mittelmäßige Köpfe waren, erfand bald neue Ränke, den Bischof in seinem Besitze zu beunruhigen. Sie zogen einige unwürdige und mißvergnügte Domkapitularen auf ihre Seite, und erklärten den Bischofssitz für erledigt. Während dieser ärgerlichen Kirchenspaltung begegneten sie dem Bischofe mit einem Uebermuthe, der nicht seines gleichen hatte. Alle liederlichen Spanier, die sich durch Laster und Frevel stinkend gemacht, schlossen sich an die Jesuiten, denen diese Gäste um so willkommener waren, nachdem sie in so niederträchtigen Gemüthern keine Regungen von Ehre und Tugend mehr zu unterdrücken hatten, sondern sie gleich auf der Stelle, so wie sie waren, zu verworfenen Werkzeugen ihrer Rache brauchen konnten. Mit so verwegenen Sündern griffen sie den unglücklichen Bischof mit offenbarer Gewalt an, lästerten ihn, und empörten sich gegen die Aussprüche des königlichen Gerichtes zu la Plata.

Mittlerweile erschien der neue Gouverneur zu Assumpzion. Er bezeugte sein Mißfallen über die Fackzion, die sich gegen den Bischof erhob. Allein er wurde bald von den Jesuiten gewonnen. Sie hatten sich durch ihre Ränke am Hofe zu furchtbar gemacht, als daß es ein königlicher Bedienter je hätte wagen dürfen, ungestraft und ungekränkt dem Interesse ihrer Gesellschaft entgegen zu handeln. Es war ihnen, zumal in so entfernten Ländern, eine Sache von geringer Bedeutung,

Sechstes Buch.

mittels ihrer Agenten an den Hofe diejenigen zu stürzen, die ihnen in entlegenen Reichen hätten schaden können; und es war sich nicht zu verwundern, wenn die Gouverneurs der spanischen, portugiesischen, und französischen Provinzen sich zuvörderst um die Gunst der Jesuiten bewarben, um nicht vor der Zeit jener einträglichen Vortheile beraubt zu werden, welche gemeiniglich mit dergleichen Gouvernements in den eroberten ost- und westindischen Provinzen verbunden waren.

Diese Furcht vor der Macht der Jesuiten bewog eigentlich den neuen Gouverneur, den unglücklichen Bischof zu verlassen, und sich auf die Seite seiner Gegner zu wenden. Er mußte es auf sich nehmen, den Cardenas zu vertreiben, und belagerte ihn zu dem Ende in seiner eigenen Kirche fünfzehn Tage hinter einander. Man hatte das Absehen, ihn Hungers sterben zu lassen, und verbot unter Todesstrafe, ihm Speise und Trank zu reichen. Nur dasjenige, was einige gerührte Christen mit Lebensgefahr durch die kleine Oefnung des Kirchenfensters hineinwarfen, rettete ihn noch von dem grausamsten Hungertode. Der Gouverneur, den das Elend und die Standhaftigkeit dieses verfolgten Bischofs rührte, hob endlich die Belagerung auf, und suchte die Jesuiten auf gemäßigtere Gesinnungen zu lenken. Vergebens! Ihre Rache kannte keine Grenzen. Sie konnte nur durch die gewaltthätige Vertreibung oder durch den Tod des Bischofes befriedigt werden.

Aber bald gewann die Sache eine andere Wendung. Der Gouverneur starb plötzlich, und der Bischof wurde zufolge einer einmüthigen Wahl, von der Stadt Assumpzion auf dessen Stelle erhoben. Unstreitig haben sich die Jesuiten durch ihre eigene Hitze, und vornämlich dadurch, daß sie mit zu offenbarer Gewaltthätigkeit zu Werke giengen, ihre Sache verdorben. Sie hatten sich bey den Einwohnern dadurch schon allzu verhaßt gemacht, als daß es ihnen so leicht hätte gelingen können, eine Wahl zu hintertreiben, die ihnen nicht anders als gefährlich seyn konnte. Sie waren in dieser Stadt der allgemeine Gegenstand des Hasses und der Verabscheuung geworden. Sie durften, ohne Gefahr, sich nicht einmal mehr öffentlich zeigen *). Man beschuldigte sie, durch ihre Ränke die öffentliche Ruhe gestört, und eine Kirchenspaltung veranlaßt zu haben. Man bezüchtigte ihre Beichtväter und ihre Prediger einer gefährlichen und aufrührerischen Lehre, und man machte von Seite des Stadtrathes dem Gouverneurbischofe die nöthigen Vorstellungen, um sie als unruhige Köpfe aus der Stadt zu schaffen. Dieß geschah denn auch den 6. Merz im Jahre 1649.

Die verbannten Jesuiten dachten bald auf Mittel, sich an ihrem Gegner zu rächen. Sie thaten dieß an der Spitze von 4000. Indianern, die sie in der Geschwindigkeit aus ihrem Kirchspiele zogen. Sie erwählten sich eigenmächtig in der Person eines gewissen Sebastian de Leon einen Gouverneur, und eilten mit ihm und im Gefolge einer Armee nach Assumpzion. Man belagerte die Stadt, und drang mit Gewalt in dieselbe. Ein durch liederliche Sitten übelberüchtigter Mönch, den

---

*) Histoire du Paraguay par P. *Charlevoix*. Tom. III. Liv. XII. pag. 174. Der Verfasser, ein Jesuite, hütet sich sehr sorgfältig, die wahre Ursache dieser Verabscheuung anzuzeigen. Er behandelt diese Geschichte auf eine Art, daß seine Gesellschaft als der leidende Theil zum Vorschein kömmt. Demzufolge schildert er auch den Bischof als einen Mann, der mit ausserordentlichem Ungestüm sich alle Gewaltthätigkeiten gegen die Jesuiten erlaubte. Nach seinem Vorgeben war Cardenas ein Ungeheuer, und die Jesuiten Heilige, deren Engelsunschuld, Geduld und Demuth, über alle menschlichen Begriffe erhaben waren.

Sechstes Buch.

die Jesuiten zu ihrem Conservator machten, wagte es, den Bischof in den Bann zu thun. Man belagerte ihn zehen Tage in seiner bischöflichen Kirche, und trieb ihn endlich mit Flintenkolben hinaus. Der von den Jesuiten mit eigenmächtiger Gewalt ernannte Gouverneur Leon ließ ihn fünfzehn Tage in ein tiefes Loch unter die Erde stecken, und endlich auf ein elendes Schifgen mit einigen Soldaten setzen, welche den Auftrag hatten, ihn nicht eher als zu Santa Fe, 200 Meilen von Assumpzion, landen zu lassen *).

Diese unerhörte Verfahrungsart hätte die ganze Stadt in Aufruhr bringen können. Allein man wußte dem öffentlichen Ausbruche des Unwillens gleich anfangs zu steuern, indem man durch grausame Bestrafungen, und vornämlich durch kirchliche Exkomunikazionen ein verzagtes und abergläubisches Volk zum Schweigen gebracht hatte.

Cardenas sah sich solchergestalt seiner Würden und seiner Ehre beraubt. Es war ihm darum zu thun, beydes zu retten. Er wendete sich an die königliche Regierung zu la Plata. Allein diese war von Jesuiten gewonnen. Er sah keinen andern Weg mehr offen, als sich nach Europa zu verfügen, und persönlich am spanischen und römischen Hofe Gerechtigkeit zu fodern. Die Jesuiten haben alle erdenkliche Kunstgriffe erschöpft, die Thatsachen, deren sie Cardenas beschuldigte, entweder zu läugnen, oder in ein falsches Licht zu stellen. Ihr Mitbruder, Pater Pedrasa, fieng mit den Vertheidigern des Bischofes einen ärgerlichen Schriftenwechsel an, und man liest nicht ohne Unwillen die Lästerungen, Lügen und Verfälschungen, deren sich dieser Jesuite bedient, die

---

*) Histoire de la persecution de Dom *Bernardin de Cardenas* Iart. I. Chap. XVI. n. 237. pag. 95.

94 **Geschichte der Jesuiten.**

Wahrheit zu verdrehen *). Allein die Fehler, die seine Ordensgenossen begiengen, waren zu grob, und das Aergerniß, das daraus entstand, zu groß, als daß sie dießmal ungeachtet aller ihrer Kunstgriffe über ihren Gegner die Oberhand behaupten konnten. Der Hof von Madrit ließ diesem Gerechtigkeit wiederfahren, und setzte ihn wieder in alle Würden und Ehren ein, deren er von den Jesuiten beraubt worden. Nicht weniger günstig urtheilte auch Pabst Urban VI. welcher die eigenmächtigen Verfügungen der Jesuiten verwarf. Allein Cardenas überlebte nicht lange die Früchte seines Sieges. Er starb, ehe er noch von seinem Bißtume Besitz nehmen konnte

Ein eben so schreckliches Beyspiel von der Insolenz und Verfolgungssucht der Jesuiten war Johann Palafox, Vizekönig von Amerika, Erzbischof von Mexiko, und Bischof von Angelopolis und Osma. Bis auf den heutigen Tag haben sie noch nicht aufgehört, das Andenken dieses frommen Mannes zu lästern. Vielmehr geben sie sich noch immer alle Mühe, am römischen Hofe die Cannonisazion desselben durch unaufhörliche Kabalen zu hintertreiben, indem es ihnen unerträg=

---

*) Die ganze Geschichte von der Verfolgung dieses Bischofes, und von den beydseitigen Rechtfertigungen befindet sich im fünften Bande der Morale pratique des Jesuites. Darinn sind denn auch alle gerichtlichen Akten und Zeugnisse angeführt, welche dazu dienen, die Wahrheit der gegen die Jesuiten angezogenen Thatsachen zu beweisen. Der Umstand, daß der Herausgeber dieser Jesuitenmoral ein Jansenist war, benimmt der Sache ihren Werth nicht, so sehr überhaupt alle Jesuiten die Aufrichtigkeit und Wahrheitsliebe eines Jansenisten bezweifeln. Auch haben sie bis auf diese Stunde den Innhalt der Beschwerden, die in diesem Werke gegen die Jesuiten angeführt werden, nicht anders widerlegt, als durch grobe Personallästerungen.

Sechstes Buch.

lich seyn müßte, einen Mann als einen Heiligen der römischen Kirche zu verehren, gegen welchen sie in beyden Welten so ärgerliche Prozeße führten.

Der Ursprung des gehässigen Zwistes, der sich zwischen den Jesuiten und dem Bischofe von Palafox erhob, kann von der Habsucht der ersten hergeleitet werden. Gleich nach Eroberung von Mexiko überließen die Könige von Spanien der bischöflichen Kathedralkirche alle Zehenden in diesen Provinzen. Die Jesuiten, welche sich in Mexiko während eines kurzen Zeitraumes erstaunlich bereichert hatten *), suchten unter verschiedenen Vorwänden diese Zehenden an ihre Kollegien zu bringen. Die Bischöflichen Präbendarien, welche sich solchergestalt ihrer einzigen Nahrungsquelle beraubt sahen, fiengen sich darüber zu beschweren an. Palafox

---

*) „Ich fand, schrieb Palafox an Pabst Innozenz X. beynahe den ganzen Reichthum vom mittäglichen Amerika in den Händen der Jesuiten. Nur zwey Kollegien allein besitzen gegenwärtig 300,000. Hämmel, ohne das grosse Rindvieh darunter zu zählen. Da die Kathedralen und andere Religiosenorden kaum drey Zuckersiedereyen haben, so besitzen im Gegentheile die Jesuiten nur in der einzigen Provinz Mexiko, in der sie nicht weniger als zehn Kollegien haben, die sechs größten. Nur eine einzige Siederey ist gewöhnlich 500,000. bis gegen eine Million Thaler werth. Es giebt einige, welche einen jährlichen Gewinn von 100000. Thaler einbringen. Ausserdem haben sie noch mehrere Pächtereyen, wo in Strecken Landes von mehrern Meilen eine ungeheure Menge Frucht angesaut wird. Auch sehr reiche Silberbergwerke gehören ihren Kollegien. Sie haben ihre Macht und ihre Reichthümer auf einen so hohen Grad gebracht, daß die Geistlichkeit bald genöthigt seyn wird, von den Jesuiten ihr Brod zu betteln :c.„ — Er berechnet in der Folge dieses Schreibens, daß jeder Jesuite, der in Neuspanien sich aufhält, jährlich 2500. Thaler Renten bezieht. Premiere Lettre de Dom Jean de Palafox au Pape Innocent X.

tratt mit den Jesuiten, um sie von der Unrechtmässigkeit ihres Verfahrens zu überzeugen, in freundschaftliche Unterhandlungen. Allein mit so vieler Mässigung er auch zu Werke gieng, so betrugen sich diese nur noch übermüthiger und verwegner. Sie wollten von keinem gütlichen Vergleiche hören, und nöthigten den Bischof, bey der königlichen Regierung in dreyen Instanzen Klage wider die Jesuiten zu erheben. Der Ausspruch des hohen Tribunals war diesen keinesweges günstig, und ihr beleidigter Stolz nahm zu tausend Neckereyen Zuflucht, um sich für eine vermeintliche Unbild an Palafox zu rächen. Dieses lieblose und stolze Betragen von Seite der Jesuiten veranlaßte bald einen zweyten Prozeß. Sie fiengen an, sich allmählich der Gerichtsbarkeit des Bischofes zu entziehen, und, wider das ausdrückliche Verbot des Trientischen Kirchenraths, ohne seine Einwilligung das Priesteramt auszuüben. Der Kanon dieses Konzils sowohl, als mehrere päbstliche Bullen befehlen allen Ordensgeistlichen ohne Unterschied, an Orten, wo sie Beichte hören und predigen wollen, ihre Vollmachten dazu den Bischöfen oder Generalvikarien vorzuzeigen. Dieß hatten die Jesuiten in der merikanischen Provinz schon lange unterlassen. Der Bischöfliche Generalvikar foderte sie also unterm 6. Merz im Jahre 1747. auf, ihre Vollmachten vorzuzeigen, und einstweilen, bis dieß geschehen seyn würde, sich des Beichthörens und Predigens zu enthalten *). Die Jesuiten nahmen hierauf keine Rücksicht, und beantworteten die Auffoderung des Generalvikars damit, daß sie sagten, sie hätten ein Privilegium, ihre Vollmachten nicht vorzeigen zu dürfen. Als der Vikar darauf bestund, ihm wenigst dieses Privilegium zu zeigen, so sagten sie, sie hätten noch

ein

---

*) Histoire de Dom Jean de Palafox dans le Tom. IV. de la Morale des Jesuites. Part. II. Art. II. pag. 57.

Sechstes Buch.

ein anders Privilegium, welches sie davon dispen=
sire, jenes vorzuzeigen. Um diese boshafte Ver=
spottung der bischöflichen Würde noch vollends aufs
höchste zu treiben, so befolgten sie weder die Ver=
ordnung des Bischofs noch seines Vikars, und
fuhren in ihren christlichen Amtsverrichtungen
fort. Palafox verlangte nichts weiter von ihnen,
als daß sie ihn um die Erlaubniß dazu ansprechen
sollten. Allein ihr Stolz, der durch so eine De=
müthigung äusserst gekränkt worden wäre, wollte
sich hiezu unter keiner Bedingniß verstehn. Dieser
freche Ungehorsam nöthigte den Bischof zu einem
Schritt, der ihn theuer zu stehen kam. Er unter=
sagte den Jesuiten unter der Strafe des grössern
Banns alle priesterliche Amtsprofession, und ver=
bot allen Christen seines Kirchenbezirks, bey ihnen
zu beichten, oder ihren Predigten beyzuwohnen.

Diese bischöfliche Ordonanz war das Signal ei=
ner allgemeinen Empörung. Die Jesuiten, aus
Furcht, daß ihnen das Tribunal der königlichen
Audienz nicht nach Wunsch Recht sprechen möchte,
wandten sich geradehin an den Vizekönig, und be=
schwerten sich, daß Palafox und sein Vikar in
28 Hauptstücken das Institut der Gesellschaft Jesu
angegriffen haben. Ein schweres Verbrechen, zu=
mal in den Augen eines Vizekönigs, der von den
Jesuiten durch ansehnliche Geschenke gewonnen
war! Der richterliche Ausspruch fiel also zum
Vortheile der letztern aus, indem der Bischof und
sein Vikar dahin angehalten wurden, ihr Interdikt
zurück zu nehmen, und die Jesuiten ungestört in
dem Besitze ihres Beicht= und Kanzeltribunals zu
lassen. Palafox, der wohl voraussah, daß durch
so ein Verfahren alle hierarchische Ordnung in der
Kirche umgeworfen würde, versuchte alle gelinde
Mittel, den Vizekönig von den schlimmen Wir=
kungen zu überzeugen, welche die Befolgung sei=
nes Ausspruches unvermeidlich nach sich ziehen
müßte. Er gewann auch schon so viel, daß jener

in seinen Gesinnungen zu wanken anfieng; als die Jesuiten mit einemmale alle gütliche Verhandlungen unterbrachen, und mit offenbarer Gewalt gegen den Bischof auftraten. Sie thaten ihn und seinen Vikar in den Kirchenbann, und zwar mit einer Frechheit, die ihres gleichen nicht hatte. Unter Trompeten= und Paukenschall ließen sie die Erkommunikazionssentenz, welche von den gröbsten Lästerungen, Verläumdungen und Infamien gegen die Person des Bischofs und seiner Offizialen angefüllt war, öffentlich auf allen Strassen von Mexiko verlesen. In dieser Sentenz wurde allen denen, welchen Standes sie auch seyen, die dem Bischofe gehorchen oder anhängen, mit den strengsten Strafen gedroht. Leute vom Vermögen sollten um zweytausend Dukaten, Unvermögliche mit vierjähriger Festungsarbeit, und Leute vom niedrigsten Stande mit zweyhundert Ruthenstreichen und vierjähriger Sklaverey ohne alle Appellazion und ungehört bestraft werden. *).

Die Feinde des Bischofes trieben ihre Verwegenheit immer weiter, und zwangen sogar das Militair, ihren gewaltthätigen Maßnehmungen den gehörigen Nachdruck zu geben. Darüber sowohl, als über die boshaften Kabalen, deren man sich gegen einen Bischof bediente, welchen alle Stände mit dem wärmsten Enthusiasmus schätzten und liebten, brach das Volk in laute Klagen aus. Die Verlegenheit, worin sich Palafox befand, war sehr groß. Er, der vor kurzem die höchsten Würden mit allgemeiner Zufriedenheit bekleidete, sah sich nun auf einmal durch die Bosheit unversöhnlicher Feinde in die Klasse der niedrigsten Verbrecher versetzt. Es hätte ihn freylich nur einen Wink gekostet, und das Volk würde ihn mit Waffenmacht gegen die Angriffe seiner Gegner vertheidiget haben. Allein er hatte einen Abscheu vor bürgerli-

*) Histoire de Dom *Jean de Palafox*. Part. II. Art. III. pag. 71.

Sechstes Buch.

chen Kriegen, und entschloß sich vielmehr zu einem Schritt, der seiner Menschlichkeit und Klugheit gleiche Ehre macht. Er entfernte sich nämlich aus Angelopolis, und hielt sich in unbewohnten Gebürgen ungekannt und verborgen auf, während er zu gleicher Zeit an den spanischen und römischen Hof die Geschichte seiner Verfolgung berichtete, und sich dem Ausspruche beyder höchster Tribunalien unterwarf. Man kann ohne Thränen die Stellen in seinem Schreiben an Pabst Innozenz X. nicht lesen, worin er von dem Ungemach spricht, das er während seiner Flucht ausgestanden hat. „Ich floh, sagte er, in Gebürge, und suchte in „Gesellschaft von Skorpionen und Schlangen „Sicherheit und Frieden, die ich in jener un- „versöhnlichen Gesellschaft der Jesuiten nicht „finden konnte. Nachdem ich zwanzig Tage un- „ter größter Lebensgefahr und bey einem so drin- „genden Mangel an Lebensunterhalt dahinbrachte, „daß ich oft keine andere Speise und Trank als „meine Thränen hatte; so fand ich endlich eine „kleine Hütte, worin ich mich vier Monate ver- „barg *).„

Nach der Flucht des Bischofes giengen die Jesuiten unter dem Schutze des Vizekönigs, der ihnen verkauft war, die größten Ausschweifungen. Ein Usurpator, der mit List und Gewalt ein fremdes Reich unterjocht, und die Stimme der Freyheit und Gerechtigkeit mit despotischer Grausamkeit betäubt, kann nicht willkürlicher und grausamer verfahren, als die Jesuiten. Wer es immer auch nur von ferne wagte, ihre Schritte zu tadeln, den erwarteten Verbannungen, Gefängnisse, oder das Schafot. Die treuesten Anhänger des unglücklichen Bischofes hatten kein anders Mittel, ihr Leben zu retten, als sich zur Fakzion der Jesuiten zu schlagen. Dadurch geschah es denn auch,

G 2

---

*) Seconde Lettre au Pape *Innocent* X. du 8. Janvier 1649. n. 17.

daß sie die meisten Glieder des bischöflichen Kapitels auf ihre Seite, und dahin brachten, daß
der bischöfliche Sitz für vakant erklärt wurde,
obgleich Palafox vor seiner Flucht drey Generalvikarien erwählt hatte, die in seiner Abwesenheit
der bischöflichen Kirche vorstehen sollten. Allein
man warf diese Generalvikarien in Gefängnisse,
und hob eigenmächtig und wider alle Ehrfurcht,
die man der bischöflichen Würde schuldig war,
alle Dekrete und Censuren, die Palafox wider die
Jesuiten ergehen ließ, mit einer so tumultuari-
schen Art auf, daß die gröbsten Ausschweifungen
erfolgten. Man nöthigte jedermann, ohne Unterschied, dem Bischofe Hohn zu sprechen, und
die Schüler der Jesuiten erfrechten sich, in einer
öffentlichen Prozession die Würde und die Ehre
desselben auf eine ganz beyspiellose Art zu schänden. Sie hiengen den Bischofsstab an den Schweif
eines Pferdes, welches sie umher führten, und
die Bischofsmütze an die Steigbügel. Dabey sangen sie schändliche Gassenhauer auf den Bischof,
den sie einen Ketzer schalten, und gaben mit einem
Stierhorn dem Volke, welches sie umrang, den
Segen *).

So schimpflich und mit so vieler Wuth lästerte
und verfolgte man den unglücklichen Palafox, als
auf einmal die Ankunft einer königlichen Flotte
aus Spanien der Sache eine andere Wendung
gab. Zufolge einer königlichen Ordre, die der
Chef dieser Flotte aus Europa mitbrachte, mußte der Vizekönig seine Stelle niederlegen, und sie
dem Bischofe von Jucatan überlassen. Palafox
trat wieder in den Besitz seines Bisthumes, indem
er zu gleicher Zeit ein königliches Schreiben erhielt,
worinn seine Maßnehmungen gegen die Jesuiten gebilliget wurden. Bald darauf kamen auch von
Rom aus die Dekrete der heiligen Kongregazion

---

*) Lettre du *Jean de Palafox* au P. Rada Provincial des
Jesuites dans le Mexique.

Sechstes Buch.

von der Fortpflanzung des Glaubens, und ein päbstliches Breve, worin alles, was die Jesuiten wider das Ansehn der bischöflichen Würde entweder eigenmächtig, oder mittels fremder Hilfe unternommen hatten, verworfen wurde. Allein so deutlich und so bestimmt der buchstäbliche Verstand der königlichen Befehle sowohl, als der römischen Dekrete war, so wenig konnten doch die Jesuiten, welche nun einmal, was es auch kosten mochte, sich niemanden unterwerfen wollten, sich damit zufrieden stellen. Sie trieben ein unaufhörliches Spiel von listigen Ränken; und ungeachtet ihnen der ganze Prozeß schon gegen 200,000 Thaler gekostet *), so verfolgten sie doch in Amerika und in Europa mit der gleichen Hitze und mit dem gleichen Aufwande eine Sache, die schon entschieden war. Sie bestürmten die Höfe von Madrit und Rom mit Schriften und Vorstellungen, und erschöpften allen Witz, die Thatsachen, deren sie bezüchtiget wurden, in ein falsches und gehässiges Licht zu stellen. Sie bedienten sich der gröbsten Verfälschungen, der Meineide **), und aller ehrlosen Kunstgriffe, um zu beweisen, daß Palafox sie unschuldig verfolgt habe. Sie verschoben ihm alle Wege zu seiner Rechtfertigung, die er in persönlicher Gegenwart dem spanischen Hofe ablegte, und erschwerten ihm durch Kabalen und heimliche Nachstellungen jedes rechtmässige Mittel, seine Unschuld zu erweisen. Gleichwohl erreichten sie ihre Absichten nicht. Sowohl der königliche Hof, als die Kongregazion von der Fortpflanzung des Glaubens verdammten sie neuerdings, und letztere zwar zum ewigen Stillschweigen ***). Allein es lag ihrem Stolze allzu viel daran, um sich auf so eine Art demüthigen zu lassen. Sie wußten sich, nachdem sie ihren

---

*) Histoire de Dom *Palafox*. Part. II. Art. XV. pag. 176.
**) Ibid. Art. XIII. pag. 146—67.
***) Decretum Congregationis de propaganda fide de die 17. Decemb. 1652.

Prozeß durch wiederholte Urtheilssprüche verloren hatten, damit zu helfen, daß sie die Welt, auf welche Weise es auch immer geschehen mochte, vom Gegentheile zu überzeugen suchten. Sie häuften Schriften auf Schriften, worin sie erweisen, daß der Sieg auf ihrer Seite war; und sie fahren sogar bis auf den heutigen Tag fort, die Originaldokumente zu läugnen, welche Palafox zu seiner Rechtfertigung an den Tag gebracht *). Sein weitläufiges zweytes Schreiben an Innozenz X.**), worin alle Ränke der Jesuiten aufgedeckt werden, konnten sie bis auf diese Stunde noch nicht vergessen; und sie haben einen ärgerlichen, aber vergebenen Streithandel angefangen, um zu erweisen, daß gedachtes Schreiben untergeschoben sey. Aber ohne darauf Rücksicht zu nehmen, was von den Beweisen der Jesuiten für ihre eigene Sache zu halten sey, so findet man im vierten Bande der praktischen Sittenlehre der Jesuiten ***) mit Originalurkunden belegte Beweise, wie unstatthaft und verwegen ihr Vorgeben sowohl von diesem Schreiben als von dem Widerrufe sey, den Palafox über alles, worin er sich in Worten, Handlungen und Schriften gegen die Jesuiten versündigte, noch kurz vor seinem Tode bekannt gemacht haben soll.

*) Kritische Jesuitengeschichte. Kap. III. Abschn. IV. n. 100—103. S. 272—277.

**) Dasselbe befindet sich im zweyten Bande der Tuba magna mirum c'angens sonum in lateinischer, und im vierten Bande der Morale pratique des Jesuites in französischer Sprache abgedruckt. Sein Inhalt ist in Bezug der Palafoxischen Streitigkeiten sehr merkwürdig, und bezeichnet den Geist der Jesuiten auf eine unverkennbare Art.

***) Morale pratique des Jesuites. Tom. IV. pag. 256—284.

Geschichte der Jesuiten.

Siebentes Buch.

Von dem Ansehn, den Verrichtungen und den Schicksalen der Jesuiten in Deutschland während des siebenzehnten Jahrhunderts.

Erstes Kapitel.

Zustand der Reformazion unter Ferdinands I. und Maximilians II. Regierung in Deutschland. Bemühungen der Jesuiten, die evangelische Kirche in den österreichischen Landen zu unterdrücken.

Wenn wir in die Geschichte der letzten Hälfte des sechszehnten Jahrhunderts einen aufmerksamen Blik werfen, so sehen wir einen ausserordentlichen Kampf zwischen Religion und Politik. Die Reformazion schien ein allgemeines Bedürfniß geworden zu seyn, und man fieng an, sie allenthalben mit Eifer und Ungestüm einzuführen. In den österreichischen Staaten fand man schon im Jahre 1548 immer dreißig Protestanten gegen einen Papisten. Die Schriften der erstern wurden ungehindert gelesen, und fast durchgehends zum Unterrichte der Jugend gebraucht. Die mei=

sten Klöster waren verlassen, die Mönche und Nonnen ein allgemeiner Spott, und selbst die katholische Geistlichkeit der Gegenstand einer allgemeinen Verachtung. Der Mangel an geschickten Leuten zum öffentlichen Lehramte war Katholischerseits so groß, daß Ferdinand vergebens einen tüchtigen Mann gesucht, welcher einem wichtigen Kirchenamte oder einem Bisthume mit Ehre vorstehen konnte. Die Hauptkirche in Wien hatte keinen einzigen brauchbaren Mann aufzuweisen. Die Landpfarreyen waren noch schlimmer daran. Die meisten Kirchen hatten evangelische Prediger in Besitz genommen. Ueberhaupt befand sich die katholische Religion fast ganz verdrängt*).

Es läßt sich begreifen, wie verlegen der römische Hof gewesen seyn müsse, sein ohnehin im übrigen Deutschlande geschwächtes Ansehn doch wenigstens in den Staaten des römischen Königes zu retten. Er versäumte keine Gelegenheit, Ferdinanden an die Pflichten zu erinnern, die er als Vertheidiger der deutschen Kirche dem päbstlichen Stuhle schuldig sey; und eine Menge Verordnungen, die um diese Zeit erschienen, sind Beweise, mit welchem Eifer sich derselbe der Sache des römischen Hofes annahm.

Allein alle seine Verfügungen, die meistens nicht befolgt wurden, waren dem römischen Hofe bey weitem nicht so vortheilhaft, als der Umstand, daß Ferdinand auf den Rath seines Beichtvaters, des Bischofs von Laybach, die Jesuiten im Jahre 1551 nach Wien kommen ließ. Heftigere und zugleich gefährlichere Gegner konnten die Protestanten nicht finden, als diese listigen Leute, welche nur zu bald das ganze Vertrauen des kaiserlichen Hofes gewonnen hatten. Bisher beförderte

---

*) *Orlandini* Histor. Soc. Jesu. Lib. IX. n. 40. pag. 347. Raupach evangelisches Oesterreich. Theil I. n. XVI. S. 97. u. f.

der Mangel an geschickten katholischen Lehrern die Reformazion, deren Begünstiger hauptsächlich dafür sorgten, daß die Jugend in den Grundsäzen des evangelischen Lehrbegriffs unterrichtet würde. Allein bald wußten die Jesuiten, welchen die Universität eingeräumt wurde, sich aller Lehrstühle, und vornämlich des theologischen zu bemächtigen. Da sie unentgeldlich lehrten, und überhaupt ihr Betragen anfangs sehr bescheiden und einnehmend war, so fehlte es ihnen nicht an Anhängern. Ferdinand war mit ihnen so sehr zufrieden, daß er sie mit Wohlthaten überhäufte. Er glaubte auch schon im Jahre 1554 im Stande zu seyn, mit Hülfe der Jesuiten das evangelische Christenthum in Oesterreich gänzlich ausrotten zu können. Er trug zu dem Ende darauf an, daß Canisius und Guadanus in Gemeinschaft zweyer kaiserlicher Räthe sich über die Mittel berathschlagen sollten, wie der so weit um sich gegriffenen Reformazion Schranken gesezt werden könnten. Canisius, dem der Vortheil seines Ordens allernächst am Herzen liegen mußte, brachte in Vorschlag, man sollte in den Provinzialstädten einige Jesuitenkonvikte errichten, worin vorzüglich die Jugend aus dem Ritter- und Adelstande erzogen werden müßte. Ferdinand war mit diesem Vorschlage eben so zufrieden, als der Jesuitengeneral, der mit tröstlicher Freude eine so erwünschte Gelegenheit ergriff, seinem Orden in einer der größten deutschen Provinzen Ansehn und Macht zu verschaffen. Allein die Jesuiten verhielten sich nicht lange ruhig. Sie fiengen bald an, die sogenannten Kezer mit Nachdrucke zu quälen. Sie errichteten ein heimliches Spionen- und Inquisizionsgericht, vor welches sie nach Willkür jeden verdächtigen Mann zogen. Dadurch machten sie sich allen Ständen verhaßt, und man nannte den Canisius, welcher als kaiserlicher Hofprediger der Haupturheber aller Religionsverfolgungen war, nur den österreichischen Hund*). Wenn die gewaltthätigen Rathschläge, welche sowohl dieser Jesuite, als auch andere Religionseiferer dem römischen Kaiser gaben, nicht befolgt wurden, so geschah dieß keineswegs aus Mangel an gutem Willen, sondern aus Furcht, das Volk zur Empörung zu reizen**). Man hatte grosse Ursache, nicht allzustrenge gegen die Evangelischen zu verfahren, deren Parthey ungemein stark war. Ausserdem mußten diese den Hof, der bey Gelegenheit des Türkenkriegs oft genöthiget wurde, die Stände um Subsidien anzusprechen, gefälliger und duldsamer zu machen. In dieser Rücksicht hatte auch Ferdinand den dringenden Vorstellungen seiner evangelischen Unterthanen in so weit nachgegeben, daß er im Jahre 1564 den Gebrauch des Abendmahls unter beyden Gestalten allgemein erlaubte, so sehr auch die Jesuiten dagegen eiferten***).

Der römische Hof konnte allerdings mit dem frommen Eifer zufrieden seyn, den Ferdinand I. für die Erhaltung der katholischen Kirche bewies. Allein sein Nachfolger, Maximilian II. bezeugte sich gegen Roms Interesse nicht so gefällig. Alle evangelische Fürsten und Stände sahen mit einer Art Zuversicht der Regierung dieses hoffnungsvollen Monarchen entgegen, der schon in seiner frühesten Jugend aus Neigung für die Reformazion mit verschiedenen protestantischen Häuptern, und vornämlich mit dem Herzoge von Würtemberg in freundschaftlicher Verbindung gestanden****). Dieser Umstand sezte den päbstlichen Hof in so grosse

---

*) Canis Austriacus. *Sacchini* Comment. de vita & rebus gestis P. Canisii Lib. I. pag. 94 & sq.

**) *Orlandini* Hist. Soc. Jesu. Lib. XIV. n. 42. pag. 459.

***) *Sacchini* Hist. Soc. Jesu. Lib. VIII. n. 100. p. 431. *Mitterdorferi* Hist. Univers. Viennens. Sæc. II. p. 215.

****) *Raupach* evangelisches Oesterreich. Theil I. n. XXIII, Seite 134.

Siebentes Buch.

Verlegenheit, daß er schon im Jahre 1560, ehe noch Maximilian zur Regierung kam, alle Kunstgriffe versuchte, um diesen Prinzen auf orthodoxere Gesinnungen zu lenken. Er schickte den Kardinal Hosius, einen Mann, dessen Gelehrsamkeit damals allgemeines Aufsehen machte, mit geheimen Instruktionen an den kaiserlichen Hof. Wie viele Mühe sich dieser eifrige Kardinal gab, in das Gemüth des jungen Fürsten einen feindseligen Haß gegen die Protestanten zu pflanzen, ersieht man aus seinen eigenen gedruckten Schriften.*). Aber nicht bloß dieser gelehrte Kirchenprälat, auch die Jesuiten ließen sich als geheime Emissarien gebrauchen, um in diesem Fürsten alle Regungen von Menschlichkeit zu unterdrücken. Franz Rodriguez, ein portugiesischer Jesuite, eilte nach Wien, die geheimen Aufträge seines Generals am kaiserlichen Hofe auszurichten. Er wußte auch die Sache bey weitem besser, als sein Vorgänger, der Kardinal, auszuführen; und suchte vorerst einige verdächtige Hofleute, welche mit Maximilian in Verbindung stunden, dem regierenden Kaiser, seinem Vater, verhaßt zu machen, und vom Hofe weit genug zu entfernen. Eben so gefährlich wurde der Aufenthalt dieses ränkevollen Jesuiten den damaligen Hofpredigern in der kaiserlichen Burg. Wer immer nicht wüthend genug die Protestanten von der Kanzel herunter verdammte, wurde durch seine geheimen Intriguen entweder abgesetzt, oder in Gefängnisse gebracht. Eben so meisterhaft spielte

---

*) Cum ego fuissem, (schrieb Hosius im Jahre 1572 an den päbstlichen Nuntius, Johann Delphin, nach Wien) Nuntius apud Majestatem ejus ante annos duodecim, hoc genus sermonum producere sæpe solebam, quibus non leviter animus illius Majestatis commoveri visus est, ut minus jam istis *hæreticorum portentis* tribueret, cum, quibus odiis ipsi certarent inter se, quam absurdas etiam & *impias* opiniones fingerent, cognovisset. *Hosii Opera Tom. II. pag.* 324.

Rodriguez seine Rolle gegen Maximilian. Er stellte ihm die Verbindlichkeiten vor, die jede Obrigkeit habe, allen Aergernissen zu steuern. Er bewies ihm, daß der Wohlstand jeder weltlichen Monarchie einzig von der Aufrechthaltung der wahren Religion abhange. Nachdem er diese Allgemeinheiten, die keinem Zweifel unterworfen sind, vorausgesezt hatte, gieng er über die eigentlichen Grundsätze des Pabstthums in ein ausführliches Detail, und bewies ihm mit dem ausgesuchtesten Vorrathe polemischen Wizes, daß ausser der römischen keine wahre Kirche in der Welt sey, und daß man bey Seligkeitsverlust dem Pabste, als sichtbarem Statthalter Christi, in allen Fällen unbeschränkt gehorsamen müsse *). Maximilian soll nach dem Zeugnisse der Jesuiten **) diese Vorstellungen mit Sanftmuth angehört haben, und geneigt gewesen seyn, dieselben zu befolgen. Allein weit wichtiger noch ist das Geständniß, das sie von den Kunstgriffen machen, deren sich Rodriguez bediente, auf das befangene Gemüth der Gemahlin des Prinzen zu wirken. Er wußte durch einschleichende Schmeicheleyen, und durch die, jeden Hofjesuiten ganz eigene Gabe, sich dem weiblichen Geschlechte gefällig zu machen, in die zarte Seele dieser Prinzessin einen mächtigen Religionsfanatismus zu pflanzen. Er stellte ihr vor, daß sie von Gott keinen Beruf habe, sich mit weltlichen Geschäften abzugeben; aber dafür sey ihre Bestimmung um so edler, nachdem sie durch Geschäfte dieser Art nicht an der Sorge für das Heil der Seelen gehindert werde. Sie würde sich unstreitig bey Gott ein ewiges Verdienst erwerben, wenn sie ihre Hauptsorge dahin verwendete, wie dem bedrängten katholischen Religionszustande in

---

*) *Sacchini* Hist. Soc. Jesu. Lib. IV. n. 114—118. pag. 178. & sq.
**) l. c.

Oesterreich abgeholfen werden könnte *). Der schlaue Jesuite wußte ihren Enthusiasmus auf einen so hohen Grad zu spannen, daß sie ihm beym Abschiede noch einen besondern Auftrag an den damals regierenden Pabst Pius IV. mitgab, und diesen versichern ließ, wie sie fest entschlossen sey, in dem Gehorsam gegen Se. Heiligkeit, und in dem Glauben ihrer Vorfahrer unerschütterlich zu verharren; und wie sie selbst ihr eigenes Leben aufopfern wollte, wenn dadurch dem bedrängten katholischen Zustande der Religion in Oesterreich abgeholfen werden könnte ꝛc. **)

Solcher Kunstgriffe bediente sich der päbstliche Hof, einen Prinzen, dessen Gesinnungen in Ansehung der so verhaßten Reformazion wenigst zweydeutig waren, in sein Interesse zu ziehen. Man kann es auch sicher nur diesen Bemühungen zuschreiben, daß die Vortheile, welche die Protestanten unter seiner Regierung genossen, bey weitem nicht so groß waren, als sie es zufolge seiner Neigung für den Protestantismus erwartet hatten. Indessen gewannen seine evangelische Unterthanen immer so viel, daß sie frey und ungehindert ihren Gottesdienst verrichten durften, und daß vielleicht unter seiner Regierung eine gänzliche Religionsvereinigung zu Stande gekommen wäre, wenn nicht der päbstliche Hof alle Maschinen seiner Politik in Bewegung gesetzt hätte, um einen Streich zu verhindern, der die ganze Hierarchie zu Boden geworfen hätte. Man weiß, wie viele Mühe sich Pius V. gab, zu verhindern, daß den Evangelischen keine freye Religionsübung gestattet würde, und wie er sich bereits anschickte, den Kaiser in den Bann zu thun, ihn seiner höchsten Würde zu berauben, und den katholischen Reichsfürsten eine neue Kaiserwahl vorzuschlagen ***). Man weiß

*) *Sacchinus* l. c.
**) l. c. — Raupach evangelisches Oesterreich. l. c. S. 139.
***) *Laderchii* Annales ecclef. Tom. XXIII. pag. 56.

auch, wie der Kardinal Kommendon den frommen Herzog Albert aus Bayern dahin bewog, nachdrücklich in den Kaiser zu dringen, daß er nichts Nachtheiliges gegen den päbstlichen Stuhl unternehme *).

Die Rolle, welche die Jesuiten unter seiner Regierung spielten, war nicht sehr glänzend. Man war sogar der Meinung, daß Maximilian sie als die heftigsten Gegner der Protestanten aus seinen Staaten verjagen würde. Allein als ein Regent, der jede Gewaltthätigkeit verabscheute, wollte er diesen Schritt nicht wagen. Gleichwohl aber entzog er ihnen manchen Vortheil, den sie unter der Regierung seines Vaters erschlichen hatten. Er nahm ihnen einen theologischen Lehrstuhl an der Universität in Wien, und ein Seminarium, worinn sie bisher die adeliche Jugend erzogen. Er entfernte sie vom Hofe, und von seiner Person, und hütete sich, sie zu Vertrauten seiner Geheimnisse und seiner Regierungsmaximen zu machen.

Zweites Kapitel.

Schicksale der evangelischen Kirche in Oesterreich unter Rudolph II. und seinen Nachfolgern bis auf Ferdinand II. Macht der Jesuiten am kaiserlichen Hofe.

Nach dem Tode des vortrefflichen Kaisers Maximilians II. wurden die Protestanten von allen Seiten wieder gedrückt. Rudolph II. entriß ihnen nach und nach jede Stütze, an die sie sich hielten, und jede Freyheit, die sie unter der vorigen Regierung genossen. Gleich nach seiner Erhebung auf den Kaiserthron zog er das Tribunal in Religionssachen, worüber bisher ein besonderes niederösterreichisches Kollegium das Präsidium führte, an seinen Hof, und verbot unter

*) *Gratian* Vita Card. Commendoni. Lib. II. pag. 278.

Siebentes Buch.

den strengsten Strafen jede freye Religionsübung. Allein ein so verhaßter Religionszwang diente nur dazu, den Reiz, den das evangelische Christenthum für den größten Theil der Nazion hatte, zu erhöhen, und den Widerstand, den man den unpolitischen und grausamen Verordnungen des Kaisers leistete, hartnäckiger und gefährlicher zu machen. Wirklich erfolgten nicht nur von Seite der evangelischen Stände, nach vielen vergeblichen Beschwerden und Vorstellungen, eine Art von Konföderazion, sondern es brachen auch hie und da, vornämlich unter dem Landvolke, gefährliche Tumulte und Empörungen aus. Je mehr der Hof mit willkührlichen Machtsprüchen, und ohne auf die meistens sehr gegründeten und erheblichen Beschwerden der Evangelischen Rücksicht zu nehmen, zu Werke gieng, um so nachdrücklicher und öffentlicher suchte sich das Volk selbst Religionsfreyheit zu verschaffen. Freylich konnte dieß nicht ohne Erzesse geschehen, und mußten manche katholische Pfarrer in dergleichen Tumulten sich mit Gewalt aus ihren Kirchen entführen lassen. Allein was einerseits das unwissende Volk aus Irrthum oder Religionseifer verschuldete, das verschuldete auch anderseits die Obrigkeit aus falscher Politik.

Nachdem man einmal darin einstimmig war, daß nicht nur keine Toleranz der Protestanten statt haben, sondern ihre Religion gänzlich unterdrückt werden soll; so war man über die Mittel, diese Absicht zu erzwecken, nicht sehr verlegen. Ohne überhaupt die evangelischen Stände von dem Irrthum einer Religion, die sie bekannten, jemals überzeugen zu wollen, foderte man vielmehr von ihnen unbedingten Gehorsam. Man fertigte sie am Hofe, so oft sie Vorstellungen oder Beschwerden überreichten, mit zweydeutigen Ausflüchten oder mit Machtsprüchen ab, und fuhr fort, in ganz Oesterreich die Protestanten mit einer ausserordentlichen Härte zu verfolgen.

Es läßt sich begreifen, daß die Jesuiten, die unter Maximilians Regierung ihr Ansehn verloren, dasselbe nun unter Rudolph II. Matthias und Ferdinand II. wieder werden erhalten haben. Die Maximen, die der Hof in Ausrottung des Protestantismus befolgte, mußten den Absichten des Ordens ganz ausserordentlich zu statten kommen; und wir ersehen aus ihren jährlichen Briefen, mit welchem Eifer sie den günstigen Zeitpunkt benützten, sich durch Verfolgung der Evangelischen und durch vielfältige Bekehrungen bey Hofe in Kredit zu bringen. In den Jahren 1586, 1592, 1594, 1595, 1610 brachten sie ihrer Aussage zufolge eine Menge Protestanten in die römische Kirche zurück*). Unter allen ihren Bekehrungsaposteln zeichnete sich Pater Scherer aus, der wie ein Marktschreyer an allen Orten seine Kontroversbude aufschlug, und mit giftigem Grimme die Protestanten angriff. Aber nicht nur öffentlich, sondern auch aus einem listigen Hinterhalte suchten sie diesen beyzukommen, und man hat schon gleich Anfangs bemerkt, daß es ihnen darum zu thun sey, alle Spur der evangelischen Lehre zu vertilgen**). Sie wußten es auch, nach dem Zeugnisse des Mart. Crusius, dahin zu bringen, daß die Protestanten genöthigt wurden, entweder katholisch zu werden, oder die kaiserlichen Länder zu verlassen***). Der Kardinal Clesel, ein Jesuite, der sich aus dem Staube zu den höchsten Würden er-

---

*) Annuæ litteræ Soc. Jesu, de his annis.

**) De periculis, quæ vobis isthic religionis causa impendent, & insidiosis Jesuitarum machinationibus, quibus totum religionis exercitium piis non solum impedire, sed etiam eripere prorsus conantur, ex multorum litteris cognoscimus. Litteræ D. Backmeisteri ad Schwarzenthallerum de anno 1586.

***) M. Crusii Litteræ ad M. Ritterum de anno 1586.

Siebentes Buch.

erschwang, beförderte als erster kaiserlicher Minister mit grossem Nachdrucke den Vortheil seines Ordens, der schon im Jahre 1610. vierhundert sechszig Glieder in allen österreichischen Provinzen zählte. Wo man immer die Evangelischen ausrotten wollte, dahin wurden Jesuiten geschickt. Die Stände von Steyermark, Kärnthen und Krain beschwerten sich im Jahre 1599. nicht so fast über die gewaltthätigen Anschläge des Hofes, als vielmehr darüber, daß die Jesuiten mittels ihrer gefährlichen, und dem Lande äusserst verderblichen, geschwinden und schädlichen Praktiken indirekte es zu den grausamsten Religionsverfolgungen gebracht hätten. Sie schildern sie als fremde, friedhäßige, schädliche, landesverderbliche und unruhige Leute, welche unter dem Deckmantel der Religion sich auf Kosten des Landes zu bereichern suchen, und auf nichts als gewaltsame Mittel denken, wie sie die Stände unverdient und unaufhörlich verlästern und verunglimpfen mögen *). Man kann auch ferner aus einer böhmischen Deduktionsschrift.**)

*) Vorstellung der Steyrischen Stände im Jahre 1599. auf dem allgemeinen Landtag zu Gräz — Hanaueri relatio persecutionis, quæ in Styria, ejusque metropoli, Græcio, contra orthodoxos Doctores, ac reliquos Aug. Confess. addictos Christianos, furore Jesuitarum instituta & peracta est. pag. 8-24. Lucius Jesuitengeschichte. Theil IV. Kap. VII. S. 817—840.
**) Von den Ursachen und Motiven, warum Ferdinand II. seiner Böhmischen Länder verlustig geworden. 4. 1620. — Tantarum in Germania calamitatum causam Jesuitis assignari posse constat, qui libris consiliis, monitis & instigationibus suis *totum Imperium* usque a fundamento commoverunt. Alii eos etiam accusant, quod ubivis locorum se ingerant, & Principibus ac Magnatibus *a Confessionibus* esse postulent, eosque adeo adulentur, & blanditiis & poppysmis demulceant, nec

(Gesch. d. Jes. II. Band.) H.

ersehen, wie hauptsächlich die Jesuiten die erste Veranlassung jener fürchterlichen Unruhen waren, welche von 1618. bis 1648. ganz Deutschland mit den Schrecken eines der blutigsten Kriege erfüllten. „Ohne auf den vom Kaiser Matthias den „Böhmen ertheilten Majestätsbrief Rücksicht zu „nehmen, haben die Jesuiten von dieser Zeit an „nur heftiger und feindseliger gegen die Prote„stanten, gegen ihre Lehre, Prediger, und Kirchen „gewüthet. Sie trieben ihren Haß gegen diese „so weit, daß sie dieselben nicht nur in politi„schen und weltlichen Diensten, Aemtern und Be„stallungen, nach ihrem äussersten Vermögen ge„hindert, verfolgt und aufgehalten, sondern auch „in dem gemeinen bürgerlichen Leben eine gänzli„che Trennung eingeführt haben. Es ist jeder„mann bewußt, daß sie in ihren Predigten und „Beichten ihren Anhängern alle bürgerliche Ge„meinschaft mit den Evangelischen untersagten. Es „kam so weit, daß sich, ohne von Jesuiten ge„plagt zu werden, kein Katholike mit einer Evan„gelischen verheyrathen durfte, indem ihr Pater „Andreas auf öffentlicher Kanzel sich verlauten „ließ, es sey besser, sich mit dem Teufel, als „mit einem lutherischen Weibe zu verheyrathen, „indem man den Teufel mit geweihten Wasser und „Exorzismus vertreiben könne, bey lutherischen „Weibern aber Creutz, Chrysam und Tauf ver„lohren sey. — Zu Neuß predigten die Jesuiten „öffentlich, daß derjenige, welcher bey den Evan„gelischen das Abendmahl unter beiden Gestalten „empfange, weiter nichts als den leidigen Teufel „empfange. Zu Oberglogau brachten sie es da-

ob peccata eorum quantumvis atrocia castigent, sed in eodem usque luto hærentes, nec unquam morum emendatione præteritorum dolorem testantes, peccatorum absolutione impertiantur. *Iuniperi de Ancona Consultatio de causis & modis religiosæ disciplinæ in Societate Jesu instaurandæ. pag.* 34,

Siebentes Buch.

„hin, daß die evangelische Religionsverwandte als
„meineidige und treulose Leute öffentlich durch
„Henker proflamiret wurden. Zu Glaz und Seb-
„liz scholten sie diese öffentlich für lutherische
„Schelme, Bösewichte und Verräther. Von Lu-
„ther sagten sie, er sey ein Dieb, Räuber, ver-
„loffener Apostate, und des Teufels Spießgeselle
„gewesen, mit welchem er, eine Tonne Salz ge-
„fressen habe; seine Lehre sey gottlos und lügen-
„haftig, und sein Glaube ein Teufelsglaube 2c.„

Aus diesen Zeugnissen erkennt man die Beschaffenheit der jesuitischen Bekehrungsmethode, die
durchaus sehr tumultuarisch war. Aber man bemerkt auch zugleich, daß die Beschuldigungen, die
man ihnen in Oesterreich machte, mit denjenigen,
die ihnen in auswärtigen Staaten gemacht worden, in genauer Verbindung stehen. Wenn man
in diesen unruhigen Zeiten des allgemeinen Reli-
gionshasses die übrige katholische Geistlichkeit
überhaupt nur einer zu hizigen Schmähsucht bezüchtigte, so werden dagegen die Jesuiten neben
dieser allgemeinen Anklage, gegen die man sie in
Rücksicht des Geschmacks und der Gewohnheit der
damaligen Welt noch allerdings rechtfertigen könnte, doch durchgehends auch als Urheber und Theil-
haber politischer und ruhestörender Entwürfe, und
als Leute angeklagt, die durch gefährliche Ein-
flüsse an Höfen, und durch geheime Kunstgriffe
den Lauf politischer Ereignisse leiteten. Man schien
durchgehends davon überzeugt, daß sie von höhern
Beweggründen als nur von Religionseifer geführt
wurden, und daß ihre Plane weiter reichten, als
nur bloß die katholische Kirche zur Universalkirche
der Welt zu machen. Man hat aber damals,
aus Mangel an hinlänglicher Einsicht in die wahre Beschaffenheit des jesuitischen Instituts, nur
aus dem Zusammenhange der Umstände und der
Ereignisse, auf dergleichen Vermuthungen und
Ueberzeugungen verfallen können. Es ward auch

116 Geschichte der Jesuiten.

dieses Umstandes wegen den Jesuiten sehr leicht, in ihren Apologien, die mit eben so viel Kunst als List verfaßt sind, einen Theil des Publikums zu überzeugen, daß sie an alle dem, was man ihnen damals zu Schulden legte, gänzlich unschuldig seyen.

Was die Geschichte der damaligen Zeit, und vornämlich der Regierung Ferdinands II. einigermassen aufklären kann, ist der besondere Umstand, daß dieser Regent, dem es keineswegs an grossen Anlagen fehlte, schon von seiner frühesten Jugend an ganz in der Gewalt der Jesuiten war. Die erste Blüthe seines Lebens wurde in ihrem Kollegio zu Ingolstadt mitten unter dem Schulstaube gepflegt *). Es läßt sich begreifen, daß sie zu einer Zeit, wo alle Jesuiten, vornämlich die auf den Universitäten Dillingen und Ingolstadt, ihren hämischen Groll gegen die Protestanten auch in öffentlichen Streitschriften ausgossen, nichts versäumt haben werden, in das junge offene Gemüth dieses Prinzen jene Keime von Religionshaß zu pflanzen, die nur bald in eine unselige und für ganz Deutschland verderbliche Leidenschaft ausarteten. Seine Handlungen, als Kaiser, haben bewiesen, daß nur dieser Haß gegen die Protestanten wo nicht seine einzige, doch diejenige Leidenschaft war, der alle übrigen unterliegen mußten **).

---

*) Sie entblöden sich dieses Umstandes wegen nicht, sich einen Theil des Ruhmes, den dieser Kaiser, wiewohl auf eine sehr zweydeutige Art, sich erwarb, zuzueignen. Ferdinandus suam laudis partem aliquam ex eâ Societate decerpit, à qua est puer litteris & virtutibus institutus. *Imago primi Sæc. Soc. Jesu. Lib. III. Cap. IV. p. 346.*

**) M. J. Schmidts Geschichte der Deutschen neunter Band. Buch IV. Kap. XIX. S. 224. in der Ulmerausgabe — Einen Beweis von dieser leidenschaftlichen Neigung, die Protestanten zu vertilgen, führen auch selbst die Jesuiten an. Angebatur, sagten sie, optimus Cæsar non amittendi diadematis, sed religionis opprimendæ

Siebentes Buch.

Und nur seine jesuitische Erziehung verwickelte ihn in ein Labyrinth von Unglücksfällen, aus welchem er sich nimmermehr gerettet hätte, wenn er nicht von Glück und Umständen ausserordentlich begünstiget worden wäre. Als er die Schule verließ, gieng er in Gesellschaft der Jesuiten nach Italien. Auf dieser Reise machte er schon im zwanzigsten Jahre seines Alters zu Loretto, einem Wallfahrtsorte, den die Jesuiten inne hatten, das sonderbare Gelübde, auch mit Leibes- und Lebensgefahr aus Steyermark, Kärnthen und Krain alle Protestanten zu verjagen *). In Rom wohnte er in dem Profeßhause der Jesuiten, die ihn nie aus dem Gesichte liessen. War es ein Wunder, wenn sie bey seinem bald darauf erfolgten Regierungs-

metu; pro cujus conservatione amplificationeque caput suum ultro devovebat, admirabili & vix posteris credenda voce: *Si mea*, inquiens, *morte possim promovere Catholicam Religionem, oro Deum ut publice coram toto mundo ab infami carnifice capite plectar.* Itaque non Imperii, ac nec vitae quidem servandae cura tangebatur, sed Ecclesiae perhorrescebat ruinas. Imago primi Saec. Soc. Jesu. Lib. VI. Orat. I. p. 892 — Das gleiche Zeugniß giebt auch sein Beichtvater der Jesuite Lamormain. Als einst in Gegenwart des Kaisers von seinen Religionskriegen gesprochen wurde, so sagte er zu den Umstehenden: „Die Unkatholischen irren sich sehr, „wenn sie glauben, ich sey ihr Feind, weil ich ihnen ihre „Irrthümer verbiete. Ich hasse sie gar nicht, sondern ich „liebe sie vielmehr; denn wenn ich sie nicht liebte, so wäre „ich wegen ihnen ohne alle Sorge, und ich liesse sie irren. „Aber Gott ist mein Zeuge, daß ich sie so liebe, daß ich „ihr Heil auch mit Verlust meines Lebens befördern wollte. „Wenn ich wüßte, daß sie durch meinen Tod zum wahren „Glauben wieder könnten gebracht werden, wollte ich noch „in dieser Stunde willig und gern dem Scharfrichter mei„nen Hals darbieten,,. Von den Tugenden Ferdinands II. S. 167. u. f.

*) Lamormain von den Tugenden Ferdinands II. S. 3.

antritt seine Orakel geworden *)? Und wenn sie von ihren Gegnern verschiedener geheimer Praktiken am kaiserlichen Hofe beschuldigt wurden? Es ist ganz ausser der Ordnung der Natur, daß ein so verkrüppelter Verstand, dessen einzige Nahrung eine leidenschaftliche Frömmeley war, noch Kraft genug gehabt haben könne, ohne Beystand der Jesuiten, das weltliche Regiment zu leiten.

Drittes Kapitel.

Böhmischer Krieg. Verbannung der Jesuiten aus Böhmen, Schlesien, Mähren und Ungarn. Ob sie sich durch ihre Apologie gegen die böhmischen Stände hinlänglich gerechtfertigt?

Die Verfolgung der protestantischen Kirche griff in allen österreichischen Provinzen immer wüthender um sich. Die Union der Protestanten, und die Lige der Katholiken wurden immer mißtrauischer gegen einander. Wenn die letztern nur die Erhaltung ihrer Religion beabsichteten, so verbanden erstere hingegen mit einer gleichen Absicht zugleich auch die Sorge für ihre Privilegien, und für die Fortdauer ihrer bürgerlichen Freyheit. Man konnte, ohne ihnen diese zu beschränken, ihre Gewissens- und Religionsfreyheit nicht rauben. Jede Beschränkung von dieser Art mußte sie natürlich in dem Besitze der kostbaren Rechte der Menschheit und der bürgerlichen Gesellschaft stören.

Unter allen der österreichischen Monarchie unterworfenen Ländern empfand das Königreich Böhmen

---

*) Die Jesuiten haben dadurch, daß sie den Kaiser erzogen, so viel gewonnen, daß sich dieser nicht nur einen Sohn der Gesellschaft nannte, sondern als solchen sich oft auch unterschrieb. Institutionem *Nostrorum* adeo agnovit optimus Cæsar, ut postea Societatis Filium se diceret, sæpe & scriberet. *Imago primi Sæculi Soc. Jesu.* Lib. III. Cap. IV. pag. 346.

Siebentes Buch.

den Religionsdruck am lebhaftesten. Besonders unerträglich wurde derselbe, als Kaiser Matthias seinen Enkel Ferdinand, der ihm nachher unter dem Namen des Zweiten im Kaiserthume folgte, zum böhmischen Könige machte. Von dieser Zeit an bemerkten die Protestanten, wie mit jedem Tage der Muth und die Verwegenheit der Katholiken wuchs; wie man sich Katholischer seits Mühe gab, den Inhalt des Majestätsbriefs, den die evangelischen Stände zur Sicherstellung ihrer Religionsfreyheit vom Kaiser erhielten, in den wesentlichsten Punkten zu entkräften *); wie besonders die Jesuiten um vieles übermüthiger und entschlossener wurden, die Protestanten zu necken, oder gar um ihre Freyheiten und Privilegien zu bringen **); wie zu dem Ende eine ungeheure Verwirrung im bürgerlichen Leben entstand; wie eben die Jesuiten und ihr Anhang durch die unerlaubtesten Kunstgriffe die Bande des gesellschaftlichen Lebens trennten, die Töchter mit Gewalt entführten, um sie katholisch zu machen, und jeden Bürgerssohn, der sich weigerte, es zu werden, des Bürgerrechts verlustigten; wie sich dergestalt unter Anleitung und Mitwirkung der Jesuiten einer mächtigen Faktion gegen die Protestanten anspann, und wie ein allgemeiner Miß-

---

*) Deduktionsschrift der Böhmischen Stände. S. 145.
**) M. J. Schmidts Geschichte der Deutschen. Theil IX. Buch IV. Kap. V. S. 45. Man hat es den Jesuiten sehr übel genommen, daß sie an einem Ferdinanden zu Ehren errichteten Triumphbogen in der Stadt Ollmütz das österreichische Wappen so anbrachten, daß auf einer Seite der böhmische Löw, auf der andern Seite der mährische Adler durch Ketten an dasselbe angeschlossen waren, unten aber ein mit offenen Augen schlafender Haase sich befand, mit der Aufschrift: Adsvevi (ich bin es gewohnt); als wenn man dadurch über die Feigheit und Furchtsamkeit der Stände, die mit offenen Augen nicht wahrnähmen, was für ein Schicksal ihnen bereitet werde, spotten wollte.

brauch der Regierungsgewalt erfolgte *). Alle diese Anstalten, die man traf, die Böhmen nicht so fast um ihre Religion, als vielmehr um ihre bürgerliche Gerechtsamen zu bringen, mußten natürlich Mißtrauen und Furcht gegen eine Regierung erzeugen, die mit so raschen Schritten und mit so ausserordentlicher Zuversicht auf ihre Stärke zu Werke gieng.

Ein ernstliches Schreiben des Kaisers an die Stände, die sich wegen gewaltthätiger Anmassungen des Erzbischofs von Prag und des Abbts zu Braunau beschwerten, war die Veranlassung eines allgemeinen Ausbruchs der Unzufriedenheit, und zugleich das Signal einer Empörung, die dreyssig Jahre durch ganz Deutschland wüthete. In diesem Schreiben gab der Kaiser nicht undeutlich zu verstehen, daß er sich mit nachdrücklicher Strenge werde Gehorsam zu verschaffen wissen, und daß er gegen diejenigen, welche er für die Urheber des Mißvergnügens halte, alles Ernstes verfahren werde. Die Stände, welche schon zum voraus durch verschiedene Anstalten mißtrauisch gemacht worden, mußten natürlich die kaiserliche Drohung auf sich deuten. Sie geriethen in eine Art von Verzweiflung, und stürzten den 23. May 1618. die kaiserlichen Statthalter Slawata und Martinitz, welche sie für die Urheber jenes Schreibens hielten, 40. Ellen hoch aus den Fenstern des königlichen Burgschlosses zu Prag herunter **).

Nach diesem gewagten Schritte griffen sie sogleich an die Ruder der Regierung, und setzten sich gegen alle Folgen in Bereitschaft. Sie schrieben zwey Tage darauf einen Brief an den Kaiser, worinn sie ihr Verfahren rechtfertigten, und verbannten alle Jesuiten aus ganz Böhmen. Das Verweisungsdekret ist folgenden Inhalts:

*) Deduktionsschrift l. c.
**) *Londorpii acta publica*, Tom. I. Lib. III. Cap. III. pag. 413.

Siebentes Buch.

"Wir Herren, Ritter, Präger, Kuttenberger, und anderer Stände Abgesandte, alle drey vereinigte Stände des Königreichs Böhmen, die den Leib und Blut unsers Herrn Jesu Christ in beyderley Gestalt empfangen, zur böhmischen Konfession sich bekennen, und gegenwärtig bey einander auf dem königlichen Pragerschlosse versammelt sind, wissen insgesammt, in welchen grossen Gefahren dieses Königreich Böhmen die Jahre her, seit die scheinandächtige Jesuitensekte allhier eingeführt worden, immerhin gestanden, und wie wir zu unserer und unsrer Unterthanen höchster Beschwerde öftere Rebellionen und Aufruhr zu gefährden hatten. Weil wir nun aber in Wahrheit befunden, daß die Urheber all dieses Unheils obgedachte Jesuiten seyen, die sich ganz dahin verwenden, wie sie den römischen Stuhl befestigen, und alle Königreiche und Länder unter ihre Macht und Gewalt bringen mögen; die sich zu solchem Zwecke der unerlaubtesten Mittel bedienen; die Regenten gegen einander verhetzen; unter den Ständen eines jeden Landes, sonderlich in solchen, deren Religion verschieden ist, Aufruhr und Empörung anspinnen; Obrigkeiten gegen Unterthanen, Unterthanen gegen Obrigkeiten aufhetzen; auf Könige und Gesalbte des Herrn, die ihren bösen Rathschlägen nicht folgen wollen, jeden Meuchelmörder greiffen lassen; Freunde wider Freunde bewafnen; durch die Beicht alle Geheimnisse erforschen, der Gewissen aller Menschen sich bemächtigen, nach dem Beyspiele der Tempelherren ansehnliche Güter an sich bringen, allenthalben sich des politischen Regiments anmassen, und durchgehends die Lehre einführen, daß man demjenigen, der nicht katholischer Religion sey, weder Treu noch Glauben schuldig wäre.

"Diese Praktiken haben insonderheit Frankreich, Engelland, Ungarn und Siebenbürgen, Venedig, Holland und andere des Reichs Länder sattsam erfahren; wie denn nun auch unser Königreich Böhmen davon ein Beyspiel geworden. Denn nachdem wir auf mannigfaltige (ohne allem Zweifel durch ihre Anstiftung) uns in unsrer Religion zugefügte Bedrängnisse und um uns für die Zukunft wider sie und ihre List in Sicherheit zu setzen, von Kaiser Rudolph einen Majestätsbrief für unsere freye Religionsübung erhalten, und mit denen sub una *) gewisse Verträge, damit jeder Theil seine Religion frey und ungehindert ausüben möge, errichtet, und auch von Sr. Majestät hierüber Konfirmazion erlangt haben: So gaben sich die Jesuiten, ungeachtet der Strafen, die den Verletzern des Majestätsbriefs angedrohet waren, ihrerseits doch alle Mühe, gedachten Majestätsbrief in Predigten und Schriften frech zu verlästern und zu verketzern; den Inhalt desselben mit List zu verdrehen, auch die kaiserliche Authorität und Macht zu verringern, indem sie mit aller Verwegenheit behaupteten, Se. Majestät wäre nicht befugt gewesen, uns seinen getreuen Ständen und Unterthanen, ohne Bewilligung des Pabstes gedachten Majestätsbrief zu geben, da doch der Pabst weder über uns Stände, noch vielweniger über unsern König und Herrn eine Gewalt und Herrschaft hat. Durch dergleichen Praktiken haben es die Jesuiten so weit gebracht, daß die Leute und Unterthanen der Stände sub utraque **) einem unerträglichen Religionszwange unterworfen, und durch gefängliche Verhaft und andere verschiedene bisher unerhörte Bubenstücke, wohl auch unter dem Scheine und dem Vorwande eines politischen Tandes, wider ihren Willen zur Annehmung des Abendmahls sub una gezwungen, die Kirchen theils verschlossen, theils niedergerissen, aller Gottesdienst verboten, alle vornehme königliche sowohl, als

---
*) Die das Abendmahl unter einer Gestalt nahmen.
**) Welche das Abendmahl unter beiden Gestalten nahmen.

Siebentes Buch.

auch des Landes und der Städte Aemter nur mit Leuten sub una besetzt, die sub utraque aber, so redlich sie auch dem Könige und dem Vaterlande gedient, mit höchster Schmach und Spott verstoßen worden; dadurch dann geschehen, daß das ganze Regiment und die Direkzion dieses Königreichs in die Hände einiger weniger meineidiger Söhne des Vaterlandes gekommen, die mittels der Jesuiten das Verderben desselben befördern, uns Getreue gänzlich zu vertilgen suchen, und von deren Winken und Ränken, zu unserm allseitigen Verderben, alles guverniret und regieret wurde„.

„Da sie nun solchergestalt die Urheber des Uebelstandes sind, unter welchem das Königreich erliegt, so haben sie von Rechtswegen verdient, nicht mehr in besagtem Königreiche geduldet zu werden, besonders, da wir sowohl aus allen vorhergegangenen, als andern billigen Ursachen in Erwägung ziehen dürfen, daß, so lange diese schädliche Sekte hier geduldet würde, nicht nur der obenbeschriebene Uebelstand nicht vermindert, sondern wir vielmehr in steter Gefahr, unser Leben, Haab und Gut zu verlieren, schweben würden.

„Thun also jedermänniglich zu wissen, daß wir aus einhelliger unsrer aller drey Stände Erwägung, den ganzen Orden der Jesuiten aus diesem Königreiche und aus allen Städten und Orten desselben, wo sie gegenwärtig ihre Kollegien und Aufenthalte haben, als nämlich aus den Pragerstädten, Böhmischen Crumman, Neuhaus und Glaz, und von allen andern Orten, wo sie sich in gedachtem Königreiche aufgehalten oder noch zur Zeit aufhalten, verwiesen haben, und mit diesem Briefe in Ewigkeit verweisen, also und in der Gestalt, daß sie allzumal, so viel noch derselben an was Orten und bey wem in diesem Königreiche nun sind, aus demselben friedlich abziehen, und nunmehr in künftige ewige Zeiten in dieses Königreich auf keine erdenkliche Weise, es sey auch unter eines andern Ordens Titel, einkommen oder wiberfehren sollen. Wird aber einer aus ihnen, es sey wo und bey wem es wolle, auch unter welchem Schein und Vorwande es befunden werden möge, unterfragt, so soll gegen denselben, und gegen einen jeden, der diesem oder mehreren aus ihnen Aufenthalt und Unterschlauf gegeben, als gegen Störer des gemeinen gedeihlichen Aufnehmens, Landesverräther und Feinde von uns allen nach Inhalt der Landesord. prozediret und an sie gegriffen werden„.

„Es soll auch oftermeldter Jesuitenorden, nach dieser seiner Verweisung, es sey auf des Bischofs von Rom oder jemandes andern Interzession, sowohl auch durch irgend eine andere erdenkliche Weise, wie solches der Menschen List ausdenken möchte, in künftigen und ewigen Zeiten in dieses Königreich nicht wieder eingeführt werden; und sollte von ihnen in Zukunft, durch welche Praktiken dieß auch immer geschehen mag, etwas zu ihrer Wiederaufnahme versucht, und auf den allgemeinen Landtägen oder ausserhalb denselben darüber, ob man sie wieder ins Land lassen sollte, traktirt werden, so soll keiner von den Ständen dieses Königreiches, unter Strafe der Landesverräther, für dieselben intercediren„.

„Zur Urkund dessen sind gegenwärtige Patente mit Pettschaften gewisser Personen aus unsern Mittel, anstatt unser aller dreyer Stände dieses Königreiches sub utraque besiegelt worden. So geschehen auf dem Pragerschlosse, Samstags nach dem heiligen Pfingstfeste den 9. Junii. 1618. *)

Dem Beyspiele der böhmischen Stände folgten bald der Herzog Johann Christian von Schlesien, und die Mährischen Stände, welche die Jesuiten gleicher Ursachen wegen aus ihren Staa-

---

*) *Landorpii* acta publica. Tom. I. Lib. III. Cap. VI. pag. 418. & seq.

Siebentes Buch.

ten verbannten *). Fast zu gleicher traf sie in Ungarn das nämliche Schicksal. Sie wurden daselbst von den evangelischen Ständen beschuldiget, daß sie den Kaiser Rudolph durch geheime Praktiken bewogen haben, mit den Türken Friede zu machen, um mit mehrerm Nachdrucke gegen die Protestanten verfahren zu können: daß sie zu dem Ende den General Belgiojoso verleitet hätten, mit dem Kriegsschwerdt selbst gegen die Christen in Ungarn zu wüten; daß sie sich in alle politische Geschäfte eingedrungen, von allen Staatsgeheimnissen Wissenschaft gehabt, und Alles nach ihren Ränken und Kaballen gelenket hätten **).

Die Jesuiten säumten ihrerseits nicht, sich in zwoen Apologien gegen die Beschuldigungen zu rechtfertigen, die ihnen von den böhmischen Ständen gemacht wurden. Sie bewiesen vorerst, daß gedachte Stände nicht befugt gewesen seyen, sie zu verbannen, und daß ihr Ausweisungspatent ohne gesetzliche Kraft und Gültigkeit sey. Sie läugnen nicht, daß sie sich jederzeit mit allem Nachdrucke den Feinden der katholischen Kirche widersetzet haben; aber daraus folge noch nicht, daß sie Urheber der Empörungen und Rebellionen seyen. So wenig man Christo dem Herrn, welcher zu seinen Jüngern sagte: Ich bin nicht gekommen, Friede zu senden, sondern das Schwerdt — und dem heil. Paulus, auf dessen Predigten zu Ephesus eine Empörung erfolgte, Vorwürfe darüber machen dürfe, als wären sie Urheber von Unruhen; so wenig dürfe man es auch ihnen zur Last legen, wenn an Orten, wo sie predigten, Zweytracht entstanden. Das Vorgeben der Stände, als ob die Jesuiten jedem Unterthan erlaubten, auf Könige und Gesalbte des

---

*) Ibid. l. c. Lib. IV. Cap. X. & XI. pag. 578. & seq.
**) Dekret der evangelischen Stände in Ungarn wider die Jesuiten vom 16 May 1619.

Herrn meuchelmörderisch zu greifen, sey boshaft und lästerlich. In ihren Schulen sey diese veruchte Lehre nie gehört, und in ihren Schriften nie gelesen, sondern immer von allen Jesuiten und an allen Orten einmüthig verworfen worden. Ihre Feinde können eine so grobe Verläumdung nimmermehr mit einigem Scheine von Wahrheit erweisen, es wäre denn, daß sie boshafter und gottloser Weise aus den Königen und den Gesalbten des Herrn lauter Tyrannen machten, welche doch zu tödten, nach der Jesuiten Lehre, gar nicht ein Jeder Macht habe.*). Was man ihnen in Ansehung ihrer zweydeutigen Gesinnungen gegen den päbstlichen Stuhl zur Last lege, könne ihnen zu keiner Unehre gereichen. Es sey ihre Pflicht, alle Völker des Erdbodens der geistlichen Gerichtsbarkeit des Pabstes, als höchsten Statthalters Gottes, zu unterwerfen; und sie bekennen gerne, daß sie, vermöge ihres Institutes, sich höchlich angelegen seyn lassen, daß alle Königreiche und Länder dieser Welt die geistliche Gewalt des Pabstes über die ganze christliche Kirche erkennen, und demselben mit Ehrerbietung sich unterwerfen möchten. Dabey sey auch ihre Meynung, daß nur der römische Pabst, als oberster Regent der Kirchen auf Erde, das ausschliessende Recht habe, über Religionssachen zu erkennen; daß keinem weltlichen Fürsten oder Obrigkeit erlaubt sey, aus eigener Macht etwas in Religionssachen zu verändern oder zu verordnen, und daß folglich der den Böhmen von Kaiser Rudolph ertheilte Majestätsbrief keine verbindliche Kraft habe. Um zu beweisen, daß die Majestät eines Kaisers auch weit unter der Würde eines simpeln Kirchenprälaten stehe, führen sie verschiedene Zeugnisse aus den ältern Kirchenvätern an, und be-

---

*) Also gestehen doch die Apologisten selbst, daß nach den Lehrmeynungen der Jesuiten, zwar nicht ein Jeder, aber doch Jemand die Macht habe, Tyrannen zu tödten!

Siebentes Buch.

rufen sich namentlich auf den Ausspruch des Pabstes Johann VIII. welcher sagt: „Wenn der „Kaiser katholisch ist, ist er ein Sohn der Kir„che, nicht aber ein Bischof oder Vorsteher. Was „die Religion betrift, gebührt ihm zu lernen und „nicht zu lehren. — Gottes Wille ist, daß die „Priester das, was in der Kirche zu disponiren „ist, verrichten sollen, nicht aber die weltliche „Obrigkeiten, welche, wenn sie gläubig sind, den „Priestern unterworfen seyn sollen. Aus diesem „erhellet, daß der Irrthum, als hätte der Pabst „in Religionssachen über den Kaiser kein Recht „und Gebieth von einem christkatholischen Fürsten „weit entfernt seyn müsse. Denn, wenn er ein „Schaaf Christi ist, so wird er auch wohl wissen, „wer der oberste Hirt auf Erden über den gan„zen Schaafstall sey ꝛc." Aber nicht bloß katholische Regenten und Unterthanen, auch selbst alle Ketzer und Abtrünnige sind nach der Meynung der jesuitischen Apologisten, der geistlichen Gerichtsbarkeit des Pabstes unterworfen. Denn wie hätte, sagen sie, Paulus den Hymenäus und Alexander, welche am Glauben Schiffbruch gelitten, durch den geistlichen Bann dem Teufel übergeben können, wenn die Kirche keine Gewalt über sie gehabt hätte? Es sey auch wider alles Völkerrecht, daß ein flüchtig gewordener Sklave deswegen frey seyn sollte, weil er seinem alten Herrn nicht mehr dienen will. — Eben so fein begegnen sie in ihrer Apologie dem Vorwurfe, als ob sie sich an Höfen in politische Regierungsgeschäfte mischten. Dieses sey ihnen, sagen sie, in ihren Konstituzionen alles Ernstes verboten. Alles, was an der ganzen Sache sey, bestehe darinn, daß sie einigen Fürsten, welche aus ihrem Orden sich Beichtväter nehmen, nach Ausweisung ihres Zwecks und Ziels, bisweilen in Glaubens- und Gewissenssachen mit Rath an die Hand gehen, und sie mit geistlichen Lehren und Ermahnungen unterrichten, damit sie ein unverletztes Gewissen behalten; dasjenige, was sie Gott, dem Nächsten und ihren Unterthanen schuldig sind, leisten, und, so viel billig und möglich, die Handhabung und Fortpflanzung des Glaubens ihnen angelegen seyn lassen *).

Mit so vieler Feinheit nun die Jesuiten in ihrer Schutzschrift sich gegen die böhmischen Stände verantworteten, so wenig sind sie in der Hauptsache doch gerechtfertiget; und man kann sie, ohnerachtet aller ihrer Apologien, doch immer noch für die nächsten Veranlasser der böhmischen Unruhen ansehen. Wenn sie nach ihrem eignen Geständnisse die Unterdrückung der sogenannten Ketzer, und die Aufrechthaltung des Primats der Päbste über weltliche Obrigkeiten sich zur Pflicht machten, und wenn sie ausserdem noch als Beichtväter der Fürsten mit Räthen und Ermahnungen zu Hülfe stehen konnten; so liegt es ja offenbar am Tage, daß sie an der damaligen Revoluzion des deutschen Reichs einen nahen Antheil müssen genommen haben. Dazu hatte ihnen ihr eigenes Institut, so wenig sie dieß auch zugeben wollen, die brauchbarsten Mittel an die Hand gegeben. Als Leuten, die alle Gestalten annehmen konnten, mußte es ihnen nie an Gelegenheiten mangeln, auf alle Stände mit dem gehörigen Nachdrucke wirken zu können. Sie haben ihre Politik gewiß nicht erst in spätern Zeiten erfunden, und ihr General Aquaviva hat nicht vergebens gegen dreyßig Jahre das Ruder einer so ausserordentlich mächtigen Monarchie in Händen gehabt. Unter seiner Regierung kam der Orden, mitten unter stürmischen Revoluzionen, auf die höchste Stuffe des Ansehns. Aber

*) Apologia pro Societate Jesu ex Bohemiæ regno ab ejusdem regni statibus religionis sub utraque publico decreto immerito proscripta. In *Londorpii* actis publicis. Tom. I. Lib. LII. Cap. VII. pag. 410 - 435.

Aber nicht sein Eifer für das Heil der Ketzer, sondern der allenthalben eingedrungene Geist der Politik des Ordens, sein grosser Einfluß an Höfen,
und die an allen Orten an sich gerissene Gewissensleitung des Volkes verschaften ihm jene ausserordentliche Stärke, welcher bald keine Macht
mehr Widerstand leisten konnte.

Viertes Kapitel.

*In wie ferne die Jesuiten an dem dreyßig-
jährigen Kriege Antheil genommen. Sie
kommen wieder nach Böhmen, und reissen
mit Gewalt und List die Universität zu
Prag an sich. Ihre Bemühungen, die vom
Kaiser befohlene Restituzion der Kirchengüter und Klöster zum Vortheil ihres Ordens
zu verwenden. Ihre Gewaltthätigkeiten gegen Mönche und Nonnen.*

Der böhmische Aufstand geschah gerade zu einer
Zeit, wo Oesterreich, im Innern von eignen
Fakzionen zerrissen, und von den meisten Ständen
ihrer Religionsbedrückung wegen verlassen, sich
vielleicht am wenigsten in der gehörigen Fassung
befand, den böhmischen Rebellen mit bewafneter
Hand entgegen zu kommen. Matthias kannte seine Schwäche; und schien, aus Mißtrauen gegen
das Glück der Waffen, sehr geneigt, durch fried-
liche Verhandlungen den Lauf einer Rebellion zu
hemmen, die bereits aus gleichem Interesse schon
mehrere österreichische Provinzen mit sich fortgeris-
sen hatte. Allein sein Enkel und Nachfolger, der
von Jesuiten durchaus beherrschte Ferdinand II.
war einer ganz entgegengesetzten Meynnung. Er
drang auf Waffen und Gewalt, als die einzigen
Mittel, das Ansehn seines Hauses und der Religion zu retten. Die Gesinnungen, die er bey
dieser Gelegenheit äusserte, sind ganz die Gesin-

Gesch. d. Jes. II. Band.　　J

nungen der Jesuiten; ein Gemische von Andächtelen und Politik. „Seit die Ketzerey in diese Kö„nigreiche und Länder eingerissen", sagte Ferdinand in einem Schreiben an den König von Spanien *), sind immer Ungehorsam, Trotz, Rebel„lion, nebst Drohung, Widersetzlichkeit, Verach„tung aller obrigkeitlichen Befehle, Zusammenrot„tung, Aufstand und Aufruhr erfolgt; da man „hingegen von Seite der katholischen Obrigkeit „allezeit Güte, Gnade, Nachgiebigkeit ꝛc. anwen„det, um Friede, Ruhe, Königreiche und Lande „zu erhalten. Dadurch sind die Secten täglich „wider ihre Obrigkeit stärker und insolenter ge„worden„ und haben sich der landesfürstlichen Ge„walt unterfangen, so daß die Landesherren unter „dem Schein des Gewissens auch in politischen „Sachen ihr Ansehn verlohren, indem die Unka„tholischen, sobald sie im Geistlichen alle ihre Ab„sichten erreicht, auch zum Weltlichen getretten, „nach dem Regimente der Landesfürsten gegriffen, „und Regierung und Räthe nach ihrem Gefallen „ersetzen und dirigirten.

„Damit sind einzelne Länder nicht zufrieden ge„wesen, sondern sie haben, um ihre Herren nach „Willkühr behandeln zu können, in Religionsge„schäften gemeine Sache gemacht. Sobald sie „glaubten beleidigt zu seyn, und die Landesfürsten „nicht nach ihrem Willen thun wollten, sind sie „zu ihren Konföderirten unter dem Scheine geflo„hen, daß diese für sie interzediren sollten. Bey „diesen Verhandlungen um Interzession haben sie „ihre Landesfürsten angeklagt, und mit vielen un„gebührlichen Zulagen die andern Länder aufge„wiegelt und verbittert, so daß sie sich auch nicht „schämten, am öffentlichen Landtage zu Preßburg

---

*) Von diesem Schreiben ist der Kardinal Clesel, ein Jesuite, der eigentliche Verfasser. Schmidts Geschichte der Deutschen. Theil IX. Buch IV. Kap. VI. S. 65. u. f.

Siebentes Buch.

„dem jetzigen Kaiser die Krönung zu verhindern,
„und die Ungarischen Stände als Konföderirte auf-
„zufodern, dieselbe nicht eher vorzunehmen, als
„bis sie wegen ihrer Religionsbeschwerden befrie-
„diget wären. So machten es die Böhmen mit
„den Schlesiern, und diese mit jenen; sie zwan-
„gen den Kaiser Rudolph eine Konföderazion zu
„gestatten, welche alle Nachfolger, so lange die
„jetzige Lage der Sachen verbleibe, approbiren
„mußten.

„Aber auch hiebey verblieb es nicht. Vorbe-
„meldte Königreiche und Lande, sonderlich aber
„Oesterreich, das der Anfang gemacht, und allezeit
„an den Spitze gestanden, hatten unter dem ange-
„führten Schein von Interzession eben so, bey
„allen ihrer Religion verwandten Churfürsten und
„Fürsten des Reichs, ihre Herren, den Kaiser
„und die Landesfürsten, durch Gesandtschaften in
„übeln Ruf zu bringen, und die Fürsten gegen
„sie zu erbittern; oder durch böse Rathschläge und
„ungleiche Berichte es dahin zu bringen gesucht,
„daß ihre regierende Herren entweder der kaiserli-
„chen Krone, der Unterstützung gegen die Türken,
„wie auch guter Affekzion, Liebe und Vertrau-
„lichkeit, und dem guten Ausgange der Reichstage
„gänzlich entsagen, oder aber alles das thun muß-
„ten, was ihren protestantischen Unterthanen nur
„träumte. Dadurch sind sie unter so eine Knecht-
„schaft gebracht worden, daß sie sich in ihrem ei-
„genen Erblande fast nicht bewegen, oder ihrer
„landesherrlichen Authorität sich bedienen dür-
„fen ꝛc.„

Man erkennt in dieser Darstellung der Ursachen
des böhmischen Aufstandes ohne Mühe die Züge,
welche die Jesuiten dazu entworfen haben. Als
einen Prinzen, dem sie schon in seiner frühesten Jugend die Vertilgung der Protestanten zur Pflicht
machten, haben sie Ferdinanden bey allen Gelegenheiten zu bereden gesucht, in seinen evangeli-

schen Unterthanen nur Rebellen und treulose Verräther der landesherrlichen Majestät zu sehen. Was die natürlichste Folge von dem unpolitischen und grausamen Verfahren des kaiserlichen Hofes war, schoben sie auf die Seite der protestantischen Stände und Unterthanen. In ihren Augen und folglich auch in den Augen Ferdinands waren die gewaltthätigen Bekehrungen, der unleidenlichste Religionszwang, und die Beraubung der kostbarsten gesellschaftlichen Rechte und Freyheiten, nur Beweise von Güte, von Gnade und Nachgiebigkeit. So weit haben sie es in der Kunst gebracht, die natürlichsten und deutlichsten Begriffe zu verwirren.

Schon lange zuvor arbeiteten sie auf diesen Zweck hin. Der Religionsfriede hatte keine heftigere Feinde, als die Jesuiten. In Schriften und auf Predigtstühlen bestritten sie denselben. Ihre Dillingische und Ingolstädtische Theologen setzten mit ihren groben Lästerschriften ganz Deutschland in Bewegung. Adam Tanner *) bewies, der Kaiser wäre nicht an den Religionsfrieden gebunden, weil die Freystellung einer irrigen Religion unzuläßlich wäre, und die darüber geschehene Verheissungen unbillig und unerlaubt heissen müßten, indem ein Eyd kein Band des Irrthums seyn dürfte. Anton Possevin schrieb an den König in Polen, man könne nicht mit Worten ausdrücken, wie sehr der Kaiser gefehlt habe, daß er einen Religionsfrieden einging **) Paul Windeck lehrte ***), der Passauische Vertrag und Religionsfriede sey ungültig: Man habe dieselben dem Kaiser mit Gewalt abgezwungen; der Pabst hätte sie nicht bestätigt, und durch das Trientische Konzil wären sie ohnehin aufgehoben. Vitus Ebermann sagte ausdrücklich ****), sowohl der Pabst als seine

---

*) Dioptra Lib. III. Cap. XVII. pag. 1038.
**) *Wolfii* Memorabilia Centur. 16. fol. 804.
***) Prognosticon de futuro ecclesiæ statu. pag. 326.
****) *Conringii* Opera. Tom. II. pag. 528.

Siebentes Buch.

Nunzien wären verpflichtet, wider gedachten Religionsfrieden zu protestiren. Das gleiche lehrte Caramuel *).

Es ist kein Wunder, wenn durch dergleichen Lehren die Protestanten immer mistrauischer gegen die Katholiken geworden, und wenn sie, besonders nachdem sie vom Reichsoberhaupt ohne Rucksicht der Friedenstractate in ihren Freyheiten immer mit offenbarer Gewalt bedrückt wurden, sich endlich genöthiget sahen, auf Gegenanstalten zu denken. Aber eben dieses mag vielleicht auch der Wunsch und die Absicht ihrer Gegner, und vornämlich der Jesuiten, gewesen seyn. So unsicher der Ausgang jedes Krieges auch seyn mag, so haben sie es vielleicht doch eben darauf abgesehen, mit Waffengewalt die Protestanten zu unterjochen. Damals hat man die Jesuiten in Deutschland eben so, wie in Frankreich und England, einer Verschwörung wider die deutsche Freyheit beschuldiget, und man hat ihnen öffentlich vorgeworfen, daß es ihnen darum zu thun sey, das ohnehin von innern Unruhen zerrüttete Deutschland, in einen unseligen Krieg zu verwickeln, um es der spanischen Monarchie unterwerfen zu können **). Wie dem auch seyn mag, so finden wir doch in der damaligen Zeitgeschichte mehrere Beweise von dem An-

---

*) Disputationes de pace licita. n. 18. 93. 131, & 141.
**) Londerpii Acta publica. Tom. II. Lib. V. Cap. LXXXI. pag. 182. & seq. Nach Puffendorfs Zeugniß haben die Jesuiten diese Partheylichkeit für Spaniens Interesse so lange an den Tag gelegt, so lange Spanien Hofnung hatte, der Schiedrichter von Europa zu werden. Zu Ende des siebenzehnten Jahrhunderts aber veränderten sie ihre Gesinnungen, und begünstigten dagegen das Interesse des französischen Hofes, welcher damals auf dem Wege war, eine Universalmonarchie über Europa zu erhalten. Die Intrigue, die sie deswegen im Jahre 1682. am kaiserlichen Hofe spielten, ist sehr merkwürdig, und beweiset, wie groß ihr

theile, den die Jesuiten an dem dreyſſigjährigen Kriege genommen. Ein Schreiben des Paſſauiſchen Jeſuiten Rumer an den Pater Lamormain, damaligen Rektor ihres Kollegiums zu Gräz, giebt hierauf ſehr deutliche Winke. „Ich höre, ſchrieb „er *), daß der Kaiſer wider die Böhmen groſſe „Werbungen veranſtalte. Wenn mit Kriegsvolk „gehandelt wird, ſo hoffe ich in Kurzem viel Gu„tes für uns! Sollte es aber zu einer gütlichen „Vergleichung kommen, ſo fürchte ich ſehr, daß „für uns im Königreiche Böhmen kein Platz mehr „ſeyn werde. Denn es iſt einmal gewiß, daß die „Stände anders, als mit dem Schwerdt gezwun„gen, uns nicht mehr annehmen werden. Gott „gebe unſerm katholiſchen Fürſten ein gutes Ge„müth und friſches Herz dazu! Niemals war eine „bequemere Gelegenheit vorhanden, den Böhmen „alle ihre **Privilegien** und **Freyheiten** zu nehmen.

Einfluß in den allerwichtigſten Staatsgeſchäften war. Man hatte ſich damals am kaiſerlichen Hofe berathſchlaget, ob man mit den Türken oder mit den Franzoſen Friede machen ſoll. Das Staatsintereſſe rieth, der Eroberungsſucht der Franzoſen Schranken zu ſetzen, um ſo mehr, da es das Anſehn hatte, als ob das franzöſiſche Haus die Kaiſerwürde an ſich bringen wollte. Alle kaiſerlichen Räthe waren der Meynung, man müſſe mit den Türken Friede machen. Contra Jeſuitæ acriter pacem cum Gallo, bellum in Turcam urgebant. Animadverſum enim ſit, eam Societatem Hiſpaniæ unice fuiſſe addictam, quam diu huic ſpes ſuper obtinendo Europæ arbitrio ſuperfuerit. Sed hâc decollante ſtudium in Galliam transtuliſſe, pleno gradu ad Monarchiam Europæ tendentem, ad quam via non pateat, niſi per oppreſſos proteſtantes; quos ſubruere iſtis hominibus ſumma votorum, ac laborum eſt, nullius e publico ſervitiæ, moleſtiæ, aut detrimenti metu. *Puffendorf de reb. geſt. Frid. Wilhel. Lib. XVIII. n. 59. pag.* 1439.

*) Variorum diſcurſuum Bohemicorum nervus pag. 6.

Siebentes Buch.

„Hiezu aber wird ein starkes unverzagtes Herz
„vonnöthen seyn; denn auch die Böhmen rüsten
„sich mit vielem Kriegsvolke. Ach wollte Gott,
„daß mit Venedig Friede gemacht, und die Trup=
„pen, die zu Görz liegen, hieher kommen würden!„

Ihre Wünsche, und, was aus den Folgen mit
aller Wahrscheinlichkeit geschlossen werden kann, ihre
Hofintriguen waren nicht vergebens. Ferdinand
unterwarf sich nach der bekannten Pragerschlacht
im Jahre 1620. ganz Böhmen; und die Jesuiten,
welche den kaiserlichen Truppen folgten, gelangten
nicht nur zum Besitze ihrer verlassenen Güter, son=
dern der Sieger überließ ihnen ausserdem noch ei=
nen beträchtlichen Theil des konfiszirten Eigenthums
der verwiesenen oder hingerichteten Rebellen. Fer=
dinands Verschwendung gieng so weit, daß er den
Jesuiten sogar seine eigenen Kammergüter abtrat,
und diese auf so eine Art fast den dritten Theil
aller Einkünfte von Böhmen an sich brachten.*).
Die kaiserlichen Kriegsheere hatten grossen Schre=
cken in diesem Königreiche verbreitet. Aber die Je=
suiten waren für die Einwohner desselben nicht we=
niger furchtbar. Sie liefen an der Spitze kaiser=
licher Soldaten in Städten und Dörfern umher,
überfielen die wehrlosen Leute in der Nacht, schlepp=
ten sie aus den Betten, und nöthigen sie mit Stock=
streichen und andern gewaltthätigen Mitteln zur
Annehmung der katholischen Religion. In einem
ihnen zugehörigen Dorfe, nicht weit von Prag,
liessen sie ihre Unterthanen, nach vielen vergebenen

---

*) Clerus quoque multum ibi possidet, imprimis Je-
suitæ; ingenti enim prodigalitate Ferdinandi II. trien-
tem fere Bohemiæ acceperunt. Nusquam tantas habent divitias, quam in Bohemia. Donavit scilicet
Cæsar, non tantum bona majorum familiarum clero
& Jesuitis, sed etiam bona cameræ, quæ hac ratione fere ad egestatem redacta est, ut vix alios,
quam ex tributis, proventus habeat. *H. Conringii
opera*, Tom. *IV.* pag. 320.

und abscheulichen Versuchen, sie zum Pabstthum zurückzubringen, durch ihre eigene Schüler nächtlicher Weile überfallen und ausplündern *). Vom Galgen erbetene Verbrecher und Leute von notorischer Liederlichkeit wurden mittels der Jesuiten in die wichtigsten Hof- und Civildienste eingeschoben. Das größte Verdienst, das man sich damals erwerben konnte, bestund darinn, wenn man mit neuerfundenen Grausamkeiten die Protestanten quälen konnte. Man durfte sicher auf Belohnung Anspruch machen, wenn man sich durch irgend ein von den Jesuiten gebilligtes Bubenstück auszeichnete **).

Man glaube nicht, daß den Jesuiten hierinn zuviel aufgebürdet wird. Dieses ist der natürlichste Gang der Sache. Um ein Land, das ganz von sogenannten Ketzern überschwemmt war, unter das Joch der römischen Kirche zu bringen, durfte man sich, zumal nachdem dessen Bewohner durch ihr mißlungenes Waffenglück muthlos geworden, auch der unerlaubtesten Kunstgriffe bedienen. Dazu kam noch der Begriff, den man damals von der böhmischen Rebellion hatte. Es konnte der siegenden Parthey, wenigstens in demselben Augenblick, nicht verarget werden, wenn sie ihr Siegerrecht mit Nachdruck die Rebellen empfinden ließ. Gleichwohl aber versichert man, daß es Ferdinanden mehr um die Ausrottung der Ketzereyen, als um die wirkliche Unterdrückung der ständischen Privilegien im Königreiche zu thun war. Man weiß aber auch, daß sich ehemals die Völker für ihre persönliche Freyheit bey weitem nicht so nachdrücklich, als für ihren Glauben zu vertheidigen gesucht, und ist vielleicht eben dieses einer der wichtigsten Gründe, warum der hierauf erfolgte Krieg mit so ausserordentlicher gegenseitiger Verbitterung so viele Jahre hindurch geführt wurde.

*) Luzius Jesuitengeschichte. Theil IV. Kap. VI. S. 816.
**) Ebendaselbst l. c.

Siebentes Buch.

Die glücklichen Progresse, welche die Jesuiten allenthalben machten, und vornämlich die verschwenderische Gunst des Hofes verleiteten sie, immer tiefer und weiter um sich zu greifen. In dem stolzen Bewußtseyn ihrer Stärke und Ueberlegenheit wagten sie auch den Versuch, sich die Universität von Prag, die sehr reiche Einkünfte hatte, unterwürfig zu machen. Diese wurde von Karl IV. gestiftet. Zufolge der hierüber ausgefertigten Stiftungsurkunde sollte die Würde eines beständigen Kanzlers mit aller damit verbundenen Gerichtsbarkeit dem jedesmaligen Erzbischof von Prag eigenthümlich bleiben. Allein da die Jesuiten durch eine Menge päbstlicher Bullen in dem Besitze des sonderbaren Vorrechtes sind, weder einer weltlichen noch geistlichen Gerichtsbarkeit unterworfen zu seyn; so mußten sie natürlich allererst den Erzbischof seiner Rechte zu berauben suchen, ehe sie sich jener Schule bemächtigen konnten. Dieses gelang ihnen denn auch nach Wunsche. Sie entwarfen auf den Befehl des Kaisers, der sich ihrem eigenen Geständnisse zufolge *) einen Sohn der Gesellschaft Jesu nannte, eine Verordnung, die Ferdinand unterschrieb, und folgenden Innhalts war:

„Vermöge unsrer kaiserlichen und königlichen
„Gewalt vereinigen Wir rechtmässig und für im-
„mer die Carolinische Universität mit dem in unsrer
„Stadt Prag gestifteten Ferdinandischen Kollegio
„der Gesellschaft Jesu dergestalt, daß dieser Ver-
„einigung kein der gedachten Universität eigen-
„thümliches Privilegium im Wege stehen soll, wie
„wir denn auch durch gegenwärtige Verordnung
„alle und jede Privilegien vernichten, welche der
„von uns gemachten Vereinigung zuwider seyn
„könnten. Dem zufolge ist es auch unser Wille,
„daß der jedesmalige, nach den Statuten der Ge-
„sellschaft Jesu angestellte Rektor des kaiserlichen
„Kollegiums der Jesuiten jederzeit auch Rektor der

---

*) Imago primi Sæc. Soc. Lib. III. Cap. IV. pag. 346.

„ganzen Universität seyn soll, und wir vernichten „und vertilgen hiedurch alle Ansprachen, die je„mand auf diese Würde machen könnte. Desglei„chen unterwerfen wir gedachtem Rektor alle Leh„rer der niedern sowohl, als aller übrigen Schu„len in der Stadt Prag; und sollen diese verpflich„tet seyn, die Befehle des Rektors oder desjeni„gen zu befolgen, welchen er bestimmen wird, die „Schulen zu visitiren oder irgend ein Reglement „zu treffen. Niemand soll ohne schriftliche Er„laubniß vom Rektor eine neue Schule, in wel„cher Fakultät es auch immer seyn mag, anzu„legen befugt seyn; und übergeben wir auch ge„dachtem Rektor die gänzliche Aufsicht über alle ge„genwärtig errichteten und in Zukunft zu errich„tenden Kollegien und niedern Schulen im ganzen „Königreiche Böhmen. Schlüßlich bestellen wir ge„dachten Rektor zum Inquisitor und Korrektor „der Ketzer, und übergeben ihm aus freyer kaiser„lich = königlicher Macht die Censur über alle Bü„cher, die gedruckt oder verkauft werden sollen ꝛc...

Zur Zeit, als dieses vorgieng, war der Kardinal von Harrach, ein eifriger Katholike, und ein Mann, der dem österreichischen Hause die wichtigsten Dienste leistete, Erzbischof von Prag. Die Jesuiten hatten die Kabale, die sie wider ihn anlegten, sorgfältig vor seinen Augen verborgen. Um so grösser mußte denn auch sein Erstaunen seyn, als sie, ganz unvermuthet, mit jener kaiserlichen Verordnung zum Vorscheine kamen, die ihn aller seiner Vorrechte beraubte. Er wendete sich mit Beschwerden an den Pabst und an den Kaiser. Letzterm stellte er vor *), daß er durch die Vereinigung der Carolinischen Universität mit dem Ferdinandischen Kollegio der Jesuiten, aller Rechte

---

*) Cardinalis & Archiepiscopi Pragensis Judicium & Censura Bullæ a Patribus Soc. Jesu Cæsari oblatæ, Cæsaria ac Regali auctoritate firmandæ, pro erectione Carolo - Ferdinande Academiæ.

beraubt würde, die ihm sowohl als Erzbischofe, als in Kraft der Stiftungsbulle gedachter Universität eigenthümlich wären; daß die kaiserliche Verordnung hierüber die geistliche Macht beeinträchtige; daß die ganze erzbischöfliche Authorität einem einzelnen Jesuiten übergeben würde; daß zufolge der Statuten die Aufsicht über die Schulen der Stadt und der Vorstädte dem Skolastikus des Domkapitels, und über die Landschulen den Dechanten und Pfarrern angehöre, und folglich diese aller ihre Rechte beraubt seyen. Nichts wäre dem Mißbrauche und der Inkonvenienz so sehr unterworfen, als die Verordnung, daß alle Schullehrer des Königreiches verpflichtet seyn sollen, zu Prag vor dem Rektor der Jesuiten zu erscheinen, um sich entweder nach dessen Willkür bestrafen, absetzen oder aus dem Königreiche verstoßen zu laßen. Ausser der widerrechtlichen Usurpazion so vieler Rechte und Freyheiten, griffen die Jesuiten nun auch nach dem Besitze aller beweglichen und unbeweglichen Güter der Universität, und bemächtigten sich derselben, ohne gerichtliche Prozedur, und ohne daß diejenigen, deren Eigenthum sie wären, auch nur in Einem Stücke schuldig befunden würden. Es sey allerdings bedenklich, Leuten, die ohnehin nur zu sehr sich einer Oberherrschaft über Geistlichkeit und Volk anmaaßen, eine so ausgedehnte willkürliche Macht anzuvertrauen; und es lasse sich befürchten, daß hieraus Mißgunst, Streitigkeiten, und vielleicht gar Empörungen entstehen möchten *).

Dem guten Erzbischofe waren, als er diese Vorstellungen überreichte, schon alle Zugänge zum Herzen des Kaisers verschloßen. Man hörte ihn nicht, und überließ ihm die Wahl, entweder aus freyem

---

*) Denique negotium videtur invidiæ, rixarum, ne dicamus seditionum, iis, qui tantam præ se ferunt sitim dominandi in Cleros ac populos, concedere tam arbitrariam potestatem. *Judicium. & Censura Bullæ.*

Willen den Jesuiten seine Rechte abzutreten, oder sich von ihnen zu Tode quälen zu lassen. In einem spätern Schreiben an Pabst Urban VIII. beschwerte er sich mit bittern Ausdrücken über die gewaltsame Art, mit der sie bey dieser Gelegenheit gegen ihn zu Werke giengen. „So bald sie „bemerkten, schrieb er, daß ich ihnen einigen Wi-„derstand leisten wollte, fiengen sie sogleich an, „heimlich und öffentlich meine erzbischöfliche Ge-„richtsbarkeit anzugreifen. Wer immer mit den „Aussprüchen meines Tribunals nicht zufrieden ist, „der findet bey den Jesuiten Schutz und Freund-„schaft. Ich kann keine Verordnungen ergehen „lassen, gegen welche diese nicht Gegenverordnun-„gen machen. Ausserdem bemühen sie sich einzig „dahin, ihre weltliche Macht zu vergrössern. Um „desto sicherer darinn ihren Zweck zu erreichen, ist „ihnen keine Lehrmeynung zu verkehrt und zu schäd-„lich, wenn sie nur dazu dient, mein erzbischöfli-„ches Ansehn in den Augen der Weltlichen zu „schwächen. Dadurch, daß sie durch offenbare und „falsche Verleumdungen, und, was noch schänd-„licher ist, durch Lästerschriften (Libellis quoque „famosis) am Hofe und bey den Grossen meine „Diener verhaßt machen, haben sie es so weit ge-„bracht, daß ich fast Niemanden finden kann, der „sich getraut, mir zu dienen, oder öffentlich et-„was in Böhmen zur Vertheidigung meiner erzbi-„schöflichen Würde zu unternehmen. Selbst die „meiner Gerichtsbarkeit unterworfene Geistlichkeit „haben sie so sehr gegen mich verhezt, daß sie mir „mit aller Dreustigkeit den Gehorsam versagt. Es „ist so weit gekommen, daß die Jesuiten in diesem „Königreiche die erzbischöfliche Macht, ich aber „nichts weiter als den Titel davon besitze *).„

*) Der Inhalt dieses Schreibens ist auch in allen Rücksichten sehr merkwürdig, und verdienen hier einige Stellen, die sich auf die Jesuiten beziehen, ausgehoben zu werden. „Miserabilis Ecclesiæ in hoc regno Bohe-

Siebentes Buch.

Pabst Urban VIII. nahm sich zwar des verfolgten Erzbischofes an, und gab den Jesuiten einige

miæ status, atque in dies singulos in ruinam proclivior, propulsante animum conscientia, & sollicitudine pastorali cum gemitu dies ac noctes torquente, cogit Beatitudini tuæ aperire, quibusnam præcipue morbis Ecclesia ista laboret, hocque Archiepiscopatus corpus extremo jam certe & ovicularum commissarum & jurisdictionis meæ evidenti cum periculo ita affligatur, ut si remedia efficaciora differantur ultra, optare aliquando quam sperare malis medicinam facilius sit. — Videtur quodammodo vulgo dedecus esse, honestiorem quempiam Ecclesiasticum fieri. *Hujus vero conditionis tenuioris si qui ingenio aliquo, aut judicio pollent, a Jesuitis in Sodalitium ipsorum infallibiliter cooptantur, insigni certe ecclesiasticæ, ut his politica taceam, reipublicæ cum detrimento.* — — Aemulorum jurisdictionis omnium perniciosissimi in hoc regno sunt *Jesuitæ, obstinato animo vel per ruinam Ecclesiæ ad potentiam suam contendentes.* — Quod vero Pontificium Beatitudinis tuæ brachium attinet, idque vel adversum solos maxime Jesuitas, sic se res habet; plures sunt anni, quod Jesuitæ hoc in Bohemiæ regno degentes, in spiritu nec sine aliquali fructu in fide catholica propaganda ita laborent, *ut nunquam tamen caruerint apud prudentiores suspicione aliqua alicujus affectatæ potentiæ vanæque gloriæ, sub majoris Dei gloriæ veste latentis.* — — Cum Jesuitæ summam potentiam dudum conceperint animo, verum & *ad majorem Dei gloriam* permagnum interesse persuaserint sibi, potentes se esse, ab aliis quoque videri, mirum est, quibusnam artibus & vel maxime intima & efficaci apud Dominos & Principes gratia opinionem hanc omnium in animis stabilire contendant, ut perinde ex una parte implacabiliter eos oderint, qui potentiam hanc eorum agnoscere ac submisse revereri non videantur, ex alia vero nihil non admittere tuto se posse putent, rationi quoque non nihil repugnans, ad hoc

Verweise. Allein er war dem Kaiser Ferdinand II. der mit so vielem Glücke das sinkende Ansehn des römischen Hofes unterstützte, allzu viele Verbindlichkeiten schuldig, als daß er es hätte wagen dürfen etwas gegen die Jesuiten, dessen Lieblinge, mit nachdrücklichem Ernste zu unternehmen. Das grosse Vertrauen, das Ferdinand in sie setzte, machte sie äusserst verwegen; und sicher war damals gerade der günstigste Zeitpunkt für sie, ihr Ansehn in Deutschland zu befestigen, und sich über alle vorhandene Orden sowohl, als selbst über die säkulare Geistlichkeit ein entscheidendes Uebergewicht zu verschaffen.

An Gelegenheiten konnte es ihnen damals nicht fehlen, und was ihnen auf geraden Wegen nicht gelang, das suchten sie auf krummen zu Stande zu bringen. Der Kaiser machte nach einigen wichtigen Vortheilen über die Protestanten im Jahre 1629. sein bekanntes Restituzionsedikt bekannt. Es bestund darinn, daß alle geistlichen Güter, Klöster und Benefizien, deren sich seit dem Passauervertrag vom Jahre 1552. die Protestanten bemächtiget, an ihre rechtmässigen Eigenthümer wieder abgetretten werden sollten. Die Jesuiten dachten sogleich an die grössere Ehre Gottes, und an die Bereicherung ihrer Gesellschaft. Der buchstäbliche Sinn des Ediktes enthielt zwar, daß die Kirchengüter ihren Eigenthümern, den ältern Mönchsorden und Stiftern, sollten zurückgegeben werden. Allein die Jesuiten machten sich kein Bedenken, durch List dasjenige an sich zu bringen, was ihnen von Rechtswegen nicht zugehörte. Der kaiserliche Beichtvater, Pater Lamormain, suchte

semper tamen ad *majorem* Dei gloriam, ut potentiam suam summorum ac infimorum in animis aeque faciant formidabilem, cœlum videlicet ac fidem Catholicam illico ruitura penitus arbitrantes, nisi omnes potentissimos ipsos metu, reverentia, subjectione ac pene Fidelitatis homagio constrinxerint.

Siebentes Buch.

zween Aebte, welche eben am Hofe waren die Exekuzion des kaiserlichen Ediktes zu betreiben, mittels listiger Vorstellungen dahin zu bewegen, daß alle Nonnenklöster sowohl, als auch einige Mannsabteyen von geringerer Bedeutung den Jesuiten überlassen werden sollten. Da beyde Aebte von ihren Mitständen keine Vollmacht hatten, etwas ohne ihre Bewilligung abzutretten; so erwiederten sie das Gesuch der Jesuiten mit allgemeinen Freundschaftsversicherungen. Aber kaum verliessen diese den Hof, als Lamormain sogleich zum Kaiser sich verfügte, und ihn versicherte, wie die Aebte freywillig ihre Klöster an seinen Orden abgetretten hätten. Der Kaiser hielt die Worte seines Beichtvaters für Orackelsprüche, und gab sogleich seinen Generalen Wallenstein und Tilly Befehl, einige Klöster den Jesuiten einzuräumen. Der Prälatenstand konnte anfangs nicht begreifen, woher diese Verletzung des kaiserlichen Ediktes rühre. Aber bald klärte es sich auf. Die Jesuiten liessen sich öffentlich verlauten, daß ihnen jene Klöster von den beyden Aebten freywillig abgetretten worden. Diese widersprachen dem Vorgeben öffentlich. Allein die Jesuiten, die nun einmal gelogen hatten, mußten standhaft auf ihrer Lüge beharren. Um jedoch ihrer Sache ein stärkeres Interesse zu verschaffen; so griffen sie zu gleicher Zeit auch selbst den Inhalt des Ediktes an, und suchten in zwoen Schriften zu beweisen, daß der Kaiser nicht befugt gewesen, ohne Wissen des Pabstes etwas über die geistlichen Güter und Klöster zu verfügen. Sie streuten in Rom eine Schrift aus, welche Anmerkungen wegen der Kirchengüter und erloschenen Klöster in Deutschland enthielt. Darinn wurden die Staatsräthe des Kaisers als Ketzer, und als Leute geschildert, welche das Vorhaben hätten, die Vorrechte des päbstlichen Stuhles in Deutschland zu unterdrücken. Die Benediktiner vertheidigten sich ihrerseits mit vielem Nachdrucke gegen die ungerechten Anmaassungen der Jesuiten. Ihr Pat. Hay gab zwo Schriften *) heraus, worinn er dem Jesuiten Laymann, welcher eine justam defensionem für seinen Orden geschrieben hatte, mit grosser Mässigung die Unrechtmässigkeit ihres Begehrens vor Augen legte. Laymann bewies in seiner Schrift gegen den Mönchsorden eine ausserordentliche Verachtung. Er ließ sich verlauten, daß der Kirche Gottes mit allen Mönchen nicht geholfen würde, wenn Gott nicht die Jesuiten zum besondern Dienste seiner Kirche bestimmt hätte. Er behauptete, daß die angesprochenen Abteyen erloschen wären, und es folglich in der Macht des Pabstes stünde, dieselben nach Willkür zu vergeben. Die Jesuiten wären die einzigen, welche mit Recht von diesen erloschenen Klöstern Besitz nehmen könnten; um so mehr, daß sie zugleich alle Rechte und Privilegien der Mönchsorden für sich hätten. Vergebens beriefen sich die Benediktiner auf die Konkordaten der Deutschen mit den römischen Päbsten, welche nach göttlichen und natürlichen Rechten verpflichtet wären, die Geistlichen in ihren gestifteten Besitzungen zu schützen. Die Jesuiten behaupteten dagegen, daß jeder Pabst die Befugniß habe, in ausserordentlichen Fällen die Konkordaten aufzuheben, wenn dadurch etwas zum Nutzen der Kirche geschehen könne. Dieser Fall sey nun vorhanden, wenn den Jesuiten die erloschenen Klöster eingeräumt würden. Man könne für die Ausbreitung der katholischen Religion nicht besser sorgen, als wenn man die Güter und Einkünfte der Abteyen zur Errichtung neuer Jesuitenkollegien und zum Ankauf kleiner Katechismen, Rosenkränze c. verwendete. Ohne in den Besitz dieser Abteyen zu gelangen, könnten die Jesuiten, aus Mangel an hinreichenden Mitteln, nicht bestehen. Die Benediktiner setzten ihnen entgegen, daß man Kollegien erbauen könne, ohne eben darum den Benediktinern, Cisterziensern und andern Mönchsorden ihr Eigenthum entziehen zu müssen. Ihr Vorgeben von Armuth könne gar nicht statt

*) Astrum inextinctum, und Hortus Crusianus.

Siebentes Buch.

haben, indem sie sonst wohl den Venezianern nicht 500000 Thaler angeboten hätten, um in ihrer Republik, aus welcher sie vertrieben worden, wieder aufgenommen zu werden. Daß sie denn sogar nothwendig seyen, die katholische Religion in Deutschland zu erhalten, könne man eben nicht behaupten. Sie hätten in verschiedenen Städten ihre Kollegien, wo die Ketzereyen darum nichts desto weniger keinen Abbruch gelitten. Die ganze obere Pfalz wäre katholisch geworden, ehe sie darinn ein Haus oder Kollegium gehabt hätten. Es sey Unsinn, behaupten zu wollen, daß Deutschland nicht könne katholisch werden, ohne alle Mönchsklöster in Jesuitenkollegien zu verwandeln. Man könne vornämlich dem Benediktinerorden, dessen erste Glieder fast ganz Deutschland zum Christenthum bekehrt hätten, die Verdienste um die Kirche nicht streitig machen, und fahre dieser Orden noch immer mit rühmlichem Eifer fort, das Christenthum auszubreiten, ohne eben so viel Geräusch zu erregen, als die Jesuiten, welche in den unbedeutendsten Dingen grosses Rühmen von sich zu machen pflegten. Was die kleinen Katechismen und Rosenkränze betreffe, welche sie ihren Schülern aus den Einkünften der Abteyen kaufen wollten; so sey es sonderbar, Stiftungen aufzuheben, und Konkordate zu verletzen, damit man Geld bekomme, den Kindern Rosenkränze kaufen zu können. Diese Rosenkränze und Katechismen müßten sehr theuer seyn, wenn man, um sie anschaffen zu können, so viele Abteyen ihrer Einkünfte berauben müßte. Man wendete ferners den Jesuiten ein, daß der Kaiser durch seinen bey der Wahlkapitulazion beschwornen Eid verpflichtet sey, die alten Orden in dem Besitze ihrer Rechte und Güter zu lassen. Dies, erwiederten die Jesuiten hierauf, habe allerdings seine Richtigkeit. Aber es sey nichts desto weniger wahr, daß die Kosten des Krieges, den der Kaiser zur Wiedereroberung der

Kirchen und Klöster geführt habe, bey weitem gröſ‍ſer seyen, als der Werth aller Kirchenschätze; und daß folglich derselbe in allen Rücksichten nicht nur als neuer Stifter und Patron, sondern auch als Käufer dieser Klöster und Kirchen angesehen werden könne. Es wäre demnach Undank von Seite der Mönchs‍orden, wenn sie ihm das Recht, aus freyer Will‍kür gedachte Klöster und Kirchen verschenken zu können, streitig machen wollten. —— Die Bene‍diktiner bewiesen dagegen, daß die Klöster, die man nun ihres Eigenthums berauben wolle, viele Mil‍lionen aufgeopfert hätten, um den Kaiser in seinen Kriegen zu unterstützen, und daß es eine ganz ei‍gene Art von Erstattung wäre, wenn man ihnen für die Aufopferung so grosser Summen nun vollends ihre Abteyen und Kirchen entziehen wollte. Sie behaupteten endlich, daß der ganze unselige Streit, der sich wegen Zurückgabe der Klöster und Kirchen‍güter erhoben, von der meineidigen Dreistigkeit des kaiserlichen Beichtvaters herrühre, welcher verwe‍gen genug gewesen sey, den Kaiser durch ein lü‍genhaftes Vorgeben zur Ungerechtigkeit zu verlei‍ten. Allein die Jesuiten machten sich kein Beden‍ken, ihren Gegnern ganz freymüthig zu gestehen, daß Lamormain nach den Vorschriften seines Or‍densinstituts so und nicht anders zu Werke ge‍hen mußte, und daß er Ahndung verdient haben würde, wenn er als kaiserlicher Beichtvater nicht alles versucht hätte, zur grössern Verherrlichung Gottes den Vortheil seines Ordens zu befördern.

Während dem sich nun beyde Partheyen in öf‍fentlichen Schriften um den Besitz der geistlichen Güter zankten, liessen es die Jesuiten mittlerweile nicht an thätlichen Versuchen fehlen, sich dieser Güter auch mit Gewalt oder List zu bemächtigen. Ein Beyspiel davon ereignete sich im Jahre 1631 in einer zu Voltigerode befindlichen Frauenabtey vom Bernardinerorden: Die Nonnen hatten die‍selbe zufolge des Restituzionsediktes bereits in Be-

Siebentes Buch.

sitz genommen, als es den Jesuiten einfiel, sich derselben zu bemächtigen. Sie nahmen zu einer Lüge ihre Zuflucht. Sie versicherten den Kaiser, besagte Abtey wäre unbewohnt, und von Niemanden noch in Ansprache genommen worden. Sie setzten hinzu, die Lage dieses Klosters wäre ihnen sehr bequem, und sie könnten daselbst ein Noviziat anlegen. Der Kaiser glaubte ihren Versicherungen, und erlaubte ihnen, dieses Gotteshaus in Besitz zu nehmen. Allein ihr Vorgeben war falsch. Die Abtey war nicht unbewohnt. Die Nonnen lebten darinn. Wie konnten sie mit einem Schein von Recht sich des Eigenthums derselben bemächtigen? Dafür war bald gesorgt. Sie beredeten die Nonnen, daß sie an diesem Orte immer den Streifereyen der Soldaten ausgesetzt seyn würden, und daß sie folglich nichts bessers thun könnten, als ihr Kloster auf einige Zeit zu verlassen, und sich nach Goslar in Sicherheit zu begeben. Ohne etwas Arges zu vermuthen, befolgten sie den Rath der Jesuiten, die sich aber sogleich nach ihrem Abzuge in den Besitz der Abtey setzten. Die Nonnen sahen bald, worauf es ihre vermeintlichen guten Rathgeber abgesehen hatten, und kehrten heimlich wieder nach Voltigerode zurück. Allein die Jesuiten waren Meister der Abtey, und stießen sie mit Hülfe der Soldaten, zum grossen Aergernisse der ganzen Provinz, gewaltsam aus ihrer Kirche. Der an das bischöfliche Vikariat in Osnabrück eingesandte Verbalprozeß über diese Begebenheit enthält wahre Infamien *). Die Jesuiten bezeugten gegen die züchtigen Jungfrauen so wenige Ehrfurcht, daß sie dieselben, da sie eben im Chorsingen begriffen waren, mit frechen Händen aus ihren Chorstühlen rissen, sie an der Mitte des Leibes faßten, und ohnmächtig vor die Thore des Klosters hinausschleppten.

*) Morale pratique des Jesuites. Tom. I. pag. 240.

Geschichte der Jesuiten.

Ihre raubgierige Habsucht äusserte sich zu gleicher Zeit auch an andern Orten Deutschlands. Um ihr Kollegium in Mainz zu bereichern, suchten sie zwo weibliche Abteyen, Clarenthal und Marienkron, an sich zu bringen. Der Jesuite Theodor Lennep schrieb auf Befehl seines Provinzials einen sehr beweglichen Brief an den Staatsminister des Kaisers. Er stellte ihm vor, wie vortheilhaft diese Abteyen besonders wegen ihres trefflichen Wiesenwachses dem Mainzischen Kollegio seyn würde. Um aber allen weitläuftigen Prozessen, die darüber entstehen könnten, vorzubeugen, so bat er ihn, bey dem Kaiser die Sache zu beschleunigen, damit weder der Pabst noch andere katholische Fürsten vor der Zeit etwas davon in Erfahrung brächten *).

Die blinde Achtung, welche Ferdinand II. und seine Nachfolger den Jesuiten bezeugten, machte sie äusserst verwegen. Sie scheuten sich nicht, durch Lügen und Verleumdung die Mönche verhaßt zu machen, um sich dadurch ihrer Klöster und Güter zu bemächtigen. Ungefähr eine Stunde ausser Prag war eine kleine Cisterzienserabtey, von welcher die Jesuiten gerne Eigenthümer werden wollten. Sie stellten dem Kaiser vor, daß die Mönche in dieser Abtey sehr ausgelassen und ärgerlich lebten, den Gottesdienst vernachläßigten und sich einzig mit der Jagd und andern Lustbarkeiten beschäftigten. Sie sagten ferners, ihre Ordensgenossen im Pragerkollegio wären eines Lusthauses benöthiget, um sich während den Vakanzen von den Strapazen zu erholen, die sie das ganze Jahr hindurch bey dem Unterrichte der Jugend ausstehen müßten. Der allzufreygebige und schwache Kaiser befahl sogleich,

---

*) Ibid. l. c. — Magazin zur Geschichte der Jesuiten. Heft III. S. 73.

Siebentes Buch.

daß die Mönche ihr Kloster räumen und den Jesuiten überlassen sollten *).

Auf gleiche Weise bemächtigten sie sich der reichen Priorenen von St. Valentin zu Ruffach, von St. Jakob zu Feldbach, und von St. Morand im Breisgau. Das österreichische Haus begünstigte allenthalben ihre raubgierigen Anschläge, und konnte ihnen, nachdem sie einmal die Beichtväterstellen der Grossen an sich gebracht, nicht mehr Widerstand leisten. Vergebens beriefen sich die rechtmäßigen Besitzer dieser Priorate auf die Gerechtigkeit ihrer Sache; vergebens suchten sie an Justiztribunalien Schutz gegen unrechtmäßige Beraubungen. Die Jesuiten leiteten die Machtsprüche der Grossen eben so, wie ihr Gewissen; und um die Beysitzer der Justiztribunalien durch Bestechungen zu gewinnen, scheueten sie keinen Aufwand.

Zwar setzten die siegreichen Waffen der Schweden unter Gustav Adolf ihrer Habsucht wieder einige Schranken. Allein ihre ungeheuern Begierden konnten nicht gänzlich zum Schweigen gebracht werden. Sie wiederholten nachher ihre gewaltthätigen Versuche nur mit kühnerer Dreistigkeit, und giengen vornämlich in der Wetterau mit so wenig Mäßigung zu Werke, daß der Rheinadel sich mit nachdrücklichem Ernste bey Pabst Urban VIII. über die Habsucht der Jesuiten beschweren mußte. Der westphälische Friede endlich entriß ihnen die Gelegenheit, sich unter dem Vorwande des kaiserlichen Restituzionsediktes um die von den Protestanten in Besitz genommenen Kirchengüter zu bewerben **). Und eben deswegen haben sie sich

---

*) Morale pratique. Tom. I. pag. 181.
**) Verschiedene Reichsfürsten, vornämlich Sachsen-Lauenburg, Anhalt, und das Wetterauische Grafenkollegium, drangen bey den westphälischen Friedensunterhandlungen auf die Verbannung der Jesuiten in Deutschland. Man sprach mit vielem Nachdrucke in

so viele Mühe geaeben, diesen Frieden zu vernichten, so wie sie auch am kaiserlichen Hofe zu Folge geheimer Instrukzionen unaufhörlich dahin arbeiteten, den schrecklichen Religionskrieg zu verewigen *).

Fünftes Kapitel.

Fernere Versuche der Jesuiten, die deutschen Protestanten in den Schooß der römischen Kirche zu bringen.

Der westphälische Friede setzte die Protestanten zwar in den ruhigen Genuß ihrer Religionsfreyheit. Allein die Katholiken hatten noch lange nicht alle Hoffnung verloren, sie in den Schooß ihrer Kirche zurückzubringen. Der römische Hof, der sein Mißvergnügen über diesen Frieden auf eine sehr trotzende Art bezeugte, mußte immer noch auf Mittel denken, den Protestanten Abbruch zu tun. Die Jesuiten waren die tauglichsten Leute, dergleichen Absichten auszuführen. Wenn ihre Maximen während des dreyßigjährigen Krieges hauptsächlich dahin giengen, die Kräfte ihrer Glaubensgegner zu schwächen, und wenn sie eben in der Absicht auf die Fortsetzung dieses Krieges dran-

den verschiedenen Gesandtschaftskongressen von den Jesuiten, als von einer Sekte, welche die Verbindlichkeit aller öffentlichen und gesellschaftlichen Verträge aus dem Natur-und Völkerrechte streitig machte. Man führte vornämlich darüber Beschwerde, daß die Jesuiten cum Superiorum permissu ganz unverholen in öffentlichen Schriften behaupteten, man sey nicht verpflichtet, Tractate zu erfüllen, die man mit Fürsten und Herren geschlossen, welche die Oberherrschaft des Pabstes nicht erkennten. *Acta pacis Westphalicæ ad annos* 1645 & 1646. Tom. I. Lib. VIII. pag. 782. — Item Tom. II. pag. 208.

*) Pragmatische Geschichte der Nachtmahlsbulle. Theil III. S. 62.

Siebentes Buch. 151

gen; so kann man nach erfolgtem Frieden um so mehr erwarten, daß sie alle ihre Politik werden aufgeboten haben, das, was ihnen durch offenbare Gewalt mißlang, durch heimliche List zu erzwecken. Das fürchterliche Ansehn, welches sie sich in der Mitte des siebenzehnten Jahrhunderts fast an allen katholischen Höfen erworben hatten, die fast vollendete Ausbildung ihrer unbegreiflichen Staatskunst, und die durchaus despotische Herrschaft, welche sie über den Geist der katholischen Völker ausübten, setzten sie in den Stand, mit sicherern Erfolge ihre ungeheuern Entwürfe auszuführen. Was um diese Zeit vornämlich auffällt, ist ihr geheimes Hervordringen an protestantischen Höfen. Es fehlte ihrem Orden nie an Leuten, welche durch vorzügliche Talente schimmerten. War es nicht Gelehrsamkeit, was sie beliebt machte, so war es doch feine Staatskunst, und die ausserordentliche Gabe, sich mit Anstand, und mit einer Art imponirender Grazie an Höfen zeigen zu können. Darinn haben es die Jesuiten nicht allein allen Mönchsorden zuvorgethan, sondern sie brachten es gar so weit, daß nur wenige Menschen Selbstvertrauen und Weltkenntniß genug haben, ihnen in dieser Kunst gleich zu kommen. Selbst heut zu Tage sprechen die Protestanten noch mit Enthusiasmus von Jesuiten, die sie gekannt haben, oder mit denen sie in irgend einer besondern Verbindung gestanden. Die gefälligen Sitten, die lebhaften Bewegungen, und vor allem der Ton eines guten Gesellschafters, mußten sie an Höfen und im Zirkel von Weltleuten äusserst beliebt machen.

Daß es ihnen, von den Zeiten des westphälischen Friedens an, vornämlich darum zu thun gewesen, protestantischen Regentenhäusern die katholische Religion annehmlich zu machen, davon hat man nicht undeutliche Spuren. Der Aufsatz eines ungenannten Jesuiten, der gegen das Ende des siebenzehnten Jahrhunderts dem päbstlichen Hofe Vorschläge gab, wie die Protestanten in Deutschland verdrängt werden könnten, ist ein um so viel merkwürdigeres Aktenstück, da man aus demselben zugleich ersieht, welcher Kunstgriffe sich dieser Orden bediente, vornämlich die Grossen zu gewinnen. Dieses Ackenstück ist ein wichtiges Denkmal von dem wahren Geiste der Jesuiten, und verdient, ob es gleich schon anderwärts abgedruckt ist *), doch auch hier eine vorzügliche Stelle. Das Original wurde dem Churfürsten Christian von Sachsen als ein überzeugender Beweis von den heimlichen Machinationen des päbstlichen Hofes in Deutschland vorgelegt. Sein Inhalt ist folgender:

„Da ganz Deutschland gegenwärtig in so verschiedene Staaten zertheilt ist, daß ihm kaum noch ein Schatten von Majestät oder monarchischer Regierung übrig geblieben, so scheint es mir sehr schwer, blos durch Hülfe des Kaisers, in demselben die katholische Religion wieder einzuführen, von welcher seit 160 Jahren viele Fürsten und Städte, und die weitläuftigsten Provinzen, unter Vorschub des Teufels, aufs schändlichste abtrünnig geworden sind. Da nun Se. päbstliche Heiligkeit, deren vornehmste Sorge die Ausbreitung des katholischen Glaubens ist, hierauf besonders ihr Augenmerk gerichtet haben, so will ich, so gut ichs vermag, den Religionszustand dieses Landes, und die Art und Weise, wie die unsrige dort ausgebreitet werden könnte, beschreiben".

„Wenn auch gleich in diesem Lande viele Fürsten und Städte sind, welche gänzlich vom römischen Stuhle abtrünnig geworden seyn sollen (dicantur); so sind doch dessen unerachtet in allen ihren Staaten, z. B. in Sachsen, Dänemark, Hessen, der Pfalz, im Württembergischen, Bran-

―――――――――
*) Unschuldige Nachrichten vom Jahre 1702. S. 38. — Magaz. zur Gesch. der Jesuiten. Heft II. S. 2. u. f.

Siebentes Buch.

denburgischen, Braunschweigischen ꝛc. noch viele katholische Kirchen, welche einige Freyherren, Bischöfe und andere vornehme Geistliche erhalten und schützen, so daß also den Katholiken noch gar nicht, wie einige glauben, der Weg gänzlich versperrt ist, die katholische Religion in diesen Ländern weiter auszubreiten und wieder einzuführen. Daher sind die geistlichen Väter, die Jesuiten nämlich, welche zur Aufnahme der katholischen Religion ihr Absehen auf diese Gegenden gerichtet haben, überzeugt, daß, um dieser Ursache willen, der Weg und Zugang zu diesen Ländern ohne alle Gefahr, frey und offen stehe; denn so gehäßig sind jene Ketzerfürsten nicht gegen die Bekenner unsrer Religion gesinnt, daß sie ihnen nicht erlauben sollten, frey in ihren Städten herumzuwandern".

„Denn bisher ist es den Mainzerjesuiten verstattet worden, ungehindert durch die Pfalz zu reisen, und sich sogar einige Tage darinn aufzuhalten *); und die Augsburger und Bayerischen Jesuiten kreisen (circumeunt) um das ganze Herzogthum Würtenberg und Schwaben völlig frey, und nicht ohne Erfolg'.

„Da nun ferner einigen Freyherren und Bischöfen, die in besagten Staaten noch eine Jurisdiktion behaupten, die freye Ausübung der katholischen Religion, die sie auch hin und wieder an vielen Orten der genannten Fürsten ausüben, gestattet ist; so werden Arbeiter und Nunzien (Emissarien) welche, um Seelen zu gewinnen, dorthin gesendet werden, immer Schutz und freyen Aufenthalt finden, durch dessen Benutzung sie wirken, reden, und die an vielen Orten Wankenden und nach wahrer Erkenntniß Begierigen zur allein seligmachenden Religion zurückführen können; da denn mit diesen nachher über die fernern Mittel der

---

*) Der Erfolg dieses Umherreisens hat sich an dem pfälzischen Hofe bald darauf gezeigt.

Ausbreitung dieser Religion, das weitere verhandelt werden kann".

„Diejenigen, welche sich bisher diesem Geschäfte in jenen Gegenden unterzogen haben, melden alle einstimmig, die Erndte sey groß, aber der Arbeiter wären zu wenige. In der That haben wir auch in den letztverstrichenen Jahren hier zu Rom eine bewunderungswürdige Menge Deutscher gesehen, welche der Ketzerey entsagt, das Vaterland verlassen, und sich in die Arme der römischen Kirche geworfen haben; und darunter die wichtigsten und vortrefflichsten Männer. Man muß also alles Ernstes dafür sorgen, daß weit mehrere Arbeiter, mit der Erlaubniß, die Absolution zu ertheilen, dorthin gesendet werden; auch müssen die, welche sich schon daselbst befinden, mit Geld und andern, von ihnen schon so oft verlangten und erbetenen Hülfsmitteln unterstützt werden".

„Denn es ist gewiß, daß diese Ketzer mehr durch Werke der Liebe und Freygebigkeit, als andere gemeine Gründe zur Bekehrung gereizt werden. Vor allem muß gesorgt werden, daß bey den katholischen Kirchen, welche noch in jenen Gegenden, unter oben erwähnten Freyherren, Bischöfen und Städten sind, und in allen, in der Nähe der Ketzer befindlichen Kirchspielen, solche Pfarrer angestellt werden, welche durch Lehre und Beyspiel die Katholiken in ihren Pflichten erhalten, und die Ketzer zum katholischen Glauben anzulocken vermögen".

„Denn es ist gewiß, daß die jetzigen Pfarrer von allen fast gänzlich für untüchtig erklärt werden, ein solches Geschäft zu übernehmen. Ich glaube, die Ursache rühre daher, daß man aus dem deutschen Kollegio, und den besonders deshalb gestifteten Seminarien, Niemanden oder doch nur wenige für die Pfarrkirchen, sondern alle zu Kanonikaten, Präbenden ꝛc. bestimmet. Folglich ist man genöthigt, den ersten besten, der sich fin-

Siebentes Buch.

det, also unwürdige und schlechte Subjecte zu nehmen. Fast eben so sieht es mit den Pfarreyen aus, welche sich nach einer Verordnung Karls V. bis jetzt noch in den Reichsstädten erhalten haben. Ob diese gleich alle fast gänzlich von Ketzern angesteckt sind, so ist dessen ohnerachtet in allen, auf kaiserliche Verwendung, eine Kirche übrig gelassen, in welcher es den Katholiken frey stehet, Gottesdienst zu halten und alle geistliche Verrichtungen vorzunehmen. Diese Orte werden gewiß sehr behülflich seyn, die katholische Religion annehmlich zu machen, und wieder einzuführen, wenn man nur den schicklichen Zeitpunkt abzupassen weiß. Denn hier werden eben so, wie bereits in Oesterreich, Tyrol und Steyermark geschehen ist, die Jesuiten oder andere fromme Priester mit grossem Nutzen gebraucht werden können, welche gehörig vorbereitet und von der Art und Weise, wie mit dem Volke zu Werke zu gehen, unterrichtet, sich Tag und Nacht, öffentlich und heimlich, an dasselbe mit Zureden und Versprechungen machen, und alle nur sonst wirksame Mittel und Wege, es von der Ketzerey ab- und zur katholischen Religion zurückzubringen, versuchen müssen, besonders auch die Geistlichen und die angesehensten Männer jener Religion, welche zu bekehren nichts versäumt und unterlassen werden darf; denn deren Beystand wird von größtem Nutzen zur Ausführung dessen seyn, worüber die heiligen Väter des Kollegiums schon so lange mit den katholischen Fürsten zu Rathe gegangen sind. Auch ist kein Zweifel, daß uns viele freywillig entgegen kommen werden. Denn wir sehen ja täglich, wie viele schon an dieser Sektierey keinen Gefallen mehr haben, und auf ihre Bekehrung denken. Daher ist Wachsamkeit und Sorgfalt überaus kluger und rechtschaffener Männer vonnöthen, welche, nachdem sie alle Wege und Mittel hinlänglich durchschauet, die Sache befördern. Dieses so wichtige und heilsame Geschäft könnte durch die Residenz eines apostolischen Nunzius*) in einer der nächsten Provinzen, z. B. in Bayern, Schwaben, Elsaß oder Franken, aufs kräftigste unterstützt werden. Denn die Nunzien zu Prag, Köln und Luzern sind zu weit von einander entfernt, als daß sie den hingeschickten Arbeitern Beystand und Schutz gewähren könnten. Zu den hiezu nöthigen Kösten müßte man den Kaiser und andere deutsche Fürsten zu bereden suchen, als eine Art von Entschädigung für das, was jetzt und vormals die heilige römische Kirche zur Beschützung Deutschlands gegen die Türken gethan hat".

„Wenn man sich nun die gehörige Mühe gegeben, den apostolischen Nunzien in jenen Gegenden Eingang zu verschaffen, so müssen diese an den Orten, wo das Wenigste zu besorgen ist, das Werk beginnen. Sie müssen durch allerley, nach Maßgabe der Personen, abzuändernde Mittel, einige Fürsten und diejenigen Grossen unter den Ketzern, von denen wir wissen, daß sie nicht so ganz der römischen Kirche zuwider sind, versuchen und auffordern. Auch wird es nicht an schicklichen Gelegenheiten und wirksamen Mitteln fehlen, sie zur Annahme der katholischen Religion zu überreden; theils wegen der Vortheile, wozu ihnen diese Reichswürden Hoffnung machen, theils wegen der Pfründen, Ehrenstellen und geistlichen Würden, zu denen sie der Pabst befördern wird, wenn sie der Ketzerey entsagen, und sich bekehren".

„Die Beweise, welche dieses Jahr von der Neigung des Herzogs von Württemberg zur römischen Kirche bemerkt worden, sind gar nicht geringe zu achten. Denn 1) hat er in Italien, in Gesellschaft des Herzogs von Mantua und anderer Grossen, von freyen Stücken gestanden, daß ihm die Satzungen der römischen Kirche nicht zuwider wären.

---

*) Dieser Vorschlag ist vorzüglich bemerkenswerth.

Siebentes Buch.

Und sobald er aus Italien zurückgekehrt war, hat er seinen Predigern verboten, nicht etwa schmähsüchtig gegen den Pabst harte Ausdrücke zu brauchen. 2) Hat er seinen Sohn Johann Friedrich, den Erbprinzen, nach Italien geschickt, um die welsche Sprache zu lernen und seine Sitten zu bilden. 3) Den Italienern, welche er zur Aufnahme der Künste mit nach Deutschland genommen, hat er freye Religionsübung gestattet. Allerdings müssen die Gesinnungen dieses Fürsten auf irgend eine feine Art (honesta ratione) erforscht werden; an Gelegenheiten dazu wird es nicht fehlen. Er hat fünf Prinzen, und eben so viele Prinzeßinen. Er ist überaus ehrsüchtig, und noch ein Neuling auf der Fürstenbank; denn nur seit acht Jahren erst ward er aus einem Grafen von Mümpelgard zu einem Herzog von Würtenberg erhoben, nachdem Ludwig, ohne Kinder zu hinterlassen, gestorben war. Und wenn gleich der 300000 Gulden sich belaufende Werth der Kirchengüter, die er besitzt, seinen Uebergang zu hindern scheint, wie Se. Eminenz der Kardinal Andreas von Oesterreich, Ferdinands Sohn, der auf seiner Rückreise von Holland diesen Fürsten besuchte, gemeldet *), so wird doch immer noch ein Ausweg zu ersinnen seyn, auf welchem die menschliche Schwachheit straucheln könne. Denn die Hoffnung, ihn zurückzubringen, ist wahrhaftig nicht in den Wind zu schlagen. Auch kann man ihm in vielen Stücken nachgeben, weil der römischkatholische Glauben einen ansehnlichen Zuwachs durch dieses so wichtige Fürstenthum erhält, von welchem aus das Heil und die Bekehrung von ganz Deutschland dann befördert werden kann. In dem Lande dieses Fürsten sind viele und blühende Städte, welche ihm so zu Gebote stehen, daß sie alle die näm-

---

*) Ein Beweis vom Spionengeiste der Jesuiten!

liche Religion annehmen werden, zu der sich der Herzog bekennen wird. Als er sich in Italien aufhielt, hatte sich das Gerücht in jene Provinzen verbreitet, er sey nach Rom gegangen, um die Religion zu ändern, welches bey allen seinen Unterthanen grosse Freude verursachte. Der Zutritt zu diesem Fürsten ist jedem leicht, der ihm Neuigkeiten vortragen kann. Denn er liebt neue Erfindungen und die Künste des Auslandes; auch ist es bey ihm ausserordentliche Leidenschaft, für den Stifter und Schöpfer eines neuen Fürstenthums angesehen zu werden. Er ist von leutseligem Charakter, und leihet überaus gern sein Ohr denen, die den rechten Fleck zu treffen wissen. Der Pfalzgraf ist ihm nahe verwandt, aber in Absicht auf Charakter und Religion von sehr strengen Grundsätzen (longe difficillimus); man wird ihm daher auf eine andere Weise beykommen müssen. Durch seine Gemahlinn und Hofleute wird denen, welche für die Sache der Religion reden wollen, der Zutritt zu ihm erschwert. Dem ohnerachtet wird es nicht an Mitteln und Wegen fehlen, ihm die Ausbreitung und Wiederherstellung der römischen Religion ans Herz zu legen. Denn da er in naher Verbindung mit dem Bischof von Mainz und Speier stehet, so kann durch diese vielleicht, unvermerkt und nach und nach, bey schicklicher Gelegenheit etwas versucht und ausgerichtet werden. Vorzüglich muß man diesen Versuch durch den Bischof von Mainz anstellen, der ihm für seine eigene Person, oder für einen aus seinem Hause, Hoffnung zur Kaiserkrone machen, und die Verwendung und Gunst des Pabstes versprechen muß, wenn er sich zur katholischen Religion bekennen würde".

"Ich weiß, daß sein Herz leidenschaftlich nach den höchsten Ehrenstellen und Würden strebt; daher wird man ihn leicht überreden können, daß er mit auf der Wahl zum Reichsoberhaupt sey,

Siebentes Buch.

theils wegen des schon angeführten, theils auch wegen der Lage des österreichischen Hauses in Deutschland, welches auf gewisse Weise so gesunken zu seyn scheint, daß alle glauben, die höchste Reichswürde werde an ein anderes Haus kommen. Die Uebertragung derselben auf ihn und seine Wahl würde in der That keine Schwierigkeiten haben, wenn er die Religion veränderte. Der apostolische Nunzius wird den Nunzius zu Mainz ausführlicher wegen dieser Sache unterrichten. Bis dahin müssen in seinem Lande und Staate die **geheimen Missionen und Ueberredungsversuche** fortgesetzt werden, von denen wir, von Tag zu Tage, reichlichere Früchte verspüren. Denn wenn wir nur drey oder vier unter den Grossen seines Landes auf unsere Seite zu bringen vermögen, so ist kein Zweifel, daß wir nicht nachher einigen **Einfluß** auf sein Herz bekommen oder sein Gewissen beunruhigen könnten. In seinem Lande sind verschiedene Religionen, welche eben so gegen einander streiten, als die Kalvinisten gegen die Katholiken. Diese Spaltungen müssen **unterhalten und befördert** werden, damit wir zu seiner Zeit und gehörigen **Orts** allemal den Beystand der einen Parthey zur Ausführung unserer **Plane** benutzen können. Besonders muß man sich an die **Geistlichen** machen, und sie bitten, daß sie unser Vorhaben unterstützen möchten.

„Gar keine Rücksicht ist auch bisher auf die Wiedertäufer und Hußiten genommen worden, welche zum grossen Nachtheile des Christenthums in Mähren, Böhmen und Ungarn geduldet werden, und bey allem Schein der Schwäche und Unmündigkeit (muti & imbecilles videantur) den sie sich zu geben wissen, doch feindseliger gegen uns gesinnt sind, als alle übrigen Ketzer. Denn jedes Jahr durchwandern im Monat May einige der geschicktesten unter ihnen ganz Deutschland, Frankreich und Italien, um die Einfältigen zu verführen, und ziehen ganze Familien, zum größten Schaden dieser Seelen und des Kirchenstaats, aus den genannten Reichen mit sich fort. Diesem Uebelstande muß gesteuert werden, ehe er noch weiter um sich greift. Die Besorgung dieses Geschäfts aber muß Sr. Eminenz, dem Kardinal von Dietrichstein übertragen werden, der als Bischof von Olmüz in Mähren ihre ganze Verfassung in dieser Provinz am besten kennt. Gegen die vorerwähnten Ketzer einen Krieg anzufangen, scheint zu jetziger Zeit gar nicht rathsam. Denn da ohnedem schon alle Christen ihre Hände voll zu thun haben, theils mit den Türken, theils mit andern Ketzern, so ist keine Hoffnung, daß wir etwas zur Ausbreitung des katholischen Glaubens und zur Ausrottung der Ketzer würden ausrichten können; eher wäre zu befürchten, daß die Unsrigen zur Verherrlichung des Lutherischen Namens unterlägen. Daher wird man bis zu einer andern Zeit warten müssen, wo entweder die Macht der Türken ganz zernichtet und zertrümmert, oder mit denselben ein anständiger Friede, oder auch ein langer Waffenstillstand geschlossen worden, wie uns der Kaiser versprochen. Bis dahin müssen wir mit allen Kräften dahin trachten, daß in den benannten Fürstenthümern und Provinzen, so viele als nur möglich, von jedem Geschlecht und Stande auf unsere Seite gezogen werden, und sind hiezu weder Kosten, noch Aufwand, Mühe, oder irgend eine Gefahr zu scheuen. Denn auf diese Weise schwächen wir entweder die Kräfte der Widersacher, oder streuen doch den Samen zu bürgerlichen Zwistigkeiten und Kriegsunruhen unter ihnen aus; wodurch es dann endlich sehr leicht dahin kommen möchte, daß die Ketzer unter sich selbst handgemein würden und durch ihre eigene Waffen umkämen. Wenn irgend jemals die Ausrottung der Ketzerpest

Siebentes Buch.

und Heilung von derselben in jenen Gegenden leicht war, so ist beydes gewiß jetzt am leichtesten."

„Erstlich: Weil die Lutherische Sekte, welche Anfangs in Deutschland nur eine war, jetzt in so viele Partheyen getheilt ist, daß man kaum zwey in einer Stadt finden wird, die in Religionssachen übereinstimmen. Folglich kann hier jener Grundsatz gelten: Ist nur das Reich erst unter sich uneins, so wird es zu Grunde gehen."

Zweitens: Alle Häupter der Ketzer, welche sich beym Volke einen Namen erworben hatten, sind entweder gestorben, oder wenigstens durch das Alter so hinfällig geworden, daß sie wenig oder gar nicht unsere Unternehmungen hindern werden. So ist denn das Ende dieser Krankheit, oder vielmehr dieser Ketzerpest nahe. Schon kömmt das Lutherthum so sehr in Abnahme, daß alle andere Sekten, sogar die Ketzerfürsten selbst, frey gestehen, jene Sekte könne nicht länger bestehen."

„Drittens: Haben sich unter diesen Sekten gewisse Laster, welche sie uns sonst, und nicht mit Unrecht, vorzuwerfen pflegten, eingeschlichen; so daß es uns sehr leicht werden wird, wenn die Rede auf Sitten und Betragen kommen sollte, ihnen das Maul zu stopfen, und alle ihre Schmähungen mit größtem Recht und Billigkeit ihnen wieder zurückzugeben. Endlich sind die Lutheraner und Calvinisten so heftig untereinander im Streit begriffen, daß man zuverlässig hoffen darf, ihr Teufelswerk werde unter ihren eigenen Waffen zusammenstürzen. Noch ist übrig, daß wir unablässig Gott mit Gebet anliegen, und von Tag zu Tage mehr der besten Gelegenheiten wahrnehmen."

Sechstes Kapitel.

Ergebenheit des baierschen Regentenhauses gegen die Jesuiten. Folgen davon.

An Großmuth und blinder Ergebenheit gegen die Jesuiten haben die Herzoge aus Baiern fast noch die österreichischen Regenten übertroffen *). Albert ließ sich ganz von ihnen beherrschen. Unter seiner Regierung gelang es ihnen, eine Art Inquisizion einzuführen, um durch ihre Schrecken das Licht des Evangeliums, welches von Sachsen, bis dahin sich verbreitete, zu verscheuen **). Canisius war an seinem, wie an dem Hofe Kaiser Ferdinands I. das Orakel der Intoleranz. Alle verdächtige oder ketzerische Bücher wurden unter der Aufsicht der Jesuiten aus der Hofbibliothek weggeschafft. Man fieng an, mit gewaltsamer Strenge gegen diejenigen zu verfahren, deren Religion nicht die Religion der Jesuiten war. Gefängnisse und Landesverweisungen stunden ihnen eben so zu Gebot, wie den königlichen Beichtvätern la Chaise und le Tellier die Lettres de Cachet. Sie hatten das Gewissen des Herzogs so sehr in ihrer Gewalt, daß sie ihn verleiteten, meineidig an seinem eigenen Volke zu werden, und demselben unerachtet seiner eidlichen Versicherungen den erlaubten Gebrauch des Abendmahls unter beyden Gestalten gewaltsam von den Jesuiten entreissen zu lassen ***). So viele Bedrückungen waren den

---

*) Bavatorum eo excrevit benevolentia, ut, nisi *magnitudinis pietatisque* suae rationem habuissent, modum excessisse videri possit. *Imago primi Saec. Soc. Jesu.* Lib. II. Cap. IV. pag. 212.

**) Saligs Historie der Augsburg. Konfession. Theil III. S. 429.

***) Versuch einer neuen Geschichte des Jesuiterordens Th. II. Buch III. §. 100. S. 199.

Siebentes Buch.

Unterthanen unerträglich, und sie fiengen an, sich nachdrücklich und laut wider die Jesuiten zu beschweren. Allein Albert nahm keine Rücksichten auf das Klaggeschrey seines Volkes, und belohnte vielmehr den gewaltthätigen Eifer der Jesuiten mit ungeheuren Vermächtnissen; wie er denn auch selbst noch, nachdem er die Regierung an seinen Sohn Wilhelm abgetreten hatte, in ihr Kollegium sich begab, und sein Leben daselbst mit Gebetbücherschreiben beschloß *).

Sein Nachfolger zeigte sich nicht weniger günstig gegen die Jesuiten. Er vollendete zu München den kostbaren Bau ihres Kollegiums, den Albert angefangen hatte, und stiftete in verschiedenen baierischen Städten neue Jesuitenhäuser. An Pracht und Weitläuftigkeit gleichen wenige Kollegien demjenigen, welches sie in München hatten. Die Kirche ist ein Meisterstück erhabener Bauart, und besitzt ungemein kostbare Schätze an goldenen und silbernen Altarzierden. Mit diesem Kollegium ist ein Seminar verbunden, in welchem gegen hundert Zöglinge unter Jesuitenaufsicht gebildet wurden**). Diese sogenannten Seminaristen besorgten von jeher das Musikchor in der Jesuitenkirche. Die Mönchsklöster rekrutiren ihre Konvente meistens aus dieser Pflanzschule, indem die Methode, nach welcher man in diesem Hause

---

*) Albertus supra quam dici potest, deditus erat Jesuitis, & prodigus in iis ditandis & basilicis exstruendis ædibus, adeo, ut ipse tandem iis nomen suum daret. — Albertus, postquam filio relicto abdicasset regimen, & se abdidisset in Claustra Jesuitarum, non dubitavit, edere librum piarum precum, illique inserere formam Lytaniæ, addita singulari precatione, ut Deus scandalis Cleri & impuritati eorum modum velit ponere, *H. Conringii Opera Tom. IV. pag. 305 & seq.*

**) Gegenwärtig hat der Prälatenstand die Aufsicht über dieses Seminar übernommen.

die Jugend erziehet, ziemlich dem Geiste des Mönchs-
thums angemessen ist.

Unter der Regierung seines Nachfolgers, Maximilians I. verbreiteten sich die Jesuiten in Baiern
immer weiter. Der fast heidnisch-abgöttische Ma-
riendienst griff um diese Zeit ausserordentlich um
sich. Maximilian war auch der erste Regent, der
das Marienbild auf seine Münzen mit der Aufschrift prägen ließ: *Patrona Bavariæ*, und *Cly-
peus omnibus in te sperantibus*. Er war auch
der erste, der seinem Erbprinzen den weiblichen
Namen Mariä und den Namen des Jesuitenge-
nerals Ignatius in der Taufe beylegen ließ *).
Schon dieser dem Ansehn nach unbedeutende Umstand beweiset, wie sehr es die Jesuiten in ihrer
Gewalt hatten, mittels abergläubischer Begriffe
auf den Hof, und von da aus auf die Nazion zu
wirken.

Aber nicht bloß auf den religiösen, sondern auch
auf den politischen Zustand von Baiern hatten
die Jesuiten Einfluß. Maximilian bediente sich
ihrer während des dreyßigjährigen Krieges, die
Gesinnungen des brittischen Hofes auszuspioniren.
Da ihm auf die Reichsacht, in welche Friedrich V.
als böhmischer König gefallen war, vom Kaiser
die Pfalz geschenkt wurde, so war ihm daran gelegen, zu erfahren, in wie fern er, ohne von
Großbrittanien gehindert zu werden, von diesem
geschenkten Lande Besitz nehmen dürfte. Er machte einen brittischen Jesuiten zum Spion, an welchen er aus Neumark in der obern Pfalz unterm
20. Weinmonat 1621 schrieb, und ihn aufmun-
terte, seine Entdeckungen von Zeit zu Zeit zu of-

---

*) Hic omnium primus Germaniæ Principum adscivit no-
men B. Virginis; nec unquam fuit in usu, ut quisquam
Principum diceretur Ignatius; sed hoc debemus nimiæ
superstitioni, quam Germaniam invexere Jesuitæ. *H.
Conringii Opera l. c.* — Ex quo Jesuitæ ibi (in Bavaria)
ridiculati sunt, superstitionis non est modus. *Ibid. l. c.*

Siebentes Buch.

senbaren *). Ueberhaupt haben die engländischen Jesuiten damals eine wichtige Rolle gespielt. Die Geheimnisse des Cabinets von St. James waren mitttls ihrer Korrespondenz allen Höfen verrathen, und man wußte in Rom früher, als selbst in London, die Resultate der geheimen Berathschlagungen **).

Wie sehr übrigens Maximilian den Jesuiten ergeben war, beweist ein noch eigenhändiges geschriebenes Testament dieses Herzogs. „Nach meinem Absterben", heißt es darinn ***), „soll so„gleich ein Kourier in möglichster Eile noch sel„ben Tags nach Rom abgefertiget werden, den „Pater General der Gesellschaft Jesu zu ersuchen, „die Sacrificia, so die Gesellschaft für mich auf„zuopfern gewilliget seyn möchte, bald und ehe„stens anzuordnen. Der Pater Assistent von „Deutschland aber soll erinnert werden, 10000 „Messen, wozu er das Geld bereits in Handen „habe, ohne Verzug lesen zu lassen."

Alle gleichzeitigen Geschichtschreiber stimmen darinn überein, daß die Jesuiten unter der Regierung dieses Herzogs ausserordentliches Ansehn erhielten. Alle obrigkeitlichen Stellen wurden mit ihren Kreaturen besetzt. Nur ihre Schüler, wovon sie die besten Köpfe zu Jesuiten machten, hatten allenthalben den Vorzug. Eine Folge von dieser Partheylichkeit war, daß der bittere Religionshaß zwischen Protestanten und Katholiken nun mit jedem Tage weiter um sich griff, und die Hoffnung eines beständigen Religionsfriedens wo

---

*) Interim Rev. Vest. pergat, nos de iis certiores facere, quorum notitiam censet ad religionis, & Ecclesiae Catholicae bonum tuendum promovendumque conducere. Sic enim & nobis pergratum faciet, & mercede dignum praestabit Deo officium. *Londorpii Acta Tom. III. Cap. XIII. pag.* 117.
**) *Ibid. l. c.*
***) *Cod. Mspt.*

nicht ganz vertilgt, doch äusserst geschwächt wurde. Vor Erscheinung der Jesuiten hatten sogar geistliche Fürsten, vornämlich die Bischöfe am Rheine, Protestanten unter ihrer Hofhaltung und an der Spitze ihrer Regierungsdepartements; und das Mißtrauen war damals unter den beyden Religionspartheyen bey weitem so groß nicht, als es in der Folge geworden, nachdem die Jesuiten an Höfen durch Kabale und List alles verdrängt hatten, was ihren Absichten auch nur auf eine entfernte Art hinderlich seyn konnte.

Siebentes Kapitel.

Untersuchung, in wie ferne die durch die Reformazion beförderte Aufklärung durch die Bemühungen der Jesuiten im katholischen Teutschlande gehemmt und unterdrückt wurde.

Wenn man mit aufmerksamen Schritten dem Gange der Aufklärung folgt, denn dieselbe seit Anfang des sechszehnten bis ins achtzehnte Jahrhundert in katholischen Staaten, und vornämlich in Deutschland, genommen, so geräth man fast allenthalben auf Spuren, woraus man ersieht, daß der Religionszustand der deutschen Katholiken hauptsächlich während der Jesuitenepoche die kläglichste Gestalt erhielt. Man darf nicht glauben, daß die Reformazion gleich anfangs den Katholiken so verhaßt und lästig war, als es uns die Jesuiten bereden wollen. Man darf vielmehr aus mehr als nur wahrscheinlichen Gründen vermuthen, daß die Reformazion eine Art von Bedürfniß für den größten Theil der Katholiken gewesen, und daß Luther seinem Zeitalter bey weitem nicht so verhaßt war, als er es erst der Nachwelt geworden, nachdem die Jesuiten den Geist der Nazionen in ihre Gewalt bekommen hatten. Wenn man besondere Rückfichten auf die Bemühungen verschiedener deutscher Bischöfe nimmt, welche mit wahrem chriftlichem Eifer an der Besserung der Kirchenzucht, und an der Abschaffung der gröbsten Mißbräuche in der römischen Kirche arbeiteten, so kann man sich leicht überzeugen, daß mittels dieser Bemühungen beyde Kirchen, wo nicht wieder gänzlich vereiniget, doch lange nicht so weit von einander entfernt worden wären.

Allein die Jesuiten hatten ganz andere Absichten, als jene deutschen Bischöfe. Ihnen war es um eine allgemeine Herrschaft über die Menschen zu thun. Sie wollten despotisch den Erdkreis beherrschen. Um mit mehrerer Sicherheit Despoten seyn zu können, mußten sie auch den geringsten Schein von Aufklärung verscheuchen. Religionsaufklärung war die gefährlichste Feindin des Jesuitismus, und um diese zu besiegen, konnten ihnen keine Waffen dienlicher seyn, als die der Ignoranz und des blinden Fanatismus. Man glaube ja nicht, daß es bloß Zufall war, wenn die Katholiken unter den Händen und unter der Leitung der Jesuiten noch aberglaubischer, bigotter und fanatischer geworden, als sie unmittelbar vor und nach der Reformazion gewesen. Eben so wenig darf man auch glauben, daß die Menschen deswegen dummabergläubisch wurden, weil die Jesuiten es waren. Man kann von diesen vielmehr gerade das Gegentheil behaupten. Leute, welche gleich nach ihrem Entstehen fast mit allen Völkern des Erdbodens theils der Bekehrung wegen, und theils aus Gewinnsucht in Geschäfte traten, welche an Höfen in wichtigen Verhandlungen gebraucht wurden, und in allen Künsten der Staatsintriguen bewandert seyn mußten, konnten nichts weniger, als bloß dummabergläubische, oder gemeine und blöde Köpfe seyn. Ausserdem muß man nie den Zusammenhang aus den Augen verlieren, in welchem jeder einzelne auch unbedeutendste Jesuite mit seinem Generale stund.

Man weiß, wie sklavisch Wille und Verstand jedes individuellen Gesellschafters an blinden Gehorsam gebunden war, und man begreift, daß in einer solchen Gesellschaft wichtige Anstalten, wie es die öffentlichen Schulen sowohl, als der Gottesdienst allerdings seyn mußten, keineswegs dem Zufalle oder der Willkür jedes einzelnen Jesuiten überlassen seyn konnten.

Der gesunde und helle Geist, der in den Beschlüssen des Kostnitzerkonzils, in den Baslerdekreten, in den Fürstenkonkordaten, und in dem im Jahre 1451 gehaltenen Mainzer-Provinzialkonzil herrscht, ist allerdings ein tröstlicher Beweis, wie ernstlich sich die deutschen Kirchenprälaten auch schon vor der Reformazion für die Abstellung grober Mißbräuche verwendeten; so wie im Jahre 1530 die Reichstagsabschlüsse, und die im Jahre 1548 entworfene und 1559 verbesserte Formula reformationis ecclesiasticæ von den Einsichten und dem Eifer zeugen, mit welchem die Deutschen unmittelbar nach der Reformazion an der Verbesserung ihrer Kirche arbeiteten. Wenn sie gleich nicht so hastig zu Werke giengen, als die Sachsen, so würden sie doch nach und nach um so eher zum Zwecke gekommen seyn, da sie mit kälterm Blute an das Werk griffen. Ohne den Primat des Pabstes gänzlich aufzuheben, würden sie durch verschiedene Beschränkungen seine damalige Ohnmacht benutzt haben, ihm nach und nach seinen Einfluß auf Deutschland in Sachen der Politik zu entreissen. Als souveraine Fürsten ihrer Kirchspiele würden die deutschen Bischöfe, überzeugt von dem Nachtheile, der aus der zu nahen Verbindung mit Rom für ihre eigenen Staaten erwachsen mußte, allerdings darauf Bedacht genommen haben, dieser Verbindung gemäßigtere Schranken zu setzen. Daß der römische Hof damals wirklich besorgt war, ob nicht von den deutschen Bischöfen so etwas unternommen werden möchte, davon sind die

Siebentes Buch.

Intriguen Beweise, deren sich dieser Hof während des Trienterkonzils bediente, die Erörterung aller jener Gegenstände zu hintertreiben, welche auf die von allen anwesenden Bischöfen so sehnlich gewünschte Reformazion des heiligen Stuhles einen Bezug hatten.

So wie es die Päbste grossentheils den Jesuiten zu verdanken hatten, daß die Absicht und der Zweck des Trienterkonzils vereitelt und verfehlt wurde, eben so kann man es hauptsächlich auch ihnen zur Last legen, daß der gesunde und helle Geist, der unmittelbar nach der Reformazion einiges Licht über katholische Staaten zu verbreiten anfieng, verdrungen wurde. Denn bald nach Entstehung der Jesuiten kam es dahin, daß man Bedenken trug, sich auf das Kostnitzer- und Baslergeneralkonzil in Provinzialsynoden zu beziehen. Die Fürstenkonkordate und die kirchliche Reformazionsformuln wurden gänzlich in Vergessenheit gebracht. Bellarmin gab sich sogar Mühe, das Kostnitzer- und Baslerkonzil aus den ökumenischen Kirchenversammlungen zu vertilgen, und dagegen die falschen Isidorischen Dekretalen wieder in Aufnahme zu bringen. Um mit einem Streiche die Bemühungen aller aufgeklärten Bischöfe und Landesregenten zu vereiteln, bewies er mit stolzer Zuversicht die Untrüglichkeit des Pabstes in Glaubenssachen, und seine Oberherrschaft nicht allein über alle geistliche Personen und Güter, sondern auch sein unbeschränktes und göttliches Recht über alle und folglich auch weltliche Dinge. Er bewies, daß der Pabst zum geistlichen Wohl die höchste Macht habe, über alle zeitliche Güter aller Christen zu schalten; daß er, wenn es zu einem geistlichen Entzwecke nöthig sey, die weltlichen Mächte auf alle Arten, welche er für dienlich erachten wird, zwingen und strafen könne und müsse; daß er die Reiche als höchster geistlicher Fürst ändern, und sie nehmen und geben könne; daß die Geistli-

chen nicht an die bürgerlichen Gesetze gebunden
seyen; daß es ein Irrthum sey zu glauben, daß
die Macht der weltlichen Fürsten unmittelbar von
Gott komme, so wie die Macht des Pabstes von
ihm kömmt; daß Unterthanen vom Eid der Treue
gegen ihre Regenten frey seyen, sobald diese als
Uebertreter des Glaubens und des Gesetzes Jesu
Christi erklärt sind; daß die Geistliche die Unterthanen in diesem Falle von ihrem Eide lossprechen
können, und daß der Pabst Macht habe, den Kaiser zu zwingen, Krieg zu führen oder davon abzustehen, sobald jener es für ein geistliches Wohl
nützlich erachtet ꝛc.*). Diese Grundsätze sind nicht
die Grundsätze eines Privatmanns, sondern eines
ganzen Ordens, der sich vornämlich dahin bestreb-
te, sich unter den Schatten der päbstlichen Oberherrschaft zu vergrössern. Wenn auch diese Grundsätze ununterbrochen von aufgeklärten Fürsten oder
Rechtslehrern bestritten worden; so sind doch die
Folgen davon nicht ausgeblieben, indem die Jesuiten die ganz eigene Kunst besassen, gewisse theo-
retische Grundprinzipien, die, wenn sie wörtlich
und in ihrer wahren Gestalt vorgetragen würden,
die Welt erschütterten, in ein gefälliges Modesy-
stem zu verhüllen, und sich folglich die praktische
Ausübung derselben zu erleichtern. Es ist kein
Wunder, wenn solchergestalt die Jesuiten die päbstliche Macht nach der Reformazion weit fürchterlicher und gefährlicher machten, als sie es vor derselben gewesen. Denn auch der Umstand, daß
bald nach Beendigung des Trienterkonzils der päbstliche Nunziunfug in Deutschland überhand nahm,
ist ein Beweis, daß die Jesuiten dem römischen
Hofe alle Gelegenheit verschafften, die deutschen
Bischöfe sowohl als die weltlichen Regenten um
ihre Gerechtsame zu bringen.

*) Pragmatische Gesch. der Bulle in Cöna Domini. Th. III.
S. 59.

Siebentes Buch.

So wie durch unvermerkte Kunstgriffe die Obrigkeiten nach und nach an das sklavische Joch des päbstlichen Stuhles gebunden wurden; so wie ihre Wünsche, durch zweckmässige Reformen dem Bedürfnisse ihres Zeitalters zu entsprechen, nach und nach durch listige Gegenanstalten verdrängt wurden; so vergaß man auch nicht, den Unterthanen jene finstern Begriffe und Grundsätze beyzubringen, welche den Absichten des römischen Hofes zu statten kommen konnten. Unter Karls V. Regierung geschahen schon mittels der Reformation wichtige Schritte zur Aufklärung des gemeinen Mannes. Man fieng damals an, gesunde Begriffe von der Religion zu bekommen. Das ärgerliche Leben der Pfaffen öffnete dem gemeinen Manne die Augen, und die Vorwürfe, die man dem lasterhaften Wandel der Päbste machte, benahmen diesen ausserordentlich viel von ihrer vermeintlichen Heiligkeit. Aus dieser Ursache geschah es denn auch vornämlich, daß schon Karl V. auf die Aufhebung des Priestercölibats, und das Volk auf den Gebrauch des Abendmahls unter beyden Gestalten mit nachdrücklichem Ernste drangen. Was für Kunstgriffe sich die Jesuiten bedienten, beydes zu verhindern, ist aus der Geschichte hinlänglich bekannt. Den Gebrauch des Abendmahls, den der Pabst aus Zwang bewilligte, entrissen sie den Baiern und Oesterreichern mit Gewalt wieder; und die Priesterehe, die dem Systeme des römischen Hofes die gewaltsamste Erschütterung beygebracht hätte, mußten sie durch heimliche Intriguen am kaiserlichen Hofe zu hintertreiben.

Eben so hatten sich auch einige deutsche Bischöfe unmittelbar nach der Reformation bestrebt, verschiedene Mißbräuche, die sich sowohl in Kirchengeboten als in dem Gottesdienste eingeschlichen hatten, abzuschaffen. Man drang auf Einschränkung der Fasten- und Abstinenzgebote, auf die Einführung der Volkssprache im Gottesdienste, auf Verminderung der vielen Feyertage, auf einen reinen und dem Evangelio angemessenen Kanzelvortrag, auf die Abstellung der Mißbräuche im Ablaßwesen, in Wallfahrten und Prozessionen, im Bilderdienste, und überhaupt in allen Stücken, wodurch der Verstand des Volkes mit den groben Begriffen des Aberglaubens betäubet wurde. Die Absichten dieser katholischen Reformatoren waren allerdings höchst rühmlich. Allein den Jesuiten war es daran gelegen, das Volk immer abergläubischer, bigotter und fanatischer zu machen; und es ist ihnen in einem Zeitraume von anderthalb Jahrhunderten ausserordentlich gelungen *).

Die Annuæ Litteræ Soc. Jesu und die Historia Previnciæ Soc. Jesu Germaniæ, welche Agricola in den Jahren 1727 und 1729 in zween Folianten drucken ließ, enthalten eine Menge Beweise, wie sehr sich die Jesuiten angelegen seyn liessen, unter allen Ständen der Menschen und vornämlich unter dem gemeinen Volke den gröbsten Aberglauben zu verbreiten. Ausserordentlich kamen ihnen darinn die vielen Wunderwerke zu statten, welche sie in Kraft ihrer Ordensheiligen oder

---

*) Welchen Werth die Jesuiten auf die Ignoranz ihrer Untergebenen setzten, davon geben selbst ihre eignen Konstituzionen einen auffallenden Beweis. Die vierzehnte Kommunregel heißt: „Nemo eorum, qui ad domestica ministeria admittuntur, aut *legere* discat aut *scribere*, aut si aliquid scit, plus litterarum addiscat: nec quisquam eum doceat, *sine Præpositi Generalis facultate*: sed satis ei erit, *sancta cum simplicitate* & humilitate Christo Domino nostro servire. *Institutum Soc. Jesu. Vol. II. pag. 76.* — Hierauf bezieht sich auch die ein und zwanzigste Regel, welche vorschreibt: Quæ a Superioribus circa *administrationem* agenda sunt, nemo curiose ab aliis exquirat, aut conjecturam faciendo de iis sermonem misceat: sed unus quisque sibi ac muneri suo attendens, quidquid de se atque aliis constituendum erit, tamquam de manu Dei exspectet. *l. c.*

Siebentes Buch. 173

der Mutter Mariä gewirkt haben wollen, deren Verehrung während der Jesuitenepoche ungemein begünstiget wurde. Sie mußten allererst darauf künsteln, mittels des Wunderbaren und der versinnlichten Religionsgefühle mächtig auf den grossen Haufen zu wirken. Wie wichtig und wirksam diese Methode sey, wissen auch heut zu Tage alle Betrüger, welche sich durch Kraft des Wunderbaren der Sinne ihrer Zeitgenossen zu bemächtigen, und sich solchergestalt grossen Anhang zu verschaffen suchen. Die Jesuiten waren in dieser Kunst unerreichbare Meister. Sie verdrangen durch sinnliche Religionsgefühle den Gebrauch der gesunden Vernunft, und pflanzten in die Gemüther aller Katholiken einen unwiderstehlichen Hang zur Schwärmerey und Aberglauben.

Es wird nicht schwer, dieß aus der Geschichte und aus ihren eigenen Schriften zu erweisen. In den Konkordaten der geistlichen und weltlichen Stände vom Jahre 1530 erkannten die geistlichen Reichsstände den Bilderdienst als einen Mißbrauch; und, damit auch Superstizion und Abgötterey verhütet würden, sollten die deutschen Bischöfe nicht leicht neue Wallfahrtsörter zulassen. Deswegen hatte dann auch das Mainzer-Provinzialkonzil ihren Ordinarien befohlen, ut si forte in territoriis suis ad imaginem aliquam concursum fieri & homines ad ipsius imaginis figuram respectum habere, & quasi quamdam Divinitatis opinionem illi tribuere adverterint, ipsam imaginem pro causæ qualitate aut *tollant* aut *mutent*, & aliam a prima notabili qualitate differentem reponant. — Ferner verordnete gedachtes Provinzialkonzil: Sedulo caveant pastores nostri, *ne concursus superstitiosi ad statuas fiant.*

Allein die Jesuiten waren von einem ganz andern Geiste beseelt, als die Mainzersynode. Sie trieben den abgöttischen Bilderdienst noch weiter, als es vor ihnen die Mönche gethan. Man sah im katholischen Deutschlande während der Jesuitenepoche eine Menge neuer wunderthätiger Statüen und Bilder entstehen. In und um Wien findet man fast auf jedem Plätzchen irgend ein mirakulöses Muttermariabildchen. Eben so sind in Baiern, und am ganzen Rhein hinab ungemein viele Wallfahrtsplätze*). Im Mainzischen brachten sie ein hölzernes Kruzifixbildchen, welches geblutet haben soll, und ein anders von eben dieser Art bey den Kapuzinern zu Nothgottes in Aufnahme. Die von den Jesuiten erzogenen baierschen Herzoge Philipp und Ferdinand wallfahrteten während ihres Aufenthaltes zu Mainz fast täglich zu diesen Heilanden**). Der in Baiern befindliche Ort Altenötting, wohin noch bis auf den heutigen Tag die Eingeweide jedes abgestorbenen Churfürsten gebracht werden, hat vornämlich den Jesuiten sein Aufkommen zu verdanken. Daselbst wird so, wie in Marieneinsiedel, eine schwarze Muttergottesstatüe abgöttisch verehrt. Die Jesuiten erzählen selbst, daß, als einmal ein Ordensgenosse aus einer besessenen Weibsperson sechs Teufel austrieb, und der siebente, der hartnäckigste Dämon, nicht weichen wollte, die Gottesgebährerin leibhaft erschien, und der Besessenen gebot, nach Altenötting zu wallfahrten, wenn sie anders vom siebenten Dämon ungeschoren bleiben wollte***). Diese unsinnige Abgötterey verbreitete

---

*) Quindenæ minimum Deiparæ Virginis Thaumaturgæ imagines per diversa urbis (Monachii) ac suburbiorum templa expositæ, magno pro accipiendis beneficiis supplicantium, pro acceptis grates exsolventium concursu celebrantur. *Agricolæ Hist. Soc. Jesu Provinciæ Germaniæ. Tom. I. pag. 57.*

**) Drittes Sendschreiben eines Layen über das während der Jesuitenepoche ausgestreute Unkraut §. 42. S. 21.

***) Aspectabilem se puellæ præbuit Deipara, monuitque, ut si penitus liberari vellet, Ottingam veterem adiret. *Agricola l. c. pag. 119.*

sich selbst am Hofe. Herzog Wilhelm von Baiern wallfahrtete in Gesellschaft seines Beichtvaters, des Jesuiten Mengin, bey der strengsten Sommerhitze, in einem Bettlerrocke*), nach Art der römischen Pilgrime, nach Duntenhausen, opferte daselbst viel Gold, und empfand davon so grossen himmlischen Trost, daß er diese frommen Streifereyen nicht nur selbst sein ganzes Leben hin fortsetzte, sondern auch seinen Unterthanen einen gleichen Geschmack für diese Pilgerschaft beybrachte**). Die Kapelle von Loretto in Italien kam gleichfalls während der Jesuitenepoche in Aufnahme. Fast aus ganz Europa zogen sie zahlreiche Pilgerkaravanen dahin, und vergrösserten dadurch eben so sehr ihre Einkünfte, als den Volksaberglauben. Der Fabel, daß diese Kapelle über Meere und Land daher geflogen kam, verschafften erst die Jesuiten eine Art Authorität; wie denn auch um diese Zeit die sogenannte Lauretanische Litaney in allen ihren Kirchen und Schulen ein Hauptstück des katholischen Gottesdienstes wurde***).

*) Medios inter calores religiosus peregrinator processit; vestem gerebat *plebejam*, palliolum ex corio injectum humeris, baculum manu, eo prorsus ritu ac habitu, quo vel Romam S. S. Petri & Pauli, vel Compostellam D. Jacobi sacros cineres veneratum proficiscuntur Christiani. *Idem l. c. pag.* 132 *& seq.*

**) Videri possit itaGuilielmum in hac peregrinatione coelestibus deliciis inescatum fuisse, ut quo frequentius iis refici posset, per *omnem* deinceps vitam quam *celeberrimas* hujusmodi *pias excursiones* tum ipse institueret, tum a subditis fieri procuraret, more in hoc usque ævum (1729) propagato. *Idem l. c.*

***) Liber texendus foret, accurate dicturo Litanias Lauretanas, immaculatæ conceptionis officium, jejunia Sabbatina, supplicationes, peregrinationes votivas, mancipationes, & sexcenta id genus, per quæ supra, quam dici potest, amatam honoratamque Dei matrem reddidit Societas. — Infinitus sim, si statuas singularum urbium

Aber hieben ließen es die Jesuiten nicht bewenden. Sie bedienten sich noch auffallenderer Kunstgriffe, den katholischen Pöbel vollends um alle gesunde Religionsbegriffe zu bringen. Die geistlichen Prälaten sahen es unmittelbar nach der Reformazion ein, wie schändlich das Volk von den Mönchen mit dem Reliquienhandel betrogen wurde. Deswegen verordneten die Köllner- und Maynzerprovinzialkonzilien in den Jahren 1536 und 1549, daß der Mißbrauch, der mit ungewissen Reliquien von Heiligen und andern dergleichen Sächelchen getrieben wurde, gänzlich abgeschafft werben soll*). Allein die Jesuiten nahmen auf diese Verordnungen keine Rücksichten. Sie wußten, wie viel ihnen daran gelegen seyn müsse, diese Mißbräuche zu verewigen. Zu dem Ende schleppte denn auch schon Canisius eine Menge Reliquien in Baiern zusammen; und bald wurden die Windeln, worinn Christus eingewickelt war, der Blutschweis, den derselbe am Oehlberge schwizte, ein Nagel, womit er ans Kreuz geheftet worden, ein Stück von dem Schleyer und dem Rocke der Mutter Maria, ja sogar Kleidungsstücke und Blutstropfen sogenannter heiliger Jesuiten, in ihren Kirchen zur öffentlichen Verehrung ausgestellt. Wider Hexen und Gespenster führten sie den Gebrauch der Amuletten und Teufelsgeiseln ein; und um den Weibern die Geburtswehen zu erleichtern, legten sie ihnen erst die Konstituzionsbücher ihrer Gesellschaft **), und später eigens zu diesem Gebrauche bestimmte

populari pietate, luminibus, votivis tabellis, *miraculis* illustres recensere studeam. *Imago primi Sæc. Soc. Jesu.* Lib. VI. Cap. III. Sect. I. pag. 778 & seq.

*) Sedulo caveant Pastores nostri, ne uspiam incertæ reliquiæ aut novæ sine Ecclesiæ authoritate, aut ne ullæ etiam ad quæstum. proponantur. *Conf. Prov. Mogunt.* Cap. 4A.

**) Agricula erzählt in seiner Hist. Prov. Soc. Jesu. Germ. Super ad annum 1600. pag. 327. daß zu Ebereberg in

Siebentes Buch. 177

stimmte Reliquien von ihrem Ordensstifter auf den
Bauch *). Sie vermehrten aber auch bald die
Reliquien ihres Ordensstifters ins Unendliche. Sie
verkauften Ignaziuspulver, Ignaziuswasser, Igna-
ziusbildpfenninge. Mit diesen geistlichen Quack-
salberepen wollen sie unzähligen Krankheiten, Gefahren und Nöthen abgeholfen haben. Von diesen
Reliquien sind, nach ihrem Zeugnisse, die Heu-
schrecken **) geflohen; brennende Wälder sind mit

Bayern eine vier und zwanzig jährige Frau in Kindesnö-
then vergebens sich der Amulete bedient, und vergebens
an drey berühmte Wallfahrtsörter sich verlobt habe, als
es endlich einem Jesuiten eingefallen sey, der Kreisenden
die Konstituzionsbücher der Gesellschaft auf den Bauch
zu legen, wodurch nach drey Stunden die Geburt eines
gesunden Knaben erfolgte.

*) Der Verfasser des Sendschreibens über das während
der Jesuitenepoche ausgestreute Unkraut, beschreibt die Gestalt dieses Reliquiariums folgender Gestalt: Es ist nämlich ein Pfundschwerer in Drapd'or eingenäheter Bleyka-
sten, woran ein etwas längeres Band dergestalt angehef-
tet ist, daß, wenn solcher an dem Hals des Weibs hängt,
er auf den Bauch zu liegen kömmt. In diesem Kasten befindet sich nichts als Bley, nebst einem in Papier eingewi-
ckelten schwarztüchenen Läppchen, mit der Innschrift: de
toga S. Ignatii — Vermuthlich wird der betrügersche
Fabrikant dieses Reliquiariums von irgend einer Hebamme
über den Nutzen einer mäßigen Leibesbeschwerung zur Zeit
der Wehen unterrichtet worden seyn. Der Verfasser setzt
noch hinzu, daß die Jesuiten dieses köstliche Reliquiarium
nicht in arme, sondern nur in reiche und hauptsächlich in
adeliche Häuser, wo sie Zutritt hatten, bringen ließen.
In Mainz wären noch viele Damen, die dieses Lümpchen
vom Rock des H. Ignaz während ihren Geburtsnöthen
auf den Bauch gelegt haben.

**) Ignatii Reliquiis abigitur agmen ingens locustarum
terræ infestum. *Imago primi Sæculi Soc. Jesu. Lib.
V. Cap. V. pag.* 635.

(Gesch. d. Jes. II. Band.) M

Ignaziusbildpfenningen gelöscht *), Teufel und Gespenster vertrieben **), und Pestkrankheiten geheilt worden ***). Ohne über ihre Dreistigkeit zu erstaunen, kann man die jährlichen Briefe nicht lesen, worinn sie mit einer verwegenen Zuversicht eine Menge Wunderwerke anführen, die sie mittels ihrer geistlichen Hausapotheke gewirkt haben wollen. Darinn kamen unzählige Beyspiele von Wunderkuren und Wunderbekehrungen vor. Man ersieht darinn, wie die Katholiken nach und nach von einer äusserst bigott-abergläugischen Andächteley hingerissen worden, und wie ihr Gottesdienst während der Jesuitenepoche immer abgeschmackter und abentheuerlicher wurde. Es ist auch kein Wunder, wenn die Menschen, durch dergleichen Anstalten nach und nach irre geführt, die Simplizität ihrer Religion aus den Augen verlo-

---

*) Haud Compostella procul incultos montes arentesque silvas inopinatus ignis invaserat; quibus ille consumtis, ipsi jam pago, atque adeo maturis ex propinquo segetibus, passu vix inde tertio imminebat; nec erant in promptu aquæ, quæ malo tam vicino occurrerent. Attonitis ergo omnibus e Societate vir quidam numisma quod Ignatii imagine habebat expressum, ipse, quâ erat desperatione humanæ opis, speque cælestis, detractum precatorio suo serto medias in flammas injecit. Et ecce tibi momento uno, infuso velut Oceano, tanti ignis tanta vis concidit. *Ibid. l. c. pag.* 623.

**) Fœminam quamdam dæmonibus exagitatam, postquam imagine S. Ignatii armasset Sacerdos noster, ita liberavit, ut expelli se ignea ab Ignatio scrutica Dæmon ipse quereretur. *Ibid. l. c. pag.* 629. Die geschriebene Mainzerjesuitenchronik erzählt noch ad a. 1736. Effigies S. Ignatii certæ cujusdam domus parietibus affixa, quietem incolis reddidit, quam maligni spiritus diurnis nocturnisque tumultibus hactenus vexaverant.

***) Ignatii patrocinio pestis sæpius extinguitur. *Ibid. l. c. pag.* 624.

Siebentes Buch.

ten, und in den Finsternissen des Aberglaubens versanken. Welcher aufgeklärtere Katholike das Unglück hatte, in den Schulen der Jesuiten erzogen worden zu seyn, der wird nun schon oft mit Schrecken auf die Bahn zurückgeblickt haben, auf welche er von ihnen während des Schulunterrichts hingeführt wurde. Er wird allerdings überzeugt seyn, daß die Mönche bey weiten der Volksreligion nicht so schädlich waren, als die Jesuiten. Gleichwie jene nicht so allgemein auf alle Stände wirkten, als diese, so waren sie auch nicht so geübt, als sie, den Menschen, mit einer gewissen Art empfehlenden Anstands, ihren abergläubischen Kram aufzudringen.

Geschichte der Jesuiten.

Achtes Buch.
Schicksale der Jesuiten in Frankreich bis zu Ende der Regierung Ludwig XIV.

Erstes Kapitel.

Verhalten der Jesuiten nach ihrer Verbannung aus Frankreich. Heinrich IV. fürchtet die Folgen ihrer Macht, und beschließt ihre Wiederaufnahme in sein Königreich. Vergebliche Bemühungen des Herzogs von Sully und des Parlaments, den König von dem Nachtheile dieses Entschlusses zu überzeugen.

So nachdrücklich und bestimmt die Beschlüsse fast aller Parlamentshöfe die Verbannung der Jesuiten aus Frankreich befohlen hatten, so wenig wurden sie doch befolget. Unter dem Vorwande, daß Bordeaux und Toulouse von Paris unabhängig seyen, flüchteten sie in Schaaren nach diesen beyden Städten, wo sie von der liguistischen Fakzion mit offenen Armen empfangen wurden. Von da aus wirkten sie auf die noch übrigen im Königreiche zerstreuten Gönner ihres Ordens, und es gelang ihnen, mittels dieser ge-

Achtes Buch.

heimen Bewegnngen, allenthalben, selbst am Hofe und im königlichen Staatsrathe, sich Anhänger und Freunde zu verschaffen. Allermeist aber gab sich der päbstliche Hof Mühe, sie Heinrichen wieder beliebt zu machen. Wie wenig der König anfangs geneigt war, dem Pabste zu willfahren, ersieht man aus den Briefen an seinen damaligen Gesandten am päbstlichen Hofe, den Kardinal d'Ossat, und aus den Instrukzionen, die er seinem zu Rom residirenden Minister, Herrn von Sillery, gab. „Die Jesuiten„, schrieb er dem erstern im Jahre 1598. „sind noch immer zu „passionirte und unternehmende Leute, welche fort„fahren, meine Unterthanen zu verführen, und „sich ihrer gewohnten heimlichen Schliche zu be„dienen, nicht so fast in der Absicht, die Ketzer „zu bekehren, als vielmehr in meinem Reiche fe„sten Fuß zu behaupten, und sich auf Kosten mei„ner Unterthanen zu bereichern und zu vergröſ„sern,„ In der Instrukzion, die er Sillery'n gab, heißt es unter andern: „Er würde gerne „den Absichten Er. Heiligkeit entsprechen, und „die Jesuiten begünstigen, wenn sie anders in „Zukunft sich pflichtmäßig gegen ihn und seine „Unterthanen betragen, nicht ferner unter dem „Deckmantel der Religion die Ruhe des Staates „stören, und sich weniger in Weltgeschäfte mischen „wollten. Diese Umstände, verbunden mit ihrer „unersättlichen Begierde, sich zu bereichern, und „mit dem mörderschen Anschlage auf das Leben „des Königes hätten sie so allgemein verhaßt ge„macht, daß sie, wenn derselbe die Wünsche sei„nes Volkes und die Beschlüsse der Parlaments „unterstützt hätte, bey weiten strenger wären be„straft worden, als es wirklich geschehen. — Ge„wiß nur aus Gefälligkeit gegen den heiligen „Stuhl habe der König die Sache der Jesuiten „mit Schonung behandelt, ob er gleich nicht Ur„sache habe, mit ihnen zufrieden zu seyn, indem

„sie seit ihrer Verbannung nie aufhörten, sowohl „durch öffentliche als heimliche Schleichwege seine „Unterthanen zu entzweyen, und seine Handlun,,lungen zu verläſtern,. *).

Pabſt Clemens VIII. ließ ſich durch dergleichen Bedenklichkeiten, die ihm von Seite der franzöſiſchen Miniſter auf Befehl ihres Monarchen gemacht wurden, nicht abſchrecken. Er verwendete ſich nur immer mit gröſſerm Eifer für die Jeſuiten, und ſchrieb hierüber öfters eigenhändige Briefe an Heinrichen. Der Umſtand, daß dieſer gerade damals um eine Eheſcheidung am päbſtlichen Hofe anſuchte, kam dem Orden ſehr gelegen. Klemens trennte die Ehe mit der Margarethe de Valois, und bat ſich dagegen vom Könige die Wiederaufnahme der Jeſuiten als den Gegenwerth des wichtigen Dienſtes aus, den er ihm geleiſtet hätte. Pater Lorenz Magius, ein in allen Hofränken erfahrner Jeſuite, mußte von Rom nach Paris eilen, um Heinrichen Nachricht von der bewilligten Eheſcheidung zu bringen, und ihn bey dieſer Gelegenheit zur Beſchleunigung der Wiederaufnahme ſeines Ordens aufzufodern **). Zugleich ſetzten ſeine Genoſſen alle ihre Gönner in Bewegung, um den Hof mit Bittſchriften zu beſtürmen. Wenn wir ihren Verſicherungen glauben dürfen ***), ſo haben ſich ganze Städte und Provinzen bey dem Könige für die Jeſuiten verwendet. Allein weit wahrſcheinlicher iſt es, daß

---

*) Le Mercure Jeſuite. pag. 536. & ſq.

**) P. L. Magius in Franciam miſſus a Clemente fuit, qui Henrico cauſſam matrimonii ad vota ipſius feliciter confectam nuntiaret, ac *viciſſim* ab eo *peteret*, ut cumulare Catholicorum gaudia, & Societatem Jeſu in ſuum Regnum reſtituere maturaret. *Maximi Mangold (Jeſuitæ) Reflexiones in R. P. Alexandri Carmelitæ Continuationem Eccleſ. Claud. Fleurii Tom. II. Art. II.* §. 9. pag. 128.

***) Auct. cit. loc. cit.

Achtes Buch.

sie vermittels gewisser Hofgünstlinge, worunter vorzüglich Bellievre und Villeroy bemerkenswerth sind *), und durch ihre um diese Zeit ausgestreute Apologie, welche den Pat. Richeom zum Verfasser hat, ihre Absichten durchzusetzen suchten.

Schon im Jahre 1599. wagten sie ihren ersten Versuch, den König zu gewinnen. Da Heinrich eben in Lyon sein Beylager mit der Marie von Medices feyerte, glückte es ihnen, sich demselben zu Füssen zu werfen. Heinrich hatte Lebensart, und erwiederte ihre Versicherungen von Treue und Ergebenheit mit königlicher Huld. Er ließ sich auch, vielleicht aus Höflichkeit, verlauten, daß er sie in seinem Königreiche wieder aufnehmen wolle. Magius, ein feiner Hofmann, verließ von dieser Zeit an den König nicht mehr, und erinnerte ihn bey allen Gelegenheiten an sein Versprechen, so wie er ihn auch unaufhörlich versicherte, daß die Jesuiten ihm eben so getreu dienen werden, als sie bisher dem Könige von Spanien gedient hätten. Denn, setzte er hinzu, wir haben von dem einen, wie von dem andern, gleiche Wohlthaten empfangen **). Der König wollte sich nicht übereilen. Er ließ sich noch oft aufs neue erinnern; und als eines Tags Magius, der ein witziger Kopf war, und sich an ihn, dieser Angelegenheit wegen, mit den Worten wandte: „Ew. „Majestät gehen länger mit Entwürfen schwan= „ger, als die Frauen, welche nur neun Monate „ihre Früchte tragen,,; begnügte sich der König zu erwiedern: „Aber Fürsten werden auch nicht so „geschwinde entbunden, wie die Weiber ***),,.

---

*) Bellevreus ac Villaregius, communi consilio, Societatis revocationem apud regem urgere, data quavis occasione, studebant. *Auct. cit. loc. cit.*

**) Seconde Apologie de l'Université de Paris. Part. II. Chap. 18. pag. 189.

***) Thuani Histor. sui Temporis. Tom. VI. Lib. CXXXII. §. I. pag. 248.

Indeſſen hatten die Jeſuiten Wege gefunden, auch der Königinn, einer ſehr abergläubiſchen Dame, nahe zu kommen. Schon zu Florenz wußten ſie ihr mittelſt einer fanatiſchen Nonne, die im Geruche der Heiligkeit lebte, hohe Begriffe von der Erhabenheit ihres Ordens, und von der Nothwendigkeit beyzubringen, denſelben in Frankreich aufkommen zu laſſen *). Und nun als Königinn, verſäumte ſie keinen günſtigen Augenblick, ihren Gemahl durch alle Arten von Schmeicheleyen den Jeſuiten geneigt zu machen. Mit ihr vereinigten ſich Villeroy, und Fouquet de la Varrenne, der einzige Vertraute der königlichen Schooßſünden **). Aber alle ihre Bemühungen wären vielleicht fruchtlos geweſen, wenn Heinrichen nicht ſeine eigene Furcht verleitet hätte, die Sache der Jeſuiten zu begünſtigen. Seit ihrer Verbannung hatten dieſe noch immer fortgefahren, wider den König Parthey zu machen. Jedermann wußte, daß ſie in Burgund verſchiedene Sodalitäten, wie zur Zeit der Ligue, errichteten, und eine Menge junger Franzoſen aus den Provinzen nach Dole in ihr daſelbſt befindliches Kollegium zogen. Eben

---

*) Mariam Magdalenam, Virginem Carmelitanam, jam tunc eximiam florentis opinione ſanctitatis Regina diſcedens cum viſeret Florentiæ, ac tria potiſſimum ejus apud Deum precibus impetranda poſtularet; tria viciſſim a Regina Virgo flagitavit, quæ pro ſua apud Regem auctoritate & gratia conficeret, quorum primum ac precipuum illud erat, ut Societatem Jeſu revocandam in Regnum curaret; ſubjunxitque: *Nihil ab ea Numini gratius, vel Galliæ utilius præſtari poſſe.* Mangoldii *Reflexiones.* l. c. pag. 130.

**) Leur plus puiſſant ſolliciteur eſtoit *Guillaume Fouquet la Varrenne,* qui des plus bas offices de la Maiſon du Roi, ſ'eſtoit élevé juſques dans le Cabinet, par ſes complaiſances & par des miniſteres de *volupté,* qui ſont les plus agréables auprés des Grands. Mezerai *Hiſtoire de France.* Tom. *III.* Liv. *IV.* pag. 1257.

Achtes Buch.

so bekannt war es auch, daß sie durch aufrührersche Predigten den unseligen Bürgerkrieg, der noch kaum beendiget war, neuerdings anfachen wollten. Alle diese Umstände setzten den König in Verlegenheit und Furcht. Er war überzeugt, daß die Jesuiten mächtiger als Könige seyen, und daß er unaufhörlich vor ihren heimlichen Nachstellungen zittern müsse. Er fühlte, daß der Kredit ihres Ordens zu mächtig, und sein Zusammenhang in der ganzen Welt zu unzertrennbar sey. Er kannte seine Glieder als Leute, welche in der Kunst, nach Willkür ihre Zeitgenossen zu beherrschen, unerreichbare Meister waren, und durch einen gewissen Schein von Gelehrsamkeit und Verstand sich an den meisten katholischen Höfen Ansehn zu verschaffen gewußt. Diese Rücksichten beängstigten ihn, und er glaubte, der Gefahr, in welcher er unaufhörlich schweben müßte, so lange die Jesuiten Ursache hätten, mit ihm unzufrieden zu seyn, dadurch vorzubauen, wenn er sie nun mit Wolsthaten überhäufen, und durch die Pflicht der Dankbarkeit an seine Person fesseln würde.

Es läßt sich leicht denken, wie günstig solche Gesinnungen den Jesuiten seyn mußten, welche mittlerweile unaufhörlich die Denkungsart des Hofes auskundschafteten. Sie erwählten demnach auch gerade den vortheilhaftesten Zeitpunkt, ihr grosses Anliegen dem Könige vor die Füsse zu legen. In der heiligen Woche des Jahres 1603. da sich der Hof eben in Metz aufhielt, verfügte sich ihr Provinzial, Ignaz Armand, Chatelier, Brossart und la Tour dahin. Ihr vorzüglicher Gönner, Fouquet de la Varrenne, verschafte ihnen Verhör beym Könige, und zwar gerade in einem Augenblick, in welchem dieser von lauter Jesuitenfreunden umrungen war. Armand hielt auf den Knien eine lange Rede, worinn er mit heuchlerscher Verwegenheit zu beweisen suchte, daß seine Ordensgenossen zu keinen Zeiten aufgehört hätten, dem königlichen Hause alle erdenkliche Beweise von Ergebenheit und Treue zu geben. Die Verbrechen, sagte er, deren man sie beschuldige, rühren nur von Mißgünstigen und Leuten her, die den Geist ihrer Ordensverfassung nicht kennen *); und es sey ihnen ein leichtes, sich wider alle Anklagen, von welcher Beschaffenheit sie auch seyn mögen, hinlänglich zu rechtfertigen. Zwar mögten einige Privatreligiosen dieser Gesellschaft, aus unüberlegtem Eifer sich in Worten und Handlungen versehlt haben; allein es gezieme sich nicht, wegen des Versehen eines einzelnen Gliedes eine ganze Gesellschaft zu bestrafen **). „Daß wir „nun„, so schloß er, „deine Barmherzigkeit, o „König, anflehen, geschieht zu keinem andern Ende, als zur gröſſern Ehre Gottes, und um dir „zu dienen„.

Der König antwortete dem Provinzial, daß er den Jesuiten nie abgeneigt gewesen sey, und daß das Unglück, das er je einem aus ihrem Orden gewünscht habe, ihn selbst treffen soll; indessen habe das Parlament ihre Beschlüsse wider sie erst nach langen und reiflichen Berathschlagungen genommen. Hierauf ließ er sich die Anrede des Provinzials schriftlich überreichen, und entließ sie mit der Versicherung, daß sie guter Hofnung seyn sollten. Er wolle die Sache, sobald er wieder in Paris eintreffen werde, auf eine Art beschleunigen, daß sie nicht Ursache haben sollten, sein ernstliches Verlangen, sie wieder in sein Königreich aufzunehmen, länger in Zweifel zu ziehen.

*) Qui rationem inſtituti noſtri ignorant. *Thuani Hiſtoria. Tom. cit. Lib. CXXIX. §. XI. pag.* 168.
**) Ne memineris, Domine, aut rationem habeas, eorum, quæ *pauci ac privati minus conſiderate per zelum dicto* vel facto peccaverunt: ſi quod membrum privatim peccavit, id totum corpus, quod minime probavit, luere æquitas nequaquam patitur. *l. c.*

Achtes Buch.

In der That war Heinrich auch alles Ernstes entschlossen, den Jesuiten Wort zu halten. Doch wollte er noch vorher die Gesinnungen seines Staatsraths vernehmen, welcher aber meistens aus Schmeichlern bestand, von denen er schon im voraus versichert war, daß sie nichts gegen seinen Entschluß einwenden würden. Nur der Herzog von Sülly und der Präsident de Thou hatten noch Muths genug, Einwendungen zu machen. Ersterer, der das vollste Vertrauen des Königes besaß, suchte in einer Privatkonferenz ihn auf andere Gesinnungen zu lenken. Er sagte *): „Man könne sich von der Wiederaufnahme der Jesuiten für Frankreich keinen einzigen Vortheil versprechen, den man nicht eben so gut von allen andern Religiosenorden erwarten dürfte; und die Jesuiten verdienten noch überdieß wegen besondrer Gründe, die sich auf die Nachtheile beziehen, welche aus ihrer Aufnahme entstehen müßten, die Ausschliessung. Man könne diese Gründe und diese Nachtheile auf vier Hauptpunkte bringen, deren ganze Wichtigkeit man sogleich beym ersten Anblicke fühlen werde; nämlich auf die Religion, auf das äussere und das innere Staatsinteresse, oder die innere Regierung des Königreichs, und endlich auf die Person des Königes. In Ansehung des ersten Punktes könne man sagen: Da die Eintracht und der Friede zwischen den beyden in Frankreich herrschenden Religionen heut zu Tage in allen Absichten das einzige wahre Fundament zu seyn scheine, worauf das System gegründet werden müße, welches der Staatsrath zu befolgen habe; so müßte man zu Gunsten der Jesuiten annehmen, daß sie diesem System ebenfalls beystimmen werden. Allein dieses dürfe man von ihnen weniger, als von sonst jemanden in der Welt erwarten. Ihr erstes Ordensgesetz

---

*) Denkwürdigkeiten Maximilian von Bethune, Herzogs von Sülly. Band V. Buch XVII. S. 16.

unterwerfe sie ihrem Generale, oder vielmehr dem Pabste, so blindlings, daß sie sich, wenn sie auch für ihre Person die rechtschaffensten und friedlichsten Gesinnungen hätten, doch immer durchaus nach den Absichten dieser zween Vorgesetzten richten müssen, von denen der eine, nämlich der Pabst, Frankreich viel Schaden zufügen könne; und der andere, nämlich der General, immer ein geborner Spanier, oder eine spanische Kreatur sey. Nun könne man nicht annehmen, daß der Pabst, oder der General der Jesuiten, es jemals mit gleichgültigen Augen ansehen werden, daß die Protestanten in Frankreich eine besondere und anerkannte Religionsparthey ausmachen; folglich werde der Erfolg dieser seyn, daß die Jesuiten, (welche voll von den Grundsätzen, die sie jenseits der Gebirge eingesogen haben, ausserdem schlaue und einsichtsvolle Köpfe, und obendrein noch eifersüchtig darauf wären, ihrer Parthey den Sieg zu verschaffen) durch die Beichte, durch ihre Predigten und Schriften, und durch ihren Umgang eine beständige Trennung zwischen dem Volke machen werden, woraus eine Feindschaft zwischen den Gliedern des Staatskörpers entstehen müsse, welche über kurz oder lang die einheimischen Kriege wieder erwecken werde, aus denen man sich so eben herausgeschwungen habe„,

„Nicht weniger Fähigkeit besäßen die Jesuiten, auswärtige Kriege zu erregen. Dieses sey der zweyte Punkt, weswegen die gesunde Staatspolitik ihrer Aufnahme widerspräche. Der Pabst neige sich aus Vorliebe auf Spaniens Seite, oder er hänge wider Willen von dieser Krone ab, besonders seit den letztern Einfällen derselben in Italien: Die Spanier hätten nichts anders im Auge, als die Zerstörung der französischen Monarchie; die Jesuiten seyen mit beyden durch Grundsätze, durch Gewohnheit, durch Religion verbunden. Was könne man aus allem diesen anders schliessen, als daß Frankreich an dieser Ge-

Achtes Buch.

kalschaft eine Feindinn haben werde, die sich mit ihren Feinden zu ihrem Untergange verschworen habe? Die Religion verstärke diesen Beweggrund auch noch in einer andern Rücksicht, weil die Jesuiten niemals an einem Plane von einer alles umfassenden Politik, der die Protestanten nothwendig machen, und sie in Europa festsetzen würde, Geschmack finden können; da doch die Projekte, die der König für die Sicherheit und den Ruhm von ganz Europa entworfen habe, es durchaus erfordere, einst eine Armee nach Italien zu senden, die im Stande wäre, den Pabst, auch wider seinen Willen, aus den Fesseln zu reissen, worin die spanische Herrschsucht ihn halte, und sich in dieser Absicht der protestantischen Mächte zu bedienen, ohne welche man nie etwas gegen Spanien ausrichten könne„.

„Ehe die Jesuiten der Ausführung eines solchen Projektes geduldig zusehen (dieses sey der dritte Grund), ehe sie zu dem Haß gegen Spanien übergiengen, den sie in diesem Falle gegen dieses Reich anzunehmen genöthiget wären, würden sie lieber es so einzurichten suchen, daß der König seine Macht gegen seine eigene Unterthanen kehren müßte. Eine andere, in dem Innern des Reiches beynahe eben so schädliche Sache wäre dieses, daß sie durch den Zutritt bey dem König, und die Leichtigkeit, womit sie sich seines Ansehns bedienen könnten, würden verleitet werden, eine andere Art von Krieg gegen die Minister, und alle in Bedienungen stehende Personen anzuheben, sobald sie dieselben im Verdachte hätten, daß sie nicht ihrer Meynung seyen„.

Endlich sagte Sully dem König, ob er nicht selbst einen schrecklichen Beweiß ihres Hasses erfahren habe, so daß er eben nicht nöthig hätte, ihnen neue Mittel, ihn zu vergiften, oder zu durchbohren, an die Hand zu geben? Ob er die Gründe nicht wisse, welche die Jesuiten hätten, an seine Stelle auf den französischen Thron einen andern Prinzen zu setzen, von dem sie sich eine bereitwilligere Ergreifung aller ihrer, sowohl allgemeinen, als besondern Entwürfe versprechen dürften?

Diese Entwürfe eines der größten Staatsmänner seiner Zeit suchte Heinrich durch zwo Betrachtungen zu entkräften. Einmal, sagte er, sen es nichts ausserordentliches, daß die Jesuiten sich ganz dem Interesse des spanischen Hofes ergeben hätten, weil Spanien die einzige Macht sen, die sich zu einer Zeit um ihre Freundschaft beworben und ihnen geschmeichelt hätte, da sie beynahe in allen andern Ländern verachtet und verabscheut wurden; wenn sie die gleiche gütige Aufnahme in Frankreich gefunden hätten, oder wenn man sie ihnen jetzt wiederfahren liesse, so würden sie Spanien bald vergessen. Zu Bürgen für diese Wahrheit habe er den Pater Magius, der ihm dieß im Vertrauen entdeckt, und es zu gleicher Zeit im Namen der ganzen Gesellschaft durch die schrecklichsten Eidschwüre dergestalt bestätiget hätte, daß sie, wenn die Sache nicht wahr befunden würde, für die schändlichsten Verräther gehalten werden wollten. Indessen gab Heinrich diesen Eidversicherungen bey weitem so viel Gewicht nicht, als der besondern Rücksicht, die er auf die Erhaltung seiner eigenen Person nahm. Diese Rücksicht, sagte er zum Herzoge, habe ihn zu dem Entschlusse gebracht, den Jesuiten Gnade widerfahren zu lassen, und sie mit Wohlthaten zu überhäufen, weil sie ohne Zweifel zu den äussersten Gewaltthätigkeiten gegen ihn schreiten würden, wenn er ihnen alle Hofnung benähme, nach Frankreich zurückzukehren, und sie dadurch zur Verzweiflung brächte. Der Kredit, die Schlauheit, die Macht dieser Gesellschaft wären so groß, daß dieselbe, ungeachtet aller seiner Vorsicht, selbst in der Verbannung und Entfernung tausend Mittel in Händen habe, ihm sein Leben zu

Achtes Buch.

tauben. Er wünsche, dieser immerwährenden Furcht vor heimlichen Nachstellungen los zu seyn; und es sey weit besser, sich denen, in welche man ein Mißtrauen setzt, einmal Preis zu geben, als sich immer gegen sie in Verfassung setzen zu müssen.

Diese Gesinnungen sind hinlängliche Beweise, daß die Jesuiten weder ihrer Unschuld, noch einer besondern Frömmigkeit des Königes, sondern einzig seiner Furcht vor ihren heimlichen Nachstellungen die Wiederaufnahme ihres Ordens zu verdanken hatten *). Bey alle dem schmeichelte er sich, daß er als Wohlthäter ihres Ordens auch ihr Reformator werden würde; hofte, sie durch Gunstbezeugungen dahin zu bringen, daß sie ihm ohne Falsch in Zukunft dienen würden, und glaubte es in seinem Vermögen zu haben, sie durch wohlangelegte Verordnungen zu ordentlichen und getreuen Bürgern zu machen. Mit diesen tröstlichen Hofnungen wiegte er sich ein, und entkräftete alle Gründe, die ihm einsichtsvolle Staatsleute bey dieser Gelegenheit entgegensetzten. Er suchte auch mit den gleichen Trostgründen den brittischen Hof zu beruhigen, der damals wegen der Pulververschwörung, die unter Anführung der Jesuiten ausbrach, keineswegs über die Wiederaufnahme derselben gleichgültig seyn konnte. Er schrieb an seinen Gesandten am brittischen Hofe, da er einzig der vielen Kabalen wegen, die von den Jesuiten während ihrer Verbannung wider ihn und

*) Der Jesuite Marimus Mangold berrücket in seinen Reflerionen über den Fortsetzer der Fleurischen Kirchengeschichte mit besonderer List den Gesichtspunkt, aus welchem jeder unpartheyische Geschichtsforscher die Wiederaufnahme seines Ordens in Frankreich betrachten soll. Nach seinem Zeugnisse hatte der König keine andere, als Gesinnungen der Reue über das Vergangene, der Frömmigkeit und der Herablassung gegen die Jesuiten an den Tag gelegt.

und sein Reich angelegt wurden, sich entschlossen habe, sie durch Wohlthaten ausser Stand zu setzen, ihm ferners zu schaden. Er werde es zu veranstalten wissen, daß sie die ehrgeizige Herrschsucht der Spanier nicht ferner begünstigen. Auch wolle er ihren Orden auf eine Art reformiren, daß die Protestanten keineswegs mehr ihrer Religionsfreyheit wegen besorgt seyn dürften. Er hoffe es dahin zu bringen, daß sie sich, die verirrten Ketzer zu bekehren, keiner andern Waffen mehr bedienen werden, als ihrer guten Sitten und ihrer Gelehrsamkeit *) ꝛc.

Alle diese, wiewohl allzubetrügliche, Hofnungen verleiteten ihn, ihre Wiederaufnahme alles Ernstes zu beschleunigen; so daß er ihnen noch in diesem Jahre (1603.) da er sich eben in Rouen aufhielt, Patentbriefe gab, Kraft deren es ihnen erlaubt wurde, sich wieder in Toulouse, Auch, Agen, Rhodes, Bordeaux, Perigueux, Limoges, Tournon, le Puy, Aubernaz, Beziers, Lyon, Dijon und la Fleche, jedoch unter nachstehenden Bedingnissen festzusetzen. 1.) Sollen sie ohne ausdrückliche königliche Bewilligung in irgend einer Stadt, Land oder Herrschaft von Frankreich keine neue Kollegien errichten können. 2) Sollen alle Jesuiten, die sich in Frankreich aufhalten wollen, gebotne Franzosen seyn, und soll kein Ausländer ohne ausdrückliche königliche Bewilligung in ihren Orden weder aufgenommen, noch in ihren Kollegien geduldet werden. Diejenigen fremden Jesuiten, welche gegenwärtig sich in Frankreich aufhalten, sollen in Zeit von drey Wochen ungesäumt in ihr Vaterland zurückkehren. 3) Am Hofe des Königes soll in Zukunft immer ein Jesuite, der ein geborner Franzose seyn muß, sich aufhalten, und für das Betragen aller

*) Histoire generale de la Compagnie de Jesus. Tom. I. Part. I. Art. XV. pag. 329. & seq.

aller übrigen Jesuiten, die sich im Königreiche befinden, als Bürge gut stehen. 4) Alle, die sich gegenwärtig in ihrer Gesellschaft befinden, oder in Zukunft darinn aufgenommen werden, sollen sich vor den Obrigkeiten jedes Orts durch eine feyerliche Eidesleistung ohne alle Ausnahme oder Mentalreservazion verpflichten, nichts wider den königlichen Dienst, und wider die öffentliche Ruhe des Reiches zu unternehmen. Jede Obrigkeit soll die Verhandlungen dieser Eidesleistung in die königliche Kanzley einsenden, und diejenigen, die sich weigern, diesen Eid zu leisten, ohne alle Rücksichten aus dem Königreiche jagen. 5) Ohne königliche Erlaubniß soll kein Jesuite, welchen Ordensgrad er in seiner Gesellschaft immer behaupten mag, unbewegliche Güter, weder durch Ankauf, noch durch Schenkungen, noch auf irgend eine andere Weise an sich bringen können. Auch soll kein Jesuite weder mittel- noch unmittelbare Erbschaftsrechte geniessen; und sollen alle unbeweglichen Güter derjenigen, die künftig in den Orden treten, ihren Erben heimfallen. 6) Alle Jesuiten sollen ohne Ausnahme, und in allen Fällen, den Gesetzen des Königreichs unterworfen seyn, und so, wie alle übrigen Geistlichen und Mönche von den Obrigkeiten gerichtet werden. 7) In die Gerechtsame der Bischöfe, Stifter, Pfarreyen, Universitäten und anderer Mönchsorden sollen sie weder in geistlichen noch zeitlichen Dingen Eingriffe thun, und sich hierinn den gemeinen Rechten unterwerfen. 8) Desgleichen soll es ihnen in keiner Diöcese erlaubt seyn, ohne Bewilligung des Bischofes irgend eine priesterliche Verrichtung vorzunehmen ꝛc.

Alle diese Bedingnisse sind hinlängliche Beweise, daß Heinrich nicht bloß aus Andachtstrieb, oder, als hätte er die Jesuiten durchgehends für unschuldig erkannt, ihre Wiederaufnahme beschlossen habe. Vielmehr kann man daraus abnehmen, daß der König aus Ueberzeugung, wie gefährlich sie seynem Reiche werden könnten, alle mögliche Vorsorge genommen, um sich ihrer Treue zu versichern. Aber wie wenig diese Beschränkungen ihrem damaligen General Claudius Aquaviva gefallen, gestehen die Jesuiteselbst *). Vornämlich drey Hauptpunkte waren nicht nach seinem Geschmacke. Es konnte ihm nicht gleichgültig seyn, daß seine Gesellschafter, die nach dem Inhalte des Instituts niemand, als nur ihm unterworfen seyn mußten, in Frankreich vor königlichen Beamten sich eidlich verpflichten sollten, dem Könige getreu zu seyn, und nichts wider die Gesetze und die Ruhe des Staates zu unternehmen. Eben so unerträglich war es ihm, daß seine Untergebene in Frankreich, so wie andere Geistliche und Religiosen, nach den gemeinen Rechten gerichtet werden sollten. Und endlich warf auch das königliche Gebot, daß kein Jesuite ohne bischöfliche Bewilligung priesterliche Verrichtungen thun, oder etwas wider die Gerechtsame der Bischöfe, der Pfarreyen und Universitäten unternehmen sollte, das ganze Gebäude der jesuitischen Verfassung zu Boden. Aquaviva war über diese Bedingnisse sehr beängstigt. Allein seine schlauen Genossen trösteten ihn bald mit der Versicherung, daß diese Einschränkungen von keiner Bedeutung seyen, indem sie wohl Mittel finden würden, ihrer los zu werden **).

*) M. Mangoldii Reflexiones. Tom. cit. pag. 148.
**) Sehr artig drückt sich Mangold in seinen Reflexionen hierüber aus. Er sagt, der König habe die Jesuiten, die sich beständig um ihn befunden, und ihm ihre Bedenklichkeiten über besagte Einschränkungen entdeckt hatten, öfters mit vorzüglicher Güte gebeten, ihm alles, was er von ihnen in diesem Augenblick fordern würde, zu bewilligen. Es wäre ihm dabey einzig darum zu thun, durch dergleichen Kautelen ihre Feinde zum Schweigen zu bringen. Er würde nachher, wenn einmal die Parlamenter gewonnen wären, gewiß alles thun, was sie von ihm fordern würden; und er versichere sie, ihrer Gesellschaft in einem einzigen Jahre mehr Gutes zu erweisen, als sie von seinen

Achtes Buch.

Ehe ihre Wiederaufnahme gesetzmäßig statt haben konnte, mußten die Patentbriefe des Königs erst gewöhnlicher Weise in die Parlamentsregister eingetragen werden. Allein dieser Gerichtshof dachte von den Jesuiten nicht sehr günstig. Erst suchte derselbe die Sache durch Verzögerung in Vergessenheit zu bringen. Als aber der König wiederholt auf die Einregistrirung drang, so suchte man ihm durch Vorstellungen andere Gesinnungen beyzubringen. Zu dem Ende verfügte sich der erste Präsident, Achilles de Harlay, im Gefolge vieler Parlamentsglieder zu dem Monarchen, und trug ihm in einer eben so schönen als nachdrücklichen Anrede die Bedenklichkeiten vor, die sich der Gerichtshof machen müsse, die königlichen Patente zu registriren. „Die Aufnahme der Jesuiten, sagte er *), sey schon gleich Anfangs für Frankreich so nachtheilig befunden worden, daß alle Stände sich derselben widersetzt haben. Von der Sorbonne seyen sie als Leute bezeichnet worden, welche mehr zum Niederreissen als zum Aufbauen geschickt wären, und der Konvent zu Poussy habe ihnen unter solchen Bedingnissen die Aufnahme bewilliget, daß sie ganz sicher Frankreich verlassen hätten, wenn sie jemals mit Ernst zur Erfüllung jener Bedingnisse wären angehalten worden.

Vorfahren in dreyßig Jahren erhalten. Atque ipse Rex Patres, quos secum habebat, clementer sæpe admonuit, ut sibi permitterent omnia ut agerent modo, quæ vellet; se postea, quod *ipsi vellent*, acturum, pluraque in Societatis gratiam anno uno, quam superiores Galliæ Reges annis triginta, perfecturum, quod promissum regium, regia sane munificentia, ac fide integerrima, exsolvit. *Tom. cit. pag. cit.* Wie verwegen die Jesuiten noch im Jahre 1783 sich ihres Allvermögens über gekrönte Häupter rühmen! Aber in eben dem *Acturum, quod ipsi vellent*, liegt denn auch die ganze fürchterliche Macht des Jesuitismus.

*) Thuanus Tom. VI. Lib. CXXXII. §. III. pag. 249 & seq.

Seitdem habe es nie an wichtigen Beschwerungen wider sie gefehlt; besonders nachdem sie bald genug anfiengen, sich aller weltlichen und geistlichen Gerichtsbarkeit zu entziehen. Ihre gefährliche Sittenlehre verdiene um so mehr alle Aufmerksamkeit, nachdem dieselbe nicht etwa die Sittenlehre eines Privatus, sondern der ganzen Gesellschaft überhaupt sey. Alle Jesuiten ohne Ausnahme wären der Meynung, daß ausser der päbstlichen keine höhere Macht auf Erden sey, daß der Pabst Gewalt habe, Könige in den Kirchenbann zu thun, und sie als Tyrannen von ihren eigenen Unterthanen ungestraft morden zu lassen. Nicht weniger schädlich für die Ruhe des Staats sey ihre Immunität, nach welcher kein Jesuite, so ein grosses Verbrechen er überhaupt begangen haben mag, an der Majestät sich vergreifen könne, weil kein Jesuite, zufolge dieser Immunität, der Unterthan eines Königs, oder überhaupt irgend einer Gerichtbarkeit unterworfen seyn könne. Dieses Immunitätssystem hätten sie auch zu Gunsten der ganzen Geistlichkeit entworfen, und es wäre folglich jedem Priester erlaubt, ungestraft mit blutigen Händen gesalbte Könige anzugreifen. Diese verruchte Lehre suchten sie auch in Schriften allgemein zu verbreiten; und sie hätten gegen zwey spanische Rechtslehrer, welche behaupteten, daß die Klerisey der königlichen Macht unterworfen sey, deswegen einen ärgerlichen Schriftwechsel angefangen. Solche schädliche und irrige Lehrmeynungen sollten Könige nicht dulden, indem sich auf die Treue und Ergebenheit derjenigen, welche dergleichen alle Reichsverfassungen umstossende Grundsätze lehren, keineswegs zu verlassen sey. Oder dürfe man ihnen deswegen trauen, weil sie, ihrem Vorgeben nach, in Paris anders, als in Rom, glauben und lehren wollen? Wenn sie dies zufolge einer heimlichen Dispense thun dürften, was müsse man denn nicht von ihrer Religion und ih-

Achtes Buch.

ren Grundsätzen halten, die sie, nach Beschaffenheit der Umstände und der Zeit, willkürlich ändern dürften? Wie man sich auf Leute verlassen könne, die in Paris das Gegentheil von dem lehren, was bey ihnen in Rom allgemeines Dogma sey? Aber es sey auch (fuhr er fort) allerdings zu befürchten, daß ihre Sittenlehre in ganz Frankreich die Oberhand gewinnen möchte. Schon hätten sie die Sorbonne, so nachdrücklichen Widerstand sie ihnen anfangs leistete, auf ihre Seite gebracht, und es dürfte ihnen nur zu bald gelingen, daß auch die ersten obrigkeitlichen Magistratsglieder ihren Lehrsätzen huldigten. Eine unausbleibliche Folge davon würde die Schmälerung der königlichen Gerechtsame, und die Verletzung der Freyheiten des französischen Kirchenstaats seyn. Man dürfe die Verbrechen des Barriere und des Castels nicht vergessen, welche in den Schulen der Jesuiten zu den schreckhaften Attentaten vorbereitet wurden, wofür ganz Frankreich erbebte. Man müsse in immerwährender Furcht schweben, ob diese frevelhafte Auftritte nicht neuerdings wiederholt werden könnten? Die Jesuiten berufen sich freylich darauf, daß man ihnen vergangene Fehler um so weniger zur Last legen könne, nachdem sich alle übrigen Orden der gleichen Vergehungen schuldig gemacht haben. Allein dieser Einwurf widerlege sich hinlänglich, indem es allgemein bekannt sey, daß nicht ganze Ordensstände, sondern nur einzelne Glieder derselben sich dem rechtmäßigen Könige widersetzten. Dagegen aber sey es eben so bekannt, daß der ganze Jesuitenorden sich gemeinschaftlich mit allen Feinden des Königs dahin verstanden habe, ihn um seine Krone zu bringen. Ihr Pigenat sey deswegen zum Chef der Liguisten ernannt worden. Das Verbannungsurtheil, welches nach Castels Attentat gegen die Jesuiten gefällt worden, rühre nicht von Senatoren her, die sich bloß von Leidenschaften beherrschen liessen. Nicht aus Privathaß, Rache oder Mißgunst, sondern nach reifen und wiederholten Berathschlagungen habe man sie als Friedensstörer, Jugendverführer und Majestätsverbrecher aus dem Königreiche verbannt. Alle Gerichtshöfe würden dem Beyspiele des Pariserparlaments gefolgt seyn, wenn nicht noch einige Faktionen ihren feindseligen Haß gegen das königliche Haus fortgesetzt hätten. Schlüßlich sollte der König versichert seyn, daß das Parlament nicht aus Ungehorsam, sondern aus Besorgniß, die Einregistrirung der königlichen Patente unterlassen habe, weil vielleicht noch wohl eine Zeit kommen dürfte, wo man den Magistraten mit allem Rechte den Vorwurf machen könnte, daß sie sich allzubereitwillig zur Sanktion gedachter Patente verstanden hätten ꝛc."

Der König beantwortete diese Anrede mit ausserordentlicher Güte, und dankte den Magistraten mit herzlicher Rührung für die Beweise ihres sorgfältigen Eifers für die Sicherheit seiner Person und seines Königreichs. „Uebrigens aber seyen die Gefahren, die mit der Wiederaufnahme der Jesuiten verbunden seyn sollen, merklich übertrieben, und er setze sich gänzlich darüber hinweg. Er habe diese Sache nicht nur Tage und Monate, sondern mehrere Jahre hindurch in reiffste Ueberlegung gezogen, und hoffe, daß die Jesuiten, so strafbar sie auch einst gewesen seyn mögen, nun doch von grossem Nutzen für Frankreich seyn werden. Was die Gefahren betreffe, die ihm drohen sollen, so nehme er sie auf sich. Er habe mit Hülfe Gottes schon grössere überstanden. Hierüber möchte Jedermann ganz ruhig seyn *)".

---

*) De Thou war gegenwärtig, als der König dem Präsidenten diese Antwort gab. Er versichert, daß er sie mit besonderer Sorgfalt aufgezeichnet habe, indem die Jesuiten nach Verfluß eines Jahres zu Tournon in Vivarais eine unterschobene Antwort drucken liessen, wor-

Ungeachtet dieses fruchtlosen Versuches, wollte das Parlament doch nicht zur Registrirung schreiten. Allein die Ungeduld der Jesuiten, ihre Kabalen am Hofe, und Heinrichs Furcht beschleunigte endlich mittelst drohender Jußionspatente, die der König wiederholt an seinen Magistrat erließ, die Sache so geschwind, daß schon am 12. Jenner 1604 die königlichen Patente, jedoch mit dem Beysatze registriret wurden, daß das Parlament erst nach ernstlichen Vorstellungen an den König diesen Schritt gethan habe.

Zweites Kapitel.

List und Gewaltthätigkeit der Jesuiten, sich neue Etablissements in Frankreich zu verschaffen. Ränke der Hofjesuiten. Sie suchen den Herzog von Sully zu stürzen.

Die Bedingnisse, unter welchen die Wiederaufnahme der Jesuiten in Frankreich zu Stande kam, waren sehr bestimmt, und von der Art, daß diese, ohne ihr Institut in den wesentlichsten Hauptpunkten zu verletzen, sich nie zur Beobachtung derselben verstehen konnten. Gleichwohl haben sie sich alle Beschränkungen gefallen lassen, weil sie wohl voraussahen, daß es ihnen, wenn sie einmal am Hofe den Ton angeben würden, ein Leichtes seyn müßte, alle Verbindlichkeiten gegen den König und die Nazion aufzuheben. Und wirklich hatten sie gleich nach ihrer gesetzkräftigen Wiedereinsetzung tausend Kunstgriffe in Bereitschaft, den deutlichsten Inhalt der Gesetze zu verdrehen,

inn eine Menge liebloser Ausfälle auf das Parlament vorkommen, an die der König nie gedacht hätte. Mangold führt in seinen Reflexionen eben diese untergeschobene Anrede an, und sucht deren Aechtheit zu beweisen.

und sich über alle Kontrakte und Eidschwüre hinwegzusetzen. Das königliche Patent schränkte ihre Aufnahme nur auf eine bestimmte Anzahl von Städten und Provinzen ein. Nur in Toulouse, Auch, Agen, Rodes, Bordeaux, Perigueux, Limoges, Tournon, le Puy, Aubenas und Besiers sollten sie sich nach dem Willen des Königs wieder setzen dürfen. Allein sie verstanden die Kunst, sich unbemerkt des guten Heinrichs zu bemächtigen, der allzu grosses Vertrauen auf die Uneigennützigkeit und Treue derjenigen setzte, die er mit Wohlthaten überhäufte. Solchergestalt geschah es denn auch, daß sie noch in dem nämlichen Jahre zu Amiens, und bald darauf zu Poitiers, ohngeachtet alles Widerstandes von Seite des Bischofes und der Einwohner dieser Stadt, durch listige Ränke und Gewaltthätigkeit Kollegien an sich brachten. Eben so geschwind und glücklich gelang es ihnen, ihre Aufnahme zu Vienne in Dauphine, zu Rouen, zu Caen, zu Reims, und zu Bearn zu erhalten. An den meisten Orten entrissen sie der Geistlichkeit die besten Pfründen, und vereinigten mit ihren Kollegien die Einkünfte der reichsten Stiftungen und Priorate in Frankreich *). Vergebens widersetzten sich ihrer Habsucht die höchsten Gerichtshöfe des Königreiches. Vergebens beriefen sich die Beraubten auf Eigenthumsrecht. In einer unbegreiflich kurzen Zeit hatte der feine Hofjesuite, P. Cotton, den guten Heinrich, samt allen seinen Höflingen und Maitressen, so ausserordentlich verblendet, daß dieser sonst so einsichtsvolle König nur zu oft den ordentlichen Rechtsweg vermied, um durch königliche Machtsprüche den Jesuiten alles einzuräumen, was ihre unersättliche Habsucht, freylich allemal unter irgend einem glänzenden Scheingrunde von

---

*) Histoire generale de la Comp. de Jesus. Tom. I. Art. XVI. pag. 356 & sq.

Achtes Buch.

Uneigennützigkeit und Beförderung des allgemeinen Beßten, nur immer sich wünschen mochte.

Unter allen königlichen Staatsräthen hatten die Jesuiten wohl keinen so sehr zu fürchten, als den wackern Sully. Der Kredit, den dieser grosse Minister bey Heinrichen hatte, und die uneigennützigen Tugenden dieses thätigen und einsichtsvollen Staatsmannes mußten ihnen, die keine andere Tugend, als Heucheley, und keine andere Maximen als Ränke kannten, allerdings sehr furchtbar seyn. Dazu kam noch der Umstand, daß Sully ein Hugenotte, und eben so strenge in seinen Sitten, als gerecht in seinen Handlungen war. Beides vertrug sich mit dem Systeme der Jesuiten nicht. Die Hugenotten feindeten sie mit einem unvertilgbaren Hasse an; und um sich Gönner am Hofe zu gewinnen, führten sie daselbst eine gelinde Moral ein, und erlaubten, da das Beyspiel des Königs ohnehin sehr verführerisch war, jedem Höflinge Maitressen und Huren, so viel er halten mochte. Sully war ein Schrecken der Liguisten. Allein man hatte am Hofe zwar ihren Namen, nicht aber ihren Geist, ihre Grundsätze und ihre Politik vertilget. Den Jesuiten fiel es daher nicht schwer, eine Faktion von heimlichen Liguisten auf ihre Seite zu bringen, und in dieses Komplot alle jene Wollüstlinge aufzunehmen, deren weibisches und weichliches Leben Sully mit mehr Unvorsichtigkeit als Ungerechtigkeit bestrafte *). Wie viel mußte den Jesuiten daran gelegen seyn, einen Mann zu stürzen, dessen Tugenden sie so sehr zu befürchten hatten, und den sie, wenigstens so lang er das Vertrauen des Königs genoß, allermeist an der Ausführung ihrer verderblichen Anschläge hindern konnte.

---

*) Denkwürdigkeiten des Herzogs von Sully. Band V. Buch XX. S. 227.

Sully hatte die Rachsucht der Gesellschaft Jesu auch schon auf eine andere Weise gereizt. Die Jesuiten mußten das Denkmal ihrer Verbrechen, jene Pyramide, die dem Palais gegenüber auf der Stelle, wo des Königsmörders, Castels, väterliches Haus gestanden, als ein ewiges Monument seines verruchten Frevels errichtet war, nicht anders als mit bitterm Verdrusse vor ihren Augen sehen. Es mußte ihnen daran gelegen seyn, dieses Denkmal zu vertilgen, das sie unaufhörlich an ihre so schimpfliche Verweisung, an ihre verdammte, königsmörderische Sittenlehre, und an ihren mit Schimpf und Spott hingerichteten Kollegiumsrektor Guignard erinnerte. Sie setzten demnach die ganze Maschine ihrer Politik in Bewegung, um vorerst mittelst eines Parlamentsschlusses, und, als ihnen dies nicht gelang, mittelst eines Machtspruches von Seite des Hofes die Niederreissung der Pyramide zu erzwecken. Die unpartheyischsten Staatsräthe, und unter diesen auch Sully, waren der Meynung, es sey eben nicht nöthig, die Pyramide niederzureissen, und die Jesuiten könnten sich durchaus zufrieden stellen, wenn die Inschriften, und vornämlich das Parlamentsurtheil über die Verbannung der Gesellschaft Jesu heruntergenommen würde. Das letztere sey man ihr einigermassen schuldig, indem ihre Wiederaufnahme, wo nicht als Beweis ihrer Unschuld, doch wenigst als Zeugniß einer gänzlichen Vergessenheit des Vergangenen angesehen werden dürfte. Eine ganz andere Beschaffenheit habe es mit dem Monumente überhaupt, welches nicht so fast zur Beschimpfung der Jesuiten, als vielmehr zur ewigen Verabscheuung des versuchten Königsmordes und zur Sicherheit des geheiligten Regentenlebens aufgebaut worden sey. Es wäre Verrätherey gegen das Vaterland, ein so wichtiges Monument zu vertilgen, und so etwas könne nicht geschehen, ohne die Sicherheit des Staates aufs Spiel zu setzen *). Allein damit konnten die Jesuiten nicht zufrieden seyn; sie drangen auf die gänzliche Niederreißung dieses Monuments; und als endlich der königliche Staatrath darein willigte, und befahl, daß die Pyramide nächtlicher Weise zerstört werden sollte, begnügten sie sich auch damit noch nicht. Pater Cotton sagte den Staatsräthen, Heinrich sey kein König der Finsterniß, sondern des Lichts **). Die Niederreißung geschah also zu Folge einer neuen Ordre bey hellem Tage, und mit einem außerordentlichen Triumphe. Man hatte, vielleicht ohne Absicht, die Bildsäule der Gerechtigkeit zu allererst niedergeworfen ***). Dieser Umstand gab den Spöttern Anlaß, eine Menge Schriften in Prosa und Versen in die Welt auszustreuen, worinn beissende Anmerkungen über dies Ereigniß enthalten waren. Unter andern Pamphlets erschien auch ein Epigram, worinn es hieß, daß, wenn das Denkmal des versuchten Königsmords vertilgt werden sollte, allererst der Zahn wieder zum Vorschein kommen müßte, der dem König durch Castels Dolch abgestoßen wurde †).

*) Non momimento Securitatis publicæ sublato, toll uua & Securitatem. *Thuani Histor. sui temp. Tom. VI. Lib. CXXXIV. §. IX. pag.* 319.

**) *Ibid. l. c.*

***) Auf den vier Ecken der Pyramide standen über den Aufschriften vier Bildsäulen, welche die vier Tugenden figürlich vorstellten.

†) In eam rem varia & licentiosa scripta vulgata, quibus lapis mutus loqui, & plus de bonitate ac clementia, quam de crudelitate ac sævitia conqueri fingebatur, ut qui per Justitiam erectus fuerat, per Misericordiam sterneretur. Multa in Cottonem jactata, multa in Hispaniensem factionem, quæ per Francici nominis ruinam ad orbis christiani imperium aspirabat. Aculeati & versus per manus volitabant, quibus rex monebatur, ad abolendam Castelli paricidæ memoriam oportere, ut

Von dieser Zeit an schien Sullys Sturz von den Jesuiten beschlossen zu seyn. Der königliche Beichtvater Cotton, ein feiner Heuchler, der nicht seines gleichen hatte, war um diese Zeit der Günstling des Monarchen, und das Orakel aller Höflinge. Sully hatte schon lange die Maitressen, und jetzt auch ihre Beichtväter, die Jesuiten, zu Feinden. Letztere suchten ihn beym Könige in Verdacht zu bringen, als wäre er ihnen allermeist an ihrer Aufnahme in Poitiers hinderlich. Heinrich, der jetzt dem Orden, und vornämlich seinem Beichtvater so sehr ergeben war, daß er ihnen fast keine einzige Bitte abschlagen wollte, wurde sehr empfindlich darüber, seinen Liebling, den Herzog ☞ Sully, von so einer Seite angeklagt zu sehen. Er stellte ihn hierüber zur Rede; Sully berief sich auf seine Unschuld, und betheuerte, daß er sich keines Umstandes bewußt sey, der die Anklage der Jesuiten von dieser Seite statthaft erweisen könnte. Der König suchte also des andern Tages seinen Beichtvater über die Gesinnungen des Herzogs zu beruhigen. Aber vergebens! Der schlaue Jesuite berief sich auf eigenhändige Briefe vom Herzoge, worinn er den Magistraten von Poitiers ausdrücklich befohlen haben soll, sich der Aufnahme der Gesellschaft zu widersetzen. Cotton betheuerte, diese Briefe mit eigenen Augen in den Händen eines durchaus rechtschaffenen und redlichen Mannes gesehen zu haben. Heinrich, den es schmerzte, von einem Minister hintergangen zu werden, auf dessen Treue und Aufrichtigkeit er all sein Vertrauen setzte, verlangte die Briefe zu haben, und der Jesuite versprach, sie des folgenden Morgens vorzuzeigen. Nach dieser Unterhaltung wurde der König sehr verlegen. Er verwies es dem Herzoge mit dem ernsthaftesten Unwillen, daß er bey aller seiner gewohnten Redlichkeit doch in dieser einzigen Sache

dens ictu cultri excussus ante omnia restitueretur. *Thuanus* l. lc.

Achtes Buch.

mit verschlagener List gehandelt hätte. „Sie wis-
„sen es, (sagte er *) wie lieb sie mir sind; aber
„Sie wissen es auch, wie sehr ich Wahrheit liebe,
„und Verstellung hasse. Sie haben sich gegen mich
„verstellt; und wenn ich Ihnen gleich keines mei-
„ner Geheimnisse verberge, so haben Sie mir doch
„in Absicht auf das, was die Jesuiten angeht, die
„Wahrheit verborgen. Nicht daß mich die Sache
„an sich selbst beleidiget hätte; denn da jene nicht
„die größte Freundschaft gegen Sie zeigen, so
„wundere ich mich eben nicht, daß Sie nicht ihr
„Vorbitter in ihren Angelegenheiten sind. Aber
„darüber bin ich böse, daß Sie nicht rein heraus
„die Wahrheit gesagt haben; Sie, ein Mann, der
„sich doch dafür ausgiebt, er sey wahrhaft und auf-
„richtig". Diese Anrede machte den Herzog äuf-
ferst bestürzt. Er betheuerte noch einmal seine
Unschuld in dieser Sache, und bat den König, ihn
durch Beweise vom Gegentheile zu überführen.
„Wie, (fuhr der König fort **) Sie haben nie
„wider die Jesuiten und ihr Kollegium, an Nie-
„manden, weder nahe noch ferne geschrieben"? —
„Nein, Sire! (erwiederte Sully) ich schwöre es
„bey Gott, und bey meiner Seligkeit!" — „Nun
„(versetzte der König hierauf mit sichtbarem Unwil-
„len) das sind Schurken, die nicht müde werden,
„die Tugend zu verfolgen, und denjenigen zu scha-
„den, die mir treulich dienen". Heinrich stellte
seinen Beichtvater hierauf noch einmal zur Rede,
und fragte ihn, ob er darauf beharre, was er seinem Minister zu Schulden gelegt habe? Cotton
bejahte es mit Eidschwüren. Der König verlangte
aufs neue, die schriftlichen Beweise, die Briefe
des Herzogs zu sehen. „Sire! (erwiederte der
„Jesuite) sie sind in den Händen eines Mannes
„von Ehre, und ich stehe für die Wahrheit des-

*) Denkwürdigkeiten des Herzogs von Sully. Band V.
Buch XX. S. 232.
**) Daselbst l. c. S. 233.

„sen, was dieser mir gesagt, und ich mit eigenen „Augen gesehen habe". „Ganz recht, (antwor= „tete der König) aber bringen Sie mir doch diese „Briefe. Ich will sie sehen. Ich kenne seine „Schrift und sein Pettschaft, wie meine eigenen, „indem ich schon mehr als zweytausend Briefe in „meinem Leben von ihm empfangen habe". Der Jesuite wurde über einen Befehl bestürzt, welcher ganz zur Unzeit an ihn kam. Er suchte sich mit seiner Wahrhaftigkeit zu entschuldigen. Allein der König beharrte alles Ernstes darauf, daß Cotton die Briefe vorzeigen sollte. In der ängstlichen Verlegenheit entfernte sich dieser, und suchte die Sache durch Aufschub ins Vergessen zu bringen. Er ließ sich den ganzen Tag vor dem Monarchen nicht mehr sehen, und als er am folgenden Morgen Dienstes wegen erscheinen mußte, und neuerdings an die Briefe erinnert wurde, entschuldigte er sich anfangs mit der Abwesenheit der Person, in deren Händen die Briefe seyn sollten, und endlich, als diese Entschuldigung nicht immerfort dauern konnte, damit, daß dieselben vom Kammerdiener dieser Person aus Unachtsamkeit ins Feuer geworfen und verbrannt worden wären *). Mit weniger Scharfsinn, als Heinrich besaß, hätte man dieses grobe Lügensystem entdecken können. Der König machte also nicht viele Worte mehr, und verließ den Jesuiten, der sich auch in dieser Lage noch immer auf seine Wahrhaftigkeit berief, mit erzürnten Blicken.

Sully führt diese Begebenheit in seinen Denkwürdigkeiten sehr weitläuftig aus. Er sieht sie als eine wichtige Epoche seines sonst weit wichtigern Lebens an. Er gesteht, wie viele Mühe er sich dieser an sich unbedeutenden Kleinigkeit wegen geben mußte, seine Unschuld an den Tag zu legen, da doch sonst sein Ministerialbetragen bey

---

*) Daselbst l. c. S. 235.

weiten dergleichen weitläuftigen Rechtfertigungen
nicht benöthigt gewesen. Diese ganze Geschichte
giebt also einen neuen Beweis ab, wie groß schon
zu seiner Zeit die Macht des Ordens, und wie gefährlich besonders seine Intriguen an Höfen gewesen seyen, und daß selbst die geprüfteste Redlichkeit und Unschuld der stärksten Waffen sich bedienen mußten, um die List und seinen Ränke desselben zu besiegen.

Drittes Kapitel.
Die Jesuiten suchen die Universität von Paris
in ihre Gewalt zu bekommen. Widerstand
von Seite der Universität. Ravaillac ermordet den König. In wie ferne die Jesuiten an
diesem Königsmord Antheil gehabt haben.

Nachdem bereits schon alle Provinzen des Königreichs von Jesuiten wimmelten, und ihnen
mit einer ausserordentlichen Eilfertigkeit beynahe
in allen vornehmen Munizipalstädten Kollegien er-
baut oder eingeräumt wurden; fehlte es ihnen
immer noch in der Hauptstadt Paris an einem festen Sitze. Zwar haben sie zu verschiedenenmalen
durch ihre Kreaturen am Hofe, in Heinrichen gedrungen, ihnen, wenn es auch mittelst eines verhaßten Machtspruches geschehen müßte, das Bür-
gerrecht in seiner guten Stadt Paris und ein Kollegium darinn zu verschaffen. Der König, der es
wohl wissen konnte, daß die Pariser keine sonderli-
che Freunde der Jesuiten waren, vertröstete sie immer auf bessere Zeiten, und suchte ihrem ungestü-
men Verlangen auf alle Art auszuweichen. Allein
sein Widerstand war von keiner langen Dauer.
Er fürchtete die Macht dieser Leute, die sich für
jede vermeintliche Unbild, für jede Widersetzlichkeit
zu rächen wußten, wohl nicht ohne Grund, nur
allzusehr, und ertheilte ihnen im Jahre 1606 ein
Patent, kraft dessen es ihnen erlaubt war, ihr

Clermontisches Kollegium zu Paris, jedoch mit dem Vorbehalte wieder beziehen zu dürfen, daß sie zu keinen Zeiten befugt seyn sollten, öffentlichen Lehrunterricht zu geben, oder überhaupt Schulen zu eröffnen *).

Nun hatten sie, was sie wünschten. Die Beschränkung, mit welcher ihre Aufnahme verbunden war, beunruhigte sie nicht lange. Sie konnten wohl voraussehen, daß der Zwang, womit sie gebunden wurden, von keiner langen Dauer seyn konnte, und daß sie bald Mittel finden würden, sich desselben zu erledigen. Wirklich war die Weise, wie sie anfangs zu Werke giengen, äusserst fein und listig. Sie legten nämlich in ihrem Kollegium eine Pension für junge, meistens vornehme Herren an. Diese Anstalt war sehr geschickt, ihnen die Gunst grosser Häuser zu verschaffen. Um jedoch die Welt glauben zu machen, als befolgten sie gewissenhaft die Bedingnisse ihrer Aufnahme, so zogen sie fremde Pädagogen in ihr Institut, welche sich mit dem wissenschaftlichen Unterrichte der Jugend abgeben mußten. Anfangs vertrauten sie einem Fremden sogar auch die ökonomische Verwaltung der Pension. Allein bald übernahmen sie diese selbst, so wie die Aufsicht über den wissenschaftlichen und sittlichen Zustand ihrer Kostschule. Dadurch geschah es denn, daß die fremden Pädagogen, ohne Einfluß, nur todte Maschinen blieben, welche den Knaben die Anfangsgründe der lateinischen Sprache beybrachten, während die Jesuiten die ganze moralische und sittliche Bildung der Jugend in ihrer Gewalt hatten **).

Diese Anstalt führte sie immer näher zum Ziele. Sie gewannen die Gunst der Grossen, deren Kinder sie in ihrem Institute erzogen; und man sieng an,

---

*) Histoire generale de la Compagnie de Jesus. Tom. II. Art. XVII. pag. 2.

**) Plaidoyer de *Montholon* pour les Jesuites. pag. 57.

am Hofe ziemlich laut von dem Vortheile zu sprechen, den die Jesuiten dadurch dem Staate verschafften. Ein anderer, bey weitem wichtigerer Umstand, trug damals ausserordentlich viel dazu bey, den Kredit der Gesellschaft Jesu zu befördern. Ihre Geschichtschreiber machen kein Geheimniß daraus, daß das vornehmste Bestreben des königlichen Beichtvaters dahin gieng, die Kalvinisten um ihr Ansehn und um ihren Einfluß am Hofe zu bringen. Sie gestehen, Cotton sey darinn so glücklich gewesen, daß selbst Heinrich, der ungeachtet seines Uebertritts zur römischen Kirche doch immer im Herzen ein heimlicher Hugenotte war, allmählig anfieng, in seinen Grundsätzen zu wanken, und den Katholizismus offenbar zu begünstigen. Von dieser Zeit an bekam der Hof eine ganz andere Gestalt. Die Höflinge mußten, um ihrem Könige zu gefallen, einen gewissen Ton der Andächteley annehmen, und mancher Calviniste sah sich genöthigt, gern oder ungern Proselyte zu werden*). „Cotton", heißt es in einer erst jüngst erschienenen merkwürdigen Schrift**), „vereinigte

---

*) Der Jesuite Mangold ist sehr aufrichtig. Er gestehet mit grossem Triumphe für die Ehre seiner Gesellschaft, wie weit es dem königlichen Beichtvater gelungen sey, den Hof zu reformiren. Er sagt: *Cottoni omnis cura & industria in eo maxime versabatur, ut consilia Hæreticorum frangeret, simulque Regi Henrico eriperet errores, quibus imbutus a puero fuerat. Quod ita strenue præstabat, ut Henricus non solum Aulicos, licentius antea res divinas cavillari solitos, cogeret obmutescere, sed ipsos mendacii magistros revinceret, ereptosque illis Proceres bene multos Cottono erudiendos traderet. Reflexions in R. P. Alexandri Contin. Histor. ecclef. Claud. Fleurii. Tom. II. Art. II. §. XII. pag. 194.*

**) *Eclaircissemens historiques sur les causes de la revocation de l'edit de Nantes, & sur l'etat des Protestans en France.* Chap. VI. pag. 88.

„sich mit dem Kardinal du Perron, den Hof zu
„zu bekehren. Ihr Apostelamt erstreckte sich nicht
„so fast auf den gemeinen Mann. Sie zogen
„vielmehr die Gewissen der Höflinge unter ihre
„Herrschaft." War es unter solchen Umständen
wohl ein Wunder, wenn die Jesuiten ihre Macht
und ihren Einfluß am Hofe erweiterten, und
wenn es ihnen in kurzer Zeit gelang, alles unter
ihr Joch zu beugen?

Unvermerkt brachten sie dem Könige den Begriff
bey, daß es für das Heil seiner Unterthanen von
grossem Nutzen seyn würde, wenn die Jesuiten
auch vom Katheder herab gegen die Feinde der
römischen Kirche zu Felde zögen. Dem zufolge
erhielten sie anfangs den Auftrag, Kontroversen
in Paris zu halten; aber bald darauf im Jahre
1609 erlaubte ihnen Heinrich vollends, in Kraft
königlicher Patente, Vorlesungen über die gesammte theologische Wissenschaften in ihrem clermontischen Kollegio zu halten. Die Universität von
Paris, aufmerksam auf jeden Schritt, den die
Jesuiten wagten, konnte nichts weniger als mit
Gleichgültigkeit eine Winkelschule dieser Art entstehen sehen. Sehr eifersüchtig auf ihre grossen
Vorrechte, vereinigten sich alle Fakultäten dieser
hohen Schule zum heftigsten Widerstande gegen die
Gesellschaft Jesu. Der damalige Sindikus der
Theologenfakultät, der berühmte Richer, bewies
in einer nachdrücklichen Rede, und durch die Darstellung einer Menge von Thatsachen, daß die Jesuiten, die sich mit einer unbegreiflichen Geschwindigkeit der reichsten Kollegien im Königreiche bemächtiget hätten, ihr einziges Augenmerk
dahin richteten, die Universitäten an sich zu bringen. „Sie sähen sich", sagte er *), „als Leute
„an, die den vorzüglichen Beruf hätten, alle Or-
„den, Religionen und Gesellschaften zu reformi-
„ren. Ihr Betragen sey ein hinlänglicher Be-

---

*) *Argentr:* Collect. Jurid. Tom. II, part. II. p. 2.

Achtes Buch.

„weis, daß sie allgewaltig Alles beherrschen wol-
„len, und daß sie zu dem Ende vornämlich dar-
„auf sehen, die einzigen Lehrer der Welt zu wer-
„den. Sie hätten sich von jeher nur auf krum-
„men Wegen und durch List allenthalben einge-
„schlichen. Verschlagenheit sey ihr einziges un-
„veränderliches Gesetz. Es lasse sich leicht absehen,
„daß sie, wenn man ihnen einmal den theologi-
„schen Unterricht erlaubte, es bald dahin bringen
„würden, in allen übrigen Wissenschaften und
„freyen Künsten ebenfalls unterrichten zu dürfen
„u. s. f." Der einmüthige Entschluß gesammter
Fakultäten gieng also dahin, sich aus allen Kräften dem Vorhaben der Jesuiten zu widersetzen,
die Einregistrirung der königlichen Patente zu verhindern, und dem Könige mittels einer Requete
die Beweggründe dieses Schrittes anzuzeigen.

Die Jesuiten, die sich am allerwenigsten von der
theologischen Fakultät so eines Widerstandes versahen, hätten, um ihre Absichten zu erreichen,
weiter nichts als einen Machtspruch aus dem königlichen Kabinette nöthig gehabt. Allein sie fanden es dießmal, besonderer Ursachen wegen, nicht
rathsam, dahin ihre Zuflucht zu nehmen. Denn
gerade um diese Zeit erhielt Heinrich von verschiedenen Orten her warnende Winke gegen ein heimliches Komplott, das sich wider sein Leben unter
Anleitung der Jesuiten angesponnen hätte. Obgleich der König durch seinen Uebertritt zur katholischen Kirche, und vornämlich auch durch den
Schutz, den er dieser Religion gab, die Liguisten
einigermassen beruhigt zu haben schien; so brannte
das Feuer dieses verruchten Bundes, den man in
jenen Zeiten den Heiligen Bund nannte, doch immer noch in den Gemüthern einiger Fanatiker.
Was diesem heimlichen Brande die meiste Nahrung gab, war, ausser dem bittern Religionshasse,
auch der besondere Umstand, daß gerade damals,
unter der Leitung des Herzogs von Sully, und

bey Gelegenheit des Jülichschen Sukzessionskriegs, im französischen Kabinette der grosse Plan entworfen wurde, das ausserordentliche Uebergewicht des österreichischen und spanischen Hauses zu schwächen, den deutschen Reichsstaat gegen die ehrsüchtigen Entwürfe der Erzherzoge von Oesterreich zu verwahren, die deutschen Protestanten wider eine gegen sie erhobene Fakzion zu schützen, und ein Gleichgewicht im europäischen Regentensysteme herzustellen *). Dieser erhabene Entwurf mußte nämlich allen jenen Partheyen verhaßt seyn, die etwas dabey zu verlieren hatten. Alle Höflinge, welche die Vergrösserungsabsichten der Spanier und Oesterreicher begünstigten, alle Anhänger der alten Ligue, und alle Feinde der Protestanten, vereinigten ihre Bemühungen dahin, die Ausführung dieses Entwurfes zu hintertreiben. „Sie „suchten", sagt Sully**), „die Neigung des Kö„niges zum Vergnügen zu benutzen, und die Em„pfindungen der Ehre durch alle die Gefühle zu „ersticken, welche zur Weichlichkeit und zur Ge„mächlichkeit führen." Daß Oesterreich und Spanien dabey nicht gleichgültig geblieben seyen, kann eben so wenig bezweifelt werden, als daß sie nicht alle, und folglich auch heimliche Kunstariffe, werden angewandt haben, die drohende Gefahr von sich zu entfernen. Sully, der von der ganzen Sache unstreitig am besten unterrichtet war, sagt ausdrücklich***): Daß dem Hause Oesterreich nur zu viele Rettungsmittel übrig geblieben seyen, den Entwurf des französischen Kabinets zu vereiteln. Aber nicht Waffen, nicht edle Verzweiflung habe dieses Haus einem Könige, den Europa zu seinem

---

*) Denkwürdigkeiten des Herzogs von Sully Band VII. Buch XXVII. S. 152. u. f. *Mezeray* Histoire de France Tom. III. Liv. IV. pag. 1285 — *Rigaltius* in Contin. Histor. sui Tem. *I. A. Thuani* Lib. III.

**) l. c. S. 167.

***) l. c. S. 201. u. f.

Achtes Buch.

Rächer ernannt, und zum Anführer gewählt hatte, entgegenstellen wollen. Es war weiter nichts als eines Verbrechens benöthigt, um das Haupt aus dem Wege zu räumen, welches den ganzen Körper in Bewegung setzte.

Wie dem auch seyn mag: Der König erhielt von dieser Zeit an verschiedene Winke von Verschwörungen wider ihn. Anfangs verachtete er dieselben. Aber bald bemächtigte sich eine heimliche Furcht und Angst seines Herzens, die ihn nimmermehr verliessen. Seine Tage und Nächte wachte er mit den fürchterlichsten Ahndungen und Träumen hin. Sehr oft sagte er mit unbeschreiblicher Angst zu Sully: „Ach, mein Freund! ich „werde diese Stadt nicht verlassen; sie werden „mich hier ermorden *)." Diesem Ahndungsgefühle, diesen heimlichen Bangigkeiten machte endlich am 14. May 1610 die mörderische Hand des Franz Ravaillac ein Ende, der diesem grossen Monarchen durch zwey Messerstiche das Leben raubte.

Die vielen Widersprüche, die sich in allen französischen Geschichtschreibern über dieses Faktum befinden, und die Nachlässigkeit und Partheylichkeit, mit welcher man in dem Prozeß gegen den Königsmörder verfuhr, haben der Nachwelt beynahe alle Hülfsmittel entzogen, sich über die wahren Umstände dieses wichtigen Vorfalles aufklären zu können. Man scheint durchgehends gefürchtet zu haben, daß der Mörder Mitschuldige gehabt haben möge, die man nicht zur Strafe ziehen wollte oder durfte. Gleichwohl kann Ravaillac nicht ohne Mitschuldige gewesen seyn. Es ist erwiesen, daß zu Madrit und zu Mailand das Gerücht von der Königsmordung verbreitet wurde, ehe noch die verruchte That ausgeführt war. Acht Tage vor der Ermordung gieng durch Lüttich ein Kourier, welcher aussagte, er bringe den deutschen Fürsten die Zeitung, daß Heinrich ermordet worden. Zu

---

*) l. c. S. 208.

Montargis fand man auf dem Altare ein Billet des Inhalts, daß dem Leben des Königes bald durch einen Warhals ein Ende gemacht werden würde *). Zu Douvay, Antwerpen, Arras, Brüssel, Mecheln und Herzogenbusch sprach man von seinem Tode ebenfalls, ehe derselbe erfolgte. Der Prevot des Marchands von Pluviers sagte in eben der Stunde, da Heinrich ermordet wurde, in einer öffentlichen Spielgesellschaft: „Der „König ist verwundet worden, und er starb in „dieser Stunde." Man hat diesen Prevot, der zween Söhne im Jesuitenorden hatte, zur gefänglichen Haft gebracht, worinn er sich aber, ehe er inquirirt wurde, mit seinem Hosenbande erdrosselte. Aus Seeland erhielt ein gewisser Target ein Schreiben, worinn ihm fünfzehn Tage vor des Königs Tode angezeigt wurde, daß man in dieser Provinz fast mit jeder Stunde Nachricht von irgend einer grossen bevorstehenden Begebenheit in Frankreich erwarte, und daß man in allen der österreichischen Herrschaft unterworfenen Gebieten Tag und Nacht Gebete anstelle, um ein wichtiges Vorhaben zur erwünschten Ausführung zu bringen **). Am 12. May erhielt der Kammerdiener der Königin ein Schreiben, worin der Tod des Königes betrauert wurde, der doch erst den 14. May erfolgte. In Kölln am Rhein sagten sich die Spanier schon im Anfange des Maymonats einander ins Ohr, daß Heinrich durch Messerstiche aus der Welt geschafft werden würde; und in Mastricht versicherte man, daß dieß, wenn es noch nicht geschehen wäre, in Kurzem geschehen müßte ***). Der Erzbischof von Embrun, Bruder des ersten königlichen Leibarztes, war ge-

---

*) *Nic. Pasquier.* Lettre I. Jesuites criminels de leze Majesté dans la theorie & dans la Pratique. Part. II. p. 271.
**) Journal *d'Etoile* à l'année 1650. pag. 128.
***) Jesuites criminels de leze Majesté. l. c. pag. 27.

Achtes Buch.

rade zu der Stunde, in welcher der König getödtet wurde, bey einigen andern Prälaten, und sprach: „Es ist unmöglich, daß dem Könige, so „wie die Sachen jetzt beschaffen sind, nicht irgend „ein Unglück begegne; und vielleicht geschieht die- „ses gerade jetzt, da wir davon reden *)." Ein Priester von Douvay sagte in dem Augenblicke der Ermordung: Man tödte eben jetzt den größten König auf der Welt. Die Schwester des Gouverneurs von Dieppe, welche in dem Kloster St. Paul in der Pikardie eine Nonne war, sprach zu ihrer Aebtissin: „Madame, lassen Sie für den „König beten; denn man bringt ihn ums Leben." Bald darauf rief sie: „Ach! nun ist er schon „todt!**)"

Diese Umstände beweisen ganz offenbar, daß Ravaillac Mitschuldige gehabt, und daß die Ermordung des Königes das Werk einer Staatskabale gewesen sey. Auch findet man davon in dem Prozesse eines gewissen Gardekapitains, Namens Peter Düjardin, wirkliche Spuren. Dieser Offizier hielt sich auf seinen Reisen einige Zeit in Neapel auf. Etliche der unruhigsten und gefährlichsten Liguisten hatten sich in diese Stadt geflüchtet, wo sie in heimlichen Zusammenkünften verrätherische Komplotte entwarfen. Der spanische Jesuite, Pater Alagon, Oheim des Herzogs von Lernea, führte in dieser Versammlung das Präsidium. Die französischen Flüchtlinge wollten die Probe machen, ob der Gardekapitain nicht irgend eines Bubenstückes fähig wäre? Alagon unterzog sich diesem Geschäfte. Er ließ sich diesen Offizier vorstellen. Nach einigen gleichgültigen Gesprächen kam die Rede auf den Marschall von Biron. Der Jesuite sprach von ihm als von dem größten Hel-

---

*) *Nic. Pasquier Lettre I.*
**) *Matthieu* Hist. de Henry le Grand. Part. IV. p. 835.

den seines Zeitalters*), und lästerte im Gegentheile mit den schimpflichsten Ausdrücken den König Heinrich, der, seinem Vorgeben nach, all sein Absehen dahin gerichtet hätte, die Katholiken zu Grunde zu richten. Düjardin merkte es dem Jesuiten bald ab, daß diese Unterredung auf einen gefährlichen Punkt ziele. Indessen glaubte er sich verstellen zu müssen, um mit den Gesinnungen und Entwürfen der Feinde des Königes näher bekannt zu werden. Er belobte also den Eifer des Jesuiten, und klagte über die Hinrichtung des verrätherischen Marschalls. Alagon glaubte seinen Mann gefunden zu haben, und ließ sich nun mit mehrerer Freymüthigkeit gegen den Kapitain heraus. Er sagte, Gott habe ihn dazu berufen, der Christenheit einen wichtigen Dienst zu leisten, und es stehe in seiner Macht, sich, ausser einer ansehnlichen Pension, die höchste Ehrenstuffe in der spanischen Monarchie zu verdienen. „Ich habe", schloß der Jesuite, „Ihnen bereits einen Wink „davon gegeben, als ich von den Bedrückungen „sprach, denen die Katholiken unter Heinrichs Regierung ausgesezt sind. Wenn Sie sich ent„schliessen wollen, ihn zu ermorden, so werde ich „Sie zum reichsten Edelmann machen, der sich am „Hofe zu Madrit befindet." Der Kapitain hatte Mühe, das Entsezen zu verbergen, welches ihm dieser Antrag verursachte. Indessen ermannte er sich sogleich wieder, und nahm mit dem Versprechen von dem Jesuiten Abschied, nächster Tagen

---

*) Dieser wurde bekanntlich im Jahre 1600 in der Bastille enthauptet. Er hatte sich mit den spanischen und savoyischen Gesandten verschworen, die königliche Familie aus der Welt zu schaffen, und Frankreich der spanischen Krone zu unterwerfen. Verdienstes genug, um in den Augen eines spanischen Jesuiten der größte Held seines Zeitalters zu seyn! I. A. Thuani Hist. s. T. Vol. VI. Lib. CXXV. §. V. p. 36. Mezerai Hist. de la France. Tom. III. Liv. IV. p. 1236.

Achtes Buch.

wieder zu kommen, und sich inzwischen über dieses Geschäft zu bedenken. Es schien für ihn nicht rathsam zu seyn, sogleich nach diesem Antrage aus aller Verbindung mit diesen Staatsverräthern zu treten. Man ließ durch unzählige Spione seine Schritte bewachen, und er wäre verloren gewesen, wenn er die geringste Mißbilligung dieses Komplottes geäussert hätte. Er fand sich also mehrere Tage hintereinander in der Versammlung der Liguisten ein, welche alle Kunstgriffe in Bewegung setzten, denselben zur Ausführung ihres Vorhabens zu reitzen. Eines Tages wurde er an die Tafel des Herrn Hebert, Sekretairs des hingerichteten Marschalls von Biron gezogen, wo er eine zahlreiche Gesellschaft von flüchtiggewordenen Franzosen fand. Während dem Essen trat Ravaillac herein, welchen alle Gäste mit auszeichnenden Liebkosungen empfiengen, und ihn nöthigten, sich an die Tafel zu setzen. Dieser seiner Lüderlichkeit wegen berüchtigte Mensch war der Gesellschaft ein Mann von Wichtigkeit. Er hatte deswegen auch kein Bedenken, öffentlich zu gestehen, daß er vom Herzog von Epernon *) mit Briefen an den Vicekönig von Neapel abgeschickt sey, und daß er nur auf Antwort von diesem warte, um sogleich wieder nach Frankreich seine Rückreise anzutreten, wo er, wenn es ihn auch sein Leben kosten würde, den König ermorden müsse **). Die ganze Gesellschaft überschüttete den Elenden mit Lobsprüchen, und der Kapitain sah sich mit Schrecken in Mitte einer Bande infamer Verbrecher. Sein Entsetzen wurde um so grösser, nachdem er auf Spuren kam, daß die Feinde von Frankreich beträchtliche Kriegsrüstungen machten,

---

*) Verschiedene Geschichtsumstände bestärken den Verdacht, daß dieser mit der Marquisin von Verneuil, der verabschiedeten Maitresse des Königs, das Haupt dieses Komplottes gewesen sey.

**) Journal d'*Etoile* à l'année 1610.

und sich sogar des Giftes bedienten, um das Wasser zu verderben *). Zum Glücke fand er Gelegenheit, heimlich zu entweichen, nachdem er zuvor den französischen Gesandten von allem, was er wußte, benachrichtigt hatte. Er kam nach Frankreich zurücke. Aber er mußte bald erfahren, wie gefährlich es sey, Wissenschaft von mörderischen Anschlägen zu haben. Er wurde nicht lange darauf von Banditen mit mehrern Stichen verwundet, und, als diese nicht tödtlich waren, in gefängliche Haft gezogen, wo man sich wohl hütete, ihn gerichtlich über das an dem Könige verübte Verbrechen zu befragen.

Aber man findet, ausser der Geschichte dieses Kapitains noch andere Beweise, daß Ravaillac Mitschuldige gehabt. Eine gewisse Madame Coman, ehemalige Kammerfrau der Marquisin von Verneuil, hatte unläugbare Beweise in ihrer Gewalt, daß gedachte Marquisin und der Herzog von Epernon den Tod des Königes beschlossen, und den Ravaillac als ein Werkzeug ihrer Entwürfe in ihren Sold und unter ihre Aufsicht genommen hatten. Auch gegen dieses Weib äusserte sich der Elende, den ein wüthender Fanatismus ergriffen hatte; er gestand ihr, daß er in Verbindung mit dem Herzoge von Epernon stehe, daß er von ihm einen wichtigen Auftrag habe, und daß er den König ermorden werde. Coman hatte sich zu verschiedenen Malen alle Mühe gegeben, dieses Geheimniß dem König und der Königinn zu entdecken. Allein alle Höflinge, an die sie sich wandte, wiesen sie unter allerley Vorwänden ab. Einige wollten sich mit so einer Sache nicht abgeben; andere hielten das Weib für eine Wahnsinnige. Endlich wagte sie den Versuch, Heinrichen mittels seines Beichtvaters, des Jesuiten Cotton, von der Gefahr zu unterrichten, in der sein Leben stund. Sie begab sich in das Jesuitenkollegium, verlangte

---

*) Jesuites criminels de leze Majesté. l. c. pag. 256.

Achtes Buch.

den königlichen Beichtvater zu sprechen, und als dieser abwesend war, entdeckte sie die ganze Sache dem Prokurator des Ordens. Sehr merkwürdig ist der Bescheid, den der Jesuite diesem Weibe gab. „Er wolle", sagte er, „sich in dieser „Sache bey Gott Raths erholen. Sie sollte in „Frieden gehen, und sich nicht weiter mit einem „Geschäfte dieser Art abgeben, wenn sie nicht in „Gefahr stehen wolle, selbst als Mitschuldige an=, „geklagt zu werden." Wenige Tage nach dieser Unterredung mit dem Prokurator des Jesuitenordens schleppte man sie ins Gefängniß. Der gegen sie geführte Prozeß ist ein unläugbarer Beweis, daß man von höherer Macht gehindert worden, die Mitschuldigen zu bestrafen. Der erste Parlamentspräsident klagte es zu verschiedenen Malen seinen Freunden, daß ihn der Stand der Angeklagten und ein gewisser Zwang nöthige, Sachen zu unterdrücken, die von höchster Wichtigkeit seyen *).

Ravaillac hat zwar, auch unter den tödtendsten Schmerzen der Folter, immer darauf beharret, daß er ohne Rath und Beyhülfe eines andern den Tod des Königes beschlossen habe. Aber er gestund zugleich, daß er zu diesem Verbrechen durch Predigten und Schriften verleitet worden, worin die Lehre, Könige zu morden, systematisch behandelt wurde. Wirklich besaß er bey aller seiner Unwissenheit in der Theologie eine ausserordentliche Kenntniß in der Lehre vom Tyrannenmord. Ein nicht ganz verwerflicher Beweis, daß er schon von längerer Zeit her jene Geistesbildung erhielt, welche geschickt ist, die theoretischen Maximen des Jesuitenordens praktisch auszuführen. Eine verunglückte Erziehung, ein lasterhafter Lebenswandel und drückender Mangel beschäftigten schon in

---

*) Memoires pour servir à l'Histoire de France. Tom. III. pag. 358. Jesuites criminels de leze Majesté. Parr. II. pag. 355.

seiner frühesten Jugend seinen unruhigen Geist mit den fürchterlichsten Vorstellungen und Entwürfen. Er trieb eine Zeit lang sogar die Magie. Kein Wunder also, wenn er nach und nach aus Verzweiflung ein Fanatiker wurde, und seinen Geist allen finstern Eindrücken der Schwärmerey und der Rache überließ. Von dieser Zeit an aber machten sich Leute, denen solche angebrannte Köpfe zur Ausführung gefährlicher Bubenstücke dienlich seyn konnten, ein eigenes Geschäft daraus, seine Schritte, seine Verirrungen, und den Gang seiner Ideen zu beobachten. Sie liessen ihn nicht mehr aus den Augen; sie flößten ihm unter der Hand durch gewisse gefährliche Schriften den Geist der Ligue, einen feindseligen und wüthenden Haß gegen die Kalvinisten und gegen den König ein. Sie nährten und entflammten diesen Haß durch das falsche und listige Vorgeben, als wäre Heinrich Willens, die Katholiken zu unterdrücken; und in dieser Hoffnung, und nach diesen Voraussetzungen war es ihnen ein leichtes, dem Unglücklichen, dem sie nicht mehr Zeit liessen, sich von seinen Verirrungen zu erholen, ein verzehrendes Rachegefühl und mit diesem die Lehre einzuflössen, daß es ein erlaubtes und verdienstliches Werk sey, Könige zu morden, welche der herrschenden Religion Abbruch thun wollen. Sie hatten nach solchen Anstalten nicht mehr nöthig, ihm einen positiven Auftrag zu geben, den Monarchen zu tödten. Er würde das, unaufgefordert, aus verruchtem Instinkte, und weil er durch ihm unsichtbare Hände bis an das Ende seiner Frevelthat geleitet wurde, zu allen Zeiten gethan haben. In dieser Rücksicht konnte auch Ravaillac mit gutem Gewissen vor seinen Richtern betheuern, ohne Mitschuldige gewesen zu seyn. Alle seine Aussagen lassen vermuthen, daß er, unbekannt mit jener Fakzion, die ihn in Bewegung sezte, durch die Gewalt eines zu diesem Endzwecke in ihm er-

Achtes Buch.

regten und genährten unwiederstehlichen Triebes unaufhaltsam dahingerissen, und gleichsam durch eine unsichtbare Macht mit dem Dolche bewaffnet wurde, womit er dem Könige das Leben raubte.

Bey alle dem kann man diejenigen, welche seinen Prozeß führten, nicht ganz von allem Verdachte der Nachlässigkeit frey sprechen. Vielleicht aus Bestürzung bewachte man ihn anfangs mit so weniger Sorgfalt, daß ihn Leute aus allen Ständen öffentlich sehen und sprechen konnten. Als er nachher in die Conciergerie gebracht wurde, erlaubte man auch da noch verschiedenen Personen freyen Zutritt zu ihm. Unter andern fand sich daselbst auch der königliche Beichtvater, der Jesuite Cotton ein. Er sagte zu Ravaillac: Mein Freund, hütet euch ja, unschuldige, rechtschaffene und gute Katholiken anzuklagen *)! Bey seinem Abschiede tröstete er ihn mit dem Versprechen, seiner armen Seele täglich im Meßopfer zu gedenken **). Man hat den Jesuiten hierüber sehr oft Vorwürfe gemacht. Aber bey weitem mehr verdient diese ein andrer Jesuite, Namens Aubigny. Der Mörder hatte, seinem eignen Geständnisse zufolge, diesem Pater in der Beichte sein Vorhaben entdeckt. Aubigny wurde mit Ravaillac konfrontirt. Allein der Jesuite läugnete, ihn je gesehen zu haben; und als man ihn an die Beichte erinnerte, so zog er sich mit einer äusserst listigen Wendung aus der Sache: „Gott", sagte er, „ha=
„be einigen die Gabe der Sprachen, andern die
„Gabe der Prophezeihung und Offenbarung, ihm
„aber die Gabe geschenkt, Beichtgeständnisse
„gleich auf der Stelle wieder zu vergessen.
„Ueberdas", setzte er hinzu, „sind wir Ordens=

---

*) *Mezerai* Histoire de France. Tom. III. Liv. IV. pag. 1292. Denkwürdigkeiten des Herzogs von Sülly. Band VII. Buch XXVII. S. 266. — *Vassor* Histoire du Regne de Louis XIII. Tom. I. Liv. I. pag. 41.

**) *Le Grain* Decade de Henry le Grand. Liv. X. p. 496.

„geistliche, und wissen nichts von der Welt; wir „mischen uns nicht in Geschäfte derselben, und ver„stehen nichts davon." „Ich finde dagegen", erwiederte der erste Präsident, „daß ihr genug da„von wisset, und euch nur zu viel darein mischet. „Wenn ihr nicht mehr davon wüßtet, als ihr ge„sagt, so wäre alles besser begangen *)." Ravaillac hatte sich in seinen wiederholten Verhören auf verschiedene Personen berufen, die man, wenn der Prozeß nach den strengsten Formalitäten geführt worden wäre, nothwendig hätte konfrontiren müssen. Allein man schien darauf keine Aufmerksamkeit zu haben. Man stellte weder seine Mutter, der er sich entdeckte, noch andere Personen zur Rede, mit denen er eine Zeit her in Verbindung gestanden. Auch von der Madame Coman, die doch in der ganzen Sache eine Hauptrolle spielen sollte, geschah mit keinem Worte Meldung. Ravaillac nannte unter andern auch den Herzog von Epernon; aber man drang nicht weiter in ihn, und man schien, einen besondern Auftrag gehabt zu haben, alles zu vermeiden, was diesen mächtigen Herrn auf irgend eine Art verwickeln könnte **).

Auch bey seiner Hinrichtung ereigneten sich einige Umstände, welche bemerkt zu werden verdienen. Das Volk, welches sich in ungeheurer Menge von der Conciergerie bis auf den Richtplatz ausbreitete, gerieth bey seinem Anblicke in eine

*) Memoires pour servir à l'Histoire de France. Tom. III. pag. 320. — Jesuites criminels de leze Majesté. Part. II. pag. 316.
**) Memoires de Condé. Tom. VI. dans l'Avertissement. — Es scheint, sagt der türkische Spion, daß die Richter aus Furcht oder Schaam bewogen worden, Sachen von der höchsten Wichtigkeit zu verschweigen oder zu unterdrücken; und daß sie durch einen besondern Eid verbunden gewesen, über gewisse Sachen ein ewiges Stillschweigen zu beobachten. L'Espion Turc. Tom. IV. pag. 355.

Achtes Buch.

ausserordentliche Wuth. Tausend Verwünschungen und Flüche über den Königsmörder erschollen in der Luft. Die Wache hatte Mühe, dem rasenden Pöbel, der den Verurtheilten in Stücke zerreissen wollte, Einhalt zu thun. Als die Geistlichkeit, die ihn begleitete, für seine arme Seele ein lautes Gebet anstimmte, wurde sie von dem Geschrey des Volkes übertäubt, welches nicht gestatten wollte, daß für einen so verruchten Missethäter gebetet würde. Was die schrecklichsten Peinen der Folter, das gewaltsame Aufreissen der Brust, in die man siedendes Oehl und Pech goß, und das langsame Verbrennen seiner rechten Hand im Schwefelfeuer nicht über ihn vermogte, das bewirkten die Verwünschungen und die Verfluchungen des zahlreichen Volkes, daß sich zum Schafotte hindrängte. Er wurde weich, und wandte sich in dem Augenblicke, da er von den Pferden zerrissen werden sollte, mit folgenden Worten gegen seinen Beichtvater: „Wenn ich je daran ge„dacht hätte, das sehen zu müssen, was ich jetzt „sehe; wenn ich gewußt hätte, wie sehr das Volk „den König liebt, ich hätte niemals den Schritt „gethan, der mich hieher führt, und den ich von „ganzer Seele bereue. Allein ich war immer der „zuversichtlichen Meinung (und man hat mich „dessen unter Augen sehr oft versichert) daß „ich dem Volke durch die Ermordung des Königs „ein angenehmes Opfer bringen, und daß mir das„selbe dankbare Erkenntlichkeit dafür beweisen wür„de. Allein nun sehe ich im Gegentheile, daß „eben das Volk Pferde zuführt, die mich zerreis„sen sollen *)." Eine denkwürdige Rede, die al-

---

*) Dieß bezieht sich auf eine Anekdote. Als nämlich eines der Pferde, die ihn zerreissen sollten, aus Müdigkeit nicht mehr vorwärts ziehen wollte, näherte sich ein Edelmann dem Schafott, stieg vom Pferde, und ließ dasselbe an die Stelle des ermüdeten spannen. *Merc. Franc. pag.* 325.

lerdings für einen Beweis angesehen werden kann, daß Ravaillac Mitschuldige gehabt, welche ihm mit der zuversichtlichen Hoffnung schmeichelten, daß die Ermordung des Königes dem Volke ein angenehmes Schauspiel seyn würde.

Ein anderer Umstand, den man vergaß, in den Verbalprozeß aufzunehmen, ist, daß Ravaillac auf den ersten Pferdezug losgelassen zu werden verlangte, und dem Greffier eine Art Testamentes in die Feder diktirte. Allein dieses Testament ist geflissentlich mit so unkenntlichen Karakteren geschrieben, daß es bis auf diese Stunde auch dem geübtesten Schriftenkenner unmöglich war, einen Sinn herauszubringen. Dieser Umstand hat den Greffier in Verdacht gebracht, daß sich der Inhalt dieser Akte auf irgend ein Geheimniß beziehe, das er seiner eigenen Sicherheit wegen, und wahrscheinlich auf höhern Befehl zu unterdrücken für gut befunden hat *).

Der Mörder hatte nun durch die unmenschlichste Todesart seinen Frevel gebüßt. Allein damit war das Publikum noch nicht zufrieden. Es fieng nun an, laut und mit einer Art Zuversicht von den Urhebern oder Mitwirkern dieser Frevelthat zu reden. Was war wohl natürlicher, als daß man bey dieser Gelegenheit allererst auf die Jesuiten verfiel? Zwar haben sich die Apologisten dieses Ordens sehr geschickt in dieser Sache zu benehmen gewußt. Wenn es wahr ist, sagten sie **), daß die Gesellschaft Jesu in allen ihren Unternehmungen allererst auf ihren eigenen Nutzen sieht; so fragt es sich zuvörderst, welchen Vortheil konnte sich dieselbe von der gewaltthätigen Ermordung eines Königes versprechen, der an dieselbe so viele königliche Gnade

---

*) Memoires de Condé. Tom. VI. dans l'Avertissement.
**) Kritische Jesuitengeschichte. Kap. IV. Abschnitt III. S. 144. S. 326. u. f.

Achtes Buch.

Gnade verschwendete, sie wieder nach Paris beruffen, ihr das Kollegium zu la Fleche gebaut, sein eigenes Haus geschenkt, der ihr den Weg nach Konstantinopel gebahnet, sie mit der Republik Venedig ausgesöhnt, wider die Parlamente vertheidigt, und gegen ihre Verläumder in Schuz genommen hat? Wem sollte es auch nur im Traume beyfallen, daß sie es gewagt haben würde, einem so gütigen Könige das Leben nehmen zu lassen, der ihrem Genossen, dem Pater Cotton, so ausserordentliche Gnade und Ehre erwies„? Freylich sollte man denken, daß wenigst in dieser Rücksicht Heinrich ein besseres Loos verdient hätte, als ihn traf. Allein wem kann es wohl auch unbekannt seyn, daß die Jesuiten von ihrem Entstehen bis auf den heutigen Tag ihre Wohlthäter fast durchgehends mit Undank belohnten? Wem anders, als dem römischen Hofe hatten sie wohl ihr Auffommen und ihre furchtbare Macht zu verdanken? Und gleichwohl fand eben dieser Hof keine undankbarere und verwegnere Gegner, als die Jesuiten. Nur kurzsichtige und befangene Geister können in den Gründen, mit denen die Jesuiten in diesem Falle sich rechtfertigen, eine Beruhigung finden. Wer den Geist ihrer Konstituzionen, und den Gang der Weltbegebenheiten im Zusammenhange fassen mag, kann ohne viele Mühe die Triebräder erkennen, die alles in Bewegung setzten. Durch ihr Vorgeben, als hätte der Orden von der Ermordung des Königes keinen Vortheil zu erwarten gehabt, werfen sie nur ihren Zeitgenossen Staub in die Augen. Die Vortheile, die für sie daraus entstunden, waren wirklich so unbedeutend nicht, als sie die Welt zu bereden gesucht. Ein schwaches, bigottes Weib, das sich als Regentinn des erledigten Thrones bemeisterte, ein noch neunundiger König, der unter der Zucht und Leitung der Jesuiten stund, eine Schaar von niederträchtigen Höflingen, die kein anders Interesse kannten als die

Gesch. d. Jes. II. Band. P

ansehnliche Ersparnisse des entleibten Monarchen mit lasterhaften Händen an sich zu reissen — welche Aussichten für die Jesuiten, die, um sich furchtbar zu machen, die Launen einer ehrsüchtigen und eitelen Frau, die Schwäche eines Kindes, und das Intriguenspiel der Minister zu ihrem Vortheile zu benutzen wußten. Will man auch diesen, gewiß nicht unbedeutenden Vortheil beyseite setzen, und annehmen, daß sie bey der Ermordung des Königes auf alle diese Umstände keine Rücksicht genommen; so kann die Politik ihres Ordens doch immer ihr Interesse dabey gefunden haben, einen so unternehmenden Geist aus dem Wege zu räumen, der sein berühmtes Projekt, wider die Absichten des spanischen und oesterreichischen Hauses eine grosse europäische Republik zu stiften, schon beynahe zur Reife gebracht hatte. Es konnte ihnen, und damals am allerwenigsten, eine gleichgültige Sache seyn, daß Heinrich mit ziemlichem Nachdrucke die Protestanten in Deutschland zu begünstigen anfieng.

Wir haben bereits im vorhergehenden Buche gesehen, wie planmäßig Oesterreich zu Werke gieng, den Religionsfrieden zu brechen, und die protestantischen Stände zu unterdrücken. Wir haben aber auch zugleich gesehen, wie wichtig die Dienste waren, die dabey der Jesuitenorden dem erzherzoglichen Hause leistete, und wie sich's dieser zum eigenen Geschäfte machte, allenthalben, am Hofe, wie unterm Volke, alle Triebmaschinen seiner Politik in Bewegung zu setzen, um die verderblichen Plane jenes Hauses, auch mit dem kostbarsten Aufwande von Menschenblut, zur Ausführung zu bringen. Man vergeße bey allem dem nicht, daß dieser Orden immer dasselbe Interesse, und denselben Zweck, die Vergrößerung seiner Macht nämlich, vor Augen haben mußte; und man verliere nie das Bestreben desselben nach einer allgemeinen von aller Herrschaft unabhängigen Universalmonarchie aus

Achtes Buch.

dem Gesichte; so wird man leicht begreifen, daß es die Jesuiten im Grunde mit keiner Macht gut meinen konnten, sondern höchstens nur so lange die Entwürfe dieses oder jenes Regentenhauses begünstigten, als ihr eigener Vortheil seine Rechnung dabey fand. Endlich geben die Konstituzionen ihres Ordens, und die innere Regierung desselben, die allerstärksten Beweise an die Hand. Der blinde Gehorsam, den jeder Jesuite ohne alle Ausnahme seinem Generale schuldig war, und die durch Eide befestigte Verbindung der Gesellschaft mit dem römischen Stuhle, mußte nothwendig alle Jesuiten, die sich an Höfen aufhielten, zu gefährlichen Spionen und zu Verräthern machen. Am allermeisten hatten dieses solche Höfe zu besorgen, die aus Staatsgründen mit den römischen Päbsten in Kollisionsfälle kommen müßten. Die französische Geschichte liefert davon, wie wir bald sehen werden, die auffallendsten Beyspiele.

So denkt die Nachwelt über die Veranlassung jenes Königsmordes, und über den Antheil, den die Jesuiten dabey gehabt haben mögen. Die Zeitgenossen aber ergriffen das, was ihnen zunächst lag. Sie untersuchten die Grundsätze und die Ideen, die damals in Umlauf gebracht worden; und sie fanden, daß die Schriften, welche, mit Erlaubniß der Obern gedruckt, itzt aus Italien und Spanien nach Frankreich kamen, sehr geschickt waren, fanatische Köpfe zu verwirren und mit der Lehre vom erlaubten Königsmorde die Sicherheit der Thronen aufzuheben. Unter diesen Schriften zeichneten sich die Werke des spanischen Jesuiten, Johannes Mariana, aus. Seine Abhandlung von der Prinzenerziehung *) ist mit verführeri-

*) De rege & regis institutione. Libri III. 8. Moguntiæ 1605. Voran steht die Druckerlaubniß mit folgenden Worten: Stephanus Hojeda Visitator Societatis Jesu in Provincia Toletana, potestate speciali facta a nostro Patre Generali Claudio Aquaviva

scher Eleganz geschrieben. Aber die Grundsätze, die darinn enthalten sind, werfen alle Fundamente der königlichen Gewalt zu Boden. Nach seinem Urtheile ist der Jakobinermönch, Clement, der Heinrich III. erstach, ein Held und ein Heiliger. Das Dekret des Kirchenraths zu Kostanz, welches allen Königsmord verbietet, ist in seinen Augen ungültig und von keiner Kraft. Jeder Unterthan hat, seiner Meynung nach, das Recht, seinen König oder Oberherrn auf alle erdenkliche Weise, sowohl mit offenbarer Gewalt, als mit List und heimlichen Nachstellungen aus der Welt zu schaffen *). Sehr auffallend war es, daß dieses gefährliche Buch gerade zu der Zeit, als Ravaillac sein Bubenstück auszuüben Vorhabens war, in zwo verschiedenen Auflagen in Paris ausgestreut wurde **). Das Parlament, welches der Sorbonne befahl, das Dekret des Kostanzerkonzils, den Königsmord betreffend, neuerdings zu bestätigen, fand also für höchstnöthig, auch jene Schriften zu unterdrücken, welche jenem Dekrete zuwider das Morden der Monarchen rechtfertigten, und ließ durch Henkers-Hand die Abhandlung des Jesuiten Mariana zerreissen und zu Asche ver-

do facultatem, ut imprimantur libri tres, quos de rege & regis institutione composuit P. Joannes Mariana ejusdem Societatis, quippe *approbatos prius a viris doctis & gravibus ex eodem in nostro ordine.* In cujus rei fidem has litteras dedi meo nomine subscriptas, & mei officii sigillo munitas. Madriti in Collegio nostro, quarto nonas Decembris M. D. LXXXXVIII.

*) La Morale des Jesuites extraite fidelement de leurs livres imprimés avec la permission & l'approbation des Superieurs de leur Compagnie. Part. III. Art. IV. Chap. III. pag. 662. et sq.
**) Denkwürdigkeiten des Herzogs von Sully. l. c.

Achtes Buch.

brennen *). Aber ein sehr merkwürdiger Umstand, der sich bey diesem Anlasse eräugnete, beweiset hinlänglich, daß die Jesuiten schon frühzeitig die Früchte der gewaltsamen Ermordung des Königes zu benutzen anfiengen. Nur mit Mühe konnten einige redliche Parlamentsräthe den Widerstand einer von den Jesuiten geleiteten Faktion überwinden, welche darauf bestund, man müsse der Ehre einer Gesellschaft schonen, welche sich um Religion und Wissenschaft so viele Verdienste erworben hätte **). Der Anhang, den dieser Orden damals im Parlament hatte, war schon so groß, daß man in dem Verdammungsdekrete sorgfältig vermied, zu bemerken, daß der Verfasser des verdammten Buches ein Jesuite sey ***). Noch auffallender ist die Rache, die der Hofjesuite Cotton an einem gewissen Abbé Dübois ausübte, welcher so unvorsichtig war, in einer öffentlich vor dem Volke gehaltenen Predigt die Grundsätze des Jesuiten Mariana zu widerlegen. Der Erzbischof von Paris mußte auf Befehl der Königinn, bey welcher sich Cotton hierüber beschwerte, dem allzueifrigen Abbé einen nachdrücklichen Verweis über seine Unbescheidenheit geben, und ihn ernstlich ermahnen, die Jesuiten über diesen Punkt in Ruhe zu lassen. Sie verziehten es ihm auch nicht, und sie fanden im nächsten Jahre eine Gelegenheit, ihn nach Rom zu locken, wo er in ein Loch gesteckt wurde, aus welchem er nicht mehr zum Vorscheine kam ****).

Gleichwohl konnte der Unwillen gegen die Jesuiten, ungeachtet des Schutzes, den ihnen nun jetzt mehr, als vorhin, der Hof gab, nicht ganz un-

---

*) *Vassor* Histoire du Regne de Louis XIII. l. c. pag. 42. — Histoire de la Compag. de Jesus. Tom. II. Art. XVII. pag. 10.

**) *Rigaltius* de rebus Galliæ in Continuat. Historiæ J. A. Thuani. Lib. III. pag. 494.

***) Ibid. l. c.

****) *Vassor*. l. c. pag. 44.

terdrückt werden. Man sprach, besonders nachdem
verschiedene Personen, von denen man glaubte, daß
sie Wissenschaft von den Mitschuldigen des Königsmörders haben könnten, ergriffen und heimlich aus
der Welt geschaft wurden *), immer lauter und
nachdrücklicher von den gefährlichen Maximen der
Gesellschaft Jesu, und insonderheit von der Mordmoral ihres Mariana **). Um also von dieser
Seite die Ehre seines Ordens zu retten, und die

---

*) Jesuites criminels de leze Majesté. Part. II. p. 357.
**) Unter den Schriften, worinn sie dessen bezüchtiget wur-
den, verdienen vorzüglich folgende bemerkt zu werden:
Aphorismes ou Sommaires de la doctrine des Jesuites,
& de quelques autres leurs Docteurs; par lesquels le
vray Christianisme est corrompu, la paix publique
troublée, & les liens de la Société humaine sont
entierement violés & rompus; extraits des escrits,
sentences, & de leurs livres & autres de leurs Docteurs. 12. Geneve. 1610. — Recit des dessins les
plus secrets des Jesuites; s'en suit une remonstrance
aux bons François, sur ce que l'Abbé *Dubois* detesta
& refuta par une predication publique, *Mariana,
Beccanus, Bonarsius, Ribadeneira, Emanuel Sa*, &
autres Jesuites; ensemble l'Arrest de la Cour de
Parlement de Paris, & la Censure de la Sorbonne,
contre le livre de *Jean Mariana*, intitulé: De Rege & Regis institutione. 12. Geneve 1610. — l'As-
sassinat du Roy, ou Maximes du Vieil de la Mon-
tague Vaticane, & de ses Assassins, practiquées en
la personne de defunct Henry le Grand. In dieser
sehr seltnen Schrift wird Chap. V. pag. 36. ausdrücklich des Schutzes, den Heinrich dem Margrafen von
Brandenburg und den deutschen Fürsten in dem Jülichschen Sukzessionsstreit leistete, als einer Beförderungs-
ursache seiner Ermordung erwähnt. Er hat sich dadurch
(sagt der Verfasser) den Verdacht zugezogen, als begünstige er die Ketzer; und diesen Verdacht für die Sicherheit des Königes um so gefährlicher zu machen, ertönten
von dieser Zeit an alle Kanzeln in Frankreich, von bald

Achtes Buch.

Stimme des Publikums zu betäuben, machte Cotton ein weitläuftiges Schreiben an die Königinn bekannt *), worinn er mit doppelsinnigen und listigen Wendungen zu beweisen suchte, daß die Lehre vom erlaubten Königsmorde zu keinen Zeiten die Lehre der Gesellschaft Jesu war. Er beruft sich darinn auf die größten Theologen derselben: Den Kardinal Tolet, Bellarmin, Valentia, Salmeron, del Rio, Heiß, Becan, Gretser, Leß, Serier, Azor und Richeome; lauter Männer, sagt er, welche in ihren Schriften zufolge des Kostanzerkonzils die Lehre vom erlaubten Königsmorde bestritten hätten. Aber sehr fein läßt er zugleich mit einfliessen: „Daß die Jesuiten zu keinen Zeiten eine andre Lehre als die Lehre der allgemeinen Kirche befolgen würden; einer Kirche, welche vom Statthalter Christi und den Nachfolgern des H. Petrus regieret würde.„. Wer bemerkt hierinn nicht die Schlauheit des Jesuiten! Ist die Lehre dieser Kirche nicht eben diejenige, welche die ganze Herrschermacht weltlicher Regenten der Despotenwillkür dieses sogenannten Statthalters Jesu Christi unterwirft? Und ist die Nachtmahlsbulle nicht Lehre dieser allgemeinen Kirche? Eine Bulle, deren Grundsätze durchaus alle poli-

---

zu erfolgenden Strafgerichten Gottes. Ja man scheuete sich nicht, das falsche Gerücht auszubreiten, als hätten die Hugenotten sich verschworen, alle Katholiken zu ermorden. Unter diesen Predigern haben sich namentlich die beyden Jesuiten, Gonthier und Hardy ausgezeichnet. Letzterer hatte die Verwegenheit, in der St. Severinskirche öffentlich vor dem Volke zu sagen: Que les Rois amassoyent des thresors, pour se rendre redoutables; mais qu'il ne falloit *qu'un pion pour matter un Roy.*

*) Lettre declaratoire de la doctrine des Peres Jesuites conformes aux decrets du Concile de Constance, adressée á la Royne mere du Roy, Regente en France; par le Pere *P. Cotton* de la Compagnie de Jesus, Predicateur ordinaire de sa Majesté. 12. Paris 1610.

tische Macht rechtmäſſiger Obrigkeiten über den Haufen werfen? Die tükische und verwegene Art, womit Cotton die Unschuld seines Ordens zu vertheidigen suchte, hat indessen eine Menge Gegenschriften veranlasset, worunter eine unter dem Titel Anticotton *) die merkwürdigste ist. Sie ist in fünf Abschnitte getheilt, deren erster und zweyter durch Thatsachen beweisen, daß die Lehre vom erlaubten Königsmorde und Rebellion der Unterthanen zu allen Zeiten von den Jesuiten behauptet worden. Der dritte Abschnitt zeigt, daß sie an der Ermordung des Königes Antheil genommen; der vierte zergliedert das Deklarazionsschreiben des Pater Cottons; und der fünfte beantwortet die Frage, ob es dem Wohl des Staates zuträglich sey, daß Pater Cotton so nahe mit dem König und der Königinn in Verbindung stehe, und ob man nicht vielmehr alle Jesuiten verbannen müsse?

Allein diese hatten sich bereits über alle Angriffe dieser Art in Sicherheit zu setzen gewußt. Die Königinn begünstigte sie über die Maaßen; und der König war seiner Unmündigkeit wegen in ihrer Gewalt und unter ihrer Aufsicht. War es demnach wohl ein Wunder, wenn schon gleich nach wenigen Wochen ein ganz in dem Style der Jesuiten verfaßtes königliches Edikt sie in Schutz nahm, und wenn der Erzbischof von Paris den Auftrag erhielt, die Unschuld und Ehre ihres Ordens gegen alle Beschuldigungen zu rechtfertigen? Beyde Akten sind ihres Inhaltes wegen sehr merkwürdig, und ich führe sie in ihrer Ursprache hier als Beweise von

---

*) *Anticotton*, ou refutation de la Lettre declaratoire du Pere Cotton. Livre où est prouvé, que les Jesuites sont coulpables & autheurs du parricide execrable commis en la personne du Roy Henry IV. 12. 1610. — Mit dieser Schrift steht auch folgende in Verbindung: Le Contr'assassin, ou, response à l'apologie des Jesuites faite par un Pere de la Compagnie de Jesus. 8. 1612.

dem grossen Einflusse an, den die Jesuiten gleich nach Heinrichs Tode im Staatsrathe zu behaupten anfiengen.

I.

Ludovicus Dei gratia Franciæ & Navarræ Rex. Cum Henricus Magnus Dominus & Pater Noster, ad suum obsequium & Regni sui *utilitatem* pertinere, ac *perquam necessarium* esse judicasset, Patres Societatis Jesu inducere suum in Regnum, ibique sedem illis fixam, ac stabilem ponere; iisdem de consilio Principum consanguineorum nostrorum, & præcipuorum Regni administratorum, concessit sponte sua, *rebus omnibus accurate discussis, & plane cognitis*, facultatem in Galliam redeundi, ex eoque Societas rite restituta fuit, *summa Gallorum omnium voluptate, qui votorum compotes facti sunt*, cum liberos suos ad pietatem pariter, & bonarum artium studia recte institutos habuerunt. Ipsos quidem Societatis Patres Dominus idem, ac Parens noster, ita probavit, tamque *singulari benevolentia* complexus est, ut apud eos *cor suum* deponere (!) statuerit. Ne vero mens venire in dubium nostra possit, testatum volumus isto Diplomate, nostra manu subscripto, *nos re penitus cognita*, nostra sponte, pro regia potestate atque authoritate, iisdem rationibus, quæ Dominum ac Parentem nostrum impulere, quæque adhuc integræ stant, permotos, de sententia dilectissimæ & honoratissimæ Reginæ Matris nostræ, Consanguineorum nostrorum Principum, ac præcipuorum Regni nostri Ministrorum *laudasse*, confirmasse, probavisse, ac ratam habuisse; *laudare*, confirmare, approbare, ac ratam habere receptam in Regnum nostrum, & in omnes juris, ditionisque nostræ Provincias Societatem Jesu &c.

II.

Henricus Gondius, Parisiensis Episcopus, Consiliarius Regius. Cum post extinctum nefarii parricidæ manu Regem, cui Deum propitium ac placatum esse cupimus, plurimi rumores, non sine *gravi* Patrum Societatis Jesu *damno,* hac in urbe disseminati sint, nos honori Societatis, ac famæ consultum volentes, intelligentesque, non aliunde illos profluxisse, quam ex *odio* nonnullorum, & *malevolentia* in eandem Societatem; denunciamus omnibus, ejusmodi rumores meras esse *calumnias,* & *conficta falso* adversus illam *crimina, in Catholicæ, Apostolicæ ac Romanæ Ecclesiæ detrimentum.* Patres vero non modo ab istis sceleribus abesse *longissime,* verum etiam ipsorum Ordinem tum propter *vitæ integritatem* Ecclesiæ Dei *perquam utilem,* ac huic Regno *valde fructuosum* esse. In quorum fidem &c. *).

Viertes Kapitel.

Streitigkeiten der Jesuiten mit der Universität von Paris. Ihr Einfluß bey der im Jahre 1614. und 1615. gehaltenen Generalversammlung der Stände.

Die Leiche des Königs war noch kaum zur Erde bestattet, als man im Pallaste sowohl als im geheimen Staatsrathe die auffallendste Veränderung bemerkte. Der Zwang, wenigstens in dem ersten Augenblicke über die Ermordung des Monarchen einen Schein von Betrübniß zu erkünsteln, war am Hofe so sichtbar, und den meisten Höflingen so unerträglich, daß einer den andern vermied, aus Furcht, den wahren Zustand seiner Gesinnungen zu verrathen.

---

*) *Juvencii* Histor. Soc. Jesu. Part. V. Lib. XII. n. 158. — *Max. Mangoldii* Reflexiones. Tom. II. Art. II. §. 10. & 13. pag. 161. & 209. — Kritische Jesuitengeschichte. Kap. IV, Abschn. III. §. 148. S. 333.

Achtes Buch.

Jeder hatte den Plan seines unter der neuen Regierung zu erwartenden Glückes schon im Voraus entworfen. Jeder dachte an seine eigene Erhöhung, an seinen eigenen Vortheil. Die ehrsüchtigen und raubgierigen Grossen hatten unter dem vorigen Regimente in der klugen und weisen Staatsverwaltung allzu viele Hindernisse gefunden, als daß sie einer solchen gewaltsamen Veränderung nicht mit einer Art hofnungsvollen Trostes hätten entgegensehen sollen. Ihr vornehmstes Bestreben gieng also vorerst dahin, sich in den geheimen Staatsrath einzudringen, und vor allem diejenigen zu entfernen, deren Tugenden und Talente ihnen furchtbar seyn mußten. Der ehrwürdige Sully, der den französischen Staat aus dem trostlosen Zustande einer gänzlichen Verarmung heraushob, und demselben durch weise Finanzverwaltung den Glanz einer der reichsten und mächtigsten Monarchien verschafte, wurde von dieser Zeit an das Ziel einer verderblichen Kabale. Alle, welche der Eitelkeit der Regentinn schmeichelten, um sich durch sie zu erheben, wurden seine Feinde; und man ruhete nicht eher, als bis die Geduld dieses grossen Mannes ermüdet, und er genöthiget war, sich aller Staatsgeschäfte zu begeben. Wie sehr die Jesuiten, seine unversöhnlichsten Feinde, daran Antheil genommen, ersieht man aus seinen hinterlassenen Denkwürdigkeiten *). Er machte kein Geheimniß daraus, daß sie und ihre Anhänger unaufhörlich dahin arbeiteten, ihn vom Hofe und von den Geschäften zu entfernen.

Wirklich eröfneten sich um diese Zeit den Jesuiten neue Aussichten, ihre Macht zu vergrössern. Zu den geheimen Berathschlagungen, die, wie Sully anmerkt **), gerade zur unschicklichsten Zeit bey der Königinn gehalten wurden, hatte niemand Zutritt, als der päbstliche Nunzius, der spanische Gesandte, der Herzog von Epernon, der Jesuite Cotton, und was zu dieser Fakzion gehörte. Es ist

---

*) Band VII. Buch XX. S. 291.
**) l. c. S. 297.

leicht zu begreifen, daß von dieser geheimen Gesellschaft aus der grosse öffentliche Staatsrath beherrscht, und von dieser Zeit an das Privatinteresse dem allgemeinen Nutzen weit vorgezogen wurde. Die Jesuiten wußten sich des Einflusses, den ihr Genosse Pater Cotton im geheimen Conseil behauptete, sehr zu ihrem Vortheile zu bedienen. Sie erneuerten ihre Versuche, den öffentlichen Lehrunterricht an ihr Kollegium zu bringen, mit neuen Kräften, und erhielten schon unterm 20. August 1610. Majestätsbriefe, kraft deren Innhalts sie befugt seyn sollten, nicht nur in den theologischen, sondern auch in allen übrigen Wissenschaften und Künsten Unterricht zu geben. Die Jesuiten versäumten keinen Augenblick, diese Gewalt dem Parlamente zur Einregistrirung vorzulegen. Allein dieser Gerichtshof trug billiges Bedenken, einem geheimen Hofbefehl, der alle Freyheiten und Gerechtsame der Universität aufheben würde, ohne Vorwissen dieser hohen Schule Gesetzeskraft zu geben. Sein erster Entschluß war also, vorerst die Gesinnungen der Universität hierüber zu vernehmen. Obgleich die Jesuiten durch ihre Hofgunst einigen Gliedern derselben sehr furchtbar geworden, und andere, besonders von der Theologenfakultät, mittels ihres Unterrichts auf ihre Seite zu bringen wußten; so vereinigten sich doch alle Dekanen mit dem Rektor der Schule dahin, daß man der Vollziehung der königlichen Patente, was die Einführung und Eröfnung der Jesuitenschule betreffe, aus allen Kräften Widerstand leisten wolle. Beyde Partheyen setzten sich in die Verfassung, ihre Verweigerungsgründe vor dem Parlamente, welches ihnen einen Rechtstag bewilligte, vorzutragen. Die Universität hatte Marteliere, und die Jesuiten Montholon zu Advokaten. Als an dem bestimmten Tage die Partheyen vor dem Parlamente auftreten sollten, kam unvermutet ein geheimer Kabinetsbefehl, wodurch das Plaidiren für diesen Tag

eingestellt wurde. Mittlerweile aber fiengen die
Jesuiten an, eigenmächtig Schulen anzulegen und
zu eröfnen. Sie hatten in ihrem Kollegio bereits
schon gegen 100. Schüler, die sie von fremden Pädagogen unterrichten ließen. Vermuthlich glaubten
sie, durch Aufschub über ihre Gegner zu siegen.
Allein der Universitätsrektor ließ sich nicht betö-
ren. Wachsam auf die Erhaltung ihrer Gerechtsame erneuerte er im folgenden Jahre den Prozeß
gegen den Orden. Das Parlament bewilligte abermals einen Rechtstag, und so wurde endlich in
dreyen aufeinander erfolgten Sessionen mit vielem
Nachdrucke beiderseits gesprochen. Marteliere hat
die Universität sehr gut, und Montholon die Jesuiten sehr schlecht vertheidigt. Ersterer griff nicht
einzelne Glieder des Ordens, sondern die ganze Gesellschaft an, deren Verderbnisse in der Sittenlehre
er mit meisterhafter Beredsamkeit darstellte. Er
zergliederte ihre Moral, welche den Königsmord
vertheidigt, und die Grundstützen der Freyheit und
der Religion über den Haufen wirft. Er erinnerte
sie an den schrecklichen Mißbrauch, den sie von der
heiligen Schrift machten, und zeigte, wie gefährlich ihre Lehre von erlaubtem Doppelsinn sey. Als
er auf die eidlichen Versicherungen zu sprechen kam,
wodurch sich die Jesuiten zu verschiedenen Zeiten
verpflichteten, die Bedingnisse ihrer gestatteten Aufnahme in Frankreich zu erfüllen, bewies er theils
durch historische Thatsachen, theils aus dem Geiste
ihrer Ordensverfassung, daß ihre Eide für sie keine verbindliche Kraft haben. Selbst ihre Gelübde
seyen nur ein Spiel, die sie, nach Beschaffenheit
des Privatinteresses ihres Ordens, in besondern
Fällen brechen dürften *). Montholon wußte den
Beweisthümern seines Gegners keine andre Waffen,
als Lästerungen und listige Wendungen entgegen zu
setzen. Er gab zu verstehen, man könne die Je-

---

*) Plaidoyer de la *Marteliere*. — Histoire generale de
la Comp. de Jesus, Tom. II. Art. XVII. pag. 20. & sq.

suiten nicht berühren, ohne zugleich auch die heilige Kirche, die Päbste, die ökumenischen Konzilien, und die Könige anzugreifen. Er sprach mit der äussersten Verachtung von dem berühmten Dekrete der Sorbonne wider sie, und suchte sowohl ihre Equivokenlehre als überhaupt ihr ganzes Moralsystem zu vertheidigen *). Nachdem beide Advokaten ihre Rede beendigt hatten, trat Herr von Servien im Namen der Gens du Roi auf. Er hatte den Jesuiten schon gleich anfangs, als ihre Streitigkeiten mit der Universität begannen, vorgestellt, daß, wenn sie darauf beharren wollten, Schulen zu eröfnen, sie vorerst schriftlich sich äussern müßten, ob sie die alten Lehren der Universität,

*) Noch heut zu Tage hat eine Moral, welche so genau mit den Grundsätzen der verrufenen Nachtmahlsbulle in Verbindung steht, ihre Vertheidiger. Der Jesuite Mangold macht sich auch im Jahre 1783. kein Bedenken daraus, die Defensiones fidei chatholicæ seines Ordensgenossen Suarez als ein unsterbliches Werk mit den größten Lobsprüchen anzupreisen. Gleichsam, als wollte er allen souverainen Obrigkeiten, die dieses Buch seiner verderblichen Grundsätze wegen verdammten, Hohn sprechen, sammelt er in seinen Reflexionen über den Fortsetzer der Fleurischen Kirchengeschichte *Tom. II. Art. II. §. 14. pag. 228.* alle Lobsprüche, die Suarez von Pabst Paul V. und einigen spanischen Bischöfen der Maximen wegen, die in seinem Werke enthalten waren, in reichlichstem Maaße erhielt. Daß Paul V. einem Jesuiten deswegen, weil er seine Usurpazion gegen die Gerechtsame weltlicher Regenten so geschickt vertheidigte, den Beynamen eines *Doctoris eximii* gab, kann dem Pabste immerhin verziehen werden. Aber sehr befremdend ist es, wie man noch heut zu Tage mitten in Deutschland, das die Vorzüge der weltlichen vor der geistlichen Macht zu erkennen anfängt, einem Jesuiten gestatten könne, diese Vorzüge auf eine so listige Art, als es Mangold thut, annoch in Zweifel zu ziehen.

und vornämlich der theologischen Fakultät, annehmen und anerkennen wollten, oder nicht? Er hatte ihnen zu dem Ende vier Hauptlehren zur Unterschrift vorgelegt, deren zwey erste die Sicherheit der Könige, ihre Souverainität und Unabhängigkeit von irgend einer andern, als Gottes, Macht betrafen. Zufolge der dritten sollten die Priester, wie die Layen, der Gerichtsbarkeit der souverainen Authorität unterworfen seyn; und die vierte Lehre bezog sich auf gewisse Vorzüge und Gerechtsame der französischen Kirche *). Sehr merkwürdig, und ganz im Geiste des Instituts ist der Bescheid, den der Jesuite Fronto, an welchen sich Servien der Unterschrift wegen zuerst wendete, diesem gab. „Da man, sagte er **), sich, beson„ders in Sachen der Policey, in die Umstände „der Zeit und des Orts, wo man sich aufhält, „schicken müsse, so mache es ihm zwar keine Mühe, „obige Lehre anzuerkennen; allein, ohne mit allen „seinen in Paris wohnenden Ordensgenossen darü„ber gemeinschaftliche Abrede getroffen zu haben, „könne er sich nicht bestimmt erklären; und dann „erst müßte zuvor die Sache zur Kenntniß ihres „Generals gebracht werden, ohne dessen Bewilli„gung sie nichts wagen dürften„. Wie bedenklich und listig war nicht eine solche Erklärung! Konnte man wohl gleichgültig dabey seyn, daß die Jesuiten die Lehre von der Sicherheit und Unverletzbarkeit der Könige nur für eine Policeysache hielten, die den Umständen der Zeit und Orts unterworfen seyn müßte? Kann eine Gesellschaft in der Welt geduldet werden, deren Glieder, ohne ausdrückliche Erlaubniß von ihrem Generale, nicht öffentlich gestehen dürfen, daß es allen und jeden Untertha-

---

*) Sommaire du Plaidoyer de Mr. *Servin* — Mercure Jesuite ou Recueil des Pieces, concernants les progrés des Jesuites. pag. 606. & sq.

**) Ibid. l. c. pag. 611.

nen verboten sey, ihre Regenten zu ermorden? — Von dieser sonderbaren Erklärung eines Jesuiten vom Range nahm Servien Anlaß, vor dem Parlamente gegen das Institut sowohl, als gegen das Lehrsystem des Ordens mit Nachdrucke zu sprechen. Er bewies, daß sein Institut mehr auf Privilegien als auf Regeln gebaut sey; er entwarf ein schauerhaftes Gemählde von der bisher in allen Ländern verübten Freveln der Jesuiten; er stellte in einer zusammenhangenden Reihe alle Bemühungen dar, die man sich in Frankreich gab, sich ihrem Aufkommen und ihren gefährlichen Unternehmungen zu widersetzen, und bewies, daß sie zur Vergrösserung ihrer Macht und ihres Kredits eine Menge Privilegien sich erschlichen; unter dem Vorwande der Gewissensleitung, im Grunde aber die Geheimnisse der Familien zu erforschen und sich zu bereichen, in alle Häuser gedrungen, und endlich in alle Weltgeschäfte sich gemischt hätten. Was ihre Lehre insonderheit angieng, zeigte Servien, daß die Jesuiten sowohl in der Moral als Politik eine Menge ganz neuer und fremder Maximen behaupteten, und daß sie es darauf abgesehen hätten, alle geistliche und weltliche Macht, alle säkulaire und regulaire Geistlichkeit und alle Universitäten unter ihr Joch zu beugen. Er zergliederte die Werke einiger Jesuiten, welche in ihren Schriften die Lehre vom erlaubten Königsmorde rechtfertigten, und zeigte, daß die Apologisten, die hierüber den Orden zu vertheidigen suchten, denselben nur strafbarer gemacht. Zum Beweise, wie weit die Erzesse dieser Gesellschaft gehen, zog er eine kleine im Jahre 1608. zu Pont a Mousson gedruckte Schrift: Manuale Sodalitalis betittelt, hervor, und ließ sie durch den Universitätsrektor öffentlich als einen Beweis ablesen, daß die Jesuiten kein Bedenken tragen, die Jugend zu lehren, man dürfe vor der Obrigkeit meineidig schwören.

Achtes Buch.

Dieser ist der Inhalt einer Rede, die dem Generaladvokaten Servien eben so viel Ehre als Verdruß gemacht. Die Jesuiten haben es nie verschmerzen können, so heftig angegriffen worden zu seyn, und sie haben es bey keiner Gelegenheit unterlassen, den Namen eines Mannes, der ihnen vor dem höchsten Gerichtshof in Frankreich so furchtbar geworden, bey der Nachwelt zu lästern. Der Ausspruch des Parlaments in dieser Sache war ganz den Eindrücken und Ueberzeugungen gemäß, die Servien zu erzwecken suchte. Der Präsident erhub sich gegen die Jesuiten, die vor den Schranken des Parlaments stunden, und fragte sie: Ob sie die Lehre der Sorbonne, und vornämlich die vier Hauptpunkte, die ihnen der Generalprokurator vorgelegt habe, unterzeichnen, und sofort auch ihren General zur Unterzeichnung anhalten wollten? Hierauf erwiederte ihr Provinzial, daß ihr Institut ihnen befehle, die Regeln und Gesetze des Orts, wo sie wären, so lange zu befolgen, als sie an diesem Orte sich aufhalten würden. Uebrigens aber könnten sie nicht versprechen, daß ihr General dasjenige, was man von ihnen fordere, gleichfalls unterschreiben werde; alles, was sie hierinn verheissen könnten, wäre, daß sie ihm schreiben und ihr möglichstes thun würden, um den General zur Unterzeichnung zu bewegen *). Ihr Advokat, Montholon, nahm hierauf das Wort, und versicherte das Gericht, daß seine Parthey sich verpflichte, die Gesetze der Universität und die Lehre der Sorbonne zu beobachten, und daß sie mit ihrem Leben dafür haften wollte. Nun erfolgte der Parlamentsschluß, des Inhalts: Daß der Provinzial mit seinen Angehörigen sich durch eigenhändige Unterschrift dahin erklären solle, jederzeit die Lehre der Sorbonne, was die Erhaltung des geheiligten Lebens der Könige, die Ver-

---

*) Mercure Jesuite. pag. 619.

hauptung und Handhabung des königlichen Ansehens und die Freyheit der französischen Kirche betreffe, in allem zu befolgen. Mittlerweile aber soll es ihnen durchaus verboten seyn, etwas zum Präjudiz ihrer Aufnahmbedingnisse zu unternehmen, oder in irgend einer Stadt des Königreichs mittel= oder unmittelbar Schulen anzulegen, und die Jugend zu unterrichten *).

Es kostete die Jesuiten keine Mühe, eine Erklärung zu unterzeichnen, die sie in keinem Punkte zu erfüllen Vorhabens waren. Sie konnten dieß sogar mit gutem Gewissen thun. Denn was ihnen als Unterthanen eines Königs, dessen Vasallen sie waren, zu thun oblag, erstreckte sich nicht auf auswärtige Ordensgenossen; und es blieben ihnen immer noch alle Wege offen, wenigstens mittelbar jene Grundsätze über den Haufen zu werfen, deren Handhabung sie eidlich vor dem Parlamente gelobten. So geschah es denn, daß von dieser Zeit an in die ganze Welt, und sonderheitlich in Frankreich Schriften ausgestreut wurden, welche mit wüthender Frechheit die Gerechtsame und Freyheiten der Völker angriffen. Es ist bemerkungswerth, daß dazumal der päbstliche Hof gerade in der bequemsten Lage war, vermittelst der Grundsätze, die in der Nachtmahlsbulle enthalten sind, auf den Ruinen der weltlichen Macht, die man niederzuwerfen bemühet war, ein fürchterliches Despotentribunal zu errichten. Seit Sirt V. diesem zweyten würdigen Hildebrand, arbeitete man an diesem zerstörenden Entwurfe; und die Jesuiten waren die einzigen von allen Ordensständen, bey denen sich Politik, Verstand und Tücke in so reichlichem Maße vereinigten, daß ausser ihnen niemand geschickter war, die Projekte des römischen Hofes zur Ausführung zu leiten. Dazu gab ihnen ausser der Reformazion, wie schon im ersten Bande dieser Geschichte bemerkt worden, die Entste=

Achtes Buch.

hung der englischen Kirche einen erwünschten Anlaß. Bellarmin, Becan und Suarez griffen bey dieser Gelegenheit die rechtmäßige Herrschermacht der Regenten mit einer Wuth an, die ihres gleichen nicht hatte. Sie erschöpften alle Quellen ihres Schulwitzes, und reiheten Hypothesen auf Hypothesen, um zu beweisen, daß alle Regentenhäupter der Willkühr und den Launen der römischen Päbste unterworfen seyen. Was die Kirchenversammlungen zu Basel und Kostanz von der Fehlbarkeit der Päbste beschlossen, wurde über den Haufen gestossen, und man zwang es allen Christen als einen Glaubensartikel auf, daß der Pabst als Statthalter Christi unfehlbar und folglich der Schiedsrichter aller übrigen Monarchen seyn müsse. Dieser abscheuliche Grundsatz erzeigte eine Menge neuer Dogmen, und man fiel darauf, eine ganz neue Staatslehre einzuführen. Zufolge derselben stund es in der Macht des Pabstes, Könige, die nicht nach dem Sinne dieses allbeherrschenden Statthalters Christi waren, in den Bann zu thun; die Unterthanen derselben ihres Gehorsams und ihres Eides zu erlassen, und, da sie nach eben diesem apostolischen Sinne Tyrannen seyn mußten, jedem Unterthane zu erlauben, sie durch List oder offenbare Gewalt aus der Welt zu schaffen. Dieses verruchte Mördersystem, welches die Päbste, aus Furcht einer allgemeinen Verabscheuung, bisher nur unter der Hand, und gleichsam vor profanen Augen verhüllt, praktisch ausübten, stellten die Jesuiten nun ohne Scheu, und mit einer Art muthwilligen Triumphes, vor jedermanns Augen; und es konnte ihnen bey der allgemeinen Anhänglichkeit von Leuten aus allen Ständen, bey ihren fast an allen Orten geglückten Versuchen, die Nazionalerziehung an sich zu reissen, und bey dem ausserordentlichen Einflusse, den sie an Höfen sich zu erschleichen wußten, keineswegs an Mitteln fehlen, diesem Systeme eine Art publizistischer Authorität zu verschaffen.

Sie hatten mittels einer Unterschrift vom 22. Hornung des Jahrs 1612 sich gegen das Parlament und gegen die Nazion eidlich verpflichtet, nichts zu lehren, was der Sicherheit des Throns und der Freyheit der französischen Kirche in irgend einer Rücksicht nachtheilig seyn könnte. Allein noch in dem nämlichen Jahre ließ Martin Becan zu Mainz seine Controversiam Anglicanam de Potestate Regis & Pontificis drucken. Eine Menge Exemplare davon wurden nach Frankreich geschwärzt. Die theologische Fakultät war im Begriffe, dieses giftige Buch zu verbieten. Allein es beliebte der Königinn, der Universität alle weitere Prozedur gegen die Schrift zu untersagen, obgleich die darinn enthaltene Grundsätze von der Art waren, daß die Könige und Fürsten ihrer Macht und ihrer souverainen Authorität beraubt, die Unterthanen zur Rebellion aufgefordert, und jeder Bösewicht mit einem Dolche bewaffnet wurde, die Könige niederzustoßen*). Im Jahre 1614 kam von der in Portugal erschienenen Defensio Fidei Catholicæ & Apostolicæ adversus Anglicanæ Sectæ errores, welche den Jesuiten Suarez zum Verfasser hatte, zu Kölln ein Nachdruck zum Vorschein. Darinn sagt der Verfasser ohne Scheu: Man müsse es für ausgemacht halten, daß der Pabst Gewalt habe, ketzerische und hartnäckige Könige ihres Throns zu berauben. Die ganze Gnade, die er solchen entthronten Monarchen noch zukommen läßt, bestehet darinn, daß es nicht allen und jeden Menschen, sondern nur denjenigen, die vom römischen Pabste Vollmacht erhalten, erlaubt sey, solchen Königen das Leben zu nehmen. Wenn jedoch ein Fürst seine Gewaltthätigkeit so weit treiben, und einen seiner Unterthanen tödten wollte, so hat dieser das Recht, sich für sein Leben zu wehren, wenn auch der Tod des Fürsten

---

*) *Argentre* Collect. Tom. II. Part. II. pag. 60. & sq.

Achtes Buch.

dadurch erfolgen würde. Hat aber ein Privatus, wenn es darauf abgesehen ist, sein eigenes Leben gegen gewaltsame Angriffe zu vertheidigen, das natürliche Recht, den Angreifer zu erlegen, so ist dieses Recht, wenn es des öffentlichen Wohls wegen geschieht, nur noch um so viel stärker *). Solche Grundsätze, so wenig auch der Muthwille eines Monarchen, der seine Unterthanen wie Hunde niederschlägt, eines Schutzes würdig ist, sind immer verwerflich, und waren es zur Zeit der Jesuitenmacht um so mehr, nachdem sie die Begriffe von Tyranney bis ins Unendliche vervielfältigten, und es vollkommen in ihrer Gewalt hatten, das gemeine Volk mit diesen Begriffen vertraut zu machen **). Sobald die Schrift des

*) Ibid. l. c. pag. 86 & sq. —

**) Ich kann nicht unbemerkt lassen, daß Kaiser Joseph II. grossentheils diesen jesuitischen Begriffen den Verlust seiner Niederlande beymessen muß. In den Augen dieser von den Jesuiten und Mönchen verführten Nazion muß Joseph aus keinem andern Grunde ein Tyrann seyn, als weil er das Heiligste der Religion angriff, Klöster aufhob, fanatische Brüderschaften und Prozessionen einstellte, und zu Löwen ein Generalseminar errichten wollte. Dem gemeinen Volke war die Aufhebung der Joyeuse Entree bey weitem so fürchterlich nicht, als die Hinwegnahme eines Mönchsheiligen von seinen Altären. Daher war es denn auch denjenigen, welchen es im Ernste um die Erringung einer Unabhängigkeit zu thun war, ein leichtes, das Volk durch Vorstellungen, wie ihrer Religion mitgespielt würde, wüthend und furchtbar zu machen. Ich werde im folgenden Bande dieser Geschichte, wenn von den Unternehmungen der Jesuiten nach ihrer Aufhebung die Rede seyn wird, ausführlicher zeigen, durch welche Maschinen die Rebellion in den Niederlanden geleitet wurde, und welchen Antheil die annoch existirenden Jesuiten daran genommen haben mögen. Wer mir bis dahin, zur bessern Aufklärung dieser merkwürdigen Revoluzion, mit dokumentirten Beyträgen, die mir noch unbekannt seyn mögen, an die Hand gehen will, wird mir einen wichtigen Dienst erweisen.

Suarez, worinn diese Grundsätze enthalten sind, in Paris bekannt wurde, bekamen die französischen Jesuiten von Seite der Gens du Roi den Auftrag, in einer öffentlichen Schrift die verderblichen Maximen ihres Ordensgenossen zu widerlegen, und ihrem General ernstlich anzuliegen, daß er durch sein Ansehn die Verfassung und Aubreitung solcher Schriften verhindere. Beydes haben die Jesuiten, die vor zwey Jahren eidlich versprachen, nichts wider die Sicherheit der Throne und die Freyheit der französischen Kirche zu lehren, wohlbedächtlich unterlassen *). Zwar hat der General Aquaviva im Jahre 1610 zur Zeit, als die Jesuiten wegen Heinrichs IV. Ermordung tief ins Gedränge kamen, durch ein Dekret **) verboten, daß in Zukunft kein Jesuite mehr behaupte, daß

---

*) Man muß nicht vergessen, daß kein Jesuite ohne ausdrückliche Erlaubniß des Generals etwas schreiben oder zum Druck befördern durfte. Ihre Konstituzionen drücken sich hierüber über die Maßen deutlich und bestimmt aus: Idem sapiamus, heißt es im zweyten Bande des Instituti Societatis Jesu pag. 74, idem quoad fieri possit, dicamus omnes, juxta Apostolum. Doctrinæ igitur *differentes* non admittantur, nec *verbò* in concionibus publicis, nec *scriptis libris;* qui quidem edi non poterunt in lucem sine *approbatione ac consensu* Præpositi Generalis. Imo & *judiciorum* de rebus agendis diversitas, quæ mater esse solet discordiæ, & inimica unionis voluntatum, quantum fieri potest, evitari debet.—Intelligi oportet, heißt es im ersten Bande des Instituts p. 389, a *nemine* librum ullum sine *examinatione & approbatione speciali* Præpositi Generalis publicari debere. Die Pflichten ihrer Generalrevisoren, denen die Büchercensur oblag, bestanden hauptsächlich darinn: Ferant judicium, *omni seposito humano respectu*, solam Dei Gloriam, & *Societatis bonum*, præ oculis habentes. Ibid. pag. 682.

**) Der Inhalt des Dekrets ist folgender: Præsenti Decreto præcepimus, ne quis deinceps Societatis nostræ Religiosus, prælegendo aut consulendo, affirmare præsumat,

Achtes Buch.

es jedem erlaubt sey, Könige zu tödten. Allein die Art, wie dieses Dekret abgefaßt ist, war ziemlich jesuitisch, und wurde auch zu keinen Zeiten befolgt. Denn Becan und Suarez lehrten unmittelbar nach Publizirung jenes Dekretes den Königsmord. Auch paßte der Inhalt desselben so wenig zu den Konstituzionsbüchern des Ordens, daß es in den Ordinationibus Generalibus, wohin es gehörte, gar nicht einmal mehr zum Vorscheine kömmt. Ein Beweis, daß dieses Gesetz nur zum Scheine gemacht worden, ohne jemals von verbindender Kraft gewesen zu seyn, und daß die Lehre vom erlaubten Königsmorde eine mit dem Geiste des Instituts zusammenhängende Lehre war.

Das Parlament verdammte also die Vertheidigung der katholischen Kirche gegen die Irrthümer der englischen Sekte zum Feuer, und ließ die Jesuiten Armand, de la Tour, Fronton und Sirmond vor die Schranken treten; worauf ihnen angezeigt wurde, daß sie ihren General alles Ernstes auffordern sollten, sein Dekret zu handhaben, und nicht zu gestatten, daß seine Gesellschaft so verderbliche und aufrührerische Lehren aushecke. Uebrigens soll es ihnen obliegen, in öffentlichen Predigten dem Volke eine andere Lehre, als in den verurtheilten Schriften enthalten sey, beyzubringen, widrigenfalls der Gerichtshof gegen sie als gegen Verbrecher der beleidigten Majestät prozediren würde *).

Die Jesuiten hatten damals ihre fürchterliche Macht schon auf allzufesten Grund gebaut, als daß sie so leicht durch Streiche dieser Art erschüttert werden konnte. Ihr ausserordentlicher

licitum esse *cuicumque* personæ, quocunque prætextu tyrannidis, Reges aut Principes occidere, seu mortem eis machinari. Sehr trocken und sehr unbestimmt!

*) Histoire generale de la Compagnie de Jesus. Tom. II. Art. XVIII. pag. 50 & sq.

Kredit am Hofe, an welchem man bereits anfieng, nach und nach das Ansehn der Magistraturen und mit diesem die Freyheit des Volks zu untergraben, machte sie ganz gleichgültig gegen Verweise und Züchtigungen, die sie von Zeit zu Zeit von dem Parlamente erhielten. Sie ließen sich Verweise geben, und schwiegen, weil sie es für eine überflüssige und vielleicht gefährliche Sache hielten, sich zu vertheidigen, nachdem der Hof stillschweigend ihnen Beyfall gab. Alles gieng hierinn seinen natürlichen Weg. Die Königinn, eine geborne Italienerinn, ein bigottes, und dem römischen Stuhle enthusiastisch anhangendes Weib; ein König, der so zu sagen noch kaum aus den Windeln gekommen war, und Höflinge, die aus Rangsucht und aus Weichlichkeit nach Reichthümern strebten — wie vortheilhaft mußte nicht so ein Wirkungskreis für Jesuiten seyn, welche in den Intriguen der Höfe bereits ausgelernte Meister waren, und sich so fürtrefflich auf die Kunst verstunden, die Schwachheiten und Leidenschaften der Grossen zu ihrem Vortheile zu benutzen! Was ihren Einfluß ungemein verstärken und sie allermeist furchtbar machen mußte, war der Umstand, daß die Hofjesuiten schon damals über den größten Theil der Pfründen und geistlichen Benefizien frey zu disponiren das Recht hatten. Dadurch hatten sie fast alle Geistlichen auf ihre Seite gebracht, oder zu niederträchtigen Schmeichlern herabgewürdigt *).

Was auf der in den Jahren 1614 und 1615 gehaltenen Ständeversammlung vorgieng, ist ein sehr merkbarer Beweis von dem ausserordentlichen Uebergewichte, welches sich die Jesuiten vornämlich über den geistlichen Stand zu verschaffen wußten. Sie waren damals die geheime Maschine, wodurch dieser Stand in Bewegung gesetzt wurde. Ich berufe mich nur auf ein einziges Faktum.

*) Ibid. l. c.

Achtes Buch.

Der Tiers-Etat, der einzige Stand, der es redlich mit dem Könige und der Nazion meinte, sah mit tiefem Kummer, wie sich die verderbliche Lehre von der Oberherrschaft des Pabstes auch in Frankreich immer weiter verbreitete; er dachte mit Schrecken an zwey Könige zurük, die hintereinander durch Meuchelmörder getödtet wurden, welche ihre Dolche in den Schulen der Jesuiten gespitzt hatten. Um nun von dieser Seite den Thron zu sichern, trugen die Deputirten der Stadt Paris und des Gouvernements von Isle de France darauf an, daß zur Hemmung der in Gang gebrachten verderblichen Lehre, die sich seit einigen Jahren wider die Sicherheit der Könige eingeschlichen hätte, Se. Majestät gebeten werden sollen, in der Versammlung der Generalstände als ein unverletzbares Fundamentalgesetz des Königreichs publiziren zu lassen, daß der König von Frankreich ein souverainer Monarch sey, und seine Authorität nur von Gott habe; daß dem zufolge weder eine weltliche noch geistliche Macht berechtigt sey, ihn des Königreichs zu berauben, oder seine Unterthanen von der Treue und dem Gehorsam, den sie ihm schuldig sind, unter welchem Vorwande dieß auch geschehen möchte, zu entlassen. Alle Franzosen sollen ohne Ausnahme schuldig seyn, dieses Gesetz für heilig, wahr, und mit Gottes Wort übereinstimmend anzunehmen, ohne alle Distinkzion, Doppelsinn oder Beschränkung. Alle Deputirte der Generalstände, alle Benefiziaten und Magistrate sollen sich zur Beobachtung dieses Gesetzes, ehe sie ihre Benefizien und ihre Magistraturen antreten, eidlich verbinden. Alle Präceptoren, Regenten, Doktoren und Prediger sollen dasselbe vertheidigen. Die entgegengesetzte Meinung, so wie jene, welche die Ermordung und Absetzung der Souveraine und die Empörung der Unterthanen, unter welchem Vorwande es auch seyn mag, erlaubet, soll als falsch, gottlos, verabscheuungswürdig und der Errichtung der französischen Monarchie, welche unmittelbar von Gott allein abhängt, durchaus zuwider erklärt werden. Alle Bücher, worinn diese boshafte Lehre vorgetragen wird, sollen als aufrührerisch und verdammt, und alle Fremde, die sie vertheidigen, als Feinde der Krone angesehen werden. Welcher Unterthan des Königes es wagen sollte, diese Lehre anzunehmen, soll, von welchem Stande und Würde er auch seyn mag, als ein Rebell, als ein Verletzer der Fundamentalgesetze des Königreichs, und als Verbrecher der beleidigten Majestät von erster Grösse bestraft werden. Wenn ein auswärtiger Geistlicher oder Ordensmann ein Werk in den Druck giebt, worinn direkte oder indirekte wider dieses angenommene Fundamentalgesetz gefehlt würde, so sollen die Geistlichen und Religiosen des nämlichen Ordens verpflichtet seyn, die Schrift ihres Mitbruders ohne allen Verzug zu widerlegen; widrigenfalls sie als Begünstiger der Staatsfeinde bestraft werden müßten. Schlüßlich soll dieses Gesetz allen souverainen Gerichtshöfen und subalternen Tribunalien zur pünktlichsten Vollziehung bekannt gemacht werden *).

Dieses Gesetz war nicht nach dem Geschmacke der Jesuiten. Sie sahen gar wohl die Folgen davon ein. Die Beobachtung desselben hätte ihnen die mit so vieler Mühe errungenen Früchte ihrer strafbaren Moral entrissen. Es war ihnen also allermeist daran gelegen, sich und ihre Lehre in Sicherheit zu setzen. Sie bestürmten die Kardinäle und den päbstlichen Nuntius, denen es nicht gleichgültig seyn konnte, ein ihrem Privatinteresse nachtheiliges Recht aufkommen zu lassen. Die übrigen Deputirten der Klerisey waren Mönche, Ignoranten, abergläubige und blöde Köpfe. Die ein-

---

*) Le *Vassor* Histoire de Louis XIII. Tom. I. Part. I. Liv. VI. pag. 81 & sq.

Achtes Buch.

sichtsvollsten und fähigsten hatte ihr Ehrgeitz zu Sklaven des römischen Hofes gemacht *). Man kann also leicht denken, daß die Jesuiten die ganze Klerisey auf ihrer Seite haben mußten, und daß dieser Stand alle Kräfte werde aufgehoben haben, den Streichen auszuweichen, womit das Dekret des Bürgerstandes die römische Hierarchie und ihren Anhang bedrohte. „Alles ist verloren", schrieen die Bigotten, als ihnen der Inhalt dieses Dekrets zu Ohren kam: „Es haben sich in unsere Versamm= „lung Bösewichter und Ketzer eingedrungen, wel= „che sich verschworen haben, die Religion zu „Grunde zu richten **). Welcher Frevel"! So sprachen einige hitzige Köpfe, in dem Bureau der Geistlichkeit. „Unter dem schimmernden Vorwan= „de, die Authorität des Königes zu handhaben, „und für die Erhaltung seines geheiligten Lebens „zu sorgen, läßt man ungestraft von bösartigen „und hinterlistigen Geistern Dekrete entwerfen, wel= „che offenbar dahin zielen, eine Spaltung zu ver= „ursachen, die Katholiken zu trennen, und das „gute Verständniß, worinn seine Majestät mit „dem heiligen römischen Stuhle stehen, aufzuhe= „ben. Ihr Dekret (fuhren sie fort) ist sehr ge= „schickt, zwischen Frankreich und andern Ländern „ein Schisma zu veranlassen. Wie kann man es „wagen, aus einer Kontroverse, die annoch pro= „blematisch ist, eine Glaubenslehre zu machen? „Sollen wir ein Dogma als ketzerisch verdammen, „welches in Rom und anderwärts allgemein als „orthodox anerkannt wird? Sehr listig hat der „Bürgerstand, um einfältigen Leuten Sand in die „Augen zu streuen, eine Meinung, die der Si= „cherheit der Souveraine nachtheilig ist, mit dem

---

*) Leur Chambre étoit composée de moines, d'ignorans, de superstitieux & de timides. Les plus distinguex d'entr' eux, l'ambition les rendoit esclaves de la Cour de Rome. *Le Vassor* l. c.

**) *Le Vassor* l. c. pag. 85.

„jenigen zu vereinigen gewußt, was die Macht
„des Pabstes unmittelbar angeht *)". So
dachte die französische Geistlichkeit über das
vorstehende Dekret des Tiers=Etat. Wer erkennt
hierinn nicht die Gedenkensart und den Geist der
Jesuiten? Ist es nicht sehr auffallend, daß man zu
einer Zeit, wo man viel von der Freyheit der
französischen Kirche sprach, die Frage, ob es in
der Macht des Pabstes stehe, Könige abzusetzen,
und Unterthanen ihres Eides der Treue zu entlassen, noch für problematisch, für unentschieden
hält? Und daß man eine Lehre, die den Königsmord gestattet, nicht verdammen könne, ohne eine
Spaltung in der christlichen Hierarchie zu veranlassen? Wie groß mußte nicht der Triumph der
Jesuiten seyn, zu sehen, daß ihre Maximen auf
französischem Boden schon so tiefe Wurzeln geschlagen!

Doch war der Sieg, den sie unter dem Beystande der Geistlichkeit und des Adels über den
Bürgerstand davon trugen, nicht der einzige, mit
welchem ihre geheimen Bemühungen in der damaligen Reichsständeversammlung belohnt wurden.
Ihr Kredit und ihre Politik vermochten bey weitem noch mehr. Sie fanden Gelegenheit, ihren
alten Feind, die Universität zu besiegen. Diese
hohe Schule hatte in Ansehung der Lehre von der
Unabhängigkeit ihrer Souveraine die nämlichen
Begriffe, die der Tiers=Etat hatte. Sie trug
also in der Schrift, die sie den Ständen als Resultat ihrer Forderungen übergab, vornämlich darauf an, daß die Idee von einer Oberherrschaft
des Pabstes über französische Monarchen ganz vertilgt werden soll. Um die nachtheiligen Folgen
einer Lehre, welche seit einigen Jahren in Predigten und Schriften die Souverainität weltlicher
Regenten angreift, zu unterdrücken, sollen Se.
Majestät verordnen, daß alle Benefiziaten, Offi-

―――――――――
*) Ibid. l. c. pag. 89.

Achtes Buch.

zianten und Mitglieder der Universitäten, alle Generale und Provinziale, Guardiane, Rektoren, Präfekten, Prioren der Mönchs- und Bettelklöster, und überhaupt alle Vorsteher der Konvente, Kollegien und Kongregazionen sowohl säkularen als regulären Ordens, angehalten werden sollen, in dem Lauf des ersten Monats, vom Antritte ihrer Aemter an, einen Eid der Treue in die Hände einer von Sr. Majestät nach Belieben ernannten Kommission zu leisten, und sich dahin zu erklären, daß in Rücksicht des Zeitlichen der König Souverain in seinen Staaten sey, und eben so wenig abgesetzt, als seine Unterthanen von dem Huldigungseide losgesprochen werden können, wie es die Verfasser einiger schädlichen Schriften öffentlich zu behaupten keinen Anstand nehmen; daß sie alle entgegengesetzte Meinungen verabscheuen, ihrem Könige Gehorsam versprechen, so wie es ein Unterthan seinem natürlichen Fürsten schuldig ist, und diesen Gehorsam sowohl öffentlich als privat halten, beobachten, predigen und lehren wollen. Ausserdem brachte die Universität noch in Vorschlag, daß einige von Sr. Majestät eigens hiezu berufene Doktoren der Theologie einen Katalog von kezerischen und schädlichen Schriften verfassen sollten. In diesem Verzeichnisse müßten denn alle Bücher aufgenommen werden, deren Verfasser, was sowohl die Sicherheit des Lebens und des Staats der Könige, als die auf heilige Kanonen und Dekrete begründete Freyheit der französischen Kirche angehet, einer andern Meinung sind, als die Universität von Paris *).

Die Jesuiten sahen die Folgen eines solchen Vorschlages allzubald ein, als daß sie die vom römischen Hofe erkauften Kreaturen nicht sogleich in die thätigste Bewegung dagegen gesezt hätten. Dieß geschah denn auch mit so glücklichem Erfolge, daß nicht nur in der Ständeversammlung

---

*) Le Vassor l. c. pag. 55 & sq.

auf die Foderungen der hohen Schule keine Rücksicht genommen, sondern vielmehr, um sich an ihr der vermeintlichen Unbild wegen, die den Jesuiten geschah, auf eine empfindliche Art zu rächen, alles Ernstes darauf angetragen wurde, ihr Kollegium mit der Universität zu verbinden*).

Die Sache erhielt in kurzem durch eine Menge Gelegenheitsschriften eine ausserordentliche Publizität. Man griff die Jesuiten auf der allerempfindlichsten Seite an. Man sagte es sich ohne Scheu, daß sie nur in so ferne dem Königreiche von einigem Nutzen seyn könnten, wenn sie die wesentlichsten Hauptstücke ihres Institutes veränderten. Man wollte, daß sie auf alle päbstliche Privilegien Verzicht thun, und sich wie alle übrige Geistliche den Landrechten unterwerfen sollten. Alle im Königreiche befindliche Jesuiten sollten geborne Franzosen seyn. Ihr viertes Ordensgelübde, kraft dessen sie sich eines besondern Gehorsames gegen den päbstlichen Stuhl verpflichten, soll gänzlich aufgehoben werden, und sie durch den feyerlichsten Eid versprechen, keine Macht weltlichen oder geistlichen Standes auf Erde zu erkennen, welche gesetzmässig und von Rechtes wegen unter einem Vorwande, wie der auch beschaffen seyn möge, befugt seyn könne, mittel- oder unmittelbar die Franzosen von der Pflicht ihrer bürgerlichen und politischen Unterwürfigkeit gegen den König frey zu sprechen. Man fand es sehr anstößig, daß sie, um ihre Faktion desto fürchterlicher und mächtiger zu machen, die Grundgesetze ihres Instituts und ihrer Regierung mit so vieler Sorgfalt vor der Welt verbergen. Man griff ihre Gewerbe und Handelschaften mit Nachdrucke an, und wollte es nicht leiden, daß sie sich zu Gewissensführern der Grossen gebrauchen liessen, und mit so vieler List und Verschlagenheit die Jugend aus vornehmern Häusern, und überhaupt die besten

---

*) Ibid. l. c. pag. 58.

Achtes Buch.

und fähigsten Köpfe in ihre Gesellschaft zögen *). Alle diese Gelegenheitsschriften machten damals viel Aufsehen. Aber die Jesuiten blieben ihrerseits keine Antwort schuldig. Was sie nicht selbst beantworten konnten oder wollten, thaten andere für sie. Der Kardinal du Perron, eine intriguante Kreatur des römischen Hofes **), rechnete sichs zur Ehre, der Lobredner des Ordens zu seyn. Er verfaßte für denselben eine stolze Apologie, und schämte sich nicht zu behaupten, daß das einzige Mittel, der Universität von Paris zu ihrem alten Glanze zu verhelfen, darinn bestünde, die Jesuiten in dieselbe aufzunehmen.

So sah sich diese hohe Schule, die bisher immer mit einer ausserordentlichen Standhaftigkeit für die Erhaltung ihrer Gerechtsame kämpfte, am Ende doch durch die Intriguen eines Ordens besiegt, dessen Einfluß in dem geheimen Staatsrath schon allzugroß geworden. Denn bald darauf, im Jahre 1618, erhielten die Jesuiten in Kraft eines Geheimden-Rathsschlusses die Erlaubniß, in allen Wissenschaften öffentlichen Unterricht zu geben.

---

*) Douze Memoires pour rendre les Jesuites utiles à l'Eglise.
**) Le Vassor l. c. pag. 95.

Fünftes Kapitel.

Zustand der reformirten Religion unter der Regierung Ludwigs XIII. Sie wird in der Provinz Bearn unterdrückt. Konföderazion der Reformirten. Religionskrieg. Welchen Antheil die Jesuiten an der Verfolgung derselben genommen.

Die Unmündigkeit eines Königes ist wohl nie schrecklicher mißbraucht worden, als unter dem französischen Könige Ludwig XIII. Während seine Günstlinge mit einer unbegränzten Verwegenheit die Freyheit der Parlamente untergruben, und die Volksrepräsentantschaft unterdrückten, versäumten sie keine Gelegenheit, den Despotismus des Throns immer fürchterlicher und allgemeiner zu machen. Conchini, Luines und Richelieu sind in den Annalen der französischen Geschichte bekannte und berüchtigte Namen. Die beyder ersten haben sich durch Raubsucht, Niederträchtigkeit und Ränke, so wie der letztere durch seine feine Staatsklugheit unsterblich gemacht. Die Sprache hat keine Ausdrücke, das Andenken des Luines nach Verdienst zu brandmarken. Durch eine ununterbrochene Reihe von Schandthaten und Verrätherenen arbeitete er sich bis auf den höchsten Gipfel des Glückes hinan. Nicht der fürchterliche Haß der Nazion, die ihn verabscheute, und nicht die peinigende Folter des Gewissens, das ihn unaufhörlich bestrafte, konnte den Lauf seiner öffentlichen Verbrechen hemmen. Ganz Frankreich hat die fürchterlichen Streiche empfunden, die dieser despotische Günstling eines in jugendlichen Leidenschaften unbändigen Königes der Nazionalfreyheit geschlagen.

In

Achtes Buch.

In der That konnten die Anstalten, die Luines getroffen, Meister über den König zu werden, ihren Zweck nicht verfehlen. Nachdem er durch verschiedene Intriguen gezeigt, wie gefährlich er den Ministern werden könnte, die sich ihm widersetzten, hatte er alle diejenigen, denen ihr Leben und ihre Freyheit lieb waren, zum Schweigen gebracht. Der Jesuite Cotton war nicht nach seinem Geschmacke. Dieser alte Höfling wußte für einen jungen Menschen allzu viel, der sich's in den Kopf setzte, das ganze Königreich ganz alleine nach seiner Laune zu beherrschen. Ausserdem stund er noch immer mit der Königinn Mutter in Verbindung, die man mit einer ganz beyspiellosen Härte von der Regierung entfernte. Es kostete nicht viele Mühe, diesen alten Beichtvater dem Könige zu verlaiden, der lieber Knaben als Männer um sich haben wollte. Cotton konnte bald merken, daß er eine erbärmliche Figur am Hofe machte. Er dankte ab, und Luines schob den Jesuiten Arnour, ein gefälliges Hofmännchen, in die Stelle eines königlichen Beichtvaters. Arnoux entsprach vollkommen den Absichten des Günstlings, welcher nun durch Aberglauben und Andächteley auf das Gemüthe des furchtsamen und ganz unaufgeklärten Monarchens wirken sollte. Dem Beichtvater leisteten eine Menge Knaben Gesellschaft, welche Luines eigens dazu anstellte, Ludwigen mit Kindereyen, die er ausserordentlich liebte, zu beschäftigen, und solchergestalt zu verhindern, daß kein redlicher Höfling es wagen sollte, sich Sr. Majestät zu nähern *).

*) *Luines* ne manqua pas, de choisir auſſi de petites gens qui ſe dévouerent lachement á lui. Il les met auprès du Roi; il leur ordonne de l'amuſer avec les divertiſſemens *pueriles* que ſa Majeſté aimoit, & de l'aſſiéger de telle maniere, qu'aucun Courtiſan n'ait la liberté de l'entretenir en particulier. *Le Vaſſor* Hiſtoire de Louis XIII, Tom. III. Liv. XI. pag. 4.

Gesch. d. Jes. II. Band.

Wie schrecklich und erbärmlich mußte einem so grossen Reiche unter der Regierung eines Königs mitgespielt werden, den ein Jesuite und Knaben mit lauter Possen belustigten! Den Druck des Despotismus fiengen indessen die Reformirten allererst zu empfinden an. Die nunmehr allzusichtbare Anhänglichkeit der französischen katholischen Klerisey an den römischen Stuhl, und der ausserordentliche Kredit der Jesuiten am Hofe, ließ sie allerdings die schlimmsten Folgen für die Freyheit ihrer Religion befürchten. Sie konnten vorausehen, daß man unter einem despotischen Ministerium nur zu viele Vorwände finden dürfte, die feyerlichsten Traktate zu verletzen. Sie dachten zurück, wie schon unter der vorigen Regierung allerley Versuche gemacht worden, das Edikt von Nantes zu entkräften, und daß der Plan ihrer Unterdrückung sich von Tag zu Tag offenbarer entwickelte. Wie viel mehr Ursache hatten sie nicht vollends unter gegenwärtiger Regierung, ihrer Religionsfreyheit wegen besorgt zu seyn! Die Maxime des Königsmörders, welcher Heinrichen IV. aus der Ursache niederstach, weil er ein Freund der Ketzer gewesen seyn sollte, mußte ihren Feinden ein trefflicher Vorwand seyn, seinem unmündigen und furchtsamen Nachfolger die Vertilgung der Kalvinisten zu einer Reichsangelegenheit zu machen. „Wenn Heinrich IV.,„ sagten sie, „deswegen „aus der Welt geschaft worden, weil er die Ketzer „begünstigte; was kann also Ludwig XIII. seiner „Sicherheit wegen wohl bessers thun, als diese Ke„tzer zu hassen und zu vertilgen *),„ ? Die Absichten des Ministeriums unterstützten die Klerisey, die Mönche und vornämlich die Jesuiten. Letztere erkühnten sich von dieser Zeit an, mit einer unbe-

---

*) Declaration des Eglises reformés de France & Souveraineté de Bearn, de l'injuste persecution qui leur est faite par les ennemis de l'Estat & de leur Religion. pag. 9.

gränzten Verwegenheit in Predigten und Schriften wider sie zu wüthen. Sie erlaubten sich alle Freyheit, ihre Religion zu lästern, und die Katholiken zu einem feindseligen Haß gegen ihre Glaubensgegner aufzumuntern *). Eine unausbleibliche Folge davon war, daß man nach und nach anfieng, sie in dem ruhigen Genuß ihrer Religionsfreyheit zu stören. Ein bigotter Pöbel rechnete sichs zum Verdienste, eine Klasse unglücklicher Menschen zu

---

*) Le plus apparent & le plus sensible progrés du dessein de nos mal-vueillans s'est avancé principalement par les sermons seditieux des prescheurs *Jesuites*, qui depuis quelques ans par une licence effrenée, & une manifeste conjuration, se permettans contre le respect des edicts & leur autorité, de prendre à tasche de les suggiller en leurs chaires & les rendre odieux, prechans la fureur & la sedition, nourrissent le peuple à nostre haine, l'instruisent à nous avoir en execration, luy soufflans la guerre & le meurtre dans l'esprit, le disposent & rendent preparé à toutes occasions de nous mal faire. D'ou nous ressentons continuellement tant d'infraction des edicts de paix, tant de bresches qui sont faictes à nostre seureté, tant de violences à nostre liberté. Neantmoins nous pourrions dire encore jusqu'la, que nostre patience auroit surmonté & comme estouffé la pluspart de ces maux, ou du moins esperé que les remedes enfin nous en auroyent esté donnez de la bonté du Roy, & de la sagesse de ses plus fidelles conseilers, *si les Jesuites ne fussent jamais montés au comble de puissance ou ils sont parvenus.* Car comme il est notoire, que par toutes sortes de moyens violens ils ont procuré jusques ici extirpation de nostre religion, & la ruine de ceste Monarchie — Qui peut presumer que la France estant aujourdhuy livrée entre leurs mains & comme *sous leur gouvernement absolu*, peut seule eviter l'accident commun qu'ils ont faict tomber sur les autres estats, ou leur credit & la diversité de religion leur ont donné prétexte & matiere de mettre le trouble. *Declaration des Eglises reformés.* pag. 10. & seq.

quälen, die sich keines andern Verbrechens bewußt waren, als daß sie sich zu einer andern, als zu der Religion der Jesuiten bekannten.

Die Provinz Bearn hatte unter Heinrichs IV. Regierung, zufolge ihrer Privilegien, die reformirte Religion angenommen, und die Güter der katholischen Kirche eingezogen. Heinrich bestätigte ihnen in Kraft einer königlichen Akte sowohl die Freyheit ihres Glaubens als den sichern Genuß ihrer Kirchengüter. Den Verlust, den die Bischöfe von Bearn dadurch erlitten, konnten diese nicht mehr verschmerzen. Sie sahen demnach die Intoleranz des Hofes, und die Bemühungen des königlichen Beichtvaters, welcher zu Fontainebleau in Gegenwart des ganzen Hofstaates den König zur gänzlichen Ausrottung der Hugenotten auffoderte *), als eine erwünschte Gelegenheit an, sich um die Wiedererlangung ihrer Einkünfte zu bewerben. Als die Reformirten von Bearn von dem, was am Hofe vorfiel, und insonderheit von der Predigt des königlichen Beichtvaters Arnoux Nachricht erhielten, eilten sie in einem Schreiben an den König, ihre Religion und ihr Verfahren zu rechtfertigen. „Unter Anführung des verstor„benen Königs, und zu seiner Vertheidigung,„ sagten sie in diesem Schreiben **), „haben die „Reformirten Schlachten gewonnen. Mit Lebens„gefahr und mit Hintansetzung unsers Eigenthums „haben wir ihn mitten durch die Feinde an der „Spitze unsrer Schwerdter auf den Thron erho„ben. Allein von so vielen Arbeiten und Gefah„ren geniessen nun andere, als wir, die Früchte.„ Nach so einem Eingange zergliederten sie die Hauptlehren ihrer Kirche, und zeigten, daß die Reformirten von den Päbsten und der katholischen Klerisey, vornämlich des Grundes wegen gehaßt wür-

---

*) Le Vassor l. c. pag. 27.
**) Defense de la Confession des Eglises reformées de France contre les accusations du Sieur *Arnoux* Jesuite.

Achtes Buch.

den, weil es ein Hauptfundament der reformirten Religion sey, die Unabhängigkeit und Würde der königlichen Krone gegen die gewaltsamen Angriffe und Usurpazionen der römischen Päbste zu vertheidigen. „Wir hoffen„, fuhren sie fort, „daß Gott Ihnen wohl hierüber die Augen öffnen „werde. Ew. Majestät werden einst wahrnehmen, „daß der Pabst, unter dem glänzenden Titel der „römischen Kirche, nach einer allgemeinen Monar„chie auf Erden strebe. Schon hat er den drit„ten Theil Ihres Königreiches unter seiner Herr„schaft, und mehr als den fünften Ihrer Unter„thanen dem Gehorsame, den sie Ihnen schuldig „sind, entzogen. Die Geistlichen unterwerfen sich „nicht mehr Ihrer Gerichtsbarkeit, und wollen „keinen andern Souverain, als den Pabst, erken„nen. Erlauben Sie, Sire! dasjenige noch bey„zufügen, was der päbstliche Hof lehrt, und zu „unserer Zeit auch praktisch ausgeübt hat; näm„lich, daß man in gewissen Fällen Königen Leben „und Krone rauben könne. Es braucht nur noch „einen Schritt weiter zu gehen, und er wird be„haupten, daß Ihr Königreich ein Lehen des heili„gen Stuhles sey„. Das Gemählde, welches sie in dieser Schrift von den Jesuiten machten, ist in unverkennbaren Zügen ganz nach der Natur entworfen. „In Ihrem Königreiche, Sire„! fuhren sie fort, „befindet sich eine Sekte von Leuten, die „sich von der Gesellschaft Jesu nennen, als wäre „es für sie eine unbedeutende Kleinigkeit, Jün„ger des Heilandes zu seyn. Sie schwören ihrem „Ordenschef, welcher von jeher ein Unterthan des „Königes von Spanien ist, blinden Gehorsam. „Als Verführer der Jugend, und als Feinde des „Staats und des Lebens der Könige, sind sie von „Ihren Parlamentshöfen verurtheilt worden. Sie „lehren, daß der Pabst befugt sey, Könige abzu„setzen, und über Kronen nach Willkür zu ver„fügen; und daß ein Geistlicher, welcher im „Beichtstuhle Wissenschaft von einer Verschwörung

„gegen Staaten und Monarchen bekömmt, nicht
„verpflichtet sey, dieselbe zu entdecken. In Frank-
„reich sowohl als anderorts hat man die trauri-
„gen Wirkungen dieser Lehre empfunden. Man
„hat Schriften, worinn dieselbe gerechtfertigt
„wird, und welche mit Bewilligung und Gutheis-
„sung ihres Generals und mehrerer jesuitischer
„Theologen gedruckt wurden, zum Feuer verdammt.
„In dem Kollegio, welches ihnen die Freygebig-
„keit des verstorbenen Königes, Ihres Vaters,
„zu la Fleche stiftete, sieht man in dem Speis-
„saale die Portraits der Martyrer ihres Ordens,
„unter welchen sich auch jene befinden, welche mit
„dem Tode bestraft wurden, weil sie an Ver-
„schwörungen wider das Leben der Könige Antheil
„genommen. Diese Todesstrafe nennen sie ein Mar-
„terthum, und stellen die Gemählde solcher Ver-
„brecher unter die Augen einer Menge junger Leu-
„te, um sie durch Beyspiele aufzumuntern, auf
„ähnlichen Wegen nach der Marterkrone zu rin-
„gen. Und diese Jesuiten, die eine solche verruchte
„Lehre nie widerrufen, und die Bücher, die sie
„enthalten, nie widerlegt haben, sind nun die
„nächsten um unsere Könige, die ihnen ihr
„Ohr, und die Geheimnisse ihrer Gewissen
„anvertrauen. Eben diese Leute, Sire! suchen
„ihr Privatinteresse darinn, die ganze Welt
„wider uns zu empören. Ihre Intriguen und
„Kabalen verbergen sie unter einem falschen
„Religionseifer; und sie können, auch selbst
„einen katholischen König nicht leiden, der nicht
„wenigstens seine eigenen Unterthanen verfolgt,
„und sein Königreich mit der Flamme der
„Zweytracht verheeret *)„.

Arnoux wäre kein Jesuite, und am allerwenigsten kein Hofjesuite gewesen, wenn er es nicht in seiner Gewalt gehabt hätte, den gerechten Nelt-

---

*) Ibid. l. c. *Le Vassor* Histoire du Regne de Louis
XIII. Tom. III. Liv. XIII. pag. 30 & sq.

Achtes Buch.

gionsbeschwerden der unterdrückten Bearner die allerschlimmste Deutung zu geben. Es war sehr begreiflich, daß er und die Minister, denen es daran gelegen seyn mußte, alles zu entfernen, was dem Könige gerechtere Gesinnungen gegen seine reformirten Unterthanen hätte einflößen können, ihre Vertheidigungsschrift in die Klasse aufrührerscher Libelle setzen mußten, mit denen man sich, ohne an der Majestät zum Verräther zu werden, dem Throne nicht nähern durfte. Dieser niedrige Kunstgriff war immer eine starke Stütze des Despotismus, und man hat sich desselben ununterbrochen bedient, alle politische und religiöse Freyheit der Völker zu unterdrücken. Ludwig bekam von dem Zustande seiner reformirten Unterthanen nie eine wahre Idee. Man schilderte sie immer als gefährliche, aufrührersche und verwegene Menschen, und suchte mit täuschenden Sophismen zu erweisen, daß der Wohlstand des Reiches einzig davon abhange, sie mit Gewalt in den Schoos der römischen Kirche zurückzuführen. Anstatt nun in dem geheimen Staatsrathe von der Vertheidigungsschrift der Bearner zu sprechen, sprach man vielmehr von den Mitteln, sie um ihre Religionsfreyheit zu bringen. Dieß geschah denn auch in Kraft eines königlichen Ediktes, wodurch die römisch-katholische Religion eingeführt, und die Kirchengüter, welche die Stände der Provinz eingezogen hatten, der Geistlichkeit wieder zurückgestellt wurden.

Es war allerdings vorauszusehen, daß die Bearner über einen Machtspruch nicht gleichgültig seyn konnten, der eines der wesentlichsten Privilegien ihrer Provinz über den Haufen warf. Sie waren mit der Krone auf eine Art verbunden, die derselben nicht erlaubte, ohne Zuzug und Bestimmung der Stände etwas in Sachen der Politik und der Religion willkürlich abzuändern. Sie sahen also in dem Schritte, den der Hof gethan, nicht so fast eine Verletzung des durch das Edikt von

Nantes bestätigten Religionsfriedens als vielmehr eine gewaltthätige Niederstürzung der Konstitution ihrer Provinz. Und sie hatten sich nicht betrogen. Was das königliche Edikt nicht ganz vermogte, brachten die Truppen zu Stande, an deren Spitze Ludwig bald darauf (1620.) in der Provinz erschien, und mit Waffenmacht ein bisher freyes Volk unterjochte.

Dieses auffallende Benehmen des Hofes, der von dieser Zeit an sich nicht mehr verbunden glaubte, Wort zu halten, und die Bedrückungen, die man in mehreren Provinzen und Städten des Königreiches die Reformirten empfinden ließ, veranlaßten eine allgemeine Konföderation der Bedrückten. Ihre Bevollmächtigten versammelten sich in Rochelle, und brachten in bescheidenen Vorstellungen ihre Beschwerden vor den Thron. Allein es gehörte nicht in den Plan eines Ministeriums, welches die Unterjochung des Volks beschlossen hatte, denselben abzuhelfen. Man wies sie mit Härte und Stolz zurück; gleichsam, als wollte man zur Verzweiflung gebrachte Unterthanen geflissentlich zur Rebellion verleiten, um einen desto scheinbarern Vorwand zu haben, sie gänzlich unterjochen zu können. Bisher waren die Reformirten, die einen Prinzen aus dem königlichen Hause an ihrer Spitze hatten, und die das Gefühl der Freyheit immer stärker und länger empfinden, als die Katholiken *), eine sehr furchtbare Schutzwehre gegen den Despotismus. Noch

―――――――――――――――

*) Les Reformés la (liberté) conservérent plus longtemps que les autres. Cela n'est pas surprenant. Le Papisme abaisse & obscurcit l'esprit; au lieu que les principes de la Reformation l'elevent & le rendent plus propre á connoitre & á dire la verité. On a voulu faire passer cette liberté des Reformés pour un esprit de cabale & de faction; mais les gens sages en jugeront tout autrement. *Le Vassor Histoire du Regne de Louis XIII. Liv. XIV. pag. 18.*

hätten sie, da fast ganz Languedoc und Bearn reformirt war, dem Drucke fürchterlichen Widerstand leisten können, wenn nicht zum Unglücke der Hof die verderblichsten Kunstgriffe gebraucht hätte, durch Bestechungen aller Art ihre Häupter an sich zu locken, und sie solchergestalt in den trostlosen Zustand einer Anarchie zu versetzen, die im Stande war, ihre Kräfte zu schwächen, und ihren gemeinschaftlichen Bund in eine unendliche Menge von Fakzionen aufzulösen. Daher geschah' es denn auch, daß der Geist, der die Konföderazion und die Versammlung zu Rochelle beseelte, ein ziemlich tumultuarischer Geist wurde, und daß folglich der Hof mit einigem Scheine Rechtens wider sie, als wider Rebellen, verfahren konnte. Ein verderblicher Religionskrieg, der mit eben so vieler Erbitterung als Grausamkeit mehrere Jahre hindurch geführt wurde, war die Folge dieser Konföderazion, und des Plans, den das Ministerium entworfen hatte, auf den Ruinen der Freyheit ein fürchterliches Gebäude der Despotenmacht aufzuführen. Der Friedensschluß zu Nimes verschafte endlich 1629. den Reformirten Ruhe, nachdem sie, zwar nicht ihre Religionsfreyheit (denn diese wurde ihnen wieder neuerdings zugesichert), aber ihre politische Stärke verloren hatten. Von dieser Zeit an konnten sie dem Systeme des Hofes nicht mehr fürchterlich seyn. Allenthalben besiegt, aus ihren verschanzten Festungen Montauban und Rochelle herausgeworfen, mußten sie sich der Willkür des Siegers überlassen, der es in seiner Gewalt hatte, ihnen Gesetze vorzuschreiben, sich aber dieser Gewalt auf eine Art bediente, die ihnen alle Hofnung benahm, jemals wieder zu Kräften zu kommen *).

*) Dieses war ein Meisterstück der Politik des Kardinals Richelieu. Er vermied in diesem Falle einen sehr wesentlichen Staatsfehler, den vielleicht hundert andere an sei-

Welchen Antheil die Jesuiten an dieser merkwürdigen Revoluzion genommen, kann man leicht daraus abnehmen, daß die Reformirten in allen Manifesten, die sie zur Rechtfertigung ihrer Konföderation bekannt machten, sich vornämlich über sie beschwerten. „Jedermann weiß„, sagten sie in ihrer den 2. Jenner 1621. dem Könige überreichten Vorstellung *), „daß die Jesuiten durch „wüthende Predigten und durch heimliche Inspi„razionen das Volk aufmuntern, uns zu hassen „und uns zu verderben. Sie sind die Urheber „unsrer Beschwerden, und verhindern die Abstel„lung derselben, in der Absicht, es uns zum Ver-

ner Stelle gemacht haben würden, wenn sie den Reformirten nach ihren Niederlagen mit Einem Streiche die Religionsfreyheit entrissen, und das Edikt von Nantes aufgehoben hätten. Ein solcher gewaltsamer, übereilter Schritt hätte nur gar zu leicht in den Besiegten eine Art von Verzweiflung erregen und den Siegern die Früchte ihrer Eroberungen entreissen können. Richelieu, ein bey weitem grösserer Staatsmann als Theologe, dachte die reformirte Religion auf eine ganz andere Art, als durch Gewalt, zu unterdrücken. Er ließ das Edikt von Nantes in seiner Kraft; aber er suchte unbemerkt den Reformirten alle Wege zu verschliessen, am Hofe und bey den Armeen ihr Glück zu machen. Er suchte sie um ihren öffentlichen Kredit zu bringen. Kein Höfling, dem es um Ehrenstellen zu thun war, wagte es, eine Religion zu schützen, bey der man alle Aussichten zu Ehrenbeförderungen verloren hatte. Solchergestalt gelang es ihm, die Reformirten auf eine ihnen ganz unmerkbare und feine Weise zu entkräften, indem er diejenigen, deren Ehrgeiz stärker als ihr Glaube war, durch den Reiz der königlichen Gnadenbezeugungen zur Religionsveränderung vermögen, und folglich ihrer Parthey die fähigsten und angesehensten Männer entziehen konnte. Eclaircissemens historiques sur les causes de la revocation de l'Edit de Nantes. Chap. II. p. 18.

*) *Le Vassor* l. c. pag. 17.

„brechen machen zu können, wenn wir uns über
„die Verletzung königlicher Edikte beklagen,,. Die
Geschichte macht kein Geheimniß daraus, daß der
königliche Beichtvater, der Jesuite Arnoux, das
Orakel des Herzogs von Luines war. „Man
„kann es nicht läugnen,,, sagt Vassor *), „daß
„dieser Jesuite das Gewissen und den Geist des
„Königes unbeschränkt beherrscht. Es ist eine
„Sache, die allgemein bekannt ist, daß er der in-
„nigste Vertraute des Günstlings ist. Der Her-
„zog von Luines berathschlaget sich über alle
„Staatsangelegenheiten vorerst mit dem Beicht-
„vater des Königes,,. So hat man auch um
diese Zeit bemerkt, daß die päbstlichen und spanischen Gesandten in sehr enger Verbindung mit
diesem Jesuiten gestanden, und lange und häufige
Konferenzen mit ihm gepflogen haben. Beiden
Höfen muste es daran gelegen seyn, Frankreich
auf gewisse Art mit innern Unruhen zu beschäftigen, und solchergestalt zu verhindern, daß es den
Fortschritten der österreichischen Macht Anfangs
des dreyssigjährigen Krieges keine Schranken setze.

Sechstes Kapitel.

Neue Angriffe auf die Souverainität des Königs von Frankreich. Verlegenheit der französischen Jesuiten. Wie sie sich aus derselben
zu helfen wußten, ohne den Pabst und ihren Ordensgeneral zu kompromitiren. Anzeige einiger Schriftsteller aus der Gesellschaft Jesu, welche wider das Ansehn und
die Unabhängigkeit der Monarchen sowohl,
als wider die Sittlichkeit und Moralität geschrieben haben.

Nicht ganz gelang es der spanischen und römischen Fakzion, das französische Kabinet der-

*) Ibid. l. c. pag. 25.

gestalt mit eigenen Angelegenheiten zu beschäftigen, daß es nicht Zeit und Stärke hätte haben sollen, auf die Vergrösserungsplane des spanisch-österreichischen Hauses aufmerksam zu seyn und demselben Widerstand leisten zu können. Richelieu war ein allzutiefblickender Staatsmann, als daß er die Folgen jener Vergrösserung, besonders zu einer Zeit nicht wahrgenommen hätte, wo er eben selbst mit einem ähnlichen Plane in Rücksicht auf Frankreichs Macht beschäftigt war. Es konnte ihm also keineswegs gleichgültig seyn, daß die Katholiken zu Gunsten der österreichischen Monarchie fast überall die Oberhand über Protestanten erhielten. Er wußte es dahin zu bringen, daß Frankreich einerseits den Spaniern im Veltliner-Kriege, und anderseits dem österreichischen Hause durch seine Verbindung mit England, Holland und Schweden zu schaffen gab.

Diese Bündnisse waren keineswegs nach dem Geschmacke der Jesuiten, welche sich's zur eigenen Angelegenheit machten, Oesterreich und Spanien nach Kräften zu unterstützen. Der Rektor ihres Kollegiums zu München, Jakob Keller, schrieb um diese Zeit sogenannte Mysteria politica, worinn er den französischen Hof und dessen Ministerium auf die gröbste Art beschimpfte. Diesen politischen Geheimnissen folgte eine gleichmässige Zeitschrift unter dem Titel: G. G. R. Theologi ad Ludovicum XIII. Galliæ & Navarræ Regem Christianissimum Admonitio, quâ breyiter & nervose demonstratur, Galliam *fœde & turpiter impium Fœdus* iniisse & *injustum* bellum hoc tempore contra Catholicos movisse, *salvaque religione* prosequi non posse. 8. Aug. Vind. 1625. Man hielt anfangs den Jesuiten Jean l'Heureux für den Verfasser. Allein bald zeigte sich's, daß auch diese Schrift aus der Feder des obengedachten Jakob Kellers geflossen, welcher überhaupt zur Zeit des dreyßigjährigen Krieges

Achtes Buch.

in Deutschland eine bedeutende Rolle spielte. Denn auch eben er war es, der unter dem verkappten Namen eines gewiſſen Fabius Hercynianus die geheime anhaltiſche Kanzley herausgab, worinn eine Sammlung von Briefen proteſtantiſcher Reichsſtände, theils verfälſcht, theils erdichtet, zum Vorſcheine kommen *).

Man kann ſich nichts frecheres denken, als den Inhalt der beyden Schriften dieſes Jeſuiten. „Der König von Frankreich„, heißt es darinnen, „iſt mit ſich ſelbſt im Widerſpruche. Er bekriegt „die Ketzer in ſeinem Reiche, und unterſtützt ſie „auswärts gegen die Katholiken. Er hilft den „Generalſtaaten durch beträchtliche Subſidien, ſucht „einen ketzerſchen Churfürſten, welcher rechtmäßig „ſeiner Domainen und Würden beraubt wurde, „wieder einzuſetzen, und läßt ſich mit Venedig „und Savoyen in Bündniſſe ein, um die Pro„teſtanten in Bündten wider die Katholiken im „Veltlin zu unterſtützen. Und all' dieß geſchieht, „weil ihn ſeine Miniſter mit der falſchen Staats„maxime hintergehen, als müßte man ſich immer „der Vergröſſerung benachbarter Mächte wider„ſetzen **)„.. Man könnte es dem Jeſuiten verzeihen, wenn er ſeine Frechheit nicht weiter getrieben hätte. Allein er ließ ſich vom böſen Geiſte immer tiefer in das Labyrinth von Staatsgrübeleyen hineinführen. Er warf z. B. die Fragen auf: Ob die Stände nicht im Gewiſſen verpflichtet wären, ihrem Könige die Sträflichkeit ſeiner Bündniſſe mit Ketzern vorzuſtellen? Ob die Katholiſchen Fürſten nicht eine Todsünde begehen, wenn ſie ſtillſchweigend es zugeben, daß Frankreich ſolche Bündniſſe eingehe? Ob Ludwig des-

---

*) *Londorpii* Acta publica. Tom. II. pag. 352. 385. 1022. & seq.

**) *Le Vaſſor* Histoire du Regne de Louis XIII. Tom. V. Liv. XXII. pag. 592.

wegen, daß er in katholischen Ländern die Ketzerey begünstige, nicht den Kirchenbann verdiene? Ob seine boshaften Minister nicht schon
wirklich erkommunizirt seyen *)? Ob es nicht erlaubt wäre, mit Waffengewalt den König von
Frankreich zu verhindern, gegen die Katholiken Kriege zu führen? Ob die Unterthanen nicht
befugt wären, gegen einen Monarchen, der tyrannisch regieret, sich zu empören? Und ob die
Franzosen in so einer schlimmen Lage, nicht berechtiget wären, sich ein Haupt zu wählen, welches im Stande wäre, der unterdrückten katholischen Religion wieder empor zu helfen? Man kann
sich leicht vorstellen, auf welche Weise Jesuiten
solche Fragen zu beantworten pflegten. Keller
bedachte sich nicht lange, das Verdammungsurtheil wider Ludwigen und sein Ministerium aus-
zusprechen **). Er sagte, der König von Frankreich sey deswegen, weil er wider Gott Krieg
führe, in der That als ein Erkommunizirter anzusehen; der Pabst müsse sich wider einen so gefährlichen Feind der Kirche mit dem geistlichen
Schwerdte bewafnen, und alle katholische Fürsten
wären ohne Widerrede verbunden, ihm den Krieg
anzukündigen. „Aus Gottes Zulassung„ so schloß
der Jesuite ***), „geschah es, daß Heinrich IV.
„keiner andern Ursache wegen ermordet wurde,
„als weil er zween ketzerschen Fürsten zum Besitze
„der Herzogthümer Cleven und Jülich verhelfen
wollte. Das Haus Oesterreich hat kein ande-

---

*) Sie haben den Kardinal Richelieu bey dieser Gelegen-
heit sehr hämisch gelästert.

**) Plurium est sententia, Regem, nisi ignorantia ex-
cusetur, esse excommunicatum; Consiliarios, qui lucri
& honoris cupiditate tantum malum contra conscientiam moliuntur, ipso facto esse excommunicatissimos.
Admonitio ad Ludovicum XIII. pag. 20.

***) *Le Vassor* l. c. pag. 392.

Achtes Buch.

„res Interesse in seinen Kriegen, als die Sache
„Gottes zu unterstützen. Wer aber eine souve=
„raine Macht bekrieget, welche die katholische Re=
„ligion beschützet, der widersetzet sich offenbar dem
„Willen Gottes,,.

Es war kein Wunder, daß das Chatelet diese
beiden Brochüren durch den Henker ins Feuer wer=
fen ließ. Die Jesuiten sahen anfangs dem Spiele
ganz ruhig zu. Denn ihr Ordensgenosse, der Ver=
fasser derselben, hatte weislich seinen Namen nicht
beygesetzt; es war ihnen folglich ein leichtes, un=
ter der Hand auszubreiten, daß ein gewisser Bou=
cher, ehemaliger Pfarrer zu St. Benedikt, ein
wüthender Liguiste, Verfasser davon sey. Allein
derselbe wälzte bey Zeiten einen so ungerechten
Verdacht von sich. In diesem Augenblicke spielte
ihnen die Universität einen äusserst empfindlichen
Streich. Sie ließ einen Auszug aus den beyden
Schriften drucken; und jedermann, der ihn las,
fand ohne viele Anstrengung der Aufmerksamkeit,
daß die Grundsätze, die darinn enthalten waren,
aus keiner andern Schule, als aus der Schule
der Jesuiten kamen. Wenn diese bey offenbar über=
wiesenen Vergehungen von jeher so schwer zum
Bekenntnisse gebracht werden konnten; wie sehr
mußten sie nun nicht erst jetzt, da es ihrem Vor=
geben nach nur um Verdacht und Muthmassun=
gen zu thun war, Himmel und Erde bewegen,
ihre Unschuld zu erweisen! Allein die Art, wie
sie dieß thaten, machte sie nur neuerdings straf=
bar. Sie suchten in der Apologie, die sie unter
dem Namen des St. Pelettier herausgaben, zwar
die Welt zu bereden, daß sie an der Admonitio
ad Regem keinen Antheil genommen hätten; aber
sie liessen sich zugleich mitunter verlauten, daß der
Verfasser nicht wider die Grundsätze der Moral
und Politik, sondern bloß wider Frankreichs E=
re und Achtung sich verstossen habe. Diese sonder=
bare Vertheidigungsweise veranlaßte Gegenschrif=

ten, worinn die Jesuiten nicht sehr glimpflich behandelt wurden. Aber nun glaubten sie, daß es Zeit sey, ihre Feinde durch einen königlichen Machtspruch zu Schanden zu machen. Sie überreichten dem Könige und dem königlichen Staatsrath eine Bittschrift, worinn sie sich über die Universität, und über die Menge Brochüren, worinn sie angegriffen würden, nachdrücklich beschwerten. „Man bringt„,‘ sagten sie *), „dem Volke die „Meynung bey, als wenn unsere Lehre von der „gemeinsamen Lehre der Kirche unterschieden wäre, „und als ob man nach unsern Grundsätzen der „geheiligten Person der Könige nach dem Leben „streben, ihnen die unabhängige Macht, die ihnen „der Himmel über ihre Unterthanen gegeben hät„te, nehmen, und die Völker wider die von Gott „gegründeten Herrschaften zur Empörung aufe„gen dürfte. Abscheuliche Lästerung! die nicht „allein die Wahrheit bestreitet, sondern auch den „Mordstahl in die Hände der wüthenden und sich „zusammen rottirenden Seelen giebt, die sich durch „ein irriges Gewissen berechtigt genug halten „mögten, in ihren verdammlichen Absichten für„zuschreiten, wenn sie glauben würden, daß ein re„ligiöser Orden, dessen Gelehrsamkeit und Tugend „hochgeschätzt wird, es billigen würde„. Nach so einer prahlerschen Aeusserung, die geschickter ist zu verdammen als zu vertheidigen, wagten sie es, den König aufzufordern, unter den schwersten Strafen, sowohl der Universität als jeder andern Person zu verbieten, die Lehre der Jesuiten, auf welche Weise es auch geschehen möchte, ins Geschrey zu bringen, oder etwas wider die Ehre ihres Ordens, oder eines Individuums desselben, zu reden, zu schreiben, zu drucken oder zu publiziren. „Noch „haben alle europäischen Fürsten„, so schlossen
die

*) Histoire generale de la Compagnie de Jesus, Tom. II. Art. XXIII. pag. 167.

Achtes Buch.

die Supplikanten, „nichts wider unsere vorgebliche „Lehre, an deren Unterdrückung doch alle Regen„ten gleiches Interesse haben sollten, auf dem We„ge Rechtens verfügt; und man kann uns nie so „abscheulicher Verbrechen beschuldigen, ohne Ew. „Majestät, Dero Räthen, Parlamenten, und mehr „als hunderttausend Standespersonen die höchste „Unbild anzuthun, welche uns bis auf diesen Au„genblick ihre Kinder zum Unterricht anvertrauten. „Wären die Verbrechen, deren man uns in Ab„sicht auf unsere Lehrmeinungen beschuldigt, nur „einigermassen begründet, so müßten wir nicht nur „allein nicht geduldet, sondern gänzlich vertilgt „werden *).″

Schon fiengen die Jesuiten, die nun glaubten, alles gewonnen zu haben, über ihre Gegner zu triumphiren an; schon erschollen auf allen Kanzeln des Königreichs panegyrische Lobpreisungen ihrer Unschuld, die sie treflich vertheidigt zu haben vermeinten; als ihnen gerade zur ungelegensten Zeit ihr Ordensbruder, Anton Santarell, den allerschlimmsten Streich spielte. Er ließ nämlich zu Rom mit Bewilligung seines Generals, Mutius Vitelleschi, sein bekanntes Werk von der Kezerey ꝛc. *) drucken, worinn Grundsätze enthalten sind, die an Frechheit bey weitem noch alles übertrafen, was bisher den Jesuiten zu Schulden gelegt wurde. Man lieset in diesem Buche, daß der Pabst befugt sey, ungerechte Fürsten (Principes iniquos) mit der Kirchenstrafe, und kezerische Monarchen mit weltlichen Strafen zu züchtigen, sie des Reiches zu berauben, und ihre Unterthanen des Huldigungseides zu entlassen; daß er berechtigt sey, den Kaiser propter ipsius iniquitates abzusezen, und den

---

*) Ibid. l. c. pag. 168.
**) Tractatus de Hæresi, Schismate, Apostasia, & Sollicitatione in Sacramento pœnitentiæ, & de potestate Summi Pontificis in his delictis puniendis. Romæ 1625.

Gesch. d. Jes. II. Band. S

Fürsten, welche unfähig sind, ihr Reich zu regieren, Kuratoren zu geben; daß der Pabst, ohne Zuzug und Beystimmung eines Konsiliums der Kirche, quia Papæ & Christi unum est Tribunal, den Kaiser pro delictis absetzen könne; daß es sehr billig, und der gemeinen Wohlfahrt sehr ersprießlich sey, daß der Pabst die höchste unbeschränkte Macht habe, indem ein Obermonarch nöthig sey, die Fehltritte der Könige zu büssen, und ihnen Gerechtigkeit zu handhaben; daß der Pabst wegen einer Ursache (ex causa) die Könige absetzen, und die Kaiser vom Throne werfen dürfe, wie es oft geschehen und gut befunden worden sey, quando scilicet eorum malitia hoc exigit & necessitas reipublicæ sic requirit; daß der Pabst, der christlichen Religion wegen, entweder um einer schweren Sünde oder eines offenbaren Lasters willen Kaiser und Könige, wenn sie sich nicht wollen bessern lassen, absetzen könne; und daß er dieß auch, nicht nur allein der Ketzerey, Kirchenspaltung, oder eines andern dem Volke noch erträglichern Verbrechens, sondern auch wegen des Unvermögens zu regieren thun könne (propter insufficientiam); daß der Pabst den Kaiser, wenn er die Kirche nicht schützet, abzusetzen, und das Kaiserthum einem andern zu geben befugt sey, so wie er ihn auch zur Besserung und zum Exempel anderer Menschen mit Todesstrafe aus dem Wege räumen könne. Papa potest, sagt er, Reges monere, & *mortis pœna punire.* Petro ejusque Successoribus dictum est: *Pasce oves meas.* Sed ad pastores pertinet & punire oves suas ea pœna, qua ratio indicat illas esse puniendas. Ergo si propter bonum commune aliquando *prudentia & recta ratio* exigit, ut Principes *inobedientes & incorrigibiles* pœnis *temporalibus* afficiantur *regnoque* priventur, potest summæ Ecclesiæ Pastor pœnas imponere:

Achtes Buch.

nec enim Principes sunt extra ovile Ecclesiæ!!! *).

Diese Grundsätze machten mit jenen, welche in den Apologien der Jesuiten herrschten, einen der auffallendsten Kontraste. Sie, die nur erst vor wenigen Tagen im Angesichte des ganzen königlichen Hauses, in vollem Staatsrathe, sich nachdrücklichst darüber beschwerten, daß man von allen Seiten so heftig ihre Lehre angreife, und mit den heiligsten Eidschwüren versicherten, daß sie die unschuldigsten und treuesten Vertheidiger königlicher Gerechtsamen seyen, und daß man sie, falls nur eine einzige Beschwerde in Ansehung ihrer Lehrmeinungen statthaft erwiesen seyn sollte, nicht nur nicht dulden, sondern gänzlich vertilgen müsse — sie sahen sich nun gerade in dem fatalsten Zeitpunkte, durch ihre eigene Handlungen, auf die allerüberzeugendste Weise Lügen gestraft. Vergebens ließ Cotton, Provinzial von Frankreich, die in den Buchläden vorhandenen Exemplare von Santarellos Werke heimlich aufkaufen **). Diese Vorsicht kam zu spät, und verhinderte nicht, daß nicht noch frühe genug das Parlament von dem Daseyn dieses Buchs unterrichtet wurde. Nur durch außerordentliche Bemühungen brachten es die Freunde der Jesuiten dahin, daß man von dem Vorhaben, sie aus Frankreich zu verbannen, abstund. Richelieu, den die Jesuiten beleidigt hatten, würde hierinn ihren Feinden allerdings den nöthigen Beystand geleistet haben. Aber sowohl der Parlamentspräsident, Herr von Lamoignon, als der königliche Generalprokurator, Herr von Mole, leiteten den Streich ab, der dem ganzen Orden in diesem Augenblicke drohte. Man begnügte sich also damit, die Schrift des Santarello durch den Hen-

*) Extraict du Livre d'Antoine *Sanctarellus* dans le Mercure Jesuite. pag. 835.
**) Kritische Jesuitengeschichte Kap. VI. Abschn. III. §. 198. pag. 401.

ter verbrennen, und den Provinzial, drey Rektoren und drey der ältesten Jesuiten vor die Schranken des Gerichtshofes treten zu laſſen, um ſie über einige Sätze des verdammten Buches gerichtlich zu vernehmen. Sie erſchienen den 14. März 1626, und hatten den Provinzial, Pater Cotton, an der Spitze, der auch in ihrem Namen das Wort führte. Der hierüber abgefaßte Verbalprozeß iſt ſehr merkwürdig, und ein Beweis, wie fein und liſtig ſich der ſchlaue Jeſuite über den Punkt der päbſtlichen Oberherrſchaft umher zu drehen wußte.

Billigt ihr das abſcheuliche Buch des Santarellus? fragte der erſte Präſident *).

Cotton. Meine Herren! Wir ſind bereit, ſo viel es nöthig, dagegen zu ſchreiben, und alles, was darinn enthalten, zu mißbilligen. Es ſind auch wirklich zehn Exemplare davon in unſer Haus gebracht worden, die wir alle unterdrückt haben.

Präſident. Unterdrückt? Iſt dieß eure Pflicht, ſolchen Gebrauch davon zu machen?

Cotton. Wir glaubten, nichts mehrers als dieß thun zu können.

Präſident. Warum habt ihr dieſe Exemplare nicht zum Kanzler oder zum erſten Präſidenten gebracht?

Cotton. Meine Herren! Wir ſind zu weit mehreren Obdienzen verpflichtet, als andere Orden.

Präſident. Wiſſet ihr nicht, daß dieſe abſcheuliche Lehre von euerm General zu Rom gebilliget iſt?

Cotton. Ja, meine Herren! Aber wir, die wir hier ſind, können nichts für dieſe Unvorſichtigkeit, und wir bezeigen darüber aus aller Kraft unſern Verdruß.

---

*) Hiſtoire generale de la Compagnie de Jeſus Tom. II. Art. XXIII. pag. 176 — Articles des demandes de Meſſieurs du Parlement aux Jeſuites avec leurs reponſes, le 14. Mars 1626 dans le Mercure Jeſuite. p. 841.

Achtes Buch.

Präsident. Gut! Antwortet uns auf diese beyden Fragen. Glaubet ihr nicht, daß der König in seinen Staaten alles vermöge; und denket ihr, daß keine fremde Macht weder die Person des Königs anzugreifen, noch die Ruhe der französischen Kirche zu stören befugt sey?

Cotton. Nein, meine Herren! Wir glauben, daß der König, was das Weltliche betrifft, alles vermag.

Präsident. Was das Weltliche betrifft? Redet offen von Herzen weg, und saget uns, ob ihr wohl glaubet, daß der Pabst den König exkommuniziren, die Unterthanen ihres Eids der Treue entlassen, und ihn seines Reichs berauben könne?

Cotton. O meine Herren! Den König zu exkommuniziren; Ihn, der der älteste Sohn der Kirche ist! Er wird sich wohl hüten, etwas zu thun, was den Pabst dazu verbinden könnte *).

Präsident. Aber euer General, welcher dieses Buch approbirt hat, hält es für untrüglich, daß der Pabst hiezu berechtigt sey. Seyd ihr einer andern Meinung?

Cotton. Meine Herren! Unser General ist zu Rom. Er kann nichts anders, als das billigen, was der Pabst billigt.

Präsident. Und welches ist eure Meinung?

Cotton. Sie ist ganz die entgegengesetzte **).

---

*) Il se donnera bien de garde de rien faire, qui oblige le Pape à cela.

**) Man vergleiche mit dieser Aeusserung des listigen Jesuiten, was die Konstituzionsbücher des Ordens an verschiedenen Orten zum Gesetze machen. Doctrinæ differentes non admittantur, nec verbo in concionibus vel lectionibus publicis, nec scriptis libris, qui quidem edi non poterunt in lucem, sine approbatione arque consensu Præpositi Generalis. *Institut. Soc. Jesu. Vol. I. pag.* 372. — Novæ opiniones admittendæ non sunt; & si quis aliquid sentiret, quod

Präsident. Wenn ihr aber in Rom wäret, was würdet ihr thun?

Cotton. Wir würden es machen, wie jene, die in Rom sind.

Präsident. Gut! aber antwortet auf das, um was man euch gefragt hat.

Cotton. Meine Herren! Wir bitten um die Erlaubniß, uns vorerst hierüber berathschlagen zu dürfen.

Präsident. Verfüget euch in jenes Zimmer!

Dort nun hielten die Jesuiten sich ungefähr eine halbe Stunde auf, nach deren Verlauf sie wieder vor den Schranken erschienen.

Cotton. Meine Herren! Wir werden eben der Meinung seyn, welcher die Sorbonne ist, und werden eben das glauben, was die Herren von der Klerisey glauben.

Präsident. Gebet hierüber eure nähere Erklärung.

Cotton. Meine Herren! Wir bitten unterthänigst, uns einige Tage Aufschub zu geben, um über diese Sache gemeinschaftlich zu Rathe zu gehen.

Präsident. Gut! Das Parlament bewilligt euch drey Tage.

Die Jesuiten verfügten sich am nämlichen Tage zum päbstlichen Nunzius, bey welchem sie von zwey Uhr bis Abends sieben Uhr eingeschlossen waren. Nach zweyen Tagen überreichten sie dem Parlamente nachstehende schriftliche Erklärung:

discrepæt ab eo, quod Ecclesia & ejus Doctores communiter sentiunt, suum sensum *definitioni* ipsius Societatis debet subjicere. In opinionibus etiam, in quibus catholici Doctores variant inter se, vel contrarii sunt, ut *conformitas* etiam in Societate sit, curandum est. *Ibid. l. c. p.* 375. — Curandum est, ut *omnes* eamdem doctrinam, quæ in Societate fuerit electa, sequantur, *Ibid. l. c. pag.* 426.

Achtes Buch.

„Wir Unterschriebene bezeugen und erklären uns
„dahin, daß wir mißbilligen und verabscheuen die
„böse Lehre, welche in dem Buche des Santarells
„enthalten ist, betreffend die Person der König-,
„ihre Hoheit und ihre Staaten, und daß wir er-
„kennen, daß Ihre Majestäten unabhängig von
„Gott ihre Gewalt haben, und daß wir für die
„Bestätigung dieser Wahrheit bereit seyen, unser
„Blut zu vergießen, und bey aller Gelegenheit un-
„ser Leben in Gefahr zu setzen. Wir versprechen,
„die Censur zu unterschreiben, welche wegen dieser
„verderblichen Lehre durch die Klerisey oder durch
„die Sorbonne wird abgefaßt werden, und nie-
„mals Meinungen dagegen oder eine widrige Lehre
„vorzutragen, die den Sätzen entgegen stehet, wel-
„che in dieser Materie durch die Klerisey, durch
„die hohen Schulen des Reichs, und durch die
„Sorbonne für bestimmt und gewiß gehalten wer-
„den. Geschehen zu Paris durch die untenge-
„nannten Religiosen der Gesellschaft Jesu, am 16.
„März 1626."

„Peter Cotton u. s. f."

Diese Erklärung ist sehr bestimmt ausgedrückt.
Eben so bestimmt ist das Dekret ihres damals regierenden Generals, Mutius Vitelleschi, abgefaßt,
welcher unterm 13. August des nämlichen Jahrs
in Kraft des heiligen Gehorsams verordnet: Daß
es in Zukunft (*ut occasiones omnes offensionis
& quærelarum præcidantur*) keinem Jesuiten
mehr erlaubt seyn soll, weder in gedruckten Büchern, noch Schriften, weder in öffentlichen Disputazionen, noch im Schulunterrichte die Materie
von der Oberherrschaft des Pabstes über Könige
und Fürsten zu berühren. „Von dieser Zeit an",
sagt Mangold *), „hat die Gesellschaft Jesu kein
„einziges Buch mehr in Druck gegeben, worinn

---

*) Reflexiones in Continuationem Hiſtor. Eccleſ. *Fleur.* Tom. II. Art. II. §. 15. pag. 253.

„dieser Gegenstand abgehandelt wird." Aber ist es möglich! Sollten seit 1626 bis auf den heutigen Tag die Jesuiten über eine Sache geschwiegen haben, die ihnen so nahe am Herzen lag, und worüber die ganze Gesellschaft, nach den Vorschriften ihres Instituts, Eines Sinnes und Einer Gedenkensart seyn mußte? Ertönt nicht schon seit vielen Jahren auf der Kanzel in der Domkirche zu Augsburg die nämliche Kontroverse von der Macht des Pabstes? Und hat sich nicht selbst Pater Maximus Mangold gröblich wider das obenerwähnte Verbot seines Ordensgenerals dadurch verstoßen, daß er cum Superiorum permissu & approbatione seine Reflexionen drucken ließ, worinn dieser gefürchteten Oberherrschaft des Pabstes mächtig geschmeichelt, und die Lehre von der Unverletzbarkeit weltlicher Regenten als ein noch unaufgelöstes Problem behandelt wird? Wir wollen durch historische Zeugnisse darthun, daß dieser Jesuite ein in der Geschichte unerfahrnes Publikum auf Kosten der Wahrheit zu hintergehen kein Bedenken trägt.

Im Jahre 1630 gab der Jesuite, Bapt. Bauny, seine Summam Peccatorum heraus. Darinn lobpreiset er den unter dem Namen Gregors VII. gefürchteten Hildebrand deswegen, daß er Kaiser Heinrichen IV. exkommunizirt, und seine Unterthanen ihres Eides der Treue entlassen hat. Er findet es sehr konsequent, daß die Unterthanen einer vom Pabst exkommunizirten Obrigkeit so lange ausser aller Verbindlichkeit seyen zu gehorchen, bis die Kirche Genugthuung erhalten habe. So eifrig auch damals sowohl die französische Geistlichkeit als die Sorbonne das Interesse des römischen Stuhls gegen die Weltmächte vertheidigten, so fanden doch beyde die Lehrmeinungen dieses Jesuiten so ärgerlich, daß sie dieselben verwarfen.

Bald darauf, in den Jahren 1641 und 1642 diktirte zu Paris der Jesuite Herreau seinen

Achtes Buch.

Schülern ähnliche Sätze aus der Mordtheologie in die Feder. Ueber das fünfte Gebot Gottes kamen folgende Sätze in den Heften der Schüler zum Vorscheine: „Wenn mich jemand bey einem Für=„sten, Richter oder andern Ehrenmanne durch „falsche Anklagen verleumdet, und ich auf keine „andere Weise meinen guten Namen behaupten kann, „als daß ich ihn heimlich meuchelmorde; so kann „ich dieß von Rechtswegen thun. Diese Bewandt=„niß hat es auch, wenn das Verbrechen, dessen „man mich beschuldigt, der Wahrheit gemäß, aber „noch verborgen ist, und zwar dergestalt, daß es „durch gerichtliche Inquisizion nicht so leicht ent=„deckt werden kann *).‟ Was den Monarchen=mord insonderheit anzieng, so warf er die neunte Frage über eben dieses Gebot so auf: „Ist es „einem Jeden erlaubt, den, der eine rechtmäßige „Macht zu regieren hat, zu tödten, wenn er die=„selbe zum Verderben des Volkes mißbrauchet? — „Ich sage, nein! Weil die Ertödtung der Uebel=„thäter nur in sofern erlaubt ist, als man ur=„theilt, daß sie dem gemeinen Besten zuträglich „sey. Deswegen stehet sie dem zu, dem die Sor=„ge für das gemeine Beste anvertraut ist, und „gehöret demnach nur dem, der das öffentliche „Ansehn des Staats behauptet, welches nicht jede „Privatperson seyn kann.‟ Serreau lehrte aus=ser dieser Mordmoral auch noch, daß es verhey=ratheten Frauen und geschwängerten Mädchen er=laubt sey, sich durch gewisse Getränke die Frucht abzutreiben **).

Was Serreau mündlich seinen Schülern diktir=te, das sagte zwey Jahre darauf Escobar laut

---

*) Histoire generale de la Compagnie de Jesus. Tom. II. Art. XXVI. pag. 289. — La Morale des Jesuites, ex-traite fidelement de leur Livres imprimez avec la per-mission & l'approbation des Superieurs de leur Compa-gnie. Part. II. Chap. II. Art. IV. pag. 442.

**) Hist. gener. de la Compagn. de Jesus. l. c. pag. 290.

der ganzen Welt in seinen gedruckten Traktaten über die Moral. Er lehrt, daß es nicht erlaubt sey, einen Unschuldigen zu tödten, ausser in dem Falle, wenn es die Wohlfahrt des gemeinen Besten erforderte. Ein Tyrann, sagt er, kann zwar nicht durch einen Privatmann, aber durch das Urtheil des Staats getödtet werden. Die Frage, ob es erlaubt sey, einen Verbannten zu tödten, entscheidet er mit folgenden Worten: Bannitus non potest extra territorium Principis proscribentis occidi — Quid? si proscriptus a Pontifice? — Licet ubique occidere illum, *quia Praesulis summi jurisdictio totum orbem complectitur.*

Zu gleicher Zeit gab der Neapolitanische Jesuite, Johann Dicastille, seine moralischen Traktate heraus. Er giebt darinn jeder Privatperson das Vertheidigungsschwert in die Hände, ohne einen gebührenden Unterschied zwischen den Arten der Vertheidigung zu machen. Er sagt *): Bellum defensivum est, quando vis per injuriam illata repellitur, quando in defensionem vitae, honoris & fortunae assumitur, quod non solum publica, sed etiam *privata authoritate cuivis* omni jure permissum est.

In dem Jahre 1652 ließ der deutsche Jesuite, Hermann Busenbaum, seinen Begriff der Moraltheologie **) zum Vorscheine kommen. Ueber dieses Buch wurde fast auf allen Schulen bis auf unsere Zeiten vorgelesen, und die Jesuiten sehen es noch immer für klassisch an. Darinn wird behauptet, daß es, um sein Leben zu vertheidigen, oder seine geraden Glieder zu behalten, dem Sohne, dem Mönche und dem Unterthane erlaubt sey, sich zu schützen, wenn auch darüber der Vater,

---

*) Moral. Tract. lib. II. Dub. 16. n. 245.
**) Medulla Theologiae moralis, facili ac perspicua methodo resolvens casus Conscientiae ex variis probatisque authoribus concinnata.

Achtes Buch.

der Abbt, oder der Fürst getödtet werden müßte. So wie Dicastille, behauptet auch Busenbaum, daß man privata authoritate angethane Beleidigungen rächen dürfe.

Obenerwähnter Escobar ließ 1655 zu Lyon seine grosse Moraltheologie in Folio drucken. Voran stund die Zueignungsschrift an den damaligen General des Ordens, Goswin Nikel. Das System des Probabilismus ist in diesem Werke auf eine so fürchterliche Art ausgeführt, daß, wenn die Unterthanen das praktisch ausüben, was Escobar theoretisch vorträgt, kein einziger Landesherr nur eine Stunde sich auf die Sicherheit seines Lebens Hoffnung machen dürfte. Nach seinem System ist es nicht nöthig, in unzuverläßigen Dingen die sicherste Parthey zu nehmen, sondern man kann sich vollkommen beruhigen, wenn man in Ausführung der Geschäfte einem wahrscheinlichen Satze folgt, derselbe mag auch so wenige Wahrscheinlichkeit haben, als er immer wolle. Quia, sagt er*), cum quælibet probabilis opinio tutam *reddat conscientiam* in operando, non minus tutus erit operans juxta unam, quam juxta aliam opinionem. — Subditi excusantur & non excusantur, solvere tributum per opinionem probabilem. Excusantur certe, fährt er fort, quia sicut Princeps juste tributum imponit, juxta Sententiam, probabiliter affirmantem, illud esse justum, sic etiam subditus' *juste denegare* poterit tributum, juxta Sententiam, probabiliter affirmantem, illud injustum esse. Wenn er es den Unterthanen frey stellt, ihren Obrigkeiten Abgaben zu bezahlen oder nicht, so darf man sich wohl nicht verwundern, wenn er diesen Grundsatz auch auf die willkürliche Annahme der Gesetze ausdehnt. Er sagt **): Pec-

---

*) Theol. mor. Tom. I. Lib. II. Sect. I. Cap II. p. 34.
**) Ibid. Lib. V. Sect. II. Cap. XIV. Probl. XIII. pag. 160.

cant & non peccant Subditi, sine causa non recipientes legem a Principe legitime promulgatam: Non peccant, quia Principes semper promulgant leges *dependenter* ab acceptatione Subditorum, nec illos intendunt aliter obligare; unde qui absque causa sufficienti legem non acceptat, aliquam culpam non incurrit. Wen die Layen nicht verbunden sind, den Gesetzen zu gehorchen, so sind es die Geistlichen um so weniger, welche, nach Escobars Urtheil *), keine Todsünde begehen, wenn sie die Gesetze weltlicher Obrigkeiten übertreten; denn sie sind, setzt er hinzu, nicht direkte an die Festhaltung dieser Gesetze verbunden. Aber nicht allein die Grundstützen der Politik, auch alle sittliche Moralität wirft dieser verwegene Jesuite über den Haufen. Zufolge seiner Kasuistik kann ein Priester ohne Bedenken, und ohne eine Infamie zu befürchten, sich sodomitisch vergehen **). Was ein verheyrathetes Weib durch Ehebruch verdient, darf sie als ein rechtmässig erworbenes Gut ansehen, so wie man auch keineswegs verpflichtet ist, dasjenige zurückzugeben, was man sich durch einen Meuchelmord, durch ungerechte Urtheilssprüche oder andere infamirende Sünden erworben hat ***). „Wenn du‚ sagt er „an einem andern Orte ****), „einen Dieb siehst, „der eben im Begriffe steht, einen Dürftigen zu „berauben, so kannst du ihn davon abhalten, „und ihm eine andere reiche Person bezeichnen, „die er statt des Dürftigen plündern könnte."

---

*) Infero, Clericos non peccare mortaliter, Principum sæcularium leges violando, quia legibus hisce directe non arcentur. *Ibid. l. c. pag.* 162.

**) Les Provinciales, ou Lettres écrites par Louis *de Montalte.* Tom. II. Lettr. VI. Sect. III. §. VII. p. 387.

***) Tract. V. Exempl. V. n. 53.

****) ib. Exempl. V. n. 120. Die Aufschrift des Kapitels, worinn dieser Zug vorkömmt, heißt: Exercitium amoris Societatis nostræ adversus proximum.

Achtes Buch.

Sich aus blosser Wollust mit Speisen und Getränken bis zum Erbrechen beladen, ist nach seinem Urtheile eine ganz verzeihliche Sünde.

Diese schreckliche Moral ist von den Jesuiten nie verworfen, sondern zu allen Zeiten gerechtfertigt und vertheidigt worden. Die Grundsätze der Nachtmahlsbulle, welche alle Obrigkeiten des Erdbodens der willkürlichen Macht des römischen Stuhls unterwirft, waren bis auf den heutigen Tag noch immer die Grundsätze der Jesuiten. Sie haben denn auch in unserm Jahrhunderte noch, um die grossen Lichter ihres Ordens nicht verlöschen zu lassen, ihre Werke in neuen Auflagen der Welt vor gelegt. Bellarmins sämmtliche Schriften sind in fünf Folianten 1721 zu Venedig neu aufgelegt worden. Darinn werden, wie jedermann weiß, Kaiser und Könige zu Vasallen der Päbste gemacht. Die Kontroversen des kaiserlichen Beichtvaters, Martin Becan, in welchen er für Bellarmin gegen den König von England über die Oberherrschaft des Pabstes focht, wurden 1750 zu Rom neu und mit Zusätzen gedruckt. Zu Regensburg erschienen 1737 und 1738 des deutschen Jesuiten, Jakob Gretsers, sämmtliche Werke in mehreren Folianten. Auch dieser behandelt, und zwar, was wohl ganz natürlich ist, mit Bewilligung seines Generals, die Materie von der Oberherrschaft des Pabstes über Kaiser und Könige. In seinem Vespertilio hæretico-politicus sagt er ganz unverhohlen: Tam *timidi* ac *trepidi* non sumus, ut asserere *palam* vereamur, Romanum Pontificem posse, si necessitus exigat, subditos catholicos *juramento fidelitatis* solvere, si Princeps *tyrannice* illos tractat, & si Pontifex prudenter id agat, *meritorium* opus hoc esse.

Wir haben schon anderorts bemerkt, daß die Jesuiten dem Begriffe einer tyrannischen Regierung ganz willkürliche Deutungen gaben. Aber das verdient besonders in Erwegung genommen zu werden, daß sich dieselben in jenen Ländern, deren Bewohner unter dem Drucke der Despotie am stärksten seufzten, durchgehends am besten dabey befanden.

Siebentes Kapitel.

Ursprung und Geschichte des Molinismus. Bemühungen der römischen Kirche, den hierüber entstandenen Streit beyzulegen. Hartnäckigkeit der Jesuiten. Sie machen sich dem Pabste Klemens VIII. durch Drohungen fürchterlich. Man hat die Jesuiten im Verdachte, daß sie diesen Pabst aus der Welt geschafft haben. Ihre Intriguen gegen seinen Nachfolger Paul V.

Ehe ich von der Geschichte des Jansenismus und von den Verfolgungen schreibe, die sich seine Anhänger unter Ludwigs XIV. Regierung in Frankreich zugezogen, muß ich vorerst seines Vorgängers, des Molinismus erwähnen, welcher mehrere Jahre hindurch die römische Kirche in eine unbeschreibliche Verlegenheit und Unruhe versetzte. Der darüber mit eben so vieler Hitze als Kabale geführte Streit ist ein Beweis, daß die Jesuiten nicht nur den weltlichen Regenten, sondern auch selbst dem allerhöchsten Weltbeherrscher seine souveräne Macht über die Geschöpfe zu entreissen bemühet waren.

Der Grund zum Verderbnisse der Sittenlehre, Moral und überhaupt der ganzen Theologie wurde schon gleich bey der Anlage des Instituts der Jesuiten gebaut. Ihre Konstituzionen machen es zu einem Hauptgesetze, daß jeder Jesuite, welcher anders als die Kirche und ihre Doktoren denkt, sich nicht dieser Kirche, sondern der Gesellschaft unterwerfen soll *). Diese will, daß alle ihre

---

*) Institut. Tom. I, pag. 375.

Glieder eines Sinnes und eines Denkens seyen, und verwirft die Disharmonie im Denken und Thun als eine Sache, welche den Orden unfehlbar zu Grund richten würde *). Um sich an den alten Lehrbegriff der Kirche nicht binden zu dürfen, so verordneten die Konstituzionen schon gleich anfangs, daß man sich im theologischen Schulunterricht nicht so genau an die Lehren des H. Thomas zu halten habe, und daß sich die Gesellschaft vorbehalte, andre Systeme und Lehrbücher, welche den Zeitumständen angemessener sind, zum öffentlichen Schulgebrauche einzuführen **). Aquaviva gieng noch weiter; er setzte das Ansehn des H. Thomas, welchen die Jesuiten zufolge ihres Instituts durchgehends zum Leitfaden ihres theologischen Unterrichts gebrauchen sollen, gewaltig herunter, indem er den Professoren erlaubte, in gewissen Fällen von der Lehre dieses Heiligen abzuweichen. Sowohl in Spanien als in Italien, wo Thomas noch immer das Orakel der Schulen war, machte dieses willkürliche Verfahren des Generals ungewöhnliches Aufsehn, und mußten die Schulverordnungen, worinn dergleichen Angriffe auf Thomas zum Vorschein gekommen, auf päbstlichen Befehl unterdrückt werden. Allein die Jesuiten nahmen keine Rücksichten auf päbstliche

---

*) Quando quidem nec *conservari*, nec *regi*, atque adeo nec *finem*, ad quem tendit Societas ad majorem *Dei* gloriam, consequi potest, si inter se & cum capite suo membra ejus unita non fuerint. *Ibid. l. c. pag.* 423.

**) Si videretur temporis decursu alius auctor, quam Magister Sententiarum, studentibus utilior futurus, ut si aliqua summa vel liber Theologiæ scholasticæ conficeretur, qui nostris temporibus accommodatior videretur; gravi cum consilio, & rebus diligenter expensis, per viros, qui in universa Societate aptissimi existimentur, cumque Præpositi Generalis approbatione, prælegi poterit. *Ibid. l. c. pag.* 397.

Verbote, und trieben das, was ihnen öffentlich untersagt worden, nur um so heimlicher fort.

Mitten in dem Gezänke, das über die Schulverordnungen der Jesuiten am päbstlichen Stuhle entstund, kam in Spanien die Concordia divinæ gratiæ & liberi arbitrii zum Vorschein, welche der Jesuite Ludwig Molina 1588 drucken ließ. Darinn ward ein ganz neues, dem H. Thomas entgegengesetztes System von der Vorherbestimmung, von der Gnade und dem freyen Willen aufgebaut. Molina lehrt, daß Gott die Auserwählten in Ansehung ihrer Verdienste zur ewigen Glückseligkeit vorherbestimme; daß die Gnade, mittels welcher sie diese Verdienste sammeln, nicht an und für sich selbst wirksam sey, sondern dadurch, daß ihr die Auserwählten nicht widerstehen, wirksam werde, und den Sieg über die verdorbene Natur erhalte; daß sie Gott den Auserwählten in jenen Umständen ertheile, in welchen er durch die Mittelwissenschaft (scientia media) die Einstimmung ihres freyen Willens vorhersieht; daß er übrigens Niemanden die hinreichende Gnade versage, welche der Mensch, wenn er nur will, durch seine Gelehrigkeit und Folgsamkeit wirksam machen kann u. s. f. Ehe dieses Werk gedruckt wurde, lehrten die Jesuiten Leonard Leß und Johann Samel auf der hohen Schule zu Löwen ähnliche Irrthümer. Die theologische Fakultät, welche vier und dreyssig ketzerische Lehrsätze aus den Heften der Jesuiten zog, ermahnte sie anfangs auf gütlichen Wegen, davon abzustehen. Aber es ist unmöglich, Jesuiten, die sich unfehlbar glauben, vom Gegentheile überzeugen zu können. Sie fuhren fort, orthodoxen Ohren unerträgliche Sätze zu lehren; und die Fakultät glaubte, berechtigt zu seyn, nach der Regel gegen sie verfahren, und mit einer ordentlichen Verdammung sie schrecken zu müssen. Die Erzbischöfe von Cambrai und Mecheln und der Bischof von Gent folgten

Achtes Buch.

ten diesem Beyspiele, und übersandten der Theologen=Fakultät zu Douai vier und dreyßig Kezereien zur Verdammung, welche denn auch den 20. Jenner 1588. feyerlich erfolgte. Aber damit waren die Jesuiten nicht zufrieden. Sie wußten diese Privatsache zur allgemeinen Ordens=Angelegenheit zu machen. Ihr General tratt bey dem Pabste ins Mittel, welcher sofort durch seinen Nunzius sowohl den theologischen Fakultäten, als den Erzbischöfen und Bischöfen derbe Verweise gab, ohne sein Wissen etwas gegen die Jesuiten in Sachen des Dogma verfügt zu haben. Er legte in Kraft seiner apostolischen Macht beyden Partheyen Stillschweigen auf, und erklärte, daß er vor seinem eigenen Tribunale über diesen Streit entscheidend sprechen werde. Die Jesuiten schwiegen eben so wenig, als ihre Gegner. Beyde Partheyen verfochten die Gerechtigkeit ihres Handels in Apologien. Die Bischöfe von Arras und Tournai giengen mit den Jesuiten einen Vergleich ein. Allein diese brachen denselben, weil, wie sich ihr Provinzial ausdrückte *), es ihnen ihr General ausdrücklich verboten habe, solchen zu halten. Dagegen arbeiteten sie gemeinschaftlich mit dem päbstlichen Nunzius an der Unterdrückung der Privilegien, in deren Genuß bisher die Universitäten Löwen und Douai noch ungestört waren. Unter Erkomunikationsstrafe ließ dieser den hohen Schulen bedeuten, sich aller Erkenntnissen, und aller Censuren über die Säze der Jesuiten zu enthalten.

Während dieselben nun in den Niederlanden mit so vielem Glücke ihre Gegner besiegten, hatten sie es in Spanien mit bey weitem gefährlicheren zu thun. Die Dominikaner zogen mit den Waffen einer unüberwindlichen Scholastik gegen den Molina los, der, in seiner Konkordanz, ihr Ora-

---

*) Histoire générale de la Compagnie de Jesus, Tom. I. Art. XIII. pag. 284.

kel, den H. Thomas angegriffen hatte. Das Interesse und das Institut foderte die Jesuiten hinwider auf, ihrem Ordensgenossen nicht zu nahe tretten zu lassen. Sie vertheidigten Molina's Lehre in einer öffentlichen Disputazion zu Valladolid; und die Dominikaner ermangelten ihrerseits nicht, sich nachdrücklichst der Orthodoxie anzunehmen, und die Thesen der Jesuiten zu widerlegen. Die Angriffe dauerten beyderseits so lange fort, bis sich das Inquisizionstribunal von Castilien ins Mittel legte. Der Großinquisitor Kardinal von Quiroga erstattete aus Amtspflicht dem päbstlichen Stuhle umständlichen Bericht von allem, was bisher zwischen den Dominikanern und Jesuiten vorgieng. Klemens VIII. um dessen Gunst die letztern mächtig buhlten, schrieb dem Großinquisitore zurücke *), beyden Partheyen zu gebieten, daß sie sich in Disputazionen über die Gnadenwirkungen so lange enthalten sollten, sich gegenseitig Ketzer zu schelten, bis der römische Stuhl hierüber einen Ausspruch gethan hätte. Ferners sollten die Vorgesetzten ihrer beiden Orden durch die gelehrtesten Religiosen ihrer Gesellschaft über diese Lehre und über das gedruckte Werk das Molinä schriftliche Gutachten abfassen lassen. Endlich sollten die Bischöfe, die Universitäten und die geschicktesten Theologen von ganz Spanien, ihre Meynung schriftlich von sich geben. Die Inquisizion ließ sich dessen ohngeachtet nicht irre machen, und zog vor allem den Jesuiten Molina persönlich vor ihr Tribunal. Albert, Erzherzog von Oesterreich, war damals Adjunkt, und bald darauf Großinquisitor. Er hatte besonderes Interesse, den Jesuiten nicht wehe zu thun. Allein seine Großinquisizionsmeisterschaft dauerte nicht lange. Er tratt aus dem geistlichen Orden, und überließ dem Bischofe von Abula die Präsidentenstelle des

---

*) F. J. H. *Serry* Historia Congregationum de auxiliis divinæ gratiæ. Lib. I. Cap. XXII. pag. 111.

Achtes Buch.

heiligen Gerichtes. Dieser war kein sonderlicher Freund der Jesuiten, und es stund auf den Punkt, daß die Konkordanz des Molina verbrannt werden solte; als noch zur gelegenen Zeit Aquaviva ins Mittel trat, und den Pabst zu einem Schritte bewog, der ihm theuer zu stehen kam. Klemens untersagte nämlich der Inquisizion, weiter in dem Prozeß gegen Molina fortzuschreiten, und befahl, daß ihm alle Akten desselben übersandt werden sollten. Unter diesen befanden sich zwo und zwanzig Censuren, theils von Universitäten, theils von Bischöfen und Theologen. Ihr Inhalt verdammte grossentheils die Lehre des Molina. Einige nannten sie falsch; andere verwegen, ärgerlich und nach Kezereien stinkend *).

Bisher hatten sich die Jesuiten zwar alle Mühe gegeben, die förmliche Verdammung dieses Lehrsystems zu verhindern. Allein noch wagten sie öffentlich weiter nichts, als dasselbe in Schuldisputen zu vertheidigen. Man hatte sie gewarnet, auf guter Hut zu seyn, und sich nicht zu tief in einen Prozeß einzulassen, den sie, wie ihnen damals wohlunterrichtete Männer zu verstehen gaben, allem Anscheine nach verlieren müßten **). Allein es lag der Ehre ihres Generals, mit dessen Bewilligung Molina seine Konkordanz zum Druk beförderte, so wie der Ehre ihres Ordens und ihrem Stolze allzuviel daran, als daß sie, ohne ihre Kräfte zu versuchen, so ganz ruhig vom Kampfplaze hätten abtretten können. Auch besiegt und mit Schande beladen waren sie noch nie zum Bekenntnisse eines Fehltrittes oder einer Schwäche gebracht worden. So viele Prozesse sie auch immer schon verloren hatten, so oft wußten sie dennoch der Welt glauben zu machen, daß der

---
*) Serry l. c. Lib. I. Cap. XXIII. pag. 124. & sq.
**) Mariana de regimine Soc. Jesu. Cap. IV. — Histoire générale de la Compagnie de Jesus. Tom. I. Art. XIII. pag. 391.

Sieg auf ihrer Seite gewesen. Zudem hegeten sie zum päbstlichen Stuhle, welchem sie wichtigere Dienste als die Dominikaner geleistet zu haben vermeinten, das Zutrauen, daß derselbe, wenigstens aus Dankbarkeit, sie nicht ohne Schutz lassen würde. In eben dieser Absicht hatten sie denn auch so nachdrücklich in den Pabst gedrungen, der Inquisition die fernere Prozedur in dieser Sache zu untersagen, und das das ganze Geschäft an sein eigenes höchstes Tribunal zu ziehen. Von der Inquisition konnten sie sich deswegen nichts gutes versehen, weil ihre Vorsteher, die Dominikaner, natürlich aus Privatinteresse sich nur allzuleicht den Sieg selbst hätten verschaffen können.

Allein Klemens VIII. welcher sich besser auf die Theologie als auf die Politik verstund, hatte, als er den Prozeß an sein Tribunal zog, nicht die Absicht, den Jesuiten dadurch den Sieg in die Hände zu spielen. Er sah vielmehr den ganzen Streit für eine Sache von höchster Wichtigkeit an. Der ganzen Kirche, und der Ehre des heiligen Stuhles lag es, seiner Meynung nach, daran, daß der Entscheidung einer so wichtigen Glaubensfrage, ob Thomas oder Molina die rechten Begriffe von Gnadenwürkungen hätten? die allerstrengste kanonische Untersuchung vorausgehen müße. Dem zufolge berief er unter dem Vorsitze einiger Kardinäle eine eigene Kongregation, die in der Kirchengeschichte unter dem Namen de auxiliis divinæ gratiæ bekannt ist, zusammen, welche denn auch den 2. Januar 1598. ihre erste Sitzung hielt. Bruder Alvarez verfocht die Sache der Dominikaner, Bellarmin und Arrubal aber sprachen für die Gesellschaft Jesu *).

Mittlerweile hatten die Jesuiten eine Menge rechtlicher Gutachten über Molina's Konkordanz von den Universitäten Ingolstadt, Gräz, Dil-

---

*) Serry. l. c. Lib. II. Cap. II. pag. 149. & seq.

Achtes Buch.

lingen, Würzburg, Mainz, Trier und Wien nach Rom kommen lassen. Darinn wurde denn, um die römischen Censoren zu schrecken, oder doch wenigstens irre zu machen, das neue Gnadensystem mächtig gelobt. Aber sehr fein wußten sie es zu verbergen, daß diese Gutachten aus ihrer eigenen Fabrike gekommen wären. Alle eben benannte Universitäten waren entweder ganz, oder doch größtentheils, in den Händen der Jesuiten. Sie hoffeten, daß man es in Rom nicht so genau nehmen würde, und verfügten, daß die auf diesen hohen Schulen befindlichen Jesuiten in der Unterschrift jener Gutachten nur ihren Vor = und Zunamen niederschreiben sollten, ohne das sonst gewöhnliche Societatis Jesu beyzusetzen *).

Allein die römischen Theologen dachten von den Gnadenwürkungen anders, als die deutschen. Die Kongregazionen versammelten sich fleißig; und die Jesuiten, welche von allen Bewegungen Winke hatten, konnten nichts anders, als die Verdammung ihres Molina's voraussehen. In dieser Verlegenheit und Angst setzten sie selbst ihre Gönner am kaiserlichen Hofe in Bewegung. So wohl die Kaiserinn, Maria Augusta, als ihr Sohn Erzherzog Albert, baten und beschworen den Pabst, den Jesuiten nicht wehe zu thun **). Allein Klemens hatte die Ehre der Kirche vor Augen, und wollte durch Privatgunst den Lauf der Gerechtigkeit nicht hemmen.

Dieser unpolitische Eifer des Pabstes setzte die Jesuiten in die Nothwendigkeit, das Aeußerste zu

---

*) Der gelehrte Dominikaner und Doktor der Sorbonne, Bruder Jacob Hyacinth Serry, welcher die Geschichte dieser Kongregazionen aus den in dem Vatikan aufbewahrten Akten schrieb, ließ alle diese Universitätsgutachten mit ihren Unterschriften abdrucken, und bewies, daß sich unter fünfzig Theologen, die sich unterzeichneten, vierzig Jesuiten befanden. Lib. IV. Cap. XIII. pag. 555. & fq.
**) Ut Societatis causæ gratificarentur. Serry l. c. p. 166.

wagen. Sie suchten durch eine ununterbrochene Reihe von Intriguen den endlichen Ausspruch der Censoren, der ihnen, wie sie wohl wissen konnten, nicht günstig war, zu verzögern, und die Streitfrage durch eine Menge Nebenumstände zu verwirren. Bald boten sie einen Vergleich an, bald drangen sie auf die Revision aller in den vorhergegangenen Kongregazionen gepflogenen Verhandlungen, und gewannen dadurch Zeit, neue Triebmaschinen ihrer Politik in Bewegung zu setzen. Sie überschwemmten Rom mit einer Fluth von Streitschriften, um die verworrene Materie von der Gnade, von der Vorherbestimmung und von dem freyen Willen, durch die Subtilitäten ihrer Scholastik noch verwirrter zu machen. Es verdroß sie nicht, von den Dominikanern des Betrugs und der Verfälschungen beschuldigt zu werden *). Solche Inzichten gaben nur zu neuen Erörterungen Anlaß, die denn sehr geschickt waren, ihre schreyenden Gegner zu ermüden und ausser Athem zu bringen.

Unerachtet dieser Kunstgriffe eröfneten sich für sie noch immer keine erfreuliche Aussichten. Der Kardinal Madrucius, unter dessen Vorsitze sich die Kongregazionen versammelten, arbeitete unermüdet an der Beendigung dieses Prozesses. Er hatte es darinn denn auch endlich so weit gebracht, daß er mit einer sehr mühesam ausgearbeiteten Darstellung aller Gründe und Gegengründe in dieser Sache fertig geworden. Er war eben im Begriffe, das abschlüßliche Gutachten darüber Sr. Heiligkeit zu überreichen, und das Verdammungsurtheil der Jesuiten von päbstlicher Hand besiegeln zu lassen — als er unvermuthet, man weiß nicht wie, in die Ewigkeit abgieng **).

*) Ibid. l. c. pag. 182.
**) Et quidem *eo ipso die*, quo actorum omnium seriem Summo Pontifici relaturus erat. *Serry* l. c. Cap. VIII. pag. 191.

Achtes Buch.

Die Römer schienen sich nie die Mü'e genommen zu haben, den Ursachen unvermutheter und plötzlicher Todfälle nachzuforschen. Vermuthlich hat sie die Gewohnheit, tägliche Opfer der Banditen vor Augen zu sehen, gegen Auftritte dieser Art gleichgültig gemacht. Vielleicht auch kann es der Bigotterie des Volks, welches in jeder ihr unbegreiflichen Erscheinung eine Art göttlicher Zulassung zu erblicken wähnt, zugeschrieben werden, daß man sich in Italien nicht viel darum bekümmerte, auf welche Weise die Menschen aus der Welt geschaffet werden. Ausserdem noch scheint man es besonders am römischen Hofe nicht so genau zu nehmen. Die Ehrsucht der Geistlichkeit, welche von jeher so mächtig nach Bischofsmütze, Purpur und dreyfacher Krone strebt, ist ein sehr furchtbares Hinderniß, den Ursachen unerwarteter Sterbfälle bis auf den Grund nachzuspüren. Jeder fürchtet in solchen Fällen, in seinem Nachbar einen Verräther zu finden.

Der Umstand, daß Kardinal Madrucius gerade an dem Tage starb, an welchem er dem Pabste über die ganze bisher verhandelte Kongregazionsakten den Bericht erstatten, und ihm das endliche Verdammungsurtheil der Jesuiten zur Unterschrift vorlegen wollte, ist an sich zwar ein moralischer, aber noch lange kein juridischer Beweis, daß dieselben an seiner geschwinden und unerwarteten Beförderung in die Ewigkeit einen wirklichen Antheil genommen haben. Indessen liegt der Verdacht sehr schwer auf ihrer Seite, und scheint Bruder Serry aus keinem anderen Beweggrunde der Stelle, wo er von dem Tode dieses Prälaten spricht, einen so bedeutenden Nachdruck gegeben zu haben, als um den denkenden Geschichtsforscher an die Verbindung zu erinnern, welche der schnelle Hintritt desselben mit der Verlegenheit der Jesuiten hatte, die sich durch keine andere als durch verzweifelte Mittel retten konnten.

Wirklich suchten sie bald darauf der Sache eine neue Wendung zu geben. Sie überreichten dem Pabste eine Bittschrift, worin sie erwiesen, daß die Lehre des Molina mit des H. Augustin seiner übereinstimme, daß dieselbe mehreren Theologen gemein, und vorzüglich geschickt sey, Luthers und Kalvins Kezereien zu bestreiten. Es sey vor allem nothwendig, daß Molina persönlich über sein Lehrsystem gehört werde, daß man alle Universitäten darüber vernehme, daß man sogar ein allgemeines Konzil zusammenberufe, und daß man mittlerweile beiden streitenden Partheyen erlaube, ihre Privatmeynung als wahrscheinlich behaupten zu dürfen. Es sey widrigenfalls, schlossen sie, zu befürchten, daß die Universitäten sich nicht mit der einseitigen päbstlichen Entscheidung begnügen, und folglich nur Aergernisse und neue Verwirrungen in der Kirche entstehen würden *). Klemens ließ sich durch dergleichen Vorstellungen nicht irre machen. „Es sey nun offenbar„, sagte er bey dieser Gelegenheit zu dem Generale der Dominikaner **), „daß die Jesuiten nur Hindernisse auf „Hindernisse thürmen, um Zeit zu gewinnen, und „daß sie ihn durch betrügliche Besorgnisse wegen „der Unruhen, die daraus entstehen könnten, ver„zagt und furchtsam machen wollten". Er verordnete also, daß sämtliche Akten neuerdings untersucht, und mit der größten Unpartheylichkeit und Sorgfalt zur Verdammung der kezerischen Säze geschritten werden soll.

Hierauf erfolgten eine Menge Kongregazionen. Obgleich die Jesuiten alle übrigen Mönchsorden und alle Universitäten in ihr Interesse zu ziehen bemühet waren, so lief das unwandelbare Resultat aller Berathschlagungen doch immer dahin aus,

*) Ibid. l. c. Cap. IX. pag. 192. et seq.
**) Ibid. l. c. — Histoire générale de la Compagnie de Jesus. Tom. I. Art. XIII. pag. 293.

Achtes Buch.

daß einige Sätze des Molina als verwegen und kezerisch eine feyerliche Verdammung verdienten. Die Verdammungsackte war bereits zu Stande gebracht, und es fehlte nur noch, dieselbe gewöhnlicher Weise zu publiziren; als es den Jesuiten gelang, ihren Ordensgenossen, den Kardinal Bellarmin, in das Censurkollegium einzuschieben. Diesem beredten und schlauen Mann, der durch seine vielen Streitschriften dem päbstlichen Stuhle so wesentliche Dienste leistete, wäre es vielleicht, wenn Klemens sich besser auf Politik verstanden hätte, gelungen, seiner Gesellschaft den Sieg zu verschaffen. Indessen hat er für dieselbe doch immer so viel gewonnen, daß die Publizierung des Urtheils verzögert, und dadurch den Jesuiten Zeit gelassen wurde, sich um neue Rettungsmittel umzusehen. Serry bemerkt *), daß sie von dieser Zeit an verschiedene bisher noch nie versuchte Kunstgriffe anwandten, den päbstlichen Hof in Verlegenheit zu sezen. Der Pabst, sagt er, sey zwar ausserordentlich geneigt gewesen, den Molina zu verdammen. Inzwischen habe er darüber, ob die Jesuiten sich wohl auch mit seiner Entscheidung begnügen würden, die äußerste Angst und Unruhe empfunden; und nämlich befürchtet **), daß Leute, welche in der ganzen Welt zerstreut, des Schuzes der Grossen versichert, und fast allenthalben Jugenderzieher wären, die Kirche in grosse Gefahr stürzen könnten, wenn es ihnen etwa beyfallen möchte, dem päbstlichen Verdammungsurtheile nicht Folge zu leisten. Klemens hatte die Unvorsichtigkeit, diesen nagenden

---

*) l. c. Cap. XXV.—XXXI. pag. 260.—288.

**) Verebatur Sanctissimus Pater ne viri toto orbe diffusi, *Potentum gratia et authoritate* fulti, ubique pene juventutis institutioni præpositi, grave quoddam Ecclesiis damnum afferrent, nisi Pontificiæ damnationi lubentissime parerent. *Serry l. c. pag.* 261.

Kummer seinen Freunden zu klagen; und die Jesuiten, deren unbegreiflicher Spionengeist in alle geheime Kabinette eindrang, sahen diese Gemüthsunruhe des Pabstes für eine sehr bequeme Gelegenheit an, seinen beunruhigten Geist noch fürchterlicher zu quälen. Wenn sie vorhin nur schüchtern es wagten, ihren Molina zu vertheidigen, so nahmen sie nunmehr mit desto grösserer Verwegenheit selbst die alleroffenbarsten Irrthümer seines Systems in Schutz. Die hohe Schule zu Salamanka war die Schanze, aus welcher sie ihre dogmatische Pfeile auf Roms Theologen abschossen. Sie vertheidigten daselbst in einem öffentlichen Schuldispute nicht nur jene Säze, welche dem katholischen Kirchenbegriffe nicht ganz zuwider waren, sondern vornämlich solche, welche allermeist die Makel der Kezerey und des Irrthums verdienten *). Aber nicht genug, das Dogma von dieser Seite anzugreifen, trieben sie ihr muthwilliges Spiel nach immer weiter, und liessen auf der Universität zu Alkala Streitthesen drucken, worinn sie unter anderm behaupteten, es sey kein Glaubensartikel, Klemens VIII. für den rechten Pabst und Nachfolger des H. Peters zu halten **). Es läßt sich begreifen, daß in dem Sinne des römischen Hofes nichts verwegners erdacht werden konnte, als der Zweifel, ob der gegenwärtig regierende Pabst auch wirklich das sey, wofür ihn die Kirche dem Herkommen nach hielt? Aber es schien nun einmal den Jesuiten eine erlaubte Nothwehre, alles wagen zu dürfen, was dem heiligsten Vater Bangigkeiten verursachen mußte. Und konnte wohl auch damals, da es eben darauf abgesehen war, sie durch päbstliche

---

*) Non ea duntaxat Molinæ dogmata propugnarunt, quæ mitiori virgula digna viderentur, sed et illa præsertim, quæ severiori erroris & hæresis censura damnata fuerant. Ibid. l. c.

**) Ibid. Cap. XXIX. pag. 277.

Achtes Buch.

Machtsprüche zu demüthigen, irgend ein gescheuterer Einfall erdacht werden, als über die Frage, ob es Dogma sey, Klemens für einen rechtmäßigen Pabst zu erkennen, einen problematischen Schulstreit zu erregen?

Ein beynahe eben so kühner Kunstgriff war es, daß die Jesuiten mitten unter diesen Bewegungen durch ihre heimlichen Emissarien in ganz Italien und Spanien das Gerücht ausbreiten ließen, als wäre es höchstnothwendig, eine allgemeine Kirchenversammlung zur endlichen Beylegung des Streites zwischen ihnen und den Dominikanern zusammenzuberufen. Der Pabst wäre an und für sich in Entscheidung der Glaubenskontroversen nicht untrüglich; die Censoren hätten nicht Einsichten genug, und die bis daher geschehene Untersuchungen wären allzu nachlässig angestellt worden. Wenn man bedenkt, daß es in der damaligen Zeit ein Kapitalverbrechen der ersten Klasse war, sich auch nur mit Einem Worte von einer Zusammenberufung der allgemeinen Kirche verlauten zu lassen *), so läßt es sich leicht erachten, wie wehe dem Pabste alle diese Angriffe thun mußten. Er sagte darum auch bey dieser Gelegenheit zu seinen Freunden: „Die Jesuiten wagen alles!"**)

Klemens gieng in dieser Sache mit einer Art leidenschaftlicher Hitze zu Werke. Was noch wenige Päbste gethan, that er. Mit beyspielloser Geduld durchwühlte und studierte er nicht nur alle Akten, die bisher über diesen Prozeß abgefaßt worden, sondern er entzog sich allen gesellschaftlichen Zerstreuungen, um sich in den Werken des H. Augustins eine vollständige Kenntniß von den Beweisthümern zu verschaffen, mit denen

---

*) Hæc vox (de convocando Concilio) *Romæ* hac præsertim in occasione uti *sacrilega* atque *nefaria* reputatur. *Serry l. c. Cap.* XXVII. pag. 270.

**) Omnia audent, inquit, omnia audent. *Ibid.* pag. 271.

dieser Kirchenlehrer das System des Pelagius zu Boden warf. Die Jesuiten sahen es nicht gerne, daß sich Klemens mit dieser Lektur abgab. Bellarmin suchte es zu verhindern. Er stellte ihm in einem Schreiben vor, „daß sich seine Vorgänger nie damit abgegeben hätten, die Subtilitäten der Dogmatick durch unermüdetes Forschen zu ergründen. Sie hätten es hierinn bisher immer auf den Ausspruch der Generalkonzilien, der Bischöfe und Theologen ankommen lassen. Mit Hintansetzung alles eigenen Studiums hätten sehr viele Päbste nur mittels der Konzilien und Universitäten verschiedene Irrthümer ausgerottet, da hingegen diejenigen, welche durch eigenes und langwieriges Forschen nach Licht gestrebt, sich und die ganze Kirche in die größte Gefahr gestürzt hätten. Leo X. habe, um Luthers Irrthümer zu verdammen, nicht nöthig gehabt, sich dieser Absicht wegen besonders mit Studieren abzugeben. Es war genug, daß er die Censuren bestätigte, welche von den katholischen Universitäten, vornämlich von denen zu Köln und Löwen, über jene Kezereien geschleudert wurden *). Paul III. Julius III. und Pius IV. hätten sich mit nichts weniger als mit Büchern und Forschen beschäftiget, und gleichwohl seyen unter ihren Regierungen mit Beyhülfe der Trienterkirchenversammlung die wichtigsten Wahrheiten an das Licht gekommen. Dagegen habe Johann XXII. sich durch langwieriges Grübeln in ein Labyrinth verwickelt, aus welchem er bis an sein Lebensende keinen Ausweg mehr gefunden; und Sixtus V. sey deswegen, daß er nach seinem eigenen Gedankensysteme die Bibel verbessern wollte, in die größte Gefahr gerathen **)."

---

*) Ein sehr schöner Beweis von der Ohnmacht dieses sonst so berühmten Pabstes!

**) *Serry* l. c. pag. 272.

Achtes Buch.

Herrliche Maximen eines Kardinals der römischen Kirche!

Fruchtlos waren indessen bisher alle Kunstgriffe der Jesuiten, den Pabst durch Furcht gefälliger zu machen. Je beschwerlicher die Hindernisse waren, die er zu überwinden hatte, desto grössern Muth und Beharrlichkeit bewies er. Wie sehr es ihm Ernst war, die Sache zur Entscheidung zu bringen, und von welcher Wichtigkeit für die ganze römische Kirche er dieselbe zu seyn erachtete, kann man daraus abnehmen, daß er nun selbst von 1602. bis 1605. mit den ansehnlichsten Kardinälen des römischen Stuhles fünf und sechzig Kongregazionen beywohnte, in welchen mit eben so vieler Hitze als scholastischer Gelehrsamkeit von den Theologen der beiden Orden über zureichende und nicht zureichende Gnade, über Prädestinazion und freyen Willen gestritten wurde. Schon in den ersten Kongregazionen machte sich der Jesuite, Gregor von Valentia, eines groben Verbrechens schuldig. Er zog mitten im Streite den H. Augustin, auf den er sich in seinen Beweisthümern berief, hervor, und las mit vielem Selbstvertrauen eine Stelle daraus öffentlich und laut ab. Sein Opponent, der Dominikanermönch Thomas Lemos, welcher mit den Werken des H. Augustins vertrauter als mit seinem Brevier war, stuzte; er glaubte, in der angezogenen Stelle eine Verfälschung zu bemerken, und riß dem Jesuiten, um sich zu überzeugen, das Buch aus den Händen. Der Verdacht war nicht ungegründet. Valentia hatte mit Bedacht die angeführte Stelle durch eine Wortversezung verfälscht. Der drohende Blick des Pabstes, und die Beschämung, sich von einer so zahlreichen Versammlung der vornehmsten Kirchenprälaten gedemüthigt zu sehen, war dem Jesuiten so fürchterlich und groß, daß er auf der Stelle mit einem Schlagfluß befallen, in die Arme seines anwesenden Generals

Aquaviva sank, und bald darauf seinen Geist aushauchte *).

Je näher der Zeitpunkt der Entscheidung heranrückte, je intrikanter wurden die Jesuiten. Bald suchten sie jene Kongregazionstage, die ihnen am gefährlichsten schienen, zu verschieben, und bald breiteten sie sich über jene Streitfragen, über welche man sich kurz fassen sollte, ungemein weitläuftig aus. Allein Klemens gieng festen Schrittes auf seiner Bahn einher. Der nagende Kummer, ob die Jesuiten seiner Entscheidung auch Folge leisten würden, verschwand, nachdem sich der König von Spanien, **Philipp III.** gegen den Nunzius verlauten ließ, daß er nöthigen Falls auch mit gezogenem Schwerdte den päbstlichen Dekreten Gehorsam verschaffen wolle **). Die ganze Welt heftete nun aufmerksame Blicke auf den Ausgang eines Prozesses, der schon so viele Jahre am päbstlichen Tribunale unentschieden schwebte, und so gewaltige und mächtige Fakzionen in Bewegung gesezt hatte. Klemens kündigte feyerlich die lezte Kongregazion an. Die Jesuiten hatten vergebens alle Tiefen der Politik und Ränke erschöpft; ihre Verdammung war das unwandelbare Resultat aller bisher geschehenen Verhandlungen; der fatale Augenblick erschien, und Klemens, der eben im Begriffe stand, die lezten Schritte zu thun, empfand Bangigkeiten, an welchen er wenige Tage darauf den 3. Merz 1605. Todes verblieb ***).

Es ist ungemein schwer, sich des Verdachts zu enthalten, der bey dieser Gelegenheit auf die Jesuiten fällt. Vergleicht man die Umstände und Verhältnisse, in welchen sich die Gesellschaft Jesu nach so vielen fruchtlosen Versuchen befand, mit ihrem Moralsysteme; so wird man stark in die

---
*) Ibid. Lib. III. Cap. V. pag. 302. & seq.
**) Ibid. l. c. Cap. VII. pag. 313.
***) Ibid. l. c. pag. 314.

Versuchung geführt, zu glauben, daß Klemens keines natürlichen Todes starb. Die angesehensten Moralisten des Ordens erklären sich über die erlaubte Nothwehre auf eine allzufaßliche und deutliche Art, als daß man sich nicht die bedenklichsten Zweifel über den unvermutheten Hintritt des Pabstes erlauben könnte. Seine Ehre zu retten, oder Unbilden zu rächen, darf man, nach der Lehre der Jesuiten, seinen Gegner auch meuchelmörderisch hinrichten. In diesem Falle, sagt Leßius de Jure & Justitia *) kann der Sohn seinen Vater, der Mönch seinen Abt, der Sklav seinen Herrn, und der Unterthan seinen Monarchen aus dem Wege räumen. Es ist erlaubt, sagt Dicastill **), denjenigen zu tödten, der mich durch falsche Anklagen bey meinem Fürsten, Richter oder andern ehrenhaften Männern um meine Ehre bringen will. Noch deutlicher drückt sich hierüber Amikus aus. Nach seiner Meynung ***) ist jeder Kleriker oder Religiose befugt, denjenigen im Falle der Noth zu tödten, welcher im Begriffe steht, ihn oder seinen Orden schwerer Verbrechen zu beschuldigen. Man hat auch, seinem Urtheile zufolge, nicht erst nöthig abzuwarten, ob diese

---

*) Hoc jus tuendi se ipsum etiam Clericis & monachis concessum est sicut & Laicis; idque contra quoscunque, etiam contra *Superiores*; ut monacho contra Abbatem, filio contra parentem, servo contra dominum, Vasallo contra Principem. n. 41. pag. 84.

**) Si quis falsis criminationibus apud Principem, Judicem aut viros honestos te infamare parat & nititur, & aliter non possis damnum illud avertere, nisi eum occidendo, poteris eum occidere. *Lib. II. Tract. II. Disp. XII. Part. IV. Dub. II. n.* 414.

***) Licebit Clerico vel Religioso calumniatorem gravia crimina de se vel de sua religione spargere *minantem* occidere, quando alius defendendi modus non suppetat. *De jure & justitia Tom. V. Sect. 7. n.* 118. *pag.* 544.

Verleumdung oder Beschuldigung wirklich erfolge. Es ist genug, dafür zu halten, oder vorauszusetzen, daß sie erfolgen werde *).

Daß die Jesuiten fast die ganze Christenheit in Bewegung setzten, um sie zum Beystande in ihrem Prozesse aufzufodern, ist allerdings ein sehr überzeugender Beweis, wie sehr es ihrer Ehre, und dem Privatvortheile ihres Ordens daran gelegen seyn mußte, denselben wo nicht zu gewinnen, doch auch nicht ganz zu verlieren. Sie mußten also in dem Pabste, der von Anfange bis an sein Ende immer auf der Verdammung des von ihnen neuangenommenen Gnadenwürkungssystems beharrte, nichts anders, als einen offenbaren Feind sehen, der die Ehre ihres Ordens in der Grundveste erschütterte, und den sie folglich nach dem Innhalte ihrer Moral, worinn sie alle Eines Sinnes und Einer Denkensart seyn mußten, heimlich aus der Welt schaffen konnten; und zwar um so mehr, nach dem ihnen alle vorherigen Versuche, sich gegen vermeyntliche Unbilden zu schützen, fehlgeschlagen hatten. Die ganze Geschichte ist voll von Beyspielen, daß noch wenige Menschen, welche den Orden auf irgend eine Art gereizt hatten, seiner Rache entflohen sind. Selbst für unbedeutende Beleidigungen pflegte er sich grausam zu rächen. Um wie viel mehr also in dem gegenwärtigen Falle, da die ganze Gesellschaft auf eine so auffallende Weise, und in einer so wichtigen Sache, im Gedränge war? Zu allen diesen Betrachtungen, die freylich noch keine rechtliche Beweisskraft haben, kann man dasjenige hinzufügen, was der Geschichtschreiber Serry über diesen Vorfall sagte. Er drückt sich zwar nicht bestimmt darüber aus; aber gleichwohl gesteht er, es sey eben nicht unglaublich, daß den Jesuiten, so gottesfürchtige und fromme Leute sie

*) Si calumniator sit *paratus*, ea vel ipsi Religioso vel ejus religioni publice ac coram gravissimis viris impingere, nisi occidatur. *Ibid.*

Achtes Buch.

sie auch seyn mögen, in einer so dringenden Verlegenheit, doch etwas Menschliches mitunter begegnet seyn könne *).

Nach dem Hintritt Klemens VIII. wurde Leo XI. und, da dieser wenige Tage nach seiner Wahl starb, Paul V. auf den römischen Stuhl erhoben. Das Kardinalkollegium hatte vor der Wahl unter andern Kapitulazionspunkten auch diesen festgesetzt, daß der neuerwählte Pabst vor allen Geschäften es sich angelegen seyn lassen soll, die Kontroverse von den Gnadenwirkungen beyzulegen. Den Jesuiten war dies ein neuer Donnerschlag. Sie hatten von Paris aus auf Rom wirken lassen. Heinrich IV. gab sich viele Mühe, die guten Väter aus ihrer Verlegenheit zu retten. Er befahl seinem Gesandten, dem Kardinal dü Perron, der in Gefahr schwebenden Gesellschaft Jesu alle mögliche Hülfe zu leisten, und sichs vorzüglich angelegen seyn zu lassen, daß der gegen sie geführte Prozeß entweder aufgeschoben, oder wohl gar unterdrückt werden möge. Dü Perron that seinem Auftrage ein Genüge. Er suchte den Pabst furchtsam zu machen. „Die Sache, sagte er **), sey noch nicht reif. Man müsse die Meynungen der Universitäten darüber vernehmen, und eine allgemeine Kirchenversammlung entscheiden lassen: Es stehe sonst zu befürchten, daß sowohl die hohe Schule von Paris, als ganz Frankreich, der päbstlichen Entscheidung widersprechen werde". Andere Gönner der Jesuiten riethen, den ganzen Streit abzubrechen, und ein gänzliches Stillschweigen darüber zu beobachten. Ihre Gründe waren nicht verwerflich. Sie sagten, da der Prozeß von

---

*) Neque vero præter fidem est, Socios, tametsi aliunde religiosos ac pios, in illis rerum suarum angustiis, *humani* aliquid passos esse. *Histor. de auxiliis divinæ gratiæ Lib. V. Sect. VI. Cap. V. pag. 872.*
**) S*arry* l. c. Lib. IV, Cap. I, pag. 479

zweyen mächtigen und ansehnlichen Orden geführt würde, deren jeder sehr gelehrte und fromme Männer in seinem Mittel hätte, so müsse man befürchten, daß, wenn die Sätze eines derselben feyerlich verdammt würden, ein grosses Skandal in der römischen Kirche entstehen könnte, indem zu besorgen sey, daß vielleicht die verlierende Parthey vom päbstlichen Stuhle an ein allgemeines Konzil apelliren möchte. Allein Paul V. nahm auf dergleichen Vorstellungen keine Rücksichten. Er befolgte das System seines Vorgängers, und setzte die durch seinen Tod unterbrochene Kongregazionen mit neuem Eifer und mit neuen Gefahren für seine Ehre und für sein Leben fort. Denn die Jesuiten liessen es unter ihm eben so wenig, als unter Klemens VIII. an Intriguen, Drohungen und heimlichen Ränken fehlen. Sie setzten die ganze Maschine ihrer Politik in Bewegung, und suchten, wo sie nicht geraden und erlaubten Weges durchgehen konnten, auf krummen und verbotenen ihr Ziel zu erreichen. Aber auch diesmal waren alle Versuche dieser Art vergebens. Nach einer Menge gehaltener Kongregazionen ließ Paul den 9. Merz 1606. den Entwurf einer päbstlichen Bulle verfassen, deren erster Theil die Lehre der römischen Kirche von der Gnade, und der zweyte die Verdammung von vierzig Sätzen enthält, die in der Konkordanz des Molina gefunden wurden. Schon triumphirten die Dominikaner über einen Sieg, um welchen sie bereits zehn Jahre mit Feinden kämpften, die ihnen an Macht und Ränken bey weitem überlegen waren. Allein ihr Triumph war von keiner langen Dauer. Was alle Kunstgriffe, alle Vorsprachen, alle Schreckungen nicht vermogten, das gelang der Politik. Paul V. bekam um diese Zeit mit der Republik Venedig weitaussehende Händel. Die Jesuiten brachten dem römischen Stuhle ein kostbares Opfer. Sie verliessen, um Roms Inter-

esse zu schützen, ihre kostbaren Schätze und ihre
prächtigen Kollegien im Venetianischen. Wie
hätte der Pabst, ohne undankbar zu seyn, einem
Orden wehe thun können, der sich ihm aufopferte? Er ließ es also bey dem Entwurfe der Bulle
bewenden, die, ohnerachtet der dringenden Bitten
der Dominikaner, nie publizirt wurde, und befahl
beyden streitenden Partheyen, über die Materie
von der Gnade ein ewiges und unbedingtes Stillschweigen zu beobachten.

So wurde ein berühmter Prozeß, der zehn Jahre
vor dem höchsten Tribunale der Christenheit schwebte,
dessen Entscheidung die ganze Welt mit Sehnsucht
erwartete, durch einen Zufall unterdrückt, nachdem
vorher alle Vernunftgründe, und alle Intriguen
vergebens angewandt wurden, denselben beyzulegen.

Achtes Kapitel.

Entstehung des Jansenismus. Er ist eine Erfindung der Jesuiten, sich mittelst desselben an ihren Feinden zu rächen, und auch von dieser Seite in der ganzen Welt sich furchtbar zu machen.

Ich komme nun auf eine der merkwürdigsten
Begebenheiten in der Geschichte, die ich
schreibe, auf den Ursprung und die Folgen
des in der christlichen Kirche, und vornämlich in
den französischen Jahrbüchern so verrufenen Jansenismus. Noch bis auf den heutigen Tag scheint
man nicht begreifen zu können, wie es wohl möglich sey, daß ein seinem Ansehen nach so unbedeutendes Buch, als es der vom Jansenius herausgegebene Augustinus war, eine so ausserordentliche
Revoluzion in den Begriffen, und so ungeheure
Verfolgungen veranlassen konnte. Allein man
muß die Aufschlüsse dieses Problems in den Begebenheiten eines Ordens suchen, der all sein
Bestreben immer so unterwandt dahin richtete,
sich furchtbar zu machen, und das Schicksal der

Menschen in seine willkürliche Gewalt zu bekommen. Alsdann wird man leicht entdecken, daß der Jansenismus ein aus der Luft gegriffenes Fantom war, welches erst unter der Ausbildung der Jesuiten ein ihren Absichten anpassendes Daseyn erhielt. Man wird finden, wie eben dieses Fantom, je nach dem Gebrauche, den sie davon machen wollten, verschiedene Gestalten annahm, und wie durch eine fast unbegreifliche Umwandlung der Begriff eines jansenistischen Ketzers sich auf alle diejenigen ausdehnte, welche auf eine nahe oder entfernte Weise der Gesellschaft Jesu Anlaß gaben, unzufrieden zu seyn. Dergestalt wurde es den Jesuiten von dieser Zeit an ein leichtes, mit offenbarer Gewalt ihren Gegnern zu Leibe zu gehen. Man mochte von einer Religion seyn, von welcher man wollte, so entgieng man der Gefahr nie, für einen Jansenisten gescholten zu werden, sobald es den Ordensgliedern gefiel, jemand an Freyheit, Ehre und Eigenthum zu kränken. Jeder Staatsmann, der sich von ihnen nicht blindlings beherrschen ließ, und jeder Schriftsteller, der nicht nach ihrem Sinne schrieb, mußte in ihrer Sprache ein Jansenist seyn; und mehr brauchte es nicht, um jenen vom Ministerium zu entfernen, und diesen in die Höhlen der Bastille zu werfen. Unter Ludwigs XIV. Regierung hatten die Gefängnisse nicht Raum genug, um alle Unglückliche zu fassen, welche der Eitelkeit und der Rachsucht der Jesuiten aufgeopfert wurden. Diese ist die fürchterlichste Periode ihres Ordens. Sie hatten in dieser Zeit den bewundernswürdigen Bau ihrer Universalmonarchie vollendet, und, was die natürliche Folge davon seyn mußte, mit der Last dieser ungeheuern Masse die Fundamente geschwächt, auf welchen die Thronen der Weltregenten gebaut waren.

Die Veranlassung zu dieser Revoluzion gab der holländische Bischof von Ypres, Cornelius Jansenius. Seine Gelehrsamkeit und sein Ruhm

Achtes Buch.

war den Jesuiten um so verhaßter, da er sich nie bequemen wollte, ihre gefällige und leichtsinnige Modemoral löblich und christlich zu finden. Er war ein allzustrenger Sittenlehrer, als daß er den Beichtvätern gefallen konnte, welche an Höfen Galanteriesünden schonten, und den Nonnen erlaubten, sich von ihren geistlichen Tröstern Brüste und Schenkel wollüstig betasten zu lassen *). Allermeist aber feindeten sie ihn deswegen an, daß er als ein eifriger Anhänger des h. Augustins die Molinisten nicht schonte, welche mit ihren Irrthümern die niederländischen Schulen immer dreister ansteckten. Er verfaßte um diese Zeit seinen *Augustinus*, seu Doctrina de humanæ vitæ sanitate, ægritudine, medicina, adversus Pelagianos & Massilienses. Der Tod übereilte ihn an der Herausgabe dieses Werkes, welche die Jesuiten auf alle mögliche Weise zu hintertreiben suchten. Gleichwohl erschien es 1640. zu Löwen, 1641. zu Paris, und 1652. zu Rouen in drey Folianten. Die erste Bewegung, welche die Jesuiten gleich nach dessen Erscheinung machten, war, daß sie bey der römischen Inquisizion ein Verbot auswirkten, wodurch der Gebrauch und das Lesen dieses Buchs unter Exkommunikazionsstrafe untersagt wurde. Die Inquisitoren hatten dasselbe nicht gelesen; aber sie glaubten den Jesuiten, welche behaupteten, daß darinn die ihnen verhaßten und vom römischen Stuhle verdammten Irrthümer des berühmten niederländischen Theologen, Michael Bajus, enthalten wären. Man würde des Verbots nicht sehr geachtet haben, besonders da sich die hohe Schule zu Löwen der Bekannt-

---

*) Der Jesuite Benzi lehrt ausdrücklich: Vellicare genas, & mamillas monalium tangere, esse tactus subimpudicos atque de se veniales. J. C. Harenbergs pragmatische Geschichte des Ordens der Jesuiten. B. II. Kap. VII. Abschn. XII. §. 437. S. 1412.

machung desselben aus dem Grunde widersetzte, daß der Pabst nicht berechtigt sey, ohne königliches Placet etwas in den Niederlanden zu verfügen. Allein die Jesuiten wußten dafür der Vollstreckung der Inquisitionsbefehle auf eine andere Weise Nachdruck zu geben. Der französische Staatsminister, Kardinal Richelieu, hatte gegen den Jansenius aus Privatgründen einen persönlichen Haß. Er ließ das Buch in Frankreich verbieten, und versprach denjenigen, welche dawider schreiben und predigen würden, Belohnungen und Beförderungen. Welche Reize für die Jesuiten, die nun um so viel freyer sich ihrem natürlichen Instinkte, zu lästern und zu verfolgen, überlassen konnten!

Pabst Urban VIII. ließ sich von denselben nicht vergebens den Wink geben, bey dieser Gelegenheit etwas für die Gründung und Befestigung seiner Macht in Frankreich zu wagen. Er verdammte 1643. in einer feyerlichen Bulle das Werk des Jansenius. Man sah in den Niederlanden diese Bulle für einen Machtstreich an, der das königliche Ansehn zu Boden würfe. In Frankreich wollte man nicht so weit sehen. Gleichwohl aber vereinigte sich die Sorbonne mit der hohen Schule zu Löwen, und beyde brachten so nachdrückliche Vorstellungen an den römischen Stuhl, daß dieser genöthiget war, eine eigene Kommißion von Kardinälen zur Exekuzion gedachter Bulle anzustellen. Allein diese Exekutoren gaben bald zu verstehen, daß man den Jansenius verdammt hätte, ohne ihn gelesen zu haben. Dieses machte die Jesuiten keineswegs verlegen. Sie wollten nun einmal jansenistische Ketzer haben, wie es auch zugehen mochte. Dazu bot ihnen nun selbst die Sorbonne, welche kurz vorher so nachdrücklichen Widerstand leistete, willfährig ihre Hände dar. Die schwache Parthey der jansenistischen Anhänger sah sich gar bald von der weit stärkern des Molinis-

Achtes Buch.

mus unterjocht. Mitten in der lebhaftesten Gährung erhob der Syndikus der Sorbonne, ehemaliger Jesuite, seine Stimme wider den Jansenius, und zeigte ihr an, daß Doktor Hubert fünf ketzerische Sätze in seinem Augustinus entdeckt hätte. Richelieu belohnte diesen Doktor mit dem Bisthume von Vabres, und die Jesuiten sahen seine Entdeckung für einen Fund an, den sie begierig auffiengen. Sie munterten ihn auf, dem Pabste zu schreiben, und verschafften ihm einen Anhang von fünf und sechszig französischen Bischöfen, welche sämtlich dem heiligen Stuhle anlagen, jene fünf Sätze mit dem Ketzerstempel zu mackeln. Was noch bemerkenswerth ist, so begleitete selbst der König, der nach dem Hintritt Richelieus von dem Kardinal Mazarin regiert wurde, das Schreiben seiner Bischöfe mit Empfehlungen. Aber dieser dem königlichen Ansehn so nachtheilige Schritt war damals keine befremdende Erscheinung. Der ganze französische Hof verstund sich so gut mit dem römischen, daß der königliche Mantel zum Purpur geworden zu seyn schien *).

Es war kein Wunder, wenn unter solchen Umständen den Jesuiten alles nach Wunsche gelang. Freylich trug Innozenz X. anfangs Bedenken, ihr Vorhaben zu begünstigen. Sein Vorgänger hatte den Augustin des Jansenius verdammt, ohne ihn gelesen zu haben. Diejenigen Censoren, denen er die von Hubert ausgezogenen Sätze zur Untersuchung gab, machten es nicht besser. Sie verdammten sie, ohne das Buch, worinn sie enthalten seyn sollten, zur Hand zu nehmen. Der Pabst war sehr geneigt, beyden Partheyen Stillschweigen zu gebieten, und solchergestalt das Hirngespinnst des Jansenismus in seiner Geburt zu ersticken. Allein den Jesuiten war damit nicht gedient. Sie stellten ihm vor, wie es die Ehre des

---

*) Pragmatische Geschichte der Bulle in Cöna Domini. Theil III. S. 164.

heiligen Stuhles erfordere, daß die Bulle seines Vorgängers in ihrer Kraft bleibe, und wie unverantwortlich es wäre, eine so bequeme Gelegenheit zur Behauptung des Rechts, Glaubenssachen zu entscheiden, durch eine zur Unzeit angebrachte Schüchternheit ausser Acht zu lassen. Es könne nicht fehlen, daß, wenn man einmal diese Sätze als ketzerisch erklärt hätte, alle katholische Könige, die ganze Klerisey, und alle Höfe diese Entscheidung als Orakel des h. Geistes ansehen würden. Es war sehr leicht, durch solche Schmeicheleyen einen Pabst zu verführen, der sich dem Herkommen nach immer für den ersten Schiedsrichter aller Weltmächte ansehen mußte. Innozenz erklärte also jene fünf Sätze für ketzerisch, ohne sich zu bekümmern, ob dieselben denn auch wirklich im Augustin des Jansenius stünden?

Darüber entstund ein hitziger Schriftenwechsel. Die Jansenisten fanden es sehr ungerecht, etwas zu verdammen, was nicht existirte. Sie sagten, die Jesuiten wären über die Herausgabe des Augustins so erbittert gewesen, daß sie um ein päbstliches Verbot nachgesucht hätten, ohne das Buch zu Gesicht bekommen oder mit Bedacht durchgelesen zu haben *). Urbans Bulle wäre fast ohne des Pabstes Wissen durch eine jesuitische Kreatur verfaßt, oder vielleicht gar erdichtet worden, weil die Ausgaben nicht übereinstimmten, und offenbar falsche Dinge darinn stünden **). Allein man wollte in Rom nicht geirrt haben, und den Jesuiten lag es daran, daß die Unfehlbarkeit des Pabstes, an die man in Frankreich bisher nicht glauben wollte, nun doch als Dogma der Kirche in der französischen Monarchie eingeführt werde. Mazarin war ein kriechender Schmeichler des römischen Hofes, und verkaufte

---

*) Histoire generale du Jansenisme. Tom. I. pag. 30.
**) Ibid. pag. 67.

Achtes Buch.

mit dem königlichen Ansehn auch zugleich die schönen Vorrechte der französischen Geistlichkeit, welche sich bisher noch immer in einer gewissen Unabhängigkeit vom päbstlichen Stuhle zu behaupten gewußt. Allein von dieser Zeit an eilte man mit raschen Schritten dem verhaßten Joche entgegen, unter welches die französische Kirchenfreyheit gebeugt wurde. Man überließ es Innozenzens Nachfolger, Alexander VII. zu entscheiden, wie weit der Gehorsam und die Sklaverey der Geistlichkeit in Frankreich gehen sollte; und man kann leicht denken, mit welchem Eifer sichs dieser Pabst angelegen seyn ließ, sein Ansehn und seine Unfehlbarkeit in einem Reiche festzusetzen, worinn man bisher kaum die Entscheidungen der allgemeinen Kirchenversammlungen für unfehlbar gehalten hatte *). Alexander war kein blöder Kopf. Er sah, wie es in einer so günstigen Lage weiter nichts, als einer herzhaften Dreistigkeit bedarf, um etwas zu wagen, was der Eitelkeit des römischen Hofes ungemein schmeicheln mußte. Er schickte demnach eine vom 6. Weinmonat 1656. unterzeichnete Bulle nach Frankreich, worinn er, ohne zu erröthen, verordnete, daß jeder katholische Christ unbedingt glauben müsse, daß die fünf von Innozenz X. verdammten Sätze wirklich in dem Verstande des Jansenius verdammt, und folglich in seinem Augustin enthalten wären. Ludwig XIV. begieng die bemitleidenswürdige Schwachheit, sich mit königlichem Schimmer ins Parlament zu begeben, und diese Bulle, die der menschlichen Denkfreyheit so schändliche Fesseln anlegte, in Kraft eines Machtspruches in die Register dieses Gerichtshofes einschreiben zu lassen.

Man muß sehr geringschätzige Begriffe von der Würde und Freyheit des menschlichen Verstandes haben, wenn man ihn zwingen will, zu glauben,

---

*) Pragmatische Geschichte der Bulle in Cöna Domini. Theil III. S. 166.

daß etwas in einem Buche stehe, was nicht darinn steht. Die Jansenisten haben sich hierauf noch immer bis auf den heutigen Tag berufen; und unaufhörlich darauf bestanden, daß der Pabst, wenn man selbst seine Untrüglichkeit in rebus juris gelten lassen könne, deswegen nicht auch in rebus facti unfehlbar sey. Man ist nicht verpflichtet, sagten sie, sich dem zu unterwerfen, was der päbstliche Stuhl über ein Faktum entscheidet, wovon das Gegentheil augenscheinlich ist. Allein die Jesuiten setzten diesen gesunden Begriffen einen Satz entgegen, welcher der Ehre der Monarchen eben so nachtheilig, als für die Religion beschimpfend ist. „Wenn der Pabst befiehlt, (sagten sie*) „Jesum Christum zu verläugnen, so müssen wir „ihm gehorchen; und wir würden gar nicht sün„digen, wenn wir Jesu Christo entsagten, um „dem Pabst anzuhängen. Denn wenn uns der Pabst befiehlt, etwas zu thun, das wider die Ge„rechtigkeit und Wahrheit ist, so müße er, und „nicht wir, davon Rechenschaft geben". Diese Grundsätze, deren Folgen der Hof nicht einsehen wollte, bahnten der päbstlichen Macht den Weg zu neuen und noch verwegenern Schritten. Alexander und seine Nachfolger dehnten den Geist jener Bulle von Jahr zu Jahr immer weiter aus, und es kam schon 1664. so weit, daß alle Erz-und Bischöfe, alle Geistlichen, Nonnen, Direktoren, Lizenziaten, Vorsteher der Kollegien und Schulen, Magister und Kirchendiener, folgendes Formulare beeiden und unterschreiben mußten:

„Ich N. N. unterwerfe mich der apostolischen „Konstituzion, welche Pabst Innozenz X. den 31. „May 1653, wie auch jener, welche Alexander „VII. den 16. Weinm. 1656. herausgab. Ich „verwerfe und verdamme unbedingt und aufrich„tig die fünf Sätze, die aus dem Buche des Jan-

---

*) Histoire génerale de Jansenisme. Tom. III. p. 139.

Achtes Buch.

senius, Augustinus betitelt, gezogen sind; ich ver-
„damme sie in dem eigenen Verstande dieses Ver-
„fassers, so wie sie der apostolische Stuhl durch
„gemeldte Konstituzionen verdammt hat. Also
„helfe mir Gott und die heiligen Evangelien!"

Es läßt sich denken, wie unerträglich ein so
muthwilliger Glaubenszwang, den zu allem Unglück noch der König mit seinem Ansehn unterstützte, zu einer Zeit seyn mußte, in welcher eben
die heitersten Köpfe an der Bildung des guten Geschmackes in Wissenschaften und Künsten mit dem
wärmsten Enthusiasmus arbeiteten. Freylich sah
mancher witzige Kopf die ganze Sache für weiter
nichts, als für ein possirliches Pasquill auf den Hof
an, und unterschrieb ein so unsinnliches Formular
aus Schalkheit oder Gefälligkeit. Allein so ein
Leichtsinn schien hingegen denjenigen unverzeihlich,
welche die Bewegungsmaschinen dieser Kabale, und
die ernsthaften Folgen davon in der Nähe zu sehen Gelegenheit hatten. Daher so viel Widerstand von Seite einiger Bischöfe, Gemeinden und
Sozietäten, und so viel Härte und Grausamkeit
von Seite der Regierung, die sich unbedingten
Gehorsam verschaffen wollte. Eine Menge Bischöfe, Pfarrer und Mönche, die obiges Formular
nicht unterzeichnen wollten, verließen Frankreich,
um nicht in die Finsternisse der Bastille vergraben
zu werden. Holland wimmelte von französischen
Flüchtlingen, die dem gewaltthätigen Arme der
Rache entflohen, weil sie mit gutem Gewissen
nicht so weit gehen wollten, zu behaupten, daß
das, was der Pabst zu glauben befiehlt, auch
wahr seyn müsse, wenn gleich das Gegentheil erwiesen sey.

Indessen haben sich die Jesuiten mitten unter
den Verwirrungen, die hierüber in der französischen
Kirche entstunden, zu einer ganz außerordentlichen
Höhe erschwungen. In der That war die Ent-
stehungsepoche des Jansenismus gerade mit Um-

ständen vereinigt, die entweder den Orden um alle sein Ansehen bringen, oder aber, was wirklich geschah, mächtig und furchtbar machen mußten. Eben damals fieng man an, seine gefährliche Sittenlehre mit allem Nachdruck anzugreifen. Anton Arnold schrieb seine Morale pratiqne des Jesuites, wovon 1643. die beyden ersten Bände herauskamen. Blaise Pascal trat mit seinen Provinzialbriefen hervor, die wegen ihres muntern Witzes und seinen Spottes mit allgemeinem Beyfalle aufgenommen wurden. Als endlich auch Perrault seine Morale des Jesuites, extraite fidelement de leurs Livres imprimez avec permission & l'Approbation des Superieurs de leur Compagnie, drucken ließ, sahen sich die Jesuiten, die bisher in aller Welt Augen als Heilige glänzen wollten, der augenscheinlichen Gefahr ausgesetzt, den blendenden Schimmer ihres Ruhms zu verlieren. Zwar haben sie frühzeitig dafür gesorgt, daß diese Schriften durch Henkers Hände zerrissen und verbrannt wurden. Allein den Eindruck, den dieselben auf ihr Zeitalter machten, konnten sie so geschwind nicht vertilgen. Ihre Verfasser schöpften aus Quellen, die um so unverdächtiger waren, da sie in der Nähe vor Jedermanns Augen lagen. Deswegen sah denn auch ein unbefangenes Publikum leicht ein, daß das Verbot solcher Schriften nur Privatkabale des angegriffenen Ordens, und keineswegs Beweis von Bosheit, Verleumdungssucht und am allerwenigsten von Mangel an Wahrhaftigkeit ihrer Verfasser war. Hinwieder fehlte es freylich den Jesuiten nicht an Vertheidigungsschriften, um so arge Beschuldigungen von sich abzuwälzen. Allein seit ihr Pater Pirot die Kasuisten seines Ordens so schlecht und mit so wenigem Glücke vertheidigte *), daß seine

---

*) Dieser Apologiste hatte die angegriffene Moral seines Ordens mit unerhörter Verwegenheit vertheidigt. „Es

Achtes Buch.

Apologie sowohl in Frankreich als Italien verworfen wurde, konnten sie bald begreifen, daß Stolz, Lästerungen und listiges Verdrehen allzuschwache Waffen gegen Feinde seyen, die sie mit ernstlichen Beweisthümern zur Verantwortung aufforderten. Auch wurde ihnen, zumal in solcher Verlegenheit, der Weg der Publizität zu beschwerlich und mühsam. Sie suchten einen Hinterhalt, und fanden denselben im Jansenismus. Von dieser Zeit an vermieden sie sorgfältig, sich in weitläuftige Erörterungen über ihre Moral einzulassen. Dagegen aber erhuben sie über die Frage, ob der Pabst in Begebenheitssachen eben so untrüglich als in Glaubenssachen sey, ein Geschrey, welches sehr geschickt war, ihre Widersacher ausser Athem zu sezen. Je unerhörter und auffallender der Gegenstand dieses Gezänkes war, mit so viel grösserm Erfolge wußten sie dasselbe immer mit neuen Chimären zu beleben. Wenn die Geschichte die entehrenden Denkmale dieser seltnen Erscheinung nicht aufbewahrt hätte, so könnte die Nachwelt nicht begreifen, wie es wohl zugieng, daß der Hof, an welchem damals ein Zusammenfluß der schönsten Geister in Europa gewesen seyn soll *), an so erbärmlichen Streitig-

„ist wahr", sagte er, „die Jesuiten haben solche Grundsä„ze behauptet; aber es ist anderseits eben so wahr, daß sie „ihre guten Gründe hatten, sie zu behaupten." Apologie des Casuistes contre les calomnies des Jansenistes.

*) Ludwigs XIV. Zeitalter ist durch die grossen Werke der Kunst und des Geschmacks eben so merkwürdig als durch die Revoluzionen im Systeme des europäischen Regentenstaats geworden. Richelieu, Mazarin und Colbert waren Staatsmänner, die ihrem Ruhme durch die herrlichsten Anstalten zur Beförderung der Kunst und der Gelehrsamkeit die unsterblichsten Denkmale errichteten. Unter ihnen wurde Frankreich, was Geschmack und Sitten betrifft, ein Modell, wornach sich alle europäischen Nazionen bilde-

seiten Geschmack finden, ja sich sogar dafür auf eine Art interessiren konnte, die der Würde des Throns keinesweges angemessen war. Man sollte vielmehr denken, daß der Geist der Aufklärung das eitle Bestreben derjenigen, die in Finsternissen herrschen wollten, hätte vereiteln können. Allein was man auch von dem gepriesenem Einflusse grosser Kunstwerke und aufgeklärter Genies auf die Denkungsart des Hofes glauben mag, so ist es doch nichts destoweniger bemerkungswürdig, daß vielleicht an keinem Hofe in Europa Maitressen und Beichtväter jemals so unumschränkt herrschten, als an dem Hofe Ludwigs XIV. Sein Beichtvater la Chaise, der, was die Galanterie gegen das Frauenzimmer betraf, mit seinem Herrn um den Vorzug stritt*), wußte sich bey den wollüstigen Ausschweifungen, die dem Könige zur Natur geworden, ungemein klug zu benehmen. Er vergrösserte die Sünden, die Ludwig in den Armen der Frauen von Montespan und Maintenon begieng, um dadurch den Absoluzionen, die er ihm darüber in der Beichte ertheilte, einen höhern Werth zu geben. Es war wohl kein Wunder, wenn ein König, welcher die Ablässe seines Beichtvaters für eine Wohlthat und für eine seiner Seelenruhe unentbehrliche Sache hielt, in den Stunden, in denen er vor seinem geistlichen und schlauen Despoten als Sünder und Wollüstling auf den Knien lag, mit erweichtem Herzen den Er-

ten. Grosse Talente scheinen heut zu Tage bey weitem so viele Aufmunterung nicht mehr zu finden, als damals. Die größten Geister lebten, so zu sagen, unter allen Himmelsstrichen, im Solde des französischen Hofes.

*) Histoire du P. *la Chaize*, Jesuite & Confesseur du Roi Louis XIV. contenant les particularités les plus secretes de sa vie; ses amours avec plusieurs Dames de 'a premiere qualité, & les agreables avantures qui lui sont arivées dans le cours de ses galanteries. Part. II.]

mahnungen und Räthen so eines ränkevollen Jesuiten ein allzufolgsames Ohr darbot. Und wie viel mußte nicht den Maitressen daran liegen, sich der Gunst solcher fürstlichen Beichtväter zu versichern, welche über die furchtsamen Gewissen der Wollüstlinge eine fürchterliche Herrschaft zu behaupten wußten! Nimmt man auf diese Umstände, worüber die Geschichte die deutlichsten Aufschlüsse giebt *), besondere Rücksicht, so begreift man es sehr leicht, warum unter Ludwigs XIV. Regierung der Jansenismus eine strafbare Ketzerey ward, und warum man die Hugenotten durch Dragoner zur Messe treiben ließ. Erscheinungen, die den Glanz eines Zeitalters verdunkelten, welches sonst über ganz Europa so wohlthätige Strahlen warf!

Neuntes Kapitel.

Zustand der reformirten Kirche unter der Regierung Ludwigs XIV. Gewaltsame Bekehrungen. Aufhebung des Edikts von Nantes. Unmenschliches Verfahren gegen diejenigen, die sich nicht durch Dragoner wollten bekehren lassen.

Bisher war der Zustand der Hugenotten noch immer erträglich. Richelieu, welcher den Plan, die Kalvinisten mit den Katholiken zu vereinigen, entworfen hatte, gieng dabey mit sehr leisen Schritten zum Ziele. Er ließ den Reformirten ihren Glauben; aber er benahm ihnen alle Aussichten, ihr Glück zu machen, so lange sie denselben nicht verließen. Es war eine natürliche Folge dieser Politik, daß alle diejenigen, die am

---

*) Eclaircissemens historiques sur les causes de la revocation de l'edit de Nantes. *Chap. V. pag.* 83. *Chap. VII. pag.* 141. *Chap. IX. pag.* 229.

Hofe zu Ehren kommen wollten, sich zur begünstigten Religion zu bekennen anfiengen, und daß unter solchen Umständen die Parthey der Hugenotten nach und nach alle diejenigen verlor, deren Rang und Einsichten ihr am meisten nützlich seyn konnten. Während er solchergestalt ihre Häupter durch Ehrgeiz und Habsucht bekehrte, traf er zugleich die zweckmäßigsten Anstalten, durch katechetischen Unterricht und Mißionare *), das gemeine Volk in den Schoos der herrschenden Kirche zurückzuführen. Bis zu seinem Tode, und in den ersten Regierungsjahren Ludwigs XIV. gewannen diese Bekehrungen grossen Vorschub. Sie wurden epidemisch und zur Mode; und es beschäftigte sich sogar die Galanterie damit. Manche Buhlerinn setzte den Preis einer Nacht darauf, ihren Liebesritter katholisch zu machen **). Aber man schränkte sich in diesem Eifer nicht bloß auf Frankreich ein. La Chaise unternahm es auch, den König Karl II. von England zu bekehren; und es gelang ihm dies mittelst einer Maitresse, die ganz von den Winken der Jesuiten abhieng ***).

Wäre man immer auf dieser Bahn fortgeschritten, so würde man, freylich erst nach einigen Menschenaltern, zum Ziele gekommen seyn. Allein unglücklicher Weise überließ sich der König dem Drange einer Andächteley, die in eben dem Grade zunahm, in welchem sein unmäßiger Hang zur Wollust immer stärker wurde. Ganz im Ernste, wie es bey einem von sinnlichen Schwelgereyen geschwächten Kopfe nicht wohl anders seyn konnte, glaubte er, die Sünden, die er mit Buhle-

*) Er legte ausser der Mißionskongregazion in allen Probinzen neue Kapuziner- und Franziskanerkonvente an. Die Lazaristen gehörten in die Kongregazion der Mißion. Eclaircissemens historiques. Chap. VI. pag. 90.
**) Eclaircissemens. l. c. pag. 96.
***) Histoire du P. la Chaize Part. I. pag. 109 & seq.

Achtes Buch.

rinnen begieng, mit Verdiensten aufwiegen zu können, die er sich um die Religion durch Hugenottenbekehrungen zu erwerben entschlossen hatte *). Seine Maitraissen kannten diese erbärmliche Geistesschwäche, und glaubten dem Geschmacke, den Ludwig an ihnen fand, dadurch neuen Reiz zu geben, wenn sie in ihm jenen Andachtstrieb verstärkten. La Chaise that ihnen hierinn ungemein wichtige Dienste. Gleichwie vielleicht am ganzen Hofe kein ausschweifenderer Wollüstling war, als er, so konnte man auch nicht leicht einen Heuchler finden, der bey einem unerträglichen Stolze so tief im Staube kroch, und unter den Höflingen, deren Frauen er schändete, mit so andächtiger, unschuldiger, und enthaltsamer Miene auftratt, als er **). Es war eine Sache von höchster Wichtigkeit, daß sich diejenigen Frauenzimmer, die durch Schönheit und Witz auf den König, der beydes liebte, Eindrücke machen wollten, sich gut mit dem Beichtvater verstunden, und daß dieser es gleichfalls zur ersten Klugheitsregel machen mußte, sich mit jenen nicht abzuwerfen, so lange sie einen Platz im königlichen Bette hatten. Es läßt sich begreifen, wie schlecht es unter solchen Umständen um die Regierung bestanden habe, nachdem Buhlerinnen und Beichtväter am Hofe die Hauptrolle spielten, und sich wechselweise in die Herrschaft theilten; nachdem jene ihre Anverwandten, und diese ihren Orden zu bereichern hatten ***); und nach-

---

*) La pieté avoit jetté dans son cœur de profondes racines, et, pendant ces alternatives de dissolution et de scrupules, pendant qu'il passoit de la faute au remords, et du remords à la faute, il croyoit *racheter* ses desordres et *meriter du ciel* une grace plus décidée, en travaillant à ces conversions avec plus de ferveur. *Eclaircissemens historiques.* l. c. pag. 97.

**) Histoire du P. la Chaize Part. I. pag. 5. et seq.

***) Das Institut der Jesuiten macht es zur Regel, daß die Hofbeichtväter das Interesse ihres Ordens nie aus den

Gesch. d. Jes. II. Band.

322 Geschichte der Jesuiten.

dem das Schicksal des Ministeriums von dieser Zeit an in der Gewalt derjenigen war, die den nächsten Einfluß auf das Gemüth des Monarchen zu behaupten wußten.

Es ist bemerkenswerth, daß der Staatsrath, oder das öffentliche Ministerium, lange keinen Antheil an dem Bekehrungsgeschäfte der Hugenotten genommen habe. Dieses ist ein Beweis, daß Ludwig eine Privatangelegenheit daraus machte, die er in den Armen seiner Maitraissen, und in den Beichtstunden mit la Chaise in Ordnung brachte. Gleichwol aber war der König noch immer weit von allen gewaltthätigen Gesinnungen entfernt. Seine Frömmigkeit hatte einen Anstrich von Galanterie; und so geistreiche Damen, als Montespan, und Maintenon waren, werden niemals aus Instinkt zu blutigen Anschlägen die Hände geboten haben. Allein man hatte unglücklicher Weise die verkehrteste Bekehrungs = Methode ergriffen. Anstatt dem auffallenden Mangel an geschickten katholischen Priestern *), welche den armen Hugenotten mit Liebe

Augen verlieren sollten. Semper insistat, ut Principem *benevolum* ac *propensum* habeat erga Societatem. *Institut. Soc. Jesu. Tom. II. pag.* 261.

*) Nur meist über diesen Mangel, und über diese schlechte Erbauung, die sie an der katholischen Geistlichkeit fanden, beschwerten sich die Hugenotten. „Wir wären„, sagten sie einst mit Thränen zu Fenelon, der ihnen predigte, „herzlich gerne mit Ihnen verstanden. Allein „Sie sind nicht immer bey uns. So bald Sie uns ver-
„lassen, sind wir wieder in den Klauen der Mönche, „welche uns von nichts als von Abläßen und Brüder-
„schaften in einer uns unverständlichen Sprache predi-
„gen. Wir hören nie ein Evangelium lesen, und man „spricht nie anders mit uns, als mit Drohungen„. „Es ist wahr„, sezt Fenelon bey, „ in ganz Laugne-
„doc befinden sich nur dreyerley Gattungen von Prie-
„stern: Weltgeistliche, Jesuiten und Kapuzinermönche. „Die leztern sind den Hugenotten verhaßt, und die Je-

Achtes Buch.

und Einsicht die katholische Religion hätten empfehlen können, abzuhelfen; anstatt den Aergernissen zu steuern, welche der lasterhafte Wandel unwissender und träger Mönche in den Gemeinden frommer und arbeitsamer Kalvinisten verursachte; errichtete der König aus seinem eben vom päbstlichen Stuhle erworbenen Regale eine Proselytenkasse, und suchte, was er durch überzeugende Gründe nicht vermochte, durch Bestechungen zu erzwecken. Freylich war der Preis, mit denen man die Glaubensbekenntnisse erkaufte, nicht sehr anlockend. Man zahlte für den Kopf nicht mehr als sechs Livres, und manchmal noch weniger *). Allein diese Religionsschatzung kostete dem Könige dennoch ungeheure Summen. Die Bischöfe sendeten von Zeit zu Zeit weitläuftige Listen von den Namen derjenigen ein, die um ein Paar elende Livers ihre Religion abgeschworen hatten. Es war natürlich, daß Ludwig von den ausserordentlichen Summen, die er jährlich zu diesem Behufe in die Provinzen sandte, auf die schnellen Progresse schließen mußte, die dieses sonderbare Komerz machte. Er glaubte, daß die Bekehrungen in dem genauesten Verhältniße mit den darauf verwendeten Summen stehen müßten, und die Bischöfe trugen reichlich das ihrige dazu bey, den König in diesem betrüglichen Wahne zu bestärken.

Indessen kann diese Proselytenkasse für eine Pandorabüchse angesehen werden, aus welcher alles Unheil über die Reformirten strömte, und man darf diese Periode als den Zeitpunkt darstellen, in wel-

„suiten predigen den Neubekehrten von nichts, als von
„Strafen und Gefängnißen für diese, und von Teufel und
„Hölle für die andere Welt. Sie sind hartnäckige Köpfe,
„und machen sich durch ihre Strenge der ganzen Welt
„verhaßt„. Eclaircissemens historiques. Chap. VII.
pag. 133. et seq.

*) Ibid. l. c. pag. 144.

chem sich die eigentlichen Grausamkeiten anfiengen. Es läßt sich leicht denken, daß der wohlfeile Preis, für welchen einige Reformirte ihre Religion hingaben, die frommen Betrügereyen die dabey gespielt wurden, und die ungetreuen Berichte, die der König darüber erhielt, ihn auf den Gedanken bringen mußten, daß die Hugenotten keine Anhänglichkeit mehr für ihre Kirche hätten, und dieselbe auch für das unbedeutendste Interesse aufopfern würden. Allein die Sache verhielt sich ganz anders. Ausserdem, daß sich weder der König noch die Regierung jemals genau über die eigentliche Anzahl aller im Königreiche befindlichen Hugenotten unterrichten ließ *) waren bey weitem weniger zur katholischen Kirche getretten, als es die von den Bischöfen eingesandten Bekehrungsregister auswiesen. Unter diesen befanden sich sehr viele liederliche Leute, welche aus Hunger und Betteley für sechs Livers katholisch, und, nachdem diese durchgebracht waren, wieder reformiert wurden. Andere, die man durch Pensionen für den Verlust ihrer Bedienungen, die sie bey den Reformirten bekleidet, zu entschädigen versprach, kehrten wieder zu ihrer Kirche zurück, nachdem jene Pensionen sehr unrichtig bezahlt wurden und endlich gar ausblieben. Diese Rückfälle zu verhindern, verordnete der König, im Jahre 1679. daß dergleichen Apostaten (Relaps) mit Landesverweisung und Konfiskazion ihrer Güter bestraft werden sollten.

Dieser Erste Schritt der Gewaltthätigkeit war für die Intendanten in den Provinzen eine Aufmunterung; und sie glaubten, die Gunst des Monarchen auf keine sicherere und bequemere Weise zu erhalten, als wenn sie das Bekehrungsgeschäft, freylich auf eine sehr stürmische Art, betreiben würden. Von dieser Zeit an riß man in den Pro-

---

*) Man hat leider erst, nachdem gegen zwo Millionen arbeitsamer Kalvinisten Frankreich verließen, den wahren Zustand ihrer Menge, aber zu spät eingesehen.

Achtes Buch.

dingen eine Menge protestantischer Betthäuser nieder. Um dem Könige zu gefallen, oder sich am Hofe ein Gewicht zu verschaffen, brachte jeder Intendant, mit Rücksicht auf Lokalumstände, bald diese, bald jene Beschränkung oder Aufhebung irgend eines Privilegiums, das die Reformirten bisher noch unter dem Schutze der Gesetze genossen, in Vorschlag. Unglücklicher Weise glaubte der König, dessen Bigotterie nunmehr keine Gränzen mehr kannte, daß dasjenige, was in einer Provinz anwendbar sey, es auch für alle übrige seyn müßte; und so geschah es, daß die Partikularvorschläge jeder einzelnen Intendanz zu allgemeinen Gesetzen für alle Provinzen wurden. So fiel es z. B. einem Intendanten ein, in seiner Provinz den protestantischen Hebammen zu verbieten, Kreisenden beyzustehen, weil sie die Nothwendigkeit läugneten, die neugebornen Kinder gleich auf der Stelle zu taufen. Ein anderer brachte in Vorschlag, den Neubekehrten für zwey Jahre die Kopfsteuer zu erlassen, die Hugenotten aber gedoppelt zu besteuren. Ein dritter war der Meynung, man müsse aus den reformirten Kirchen alle Stühle herauswerfen, damit die Unquemlichkeit, stehend die Predigten anzuhören, manchen abhalten möchte, zur Kirche zu gehen. Einige verfielen auch auf sehr grausame und unnatürliche Vorschläge. So sollten z. B. die Eltern verpflichtet seyn, jedem Kinde, das sich bekehren ließ, eine Nahrungspension zu geben; jedes Kind sollte vom siebenten Jahre an befugt seyn, das katholische Glaubensbekenntniß abzulegen, und sollen von dieser Zeit an die Eltern keine Gewalt mehr über ihre Kinder haben *). u. s. f.

Die meisten dieser Vorschläge wurden zu Reichsgesetzen. Allein die Intendanten giengen in manchen Provinzen noch viel weiter, als es ihnen der

---

*) Eclaircissemens historiques l. c. pag. 183—187.

Hof erlaubte, und trafen manche Verordnungen aus eigenmächtiger Willkür, die der König mißbilligte. Dennoch wagte es der Monarch nicht, öffentlich darüber sein Mißfallen zu bezeugen, oder solche eigenmächtige Befehle aufzuheben, aus Furcht schwach zu scheinen, und dadurch diejenigen, die sich nicht wollten bekehren lassen, nur starrsinniger zu machen. Diese Schwäche der Regierung kam den herrschsüchtigen Intendanten treflich zu statten. Sie maaßten sich von dieser Zeit her eine Macht an, die sie bisher noch nicht geübt hatten. Sie überstiegen alle gesezliche Schranken; und der König schwieg zu den offenbarsten Verlezungen seines Ansehens, weil er von dem Eifer und der Hize, womit jene, ohne königliche Befehle zu erwarten, willkürlich vorausschritten, die erwünschte Hugenottenbekehrung erwartete. Inzwischen hatte diese Nachsicht die meisten Intendanten zu Despoten gemacht, welche, nachdem keine Reformirte mehr zu quälen übrig waren, auch die Katholiken ihren Muthwillen empfinden ließen.

Colbert, der um diese Zeit am Staatsruder saß, bot vergebens alen seinen Einsichten und seiner Rednerkunst auf, Toleranz zu predigen. Er stellte dem Könige nachdrücklich die Gefahr vor, womit die Vertilgung der Hugenotten verbunden seyn müßte. Allein Ludwig sah in seinem Minister zwar einen wackern Finanzverwalter, aber darum keinen bessern Katholiken; und die natürliche Folge davon war, daß derselbe von diesem Augenblick an seinen Kredit verlor, und einem Menschen Plaz machen mußte, der sich besser auf die Kunst verstand, Religion zu heucheln. Dieser war Louvois, ein Mann der durch Liebesintriguen das Vertrauen des Königes gewann, und unter dem Schein eines apostolischen Religionseifers jene berüchtigten Dragonaden veranlaßte, deren Grausamkeiten bey weitem noch schrecklicher waren, als

Achtes Buch.

das Würgen in der St. Bartholomäusnacht. Die Provinz Poitou war das erste Opfer dieser Unmenschlichkeit geworden. Ihr Intendant, Herr v. Marilac, glaubte dadurch, daß er anfangs mit Geld, und bald darauf mit Drohungen *) Proselyten machte, seiner Pflicht noch nicht hinlänglich Genüge geleistet zu haben. Er wandte sich an Louvois, welchem der Zelotengeist dieses Despoten so wohl gefiel, daß er ihm zur Unterstützung ein Dragonerregiment gab. Die Ordonanz, die er in einem Augenblicke frommer Begeisterung vom Könige zu erschleichen wußte, enthielt die Anweisung, welchen Gebrauch er von diesem Regimente machen sollte; nämlich die Soldaten bey den Reformirten einzuquartieren; und dafür diejenigen, die sich bekehren würden, zwey Jahr hintereinander von allem Truppenlogement zu befreyen **). Marilac hatte noch einen besondern Wink vom Louvois erhalten, nach Gutbefinden auch willkürlich, doch so zu verfahren, daß es kein Mensch merken sollte, als wäre es Wille des Königes, gewaltsam in diesem Bekehrungsgeschäfte zu Werke zu gehen. Aber der Intendant wollte dem Bigottism des Monarchen eben so schmeicheln wie den Leidenschaften seines Günstlings. Er erlaubte den Soldaten Ausschweifungen, die sonst kein Sieger gegen bewafnete Feinde ausübt. Mit Feuer und Schwerdt wütheten sie gefühllos gegen Unglückliche, denen ihre Religion aus Ueberzeugung schäzbarer als ihr Leben war. Männer suchten sie durch Pistolen, die sie ihnen an den Hals sezten, und Frauen durch

---

*) Er ließ den Hugenotten von seinen Profosen und Häschern mit dem Degen und den Pistolen in der Faust das katholische Glaubensbekenntniß abzwingen. Histoire apologetique ou defense des libertez des Eglises reformées de France. Part. II. Chap. IX. pag. 186.

**) Eclaircissemens historiques. Chap. X. pag. 203.

Nothzucht katholisch zu machen *). Wer es wagte, Beschwerde gegen den unmenschlichen Intendanten zu führen, den warf man in Gefängnisse, Profosen und Häscher drangen mit Gewalt in die Häuser, um diejenigen, die am meisten mißhandelt wurden, unter Todesschrecken zur Unterzeichnung eines Zirkulars zu nöthigen, worinn sie, auch unter den Händen des Büttels bekennen mußten, daß sie freywillig, und ohne gewaltthätig dazu gezwungen zu seyn, ihre Religion abgeschworen hätten. Solche durch henkermäßige Kunstgriffe erpreßte Konfessionsdokumente sandte man an den Hof, während alle diejenigen, die das Gegentheil mit weit stärkern Gründen hätten erweisen können, mit unerhörter Grausamkeit von den Stuffen des Thrones hinweggetrieben wurden. Es war demnach eine unausbleibliche Folge, daß es Louvois vollkommen in seiner Gewalt hatte, den allzufrommen König zu bereden, auch in den übrigen Provinzen durch Dragoner bekehren zu lassen. Man hütete sich, dem Monarchen irgend etwas zu Ohren zu bringen, was die Gefühle der Menschlichkeit hätte erwecken können. Dagegen aber versäumte man nichts, um seinem bigotten Andachtstrieb immer neue Nahrung zu geben, und aus einer Schwachheit, die man seiner wollüstigen Ausschweifung gegen das Frauenvolk verzeihen könnte, eine verderbende Leidenschaft zu machen, die alle übrigen Kräfte seines sonst sehr beschäftigten Geistes verzehren mußte.

Ob Louvois ein Paar Millionen Menschen für feige Sklaven gehalten habe, die sich bey Ansicht wohlbewafneter Truppen aus Schrecken entweder bekehren oder verkriechen würden; oder ob er es geflißentlich darauf abgesehen habe, Unterthanen, die bisher dem Könige und den Gesetzen mit unverbrüchlicher Treue gehorchten, zum Aufstande

*) Histoire apologetique. l. c. pag. 186.

Achtes Buch.

zu reizen, um sie dann mit einigem Rechtsschein als Rebellen angreifen und unterjochen zu können, darüber kann ich mich in keine Untersuchung einlassen. Genug der Erfolg war, wie es sich wohl nicht anders erwarten ließ. Das allgemeine und öffentliche Leiden der Unglücklichen, die man der wilden Licenz einer an Grausamkeiten gewöhnten Armee preisgab, erzeugte einen Heroismus, der sich ungemein schnell von einer Provinz in die andere ausbreitete. Alle Reformierte, die sich mit einmal, und durch die nämlichen Unterjochungswerkzeuge, in ihrer Religionsfreyheit angegriffen fühlten, vereinigten sich von dieser Stunde an zum gemeinschaftlichen Widerstande, der beiderseits viel Menschenblut kostete. Die Städte entvölkerten sich von Männern und Weibern, die, zwar ohne Taktik, aber mit desto mehr Wuth, und mit allerley Waffen, die ihnen ihr Gewerb oder der Zufall in die Hände gab, den besoldeten Kriegsleuthen entgegen giengen. Wirklich konnten sie den Truppen gefährlich werden, wenn man nicht bey Zeiten bald in dieser und bald in jener Provinz einen Waffenstillstand angeboten, und durch verschiedene arge Kunstgriffe den Muth der Gekränkten geschwächt hätte. Aber ungeachtet aller Amnestien, die man von Zeit zu Zeit den Hugenotten bewilligte, fuhren die Intendanten der Provinzen doch immer fort, mit allen Arten von Grausamkeiten gegen sie zu verfahren. Man trieb sie noch immer mit Bajonetten und Pistolen zur Messe. Man plünderte ihre Häuser, und schleppte sie halb entseelt, ohne gerichtliche Formalitäten zu beobachten, in die Gefängnisse *). Man erfand neue Torturen, um die Unglücklichen durch langsame Schmerzen zu quälen, ohne sie zu tödten, und man versuchte alle Klassen von Peinen, die den menschli-

---

*) Histoire apologetique Part. II. Chap. IX. pag. 190.

chen Körper, ohne ihn zu entseelen, martern konnten *).

Während im ganzen Königreiche das Geschrey der Sterbenden, denen man mit der unmenschlichsten Grausamkeit Religion und Leben raubte, zum Himmel drang, sang man in der königlichen Kapelle mit feyerlichster Pracht, das Herr Gott! dich loben wir! und alle Strassen von Paris ertönten von jauchzendem Freudengeschrey. Man brannte Feuerwerke ab, und unter dem Donner der Kanonen riefen Millionen von Menschen: Es lebe Ludwig der Grosse **).

Man hatte sich von Anfang dieser jämmerlichen Dragonade bis jezt noch immer gehütet, dem Könige zu sagen, auf welche Weise man gegen seine reformierte Unterthanen verfahre. – Wenn sein eigenes Menschengefühl die Grausamkeiten dieser henkermäßigen Bekehrung nicht verabscheuet hätte, so würde seine Ruhmsucht, so sehr man ihr schmeichelte, doch ganz gewiß über die niederträchtigen Mittel erröthet seyn, deren man sich in seinem Namen bediente, die Hugenotten aufzureiben. Allein man verbarg sorgfältig das wahre Gemählde dieser menschenmordenden Bekehrung vor seinen Augen. Man legte ihm mit triumphierender Freude die glänzenden Verzeichniße von Reformirten vor, welche auf den Wegen der Gelindigkeit und der Sanftmuth in den Schooß der römischen Kirche zurückgeführt worden seyn sollten. Man verschwieg, daß Soldaten in den Provinzen diese Wunder gethan, und sprach von dem, was Schrecken und Waffen vermogten, als von augenscheinlichen Wirkungen einer besondern Gnade Gottes ***). Es scheint sogar, daß die Intendanten, von Louvois und dem Jesuite La Chaise besondere Auf-

---

*) Felaircissemens historiques. Chap. XV. pag. 292.
**) Ibid. l. c. pag. 293.
***) Ibid. l. c.

Achtes Buch. 331

träge erhalten haben, in den officiellen Berichten, die sie dem Hofe abstatten mußten, alles zu verschweigen, was den Eindrücken, die dem Könige bereits gemacht wurden, hätte nachtheilig seyn können. Man schien sich allgemein dahin verschworen zu haben, nur der Bigotterie des Monarchen zu schmeicheln; und es war nichts leichter, als dieses, nachdem Maitraissen und Jesuiten, die ihn unaufhörlich umrangen, nach einem gemeinschaftlichen Plane dahin arbeiteten, ihn mittels eines schwärmerschen Hanges zur Andacht an ihre Reize und an ihr Interesse zu fesseln. Es ist auch durchgehends bemerkt worden, daß der Bekehrungseifer des Königes je nach der verschiedenen Lage, in welcher er sich mit der Madame von Maintenon oder mit seinem Beichtvater la Chaise befand, bald stärker und bald schwächer geworden, und daß gemeiniglich nach einer wollüstig durchschwelgten Nacht, der Morgen, welcher der Andacht gewidmet war, den Hugenotten neue Qualen gebracht.

Daß es gleich anfangs darauf abgesehen war, das Edikt von Nantes, die stärkste Schutzwehre der Hugenotten, aufzuheben, daran hat man nie gezweifelt. Allein man wollte, aus politischen Gründen, mit dem förmlichen Widerrufe desselben so lange als möglich zurükhalten. Dagegen häufte man mit einer ausserordentlichen Uebereilung Gesetze auf Gesetze, die den wesentlichsten Hauptpunkten jenes Ediktes ganz entgegengesetzt waren. Man wollte es, wie es denn auch wirklich geschah, dahin bringen, daß durch die neuen Verordnungen unvermerkt eine Stütze um die andere niedergeworfen würde, worauf sich bisher noch die Religionsfreyheit der Kalvinisten unter dem Schutze jenes Reichsgesetzes erhielt. Man hatte ihnen Anfangs, bald in dieser und bald in jener Provinz, ihre Kirchen niedergerissen; und als ihre Prediger auf den Ruinen derselben Gottes Wort predigten, und die ar-

332   Geschichte der Jesuiten.

nen Landleute drenßig Meilen weit liefen, um ih=
rem Gottesdienst beywohnen zu können, stieß man
jenen als Rebellen mit dem Rade die Glieder ent=
zwey *), und diesen verbot man, unter Lebens=
strafe, ausser ihrem Gerichtsbezirke dem Religions=
dienste nachzugehen. Man entzog ihnen ihre öffent=
liche Schulen, Akademien und Kollegien, die man
den Jesuiten einräumte **), und entführte ihnen
ihre Kinder, die man mit aller Gewalt in Kloster=
konvente und Seminarien einsperrte. Kein Huge=
notte hatte von dieser Zeit an bürgerliche Rechte.
Man schloß ihn von allen gerichtlichen Bedienun=
gen aus. Er konnte weder Advokat, Prokurator,
noch Doktor oder Arzt werden. Im königlichen
Hause waren keine Posten mehr für ihn offen. Den
protestantischen Offizieren schmälerte man ihre Pen=
sionen, und ihren Synodalversammlungen raubte
man alles Ansehn. Sie durften weder Legate noch
Vermächtnisse annehmen. Man entzog ihnen alle
Tauf=Heyraths= und Begräbnisbücher, und er=
laubte ihnen nicht mehr, gerichtliche Bürg= und
Zeugschaft zu leisten. Es ist kein Zweifel, daß die
reformierte Religion, wenn man solchergestalt ih=
ren Bekennern nach und nach den Genuß bürgerli=
cher Freyheiten entzogen, und alle Begünstigun=
gen, die sie bisher unter dem Schutze des Ediktes
von Nantes genossen, bloß auf Gewissensfreyheit
beschränkt hätte, sich von selbst nach einem Men=
schenalter vielleicht gänzlich verloren haben würden.
Die Franzosen sind ein gutmüthiges Volk. Sie
lieben ihre Beherrscher mit Enthusiasmus. Hätte
Ludwig XIV. was doch eigentlich sein Plan war,
mit Gelindigkeit seinen reformierten Unterthanen ih=
re vermeintlichen Irrthümer genommen; man würde
ihm zu gefallen, sich allgemein und in kurzer Zeit
zur Religion seines Hofes bekannt haben. Allein

*) Histoire apologetique. Part. II. Chap. X. pag. 202.
**) Eclaircissemens historiques, Chap. XIV. pag. 264.

Achtes Buch. 333

offenbare Gewalt empört das den Menschen angeborne Freyheitsgefühl, und unmenschliche Verfolgungen erzeugen grosse und muthige Seelen, welche ihrem Zeitalter und der Nachwelt durch Beyspiele beweisen, daß der Mensch in gewissen Verhältnissen weit mehr zu leiden, als der Despot Qualen zu erfinden, im Stande sey.

Der König glaubte noch immer, was Dragoner und Henker bisher zu Stande brachten, durch Gelindigkeit erzweckt zu haben, und wähnte, auf dem Punkte zu seyn, wohin er unablässig strebte. In dem Wahn, daß seine bisherigen Verfügungen den größten Theil seiner reformirten Unterthanen zu Proselyten gemacht, und daß der geringere Theil derselben wenig Trostes mehr finden würde, eine Religion zu lieben, die dem Hofe ein Greuel war, hielt er dafür, daß es nunmehr Zeit sey, ein Werk zu vollenden, das ihm bisher so grosse Sorgen kostete. Nachdem er vorher mit der Madame von Maintenon, und seinem Beichtvater, welcher ihn versicherte, daß die gänzliche Hugenottenbekehrung keinen Tropfen Blutes mehr kosten würde *), hierüber zu Rathe gegangen war, überließ er endlich die Vollendung dieser Angelegenheit seinem Staatsrathe, und erklärte sich zugleich, daß er zu allem, was von demselben gutbefunden würde, willige Hand bieten wollte **). Die klügern Minister mißbilligten die Strenge, womit man bisher zu Werke gegangen. Allein Louvois, der nun einmal mit Grausamkeit anfieng, wollte im gleichen Geiste enden. Bisher leiteten er und Pater la Chaise fast einzig das henkermäßige Bekehrungsgeschäft. Er wollte sich die Früchte seiner Bemühungen nicht aus den Händen reissen lassen. Was er auch immer verfügen würde,

---
*) Eclaircissemens historiques. Chap. XV. pag. 226.
**) Ibid. Chap. XLII. pag. 253.

darüber fürchtete er von Seite des Monarchens keine Vorwürfe, nachdem derselbe so deutlich zu verstehen gab, daß er zu allem, was auch gut befunden werden mögte, seine Einstimmung geben wollte, wenn dadurch nur die gewünschte Bekehrung zu Stande käme. In welchen schrecklichen mit Blut befleckten Händen befand sich nun das Schicksal von Millionen französischer Bürger, welche bisher alle Arten von namenlosen Qualen mit einer Geduld erlitten, die in der Geschichte fast kein Beyspiel hat!

Ihr Schicksal wurde nun endlich, nachdem seit sechs und zwanzig Jahren alle Vorbereitungen dazu getroffen waren, durch die den 18. Weinmonat 1685. unterzeichnete **Widerrufung des Ediktes von Nantes** auf eine Art entschieden, welche ganz Europa in Erstaunen setzte. Dieses merkwürdige Arret, dessen Einleitung fälschlich voraussetzt, daß die Reformirten fast durchgehends in Frankreich zur römischen Kirche übergetreten seyen, enthält folgende zwölf Artickel *).

I. Alle Begünstigungen, welche bisher die Reformirten in Kraft königlicher Edikte, Friedensschlüsse, Erklärungen und Arrets genossen, sollen von nun an aufhören, und alle Kirchengebäude und Bethäuser niedergerissen werden.

II. Weder in öffentlichen noch in Privathäusern unter welchem Vorwande es immer geschehen möge, sollen die Reformirten sich versammeln, um ihre Religion auszuüben

III. Desgleichen soll auch kein Gutsherr auf seinen Landhäusern sich solcher Religionsübung unterfangen, und zwar unter Strafe gefänglicher Haft und Konsiskazion seiner Güter.

IV. In Zeit von fünfzehen Tagen sollen alle reformirten Geistlichen, welche sich nicht bekehren wollen, alle der französischen Herrschaft unterwor-

──────────
*) Histoire apologetique Part. III. Chap. I. pag. 11.

Achtes Buch.

fene Länder verlassen; sich alles Predigens, Ermahnens und anderer Seelsorgerverrichtungen enthalten, und im Betrettungsfalle auf die Galeeren geschmiedet werden.

V. Diejenigen Geistlichen, welche zur katholischen Kirche übertreten, sollen lebenslänglich, und nach ihrem Absterben die hinterlassenen Wittwen von aller Steuerabgabe, und aller Einquartirung der Truppen befreyet seyn. Ausserdem bewilligt ihnen der König eine Pension, die um den dritten Theil stärker ist, als jene, die sie als reformirte Prediger genossen. Nach ihrem Tode sollen ihre hinterlassene Wittwen die Hälfte dieser Pension zu beziehen haben.

VI. Wer von ihnen Advokat oder Doktor der Rechte zu werden wünscht, soll nicht verbunden seyn, drey Jahre zu studieren, so wie es die Landesgesetze verordnen, sondern er kann sogleich nach einer vorläufigen Prüfung den Doktorgrad erhalten, für welchen er nur die Hälfte der sonst gewöhnlichen Gebühren zu leisten hat.

VII. Alle Privatschulen, worinn die reformirte Jugend unterrichtet wurde, sollen aufgehoben und überhaupt alles verboten seyn, was etwa zu Gunsten der Reformirten dienen könnte.

VIII. Die Kinder, welche von reformirten Eltern geboren werden, sollen von nun an in katholischen Pfarrkirchen die Tauf empfangen. Unter Strafe von fünf hundert Pfund, und nach Gestalt der Sache unter noch empfindlichern Strafen sollen Väter und Mütter verbunden seyn, ihre Kinder in die Kirche bringen zu lassen. Dieselben sollen in der katholischen, apostolischen und römischen Religion erzogen werden, und ist es ernstlichster Wille des Königes, daß die Ortsobrigkeiten dieses Gesetz mit Nachdrucke handhaben.

IX. Aus königlicher Gnade erlaubt der Monarch denjenigen reformirten Unterthanen, welche vor Bekanntmachung gegenwärtigen Edictes ins

Ausland geflüchtet sind, in einem Zeitraume von vier Wochen in ihr Vaterland zurück zu kommen, wo sie von ihrem verlassenen Eigenthum wieder ungestörten Besitz nehmen könnten. Dagegen sollen die Güter derjenigen, die binnen dieser Frist nicht zurückkehren würden, dem Fiskus anheimfallen.

X. Unter Galeerenstrafe für Mannsleute, und unter Strafe gefänglicher Haft und Güterkonfiskazion für das weibliche Geschlecht, soll es alles Ernstes jedem Reformirten verboten seyn, die französischen Staaten zu verlassen, oder sein Vermögen und seine Mobilien ins Ausland in Sicherheit zu bringen.

XI. Was wider die Apostate (Relaps) bereits verordnet worden, soll in vollester Gesetzeskraft bleiben.

XII. Endlich gestattet der König denjenigen, welche reformirt bleiben wollen, den ungehinderten Aufenthalt im Königreiche, die Fortsetzung ihrer Gewerbe und den Genuß ihres Eigenthums, und sollen sie darin, der Religion wegen keineswegs gekränkt oder gestört werden, so lange sie nämlich sich aller öffentlichen und heimlichen Uebung derselben enthalten würden.

Man sollte glauben, daß dieses Edikt, ein seltsames Gemische von Strenge und Gelindigkeit, bey weitem die Folgen nicht hätte veranlassen können, die daraus wirklich entstanden sind. Allein, was man aus Achtung gegen das öffentliche Urtheil der Welt nicht gerne in einem Reichsgesetze ausdrücklich offenbaren wollte, behielt man wohlbedächtig im Hinterhalte, und man glaubte, weder den Zeitgenossen noch der Nachwelt in Rücksicht der Mittel, die man zur Vollstreckung eines solchen Ediktes an wenden gutfinden würde, irgend eine Verantwortung schuldig zu seyn. Der buchstäbliche Sinn desselben erwähnt mit keiner Sylbe des Zwanges, womit man die Reformierten zu Katholiken machen wollte. Alles bezieht sich

nur

Achtes Buch.

nur einzig dahin, ihnen alle freye Religionsübung zu rauben, ihre Kinder in der herrschenden Hofreligion erziehen zu lassen, und ihnen übrigens völlige Gewissensfreyheit zu gestatten, so lange sie sich aller ihrer Religion eigenthümlichen Handlungen enthalten würden. Man konnte solchergestalt das Edikt, so wie es vor jedermanns Augen lag, für ein Policengesetz ansehen, und zwar um so mehr, da nach der Voraussetzung, deren im Eingange desselben Erwähnung geschieht, nur wenige Hugenotten in Frankreich mehr befindlich wären, die nicht so fast aus Ueberzeugung, als aus unbeugsamem Eigensinn dem Geist der Wahrheit widerstünden. In diesem Wahne befand sich der König, der mit seinem Namen das Gesetz heiligte. Allein diejenigen, denen die Vollstreckung desselben oblag, waren von der wahren Beschaffenheit der Umstände weit besser unterrichtet. Sie bedienten sich also auch, wider den deutlichen Buchstaben des Ediktes, der Dragonerhülfe, dasselbe zu vollziehen. Louvois schärfte die Verhaltungsbefehle der Intendanten in den Provinzen. „Es ist, (schrieb er an verschiedene Befehlshaber der Truppen *), ausdrücklicher Wille des Monarchen, gegen diejenigen, welche die lezten seyn wollen, eine Religion zu bekennen, die ihm mißfällt, mit äusserster Strenge zu verfahren. Er will, daß man diejenigen, welche die thörichte Ehre haben wollen, die lezten Bekenner der reformirten Religion zu seyn, auf das äusserste treiben müsse." Seine Befehle waren nicht fruchtlos. Die Dragoner ritten von einem Ende des Reiches in das andere, und trieben mit Pistolen und Säbelhieben die armen Hugenotten zur Messe und zum Abendmahl. Die Henker waren ihrerseits eben so wenig müssig. In einem kurzen Zeitraume verloren gegen zehentausend Menschen theils in den Flammen, theils un-

*) Eclaircissemens historiques. Chap. XVI. p. 344. & sq.

ter dem Rade, und theils am Galgen ihr Leben*). Durch die Auswanderung verlor Frankreich ungleich mehr. Nur aus der einzigen Diöcese von Saintes flohen gegen zweymalhunderttausend Kalvinisten **). Vergebens schärfte man die Strafen gegen die Auswanderer. Vergebens bewachte man die Gränzen und die Seeküsten, und vergebens ließ man durch öffentliche Zeitungen bekannt machen, daß auswärtige Mächte sich der Ansiedelung französischer Hugenotten widersetzen würden, daß die Flüchtigen ohne Gewerb und hülflos im Elende umherirrten, und daß nur in England mehr als zehntausend aus Hunger, oder weil sie das Klima nicht ertragen könnten, verschmachtet wären. Diese geflissentlich ausgestreuten Zeitungsnachrichten rührten diejenigen nicht, welche durch Flucht der schrecklichen Dragonade entfliehen wollten. Auf bisher noch unbekannten Wegen, verkleidet, und mit der Angst eines Vaters, der aus seinem brennenden Hause, das den Einsturz drohet, und aus der Mitte der Flamme mit seinen halb versengten Kindern hinwegeilt, flohen sie ins Ausland, welches dankbar gegen ihren Kunstfleiß, und mitleidend gegen ihr Elend sie aufnahm. Viele hatten sich, weil es Reformirten verboten war, Frankreich zu verlassen, absichtlich nur zum Scheine bekehrt, um an ihrer vorhabenden Auswanderung nicht gehindert zu werden. Allein bald erschienen neue Verordnungen, einem Uebel, das Frankreich entvölkerte, zu steuern. Man nahm den Neubekehrten die Freyheit, über ihr Eigenthum willkührlich zu verfügen.

Während diesen Auftritten der Grausamkeiten und des Schreckens bemerkte man mit Aergerniß und vielleicht auch mit Erstaunen, daß die meisten derjenigen, welche die reformirte Religion abgeschworen hatten, in ihrer Todesstunde sich weigerten, der Sakramente der Kirche sich zu bedie-

*) Ibid. Chap. XV. pag. 326.
**) Ibid. l. c. pag. 327.

nen, und darauf beharrten, daß sie niemals ihren Glauben und ihre Kirche verändert hätten. Diese Unglücklichen, die im Angesichte des Todes alle menschliche Furcht bey Seite setzten, und ihrer angebornen Religion das letzte Zeugniß gaben, glaubte man dadurch im Schosse der herrschenden Kirche zurückzubehalten, wenn man ihnen mit alle dem drohte, was einen Sterbenden beunruhigen, und eine Familie bestürzen konnte. Man machte das fürchterliche Gesetze, daß diejenigen, welche auf ihrem Krankenlager sich weigerten, die Sakramente der Kirche anzunehmen, nach ihrem Hintritt in die Ewigkeit, unter den Galgen geschleift, und ihres hinterlassenen Vermögens verlustig seyn sollten. Wer wieder genesen würde, soll zur Amende honorable (Kirchenbusse *), und, wenn er eine Mannsperson ist, zur ewigen Galeerenstrafe, Weibsleute aber zum lebenslänglichen Gefängnisse und zur Konfiskazion ihrer Güter verurtheilt werden **). Diese barbarische Verordnung veranlaßte Auftritte des Entsetzens. In den meisten Städten sah man von Zeit zu Zeit die Leichen der im Frieden verschiedenen Reformirten mit rasenden Triumphe durch die Strassen schleifen. Ein nicht minschreckliches und den katholischen Namen ewig schändendes Schauspiel boten die Priester dar, die, voll brennenden Eifers, mit der heiligen Wegzehrung, von Gerichtsbedienten begleitet, in die Wohnungen der Sterbenden drangen; und die fanatische Wuth des Pöbels, der mitlief, war oft so groß, daß er selbst an den Verstorbenen, die sich des Genusses der Sakramente geweigert hatten, Henkersdienste verrichtete ***).

*) Die darinn besteht, daß der Verurtheilte im Hembe, mit einer Fackel in der Hand, und mit dem Strick um den Hals, öffentlich vor der Hauptkirche des Orts um Vergebung bitten muß.
**) Eclaircissemens historiques. Chap. XVI. pag. 351.
***) Ibid. l. c. pag. 355.

340 Geschichte der Jesuiten.

Noch war das Maaß dieser Greuelthaten nicht gefüllt. Man mußte gegen diejenigen, welche sich aus Furcht oder vielleicht nur zum Scheine bekehrt hatten, um von Dragonern nicht erschossen oder niedergehauen zu werden, immer mißtrauisch seyn. Man foderte, daß sie täglich durch öffentliche Religionshandlungen ein Zeugniß von ihrer Bekehrung ablegen sollten. Aber wie war es der Regierung wohl möglich, zwenhunderttausend Familien zu zwingen, täglich durch öffentliche Handlungen einer Religion zu huldigen, die man sie durch so unmenschliche Grausamkeiten zu verabscheuen verleitete? Doch auch dafür wußte der Bigottism' dieser erbarmungswürdigen Zeiten Rath zu schaffen. Man gab den Truppen Verhaltungsbefehle, die Neubekehrten zur Kirche zu treiben. Man entwarf ein Reglement über die Osterkommunion, und bestellte in den Pfarreyen gewisse Aufseher, welche darauf ein beobachtendes Spionenauge haben mußten, ob die Neubekehrten fleißig zur Messe und in die Christenlehre giengen, wie sie sich dabey verhielten, und ob sie standhaft das ganze Jahr hindurch, und jeden Tag die Religionspflichten ausübten, welche ächten Katholiken obliegen *). Solchergestalt erschien in einem Lande, welches mit Wucher die Kunstwerke des Genies bezahlte, und worinn die denkendsten Geister Aufklärung auszubreiten anfiengen, die Inquisizion; eilte mordend mit der Fackel des Fanatismus von einem Ende des Königreichs ins andere, und baute sich, den Denkmälern der Kunst und des Geschmackes gegenüber, auf den Ruinen zerstörter Andachtshäuser und den Leichen erwürgter Hugenotten, Monumente des Schreckens.

Erst nachdem hunderttausend Franzosen das Reich verlassen, sechszig Millionen Livres ins Ausland kamen, die Handelschaft versunken, die feindlichen

---

*) Ibid. l. c. pag. 353.

Achtes Buch.

Flotten mit 9000 der besten Matrosen des Königreiches bemannt, 600 Offiziere und 12000 der erfahrensten Soldaten in den Sold feindlicher Mächte getreten waren *), erst dann fieng man an, freylich mit vieler Bestürzung, die Folgen einzusehen, welche diese beyspiellose Intoleranz in allen Rücksichten auf Frankreichs Wohlstand nach sich zog. Allein das Uebel war so groß, und das Privatinteresse derjenigen, die diese Auftritte veranlaßten, wirkte so mächtig, daß man (zumal da der König aus Altersschwachheit, von Liebesopfern entkräftet, und vom Beichtvater furchtsam gemacht, alles ernsthaftern Denkens unfähig war) mit allem Bedachte die Mittel versäumte, welche sowohl den Ruhm, als die Wohlfahrt des Reiches zu retten im Stande gewesen wären.

Ich habe mich absichtlich über diese Geschichtsepoche weitläuftiger, als über andere Begebenheiten, ausgebreitet. In den mir bekannt gewordenen Jesuitengeschichten wird entweder nur kurz oder gar nicht des Einflusses gedacht, den die Gesellschaft Jesu an dieser schrecklichen Hugenottenverfolgung genommen. Gleichwohl darf man nur die zerstreuten Züge, die sich in verschiedenen Schriften, die über diesen Gegenstand erschienen, zusammensetzen, um ein zwar getreues aber furchtbares Gemälde von den Hauptpersonen dieses Trauerspiels zu erhalten. Es ist ausser allem Zweifel, daß die Frau von Maintenon, ob sie gleich selbst eine Hugenottin war, mit den Reitzen ihrer Schönheit und ihres Verstandes eine heuchelnde Frömmigkeit vereinigte; daß sie den König, den jezuweilen Gewissensbisse oder üble Laune von ihr trennten, allemal wieder durch Andachtsblicke stärker an sich fesselte; daß sie nach dem Absterben der Königinn, die ihrer Eitelkeit mächtige Hindernisse in den Weg legte, immer nachdrücklicher auf den allzuverliebten König mittels der Bigotterie wirk-

*) Ibid. Chap. XVII. pag. 380.

te; und daß sie, um alle diese seltsamen Katastrophen in dem Privatleben ihres Verehrers hervorzubringen, in dem geheimsten Verständnisse mit seinem Beichtvater de la Chaise stund. Das Band des Vertrauens, das sie an diesen Jesuiten knüpfte, mußte um so stärker seyn, nachdem sie ihm vielleicht den Entschluß des Königes zu verdanken hatte, sich heimlich mit ihr trauen zu lassen. Dieses geschah, nach dem Zeugnisse des St. Simons *), bald nach dem Hintritte der rechtmässigen Königinn. La Chaise las in Mitte der Nacht Meisse, und verrichtete die Trauungszeremonie in Gegenwart des ersten vertrautesten Kammerdieners, und des Erzbischofs von Paris. Unmittelbar nach diesem Zeitpunkte schrieb sie an ihre Freundinn: „Man ist mit la Chaise sehr wohl zufrieden. Er „bereitet den König auf grosse Dinge. Bald werden alle seine Unterthanen im Geist und in der „Wahrheit Gott dienen**).“ Diese grossen Dinge, worauf er einen wollüstigen König, der die Strafen der Hölle fürchtete, vorbereitete, waren leider nur zerstörende Entwürfe, die Ketzer auszurotten; waren nur im Taumel der Andacht erschlichene Ordonanzen, durch Dragoner das Apostelamt verrichten zu lassen; und waren nur Beichtermahnungen, und vielleicht gar Bussen***), durch Ketzerbekehrung die Sünden seines freyen Umgangs mit Frauenspersonen zu tilgen. Wahrlich! man hat nicht Ursache, einen Louvois zu verabscheuen, weil er grausame Mittel angewendet,

---

*) Eclaircissemens historiques Chap. XI. pag. 234.
**) Ibid. l. c. pag. 232.
***) „Ich habe“ (schrieb la Chaise an den Beichtvater des Königs von England, Pater Petersen,) „Ludwigen oft „über die Massen erschreckt, ehe ich ihm die Absoluzion ge„geben. Ja er mußte mich sogar manchmal mit gefaltenen „Händen um Verzeihung bitten, ehe ich ihn absolvirte.“ Schreiben des Paters de la Chaise an den Beichtvater des Königs in England, Pater Petersen.

Achtes Buch.

die Reformirte zu bekehren. Ein Höfling hat es nicht allemal in seiner Gewalt, rechtschaffen zu bleiben. Er mußte, um sich am Hofe wichtig zu machen, das herrschende System derjenigen befolgen, die am nächsten um den König waren. Er hätte sich durch seine grossen Geistesfähigkeiten die gerechte Hochachtung seines Zeitalters erworben, wenn Madame von Maintenon keine Heuchlerinn, und la Chaise kein Bösewicht gewesen wäre.

Es ist während der ganzen Epoche bemerkt worden, daß die Politik nicht den geringsten Antheil an dem harten Verfahren gegen die Reformirten genommen, und daß Ludwig einzig aus Religiosität, und weil er sich eine Gewissenssache daraus machte, mit so beyspielloser Strenge und Eilfertigkeit zu Werke gieng. Deswegen kann man auch mit den stärksten Gründen der Wahrscheinlichkeit annehmen, daß eigentlich nur la Chaise, der als Beichtvater das Gewissen des Monarchen in seiner Gewalt hatte, der Haupturheber aller gewaltsamen Verfügungen war, die in der Hugenottensache aus dem geheimen Kabinette zum Vorscheine kamen. Es ist gar nicht wahrscheinlich, daß Ludwig, den seine Weichlichkeit und die Drohungen seines Beichtvaters so blöde und furchtsam machten, etwas ohne dessen Vorwissen in einer Religionsangelegenheit werde verfügt haben; besonders nachdem er sich, wie es zur Genüge erwiesen ist, nicht etwa aus Etiquette, oder aus Schalkheit, sondern in der ernstlichsten Ueberzeugung, daß es zur Rettung seiner Seele höchst nothwendig sey, einen Beichtvater hielt. Und ist es denn so etwas ganz Ausserordentliches, wenn ein solcher Regent, mit solchen Leidenschaften und mit solchen Ueberzeugungen, die Orakel seines Gewissensrathes höher schätzt, als die Aussprüche der Politik und der Staatsklugheit? Man darf nicht glauben, daß das Beichttribunal nur allein in den Augen der niedrigsten Volksklassen ein fürchterliches Gericht ist. Ein listiger Jesuite kann vor diesem Gerichte den größten Monarchen eben so schrecken, als ein blödköpfiger Dominikaner den unwissensten Taglöhner. Diese so gewöhnliche Erscheinung liegt in der Natur des Katholizismus, und in dem unseligen Wahne, in der Person des Priesters, der von Sünden losspricht, einen bevollmächtigten Statthalter Gottes zu sehen.

Wenn la Chaise die Vertilgung der Hugenotten beförderte, so that er im Grunde weiter nichts, als was seine Ordensgenossen von der Zeit ihres Entstehens her immer mit ganz besonderm Eifer versuchten. Daraus, daß sie die Ketzer unversöhnlich haßten, haben sie nie ein Geheimniß gemacht. Auch verschwiegen es die Hugenotten zu keinen Zeiten, daß der Jesuitenorden ungemein viel zu den Verfolgungen beytrug, denen sie unterliegen mußten*). Unter Ludwig XIII. gelang es jenen, diese als Aufrührer und als gefährliche Unterthanen verhaßt zu machen, deren einziges Absehen dahin gieng, sich der Verwirrung, in welcher das Reich sich befand, zu ihrem Vortheile zu bedienen. Man schilderte sie als Leute, die mit jedem Augenblick in der Fassung wären, sich der Herrschaft ihrer Souveraine zu entziehen. Allein man hatte sie während seiner Regierung in einer Reihe von Mißhandlungen und Verräthereyen so sehr geschwächt, daß sie dem Throne zu keinen Zeiten mehr fürchterlich seyn konnten. Ausserdem haben sie gleich zu Anfange der Regierung Ludwigs XIV. so unzweydeutige Proben ihrer Treue gegeben, daß ihnen der König so zu sagen Leben

---

*) Histoire apologetique. Part. II. Chap. III. p. 126. — Nec dubium erat, quin haud postremas in hac tragœdia partes egerint Jesuitæ, queis quantivis habebatur Reformatos amoliri velut curiosos nimis observatores pravorum dogmatum circa mores. *Puffendorf de reb. gest. Frid. Wilh. Lib. XIX. §. XVI. pag. 1533.*

Achtes Buch.

und Krone zu danken hatte *). Man konnte ihnen also nicht mehr von der Seite der Politik, als Friedensstörern und Aufrührern, beykommen. Man mußte die Religion ins Spiel ziehen, und es zur schönsten Regententugend machen, Ketzer zu bekehren. Dieses religiöse Gefühl hatte la Chaise dem Könige auf eine sehr geschickte Art beyzubringen gewußt, und es ist ihm gelungen, mittels dieser Chimäre eine der ungewönlichsten Revolutionen hervorzubringen. Denn von dieser Zeit an wurde der wollüstigste und ausschweifendste Hof in Europa zugleich auch der andächtigste und frömmste. Man eilte aus den Armen der Buhlerinnen in die Kirche, und feyerte einfache Sonntage, wie sonst das Osterfest **).

Zehntes Kapitel.

Neue Angriffe der Jesuiten wider die Jansenisten. Fürchterliche Macht des königlichen Beichtvaters le Tellier. Er verfolgt den Kardinalerzbischof von Paris. Entstehung der Unigenitusbulle. Folgen derselben. Ludwigs XIV. Tod. Ob er durch Gelübde mit dem Jesuitenorden in Verbindung war?

Nichts war den Jesuiten unerträglicher, als Ruhe. Wenn sie keinen wirklichen Gegner gehabt hätten, so würden sie gegen Schattenbilder ihre Waffen versucht haben. Aber leider fehlte

---

*) Sane Reformati ex eo tempore omni studio connixi sunt, ut summa fide, ac promptissimo obsequio gratiam Regis mererentur; turbis præsertim Condæanis, quando jam ipsius Regis natales solicitabantur, cum lautissimis conditionibus in istas partes sollicitarentur. Ib. l. c.
**) Les simples Dimanches sont comme autrefois le jour de Pâques, Eclaircissemens historiques. Chap. XI. p. 232.

es ihnen nie an wirklichen Gegenständen ihrer Streitsucht.

Ganz Frankreich hatte vielleicht, diejenigen ausgenommen, welche in der Bastille oder im Exil ihres hartnäckigen Widerstandes wegen noch schmachteten, den Jansenismus und seine vermeintlichen Irrthümer vergessen. Allein die Jesuiten, welchen die Erfindung dieser eingebildeten Ketzerey so wesentliche Dienste leistete, zogen denselben wieder aus den Finsternissen ans Tageslicht hervor. So groß die Vortheile waren, die sie schon gleich anfangs mittels dieses Schreckbildes über ihre gefährlichsten Gegner erhielten, so konnten sie nun um so viel grössere erwarten, nachdem der König alles, was nach Ketzerey roch, wie die Pest haßte.

Zum Unglücke hatte la Chaise einen Nachfolger, der ihn an Tücken und Thätigkeit noch bey weitem übertraf. Le Tellier, der nach la Chaises Absterben königlicher Beichtvater wurde, hatte sich schon von seiner frühesten Jugend an in allen Künsten der Politik, der Intrigue und der Heucheley geübt. Er war unternehmend, arbeitsam und listig. In seinen jüngern Jahren schrieb er zur Vertheidigung seiner Ordensgenossen, welche in China den Neubekehrten den Heldendienst gestatteten, eine Rechtfertigungsschrift, welche sowohl in Rom als Paris verboten wurde. Man hatte ihn zu bereden gesucht, daß die Jansenisten das meiste zur Verdammung seiner Schrift beygetragen hätten. Ursache genug, warum er von dieser Zeit an ihr unversöhnlichster Feind geworden! Er hatte in allen Theilen der Welt Spionen im Sold. In Paris ließ er durch arme Schüler, denen er nachher Pfründen verschaffte, alle Geheimnisse erforschen. Dabey war er sehr mißtrauisch und zurückhaltend. Er arbeitete unter der Erde, und sah seine Spione nie anders, als mit nachlässigen Blicken und in einer gewissen Entfernung an. Aus den Nachrichten, die er von allen Orten her erielt, machte er sich Tagregister. Er kam mit verschiedenen wichtigen Personen in geheime Verbindung, ohne daß es diese wußten, mit wem sie es zu thun hatten. Seine Geschäfte betrieb er auf eine so feine und geheimnißvolle Weise, daß er ganz Frankreich in Unruhe versetzte, ohne daß man die Hand gewahr wurde, welche so erschütternde Bewegungen hervorbrachte.

Dieser stolze und rachsüchtige Mann, der sich durch vieljährige Uebungen eine ausserordentliche Fertigkeit in Intriguen erworben hatte, sah sich nun als Beichtvater Ludwigs XIV. auf einmal in einen Wirkungskreis versetzt, worinn er zum Frommen seines Ordens den besten Gebrauch von seinen Geschicklichkeiten machen konnte.

Ludwig Anton Noailles, Kardinalerzbischof von Paris, war das erste Opfer, das le Tellier seiner unbegränzten Rachsucht bestimmte. Er hette sich schon als junger Abbé der Gesellschaft Jesu nicht sehr vortheilhaft empfohlen. Die Genossen derselben, denen ihr Institut an so verschiedenen Orten und so nachdrücklich Demuth gebietet *), waren schon zu sehr gewohnt, alle Kandidaten des Priesterstandes, und vorzüglich solche vor ihren Füssen liegen zu sehen, welche nach hohen Würden im Kirchenregimente strebten, als daß sie es ohne heimliche Bitterkeit hätten bemerken können, wie sich der junge Noailles fast gar keine Mühe gab, die Gunst des königlichen Beichtvaters zu erbetteln **). Hätten ihm nicht seine hohe Geburt, die Verdienste seines berühmten Vaters, und seine Frömmigkeit zu einem Bisthume verholfen, so

---

*) Omnes diligentissime curent, se in verâ *humilitate* interna conservare, & eam sine ullo impatientiæ aut *superbiæ* signo exhibere. *Instit. Soc. Jesu. Vol. I. pag. 371. Vol. II. pag. 73.*

**) Anecdotes ou Memoires secréts sur la Constitution Unigenitu, Part. I. pag. 2. — Histoire du Livre des

wäre er vielleicht lebenslänglich nie höher als zur
Würde eines Abbes gestiegen. Indessen hub ihn
sein Ruhm und sein Ansehn immer höher, und der
König machte ihn erst zum Erzbischof, und bald
darauf zum Kardinal, ohne seinen Beichtvater
darüber zu Rathe zu ziehen. Diese so ganz ausser
der Ordnung geschehene Beförderung mußte den
Jesuiten um so mehr mißfallen, nachdem sie hin=
längliche Beweise in Händen zu haben glaubten,
daß ihnen Noailles gerade zur ungelegensten Zeit
gefährlich werden könnte.

Dieses Mißfallen brach nur zu bald in Rache
aus. Sie wollten, was es auch kosten mochte,
den Kardinal verderben. Die Wahl der Mittel
hiezu machte sie nicht verlegen. Sie durften ihn,
wenn ihnen alle übrige Kunstgriffe mißlangen, nur
einen Jansenisten nennen, um ihn um seinen Kre=
dit am Hofe und beym Volke zu bringen. Die=
ses geschah denn auch. Noailles hatte das neue
Testament mit den Anmerkungen des Quesnel in
seinem Kirchspiele eingeführt. Diese Anmerkun=
gen gefielen den Jesuiten nicht. Sie sahen, daß
ihr Gnadenwirkungssystem und ihr Molinismus
nachdrücklich darinn angegriffen wurde. Es war
ihnen unerträglich, daß nicht alle Theologen und
die ganze Kirche sich nach ihrem Sinne bequem=
ten. Sie wollten die alleinigen Lehrer des Men=
schengeschlechts seyn. Alle, auch die entferntesten
Angriffe ihrer Sittenlehre, sahen sie für Beleidi=
gungen ihres Ordens an, die derselbe nicht unge=
rochen dulden konnte. Zwar hatte Pabst Inno=
zenz XII. die Quesnelschen Anmerkungen ortho=
dox gefunden, mehrere französische Bischöfe, und
unter diesen auch Benignus Bossuet, dieselben
ihren Diöcesanen empfohlen, und sogar die Sor=
bonne nichts darinn entdeckt, was dem Lehrbe=

Reflexions morales sur le nouveau Testament & de la
Constitution Unigenitus. Part. I. §. II. pag. 16.

Achtes Buch.

griffe der Kirche entgegen seyn könnte *). Schon zwanzig Jahre wurde dieses Buch mit Erbauung und mit Beyfall gelesen. Noch hatten es selbst die Jesuiten nicht gewagt, öffentlich dagegen aufzutretten. Allein nunmehr zogen sie ihre Maske mit mehrerer Kühnheit vom Gesichte weg. Um den Kardinal zu beschimpfen, streuten sie Pasquille, die sie in den Niederlanden drucken ließen, in Frankreich aus **). Sie erhuben bey der Inquisition in Rom wider das Quesneische Testament ein Zettergeschrey, verfolgten den Verfasser in allen Winkeln der Welt, und ließen ihn

*) Die Jesuiten haben durch die Angriffe, die sie auf das Quesnelsche Testament wagten, ihrer Sittenlehre einen empfindlichen Streich verursacht. Denn die Anhänger des Quesnel wurden durch die Verfolgungen, die man sie empfinden ließ, aufgefodert, sich zu vertheidigen. Dieß geschah aber auf eine Art, daß es dem Orden weit vortheilhafter gewesen wäre, nie Quesnelsche Ketzereyen entdeckt zu haben. Denn die Verfasser des kostbaren Werkes, welches 1621 zu Amsterdam in acht Quartbänden unter dem Titel gedruckt wurde: Les Hexaples ou les six colomnes sur la Constitution Unigenitus, haben mit einem bewundernswürdigen Fleiße alles gesammelt, was die Jesuiten bis auf diese Zeit in der Moral gegen den Sinn der Kirche lehrten. Man bekömmt in diesem Werke einen ziemlich vollständigen Begriff von der Jesuitenmoral, und man ersieht darinn, wie sie nicht nur die ganze Dogmatik der Kirche, sondern überhaupt alle Gründe der Sittlichkeit, ja selbst alle Tugenden, denen der Mensch fähig ist, über den Haufen werfen.

**) Eines dieser Pasquille betitelte sich: Problême ecclesiastique adressé à Mr. l'Abbé Boileau de l'Archevéché. Man hielt anfangs den königlichen Geschichtschreiber, den Jesuiten Daniel, für den Verfasser. Allein es zeigte sich, daß es der Jesuite Sonastre war. Der Inhalt dieser Schandschrift war von der Art, daß dieselbe auf den Ausspruch des Parlaments 1699 durch den Scharfrichter zerrissen und ins Feuer geworfen wurde.

in einem Alter von 70 Jahren zu Brüssel in die Gefängnisse des erzbischöflichen Palastes werfen, worinn er mit barbarischer Härte behandelt wurde. Mit Skorpionenaugen durchsuchten sie alle Papiere, die sie bey ihm fanden. Allein zu ihrer tiefsten Beschämung sahen sie darinn nur Beweise seiner Unschuld, so wie auch die römische Inquisition in seinem Werke jetzt noch keine Spuren von Ketzerey entdeckte.

Allein die Jesuiten wollten, was es auch kosten mochte, aus Quesneln einen Ketzer machen, um den Kardinal Noailles, der ihn vertheidigte, verderben zu können. Um jedoch nicht selbst öffentlich zum Vorscheine zu kommen, bedienten sie sich verworfener und feiler Kreaturen, denen sie mittels ihres Kredites am Hofe furchtbar oder nützlich seyn konnten. Sie bewogen im Jahre 1703 den Bischof von Apt, eine Ordonanz, die sie verfaßten*), in seinem Kirchspiele wider das Quesnelsche Testament publiziren zu lassen. Dieser Streich hatte die erwünschte Folgen nicht. Der Bischof war ein Schwachkopf, und er mußte öffentlich gestehn, daß er das Buch, welches er verdammte, eben so wenig gelesen, als die Ordonanz, die unter seinem Namen erschien, verfaßt habe. Die Jesuiten erröthheten hierüber nicht, und bewogen einige Jahre nachher die Bischöfe von Luçon, Rochelle und Gap, in Hirtenbriefen die moralischen Anmerkungen zum neuen Testamente, die bereits schon vierzig Jahre ohne Anstoß gelesen wurden, in den schrecklichsten Ausdrücken zu verdammen. „Diese Anmerkungen (so „drückten sich erwähnte Bischöfe aus) enthalten „neben einer Menge gottloser Sätze ein Gift, wel„ches Seelen tödtet. An hundert Stellen findet

---

*) Histoire du Livre des Reflexions morales sur le nouveau Testament, Part. II. §. III. pag. 22. & sq.

Achtes Buch.

„man die Ketzereyen des Jansenius, und fast in „jeder Zeile alle Irrthümer und alle Maximen je= „ner neuen Sekte." Während man diese bischöf= lichen Hirtenbriefe durchs ganze Königreich aus= streute, und sie selbst an verschiedenen Thoren des erzbischöflichen Palastes anheftete, flüsterten die Jesuiten in Beichtstühlen und Hausbesuchen ih= ren Gönnern ins Ohr, daß Noailles ein janse= nistischer Ketzer sey.

Bisher hatte der Kardinal sich gegen alle An= griffe der Jesuiten nur leidend verhalten. Allein nun konnte er nicht länger schweigen. Er sah, wie sich die unbegränzte Rachsucht derselben hinter die Bischöfe zu bergen anfieng, um mit mehr Nachdruck ihre Waffen gegen das Haupt der fran= zösischen Kirche schleudern zu können. Er konnte den Schritt, den die Bischöfe von Luçon, Ro= chelle und Gap gegen ihn gewagt hatten, für nichts anders, als für ein ganz beyspielloses At= tentat gegen die Würde seines Primats und seiner Metropolitangerechtsame ansehen. Er bestrafte sie also kraft einer erzbischöflichen Ordonanz, wor= inn er jene Hirtenbriefe verdammte, und das Le= sen derselben seinen Diöcesanen unter Kirchenstrafe verbot. Allein le Tellier, welcher sich schon ge= gen Vertraute geäussert hatte, daß Noailles ent= weder die erzbischöfliche Würde, oder er die kö= nigliche Beichtvaterstelle verlieren müsse *), ließ sich durch solche Ordonanzen nicht schrecken. Er spann ein neues Intriguengewebe, und suchte alle Bischöfe des Königreiches gegen ihren Primas zu empören. Zwar hatte er seine rachsüchtigen Ent= würfe in Finsternissen ausgeheckt. Er wollte im= mer noch, um sicherer schaden zu können, die Waffen, die er schmiedete, durch fremde Hände regieren. Dem zufolge beschloß er, daß alle fran=

---

*) Anecdotes ou Memoires secrets sur la Constitution Unigenitus. Part. I. pag. 49.

zösischen Bischöfe an den König schreiben, und sich über den Erzbischof von Paris, und über das von ihm gerühmte Quesnelsche Testament beschweren sollten, und stellte es ihnen nicht einmal frey, auf welche Weise sie sich an den Monarchen wenden wollten. Zu dem Ende ließ er ihnen einen schon entworfenen Brief mit dem Ersuchen zukommen, demselben nur ihre Namen beyzusetzen, und versiegelt wieder an ihn zu senden. Diese List gelang ihm anfangs trefflich. Schon hatte er mehr wie dreyßig solche erschlichene Unterschriften erhalten, und war im Begriffe, sie Sr. Majestät als Beweise vorzulegen, wie übereinstimmend fast alle Bischöfe des Reiches auf Genugthuung des Unrechts drängen, das der Erzbischof durch seine Ordonanz der bischöflichen Kirche angethan hätte — als ein Zufall die ganze Kabale aufdeckte. Man unterschlug das Schreiben eines gewissen Abbé Bochard an seinen Onkel, den Bischof von Clermont. Dieser Bochard war einst Jesuite, nunmehr aber geheimer Sekretair des le Tellier, der ihn allenthalben zum Spion oder zum Werkzeug seiner Intriguen machte. Aus dem aufgefangenen Schreiben zeigte sichs, daß der königliche Beichtvater ganz allein Urheber aller Verfolgungen wider den Kardinalerzbischof sey; daß er das Schreiben, welches an alle Bischöfe zur Unterschrift gesandt worden, verfaßt, und es darauf eingeleitet habe, denselben um seine Würde und um seinen Kredit am Hofe zu bringen *).

Noailles säumte keinen Augenblick, von dieser Entdeckung zur Rettung seiner Unschuld und seiner Ehre Gebrauch zu machen. Er ließ dem Könige, dem Dauphin und der Madame von Maintenon die

---

*) Histoire des Reflexions morales Part. I. §. VI. pag. 31 & sq. — Anecdotes ou Memoires secréts l. c. pag. 29 & seq.

Achtes Buch.

die aufgefangenen Briefe des Abbe in Abschrift überreichen, und begleitete dieselben mit Schreiben, worinn er sich bitter über die Intriguen der Jesuiten beschwerte. „Sie verhezen", schrieb er unter andern an den König *), „alle Ihre Bi=
„schöfe gegen einander. Sie verführen diejenigen,
„welche ihres zeitlichen Glückes wegen in Sorgen
„stehen, durch den Reiz ihres Ansehens, indem
„sie ihnen einen so hohen Begriff von ihrem Kre=
„dite beyzubringen wissen, daß diese Bischöfe in
„dem Wahne stehen, ihr Glück nicht anders, als
„mittels der Gunst des Pater le Telliers machen
„zu können. Wer noch Muth genug hat, die
„Freyheit und die Heiligkeit seiner bischöflichen
„Würde zu behaupten, den verfolgen sie". „Was
„wird aus der französischen Kirche werden", (so äußerte er sich in seinem Schreiben gegen den Dauphin) „wenn die Jesuiten fortfahren, ihren
„Krebit zur Entzweiung und Unterdrückung des
„Episkopats zu verwenden, und als königliche
„Almoseniers und Pfründenvertheiler durch grobe
„Bestechungen die Tugend zu verscheuen, und
„das Laster frech zu machen? Sollen die Bischöfe,
„denen es aus göttlichem Rechte zusteht, über
„Religionssachen zu entscheiden, sich so weit ge=
„bracht sehen, daß sie nichts anders mehr zu ver=
„fügen hätten, als Hirtenbriefe zu unterschreiben,
„die in den Fabriken der Jesuiten ausgearbeitet,
„und ihnen zur Unterschrift zugeschickt wurden?
„Warum sollen die leztern solchergestalt die bi=
„schöflichen Würden an sich reissen, und die allei=
„nigen Schiedsrichter des Glaubens und der Re=
„ligion der Christen werden"? Diese Schreiben machten auf den Dauphin eben so starke Eindrücke, als auf den König. Le Tellier fand sich einige Tage in ausserordentlicher Unruhe. Er sah gefährliche Wolken auf der Stirne des Monarchen,

---

*) Anecdotes l. c. pag. 34.

Gesch. d. Jes. II. Band.

und er fürchtete, eine Stelle zu verlieren, die seinem Hochmuthe so schmeichelhaft, und dem Interesse seines Ordens so vortheilhaft war. Aber ein an Intriguen so fruchtbarer Geist konnte sich bald aus einer so peinlichen Verlegenheit helfen. Er wandte sich an den Bischof von Meaux, eine rangsüchtige Kreatur und einen erklärten Günstling der Madame von Maintenon. Er versprach ihm die reichsten Pfründen des Königreichs und den Kardinalhut, wenn es ihm gelingen sollte, den König mit ihm zu versöhnen. Der Bischof brauchte weiter nichts, als sich der Frau von Maintenon zu Füssen zu werfen, und die Aussöhnung erfolgte um so geschwinder, nachdem diese kluge Dame keines andern Mittels benöthiget war, als ihrem königlichen Gemahle vorzustellen, daß nicht leicht ein unversöhnlicherer Jansenistenfeind gefunden werden könne, als le Tellier *). Von dieser Zeit an stieg der Kredit dieses furchtbaren Jesuiten, und Noailles verlor mit jedem Tage eine neue Stütze am Hofe. Vergebens flehte dieser fromme und tugendhafte Kardinal den Schutz des Monarchen gegen seine Verfolger an. Vergebens schrieb er wiederholt die beweglichsten Briefe an die Madame von Maintenon. Ersterer glaubte nur seinem Gewissensrathe, und lezstere hatte ihre besondern Gründe, sich mit dem Beichtvater nicht abzuwerfen. Noailles sah sich ohne Schutz, und täglich tiefer erniedrigt. Denn nunmehr sezte le Tellier nicht etwa nur seine Kreaturen in Paris, sondern auch an den entferntesten Orten des Königreiches in Bewegung. Er ließ den Bischöfen, die sich weigerten, wider ihren Erzbischof von Paris Parthey zu machen, mit dem Unwillen seines Ordens drohen. „Wenn „ihr nicht thut, was die Unsrigen in Paris von „euch erwarten, so werdet ihr einst Ursache ha„ben, euern Eigensinn zu bereuen". So sprachen

---

*) Anecdotes, l. c. pag. 41.

Achtes Buch.

mehrere Jesuiten zu Bischöfen, die sie in den Provinzen gegen Noailles aufhezten *).

Die Lage, worinn sich das Gemüth des Königes befand, war um diese Zeit sehr peinlich. Er entzog täglich seinem Erzbischofe etwas von der Achtung, die er bisher gegen seine Verdienste und gegen seine Tugenden hatte. Aber er empfand bey allem dem eine sehr unangenehme Verlegenheit. Er wankte in seinen Entschließungen. Es beunruhigte ihn, einen so erhabenen Prälaten, dem er in Rücksicht seines Eifers für den königlichen Dienst dankbar seyn sollte, von sich zu entfernen, und konnte sich gleichwohl nicht entschließen, einen Mann, von dem man ihm sagte, daß er ein jansenistischer Kezer sey, in der Nähe zu dulden. Wie trefflich wußte nicht le Tellier diesen beunruhigten Gemüthszustand seines Königes zu benutzen! Er suchte ihn zu bereden, daß er sein Gewissen auf keine andere Art beruhigen könne, als wenn er zum päbstlichen Stuhle seine Zuflucht nehmen, und vom Pabste eine Verdammungsbulle wider das Quesnelsche Testament fordern würde. Der schlaue Jesuite ließ dem schwachen Monarchen keine Zeit, den Folgen nachzudenken, die ein solcher Schritt wahrscheinlicher Weise nach sich ziehen könnte. So wenig Ludwig daran dachte, durch die Verfolgung der Hugenotten sein Reich zu Grunde zu richten, eben so wenig ließ er sich beyfallen, daß er seiner Geistlichkeit, die bisher noch immer mit einiger Anhänglichkeit die Kronrechte von Frankreich gegen Roms Anmaaßungen schützte, eines ihrer wesentlichsten Privilegien durch die Einführung römischer Bullen entziehe. Aber eben darum war es den Jesuiten zu thun. Sie wollten die Freyheit der französischen Kirche niederdrücken, um unter dem Schatten der päbstlichen Macht so viel despotischer herrschen zu können.

*) Anecdotes l. c. pag. 51.

Klemens XI. welcher eben nicht Ursache hatte, mit den Jesuiten zufrieden zu seyn (denn sie machten ihn um diese Zeit an dem chinesischen Hofe. und in Ostindien sehr lächerlich), vergaß zum Theil die Kränkungen, die sie ihm in fremden Welttheilen verursachten, und nahm die Gelegenheit, die ihm le Tellier darbot, sich an Frankreich zu rächen, für eine Entschädigung an. Er hatte aber ausser der Begierde, seine Unfehlbarkeit in einem Reiche, das bisher noch aus Staatsgrundsäzen daran zweifelte, festzusezen, noch einen andern Beweggrund, sich dieses Geschäftes mit allem Ernste anzunehmen. Noailles hatte schon bey verschiedenen Gelegenheiten, als das Haupt der französischen Kirche, sich den wiederholten Versuchen des päbstlichen Stuhles, dieselbe um ihre Freyheiten zu bringen, nachdrücklich widersezet. In der Generalversammlung der Klerisey drang er 1705. alles Ernstes darauf, daß den Bischöfen in Frankreich das ausschließliche Recht zustehe, in Glaubenssachen zu entscheiden, und daß die päbstlichen Konstituzionen erst denn verbindliche Kraft haben, wenn sie von der sämmtlichen Geistlichkeit gutgeheissen werden. Diese Aeußerung des ersten Prälaten von Frankreich konnte Klemens nicht verschmerzen, und die Jesuiten hatten eben keine Mühe, ihn durch Anklagen einen Mann verhaßt zu machen, gegen den er schon lange zuvor erbittert war. Gleichwohl aber konnte sich der Pabst in dieser Sache keiner andern Maschinen, als der Jesuiten bedienen. Für sich selbst, und ohne ihre Beihülfe, hätte er nie seinen Zweck erreicht. Es war darum zu thun, den französischen Episkopat zu unterdrücken, und er konnte dieß nur, wenn er den Jesuiten, die mittels ihres Ordensbruders vom königlichen Kabinette aus über die ganze Monarchie herrschten, freye Hand ließ. Die Kongregazion, die Klemens unter dem Vorsize des Kardinals Fabroni zur Unter-

Achtes Buch.

suchung der Quesnelschen Kezereyen niedersetzte, waren lauter Partheygenossen des Jesuitenordens, und man konnte, ehe sie ihre Berathschlagungen anfiengen, voraussehen, daß der Kardinal Noailles verlieren würde *). Unter allen Konsultoren war nur ein einziger, der die französische Sprache verstund, und doch sollten sie ein Werk, das französisch geschrieben war, beurtheilen und verdammen. Allein man hatte es nicht so genau zu nehmen. Le Tellier regierte von Paris aus die Kongregazion in Rom. Er ersparte ihr die Mühe, sich über ein Werk, dessen Sprache ihrer unverständlich war, den Kopf zu zerbrechen, und ließ die Sätze, die er mit Inquisizionsblicken aus dem Werke des armen Quesnels aufhaschte, durch Kouriere nach Rom bringen. Er erlaubte den Beysizern der Kongregazion nicht einmal, reiflich und mit Bedacht diese Sätze zu untersuchen, und drang mit jedem Positage in den Pabst, die Ausfertigung der Bulle zu beschleunigen. Man wollte sich nicht übereilen, besonders nachdem die Kongregazion noch nicht über die Eigenschaft der von le Tellier eingesandten Sätze einig war. Allein die Jesuiten wußten dem Pabste begreiflich zu machen, daß es nicht darauf ankomme, ob ein Satz, der vom römischen Stuhle als kezerisch verdammt würde, auch wirklich kezerisch und verdammungswerth sey. Sie hatten aber um diese Zeit ein besonderes Interesse, die Ausfertigung der Bulle zu betreiben. Die Fortsezung der Jesuitengeschichte, welche Pater Jouvenci herausgab, machte ihnen

---

*) Un Ministre de la Cour de Rome, qui étoit alors dans une Cour étrangere, ajant vû la liste de ceux qui devoient composer cette Congregation, s'écria en presence de plusieurs personnes : C'est fait du Cardinal de Noailles : Je connois, dit-il, tous ces Consulteurs; ce sont gens peu capables & dévoués aux Jesuites. *Histoire du Livre des Reflexions morales & de la Constitution Unigenitus.* Part. I. §. X. pag. 55.

358 Geschichte der Jesuiten.

in Frankreich Verdruß *). Sie glaubten zu bemerken, daß die Streiche, die ihnen das Parla-

*) Jouvenzi war von Amtswegen Geschichtschreiber seines Ordens. Er setzte die Annalen seiner Vorgänger, des Orlandin und Sacch'n fort. Aber die Weise, wie er diesen Theil der Geschichte besonders in Rücksicht auf Frankreich behandelte, machte seinen Orden wieder neuerdings strafbar. Er rechtfertigt den Königsmörder Castel, und stößt gegen die höchsten Gerichtshöfe die schimpflichsten Schmähungen aus. Das Parlament von Paris war alles Ernstes bedacht, den Frevel dieses Jesuiten nachdrücklich zu strafen. Der Generalprokurator drang darauf, daß seine Geschichte durch den Henker ins Feuer, und ihr Verfasser ins Zuchthaus geworfen werden sollte. Allein le Tellier mußte diesen Schimpf von seiner Gesellschaft abzuwälzen. Er drang in den König, mit seinem Ansehn dazwischen zu treten. Dieß geschah auf eine sehr bedenkliche Art, indem er sich gegen den ersten Präsidenten äußerte, daß das Parlament in diesem Prozesse keinen andern Weg zu betretten hätte, als jenen, der er ihm verschreiben würde. Er ließ sich die Akten des Gerichts vorlegen, und entwarf selbst die Konklusionen, nach welchem er die Entscheidung des Prozesses abgeschlossen wissen wollte. Man kann leicht denken, daß sein Beichtvater freye Hände gehabt habe, dasjenige zu unterdrücken, was seinem Orden hätte nachtheilig seyn können. Das Parlament, solchergestalt von der königlichen Macht zurückgehalten, konnte es also nicht weiter, als zur blossen Unterdrückung jener Geschichte bringen, wobey die Jesuiten offenbar begünstiget wurden. Hierüber drückte sich der Raporteur bey dem Abschluße des Prozesses folgender Gestalt aus: La difficulté n'est pas de trouver dans le livre du P. Jouvenci des erreurs condamnables; elles se presentent en foule. La peine n'est que d'appliquer la punition que meritent l'Auteur & l'Ouvrage. *Les Ordres du Roi nous arrêtent*; nous devons nous y conformer; & renfermer dans nos cœurs une juste douleur de voir que l'on préfére l'indulgence à la justice. *Recueil de pieces touchant l'Histoire de la Comapgnie de Jesus, composé*

Achtes Buch.

ment dieser Geschichte wegen versetzte, von Jansenisten herkämen, und daß es diese Kezer bey dem Lärmen, den sie über den Jouvenz erregten, einzig darauf abgesehen hätten, die Ausfertigung der von Rom begehrten Bulle zu hintertreiben. „Es „ist Zeit", schrieb le Tellier an Klemens, „daß „Ew. Heiligkeit mit der Konstituzion zum Vor„scheine kommen. Es ist von äußerster Wichtig„keit, ihre Bekanntmachung zu beschleunigen. Dar„über, ob sie auch in Frankreich angenommen „werden möge, haben Sie sich nicht zu beküm„mern, indem ich bereits alle mögliche Anstalten „getroffen habe, ihre Annahme durchzusezen *)". Der Pabst befolgte also den dringenden Rath des königlichen Beichtvaters, und unterzeichnete den 8. Herbstmonat 1713. die bekannte Konstitutionsbulle, welche sich mit den Worten anfängt; Unigenitus Dei Filius; und worinn 101. Säze verworfen und verdammt werden, die sich in den moralischen Anmerkungen des Quesnel zum neuen Testamente befinden.

Als diese Bulle in Frankreich ankam, machte sie verschiedene Eindrücke auf die Gemüther. Der Hof bezeugte ausserordentliches Wohlgefallen darüber, und die Jesuiten konnten über den Meisterstreich, der ihnen also gelungen war, kaum ihre boshafte Freude verbergen. Dagegen aber dachte ein grosser Theil der französischen Geistlichkeit ganz anders davon. Einige konnten nicht begreiffen, wie es zugieng, daß sich unter den verdammten Säzen solche befinden, welche nicht nur ganz untadelhaft, sondern sogar Ausdrücke der höchsten und reinsten Andacht waren. Andere wollten die ganze Sache nur für ein Mährchen halten, und beschuldigten die Jansenisten, daß sie ein solches Register von Kezereyen entworfen hätten, um

par le *P. Joseph Jouvenci Jesuite & supprimée par Arrêt du Parlement de Paris du* 24. *Mars* 1713. pag. 475.

*) Histoire de Reflexions morales. Part. I. §. X. pag. 59.

den Pabst lächerlich zu machen *). Leute, welche mit dem Geiste des römischen Hofsystems vertraut waren, konnten ihr Befremden nicht bergen, als sie unter den vom apostolischen Stuhle verworfenen Sätzen auch einige der wesentlichsten Grundmaximen der französischen Krone entdeckten. Es schien ihnen ein verwegenes Unternehmen, daß der Pabst Grundsätze über den Haufen werfe, ohne welchen die Unabhängigkeit weltlicher Souveraine von der geistlichen Macht nicht bestehen könne. Sie sahen es mit tiefer Kränkung, wie der König aus allzublinder Gefälligkeit gegen die Jesuiten nicht nur der schädlichen Sittenlehre ihres Ordens, welche doch bisher in ganz Frankreich so mächtigen Widerstand litt, durch die Einführung solcher Bullen Sanktion verschaffe, sondern auch dem päbstlichen Stuhle aus freyer Willkür Waffen in die Hände gebe, mit welchen die Päbste gemeiniglich nur die weltlichen Herrschaften dieser Welt anzugreiffen pflegen. Die klügsten Prälaten aber fanden es sehr ungereimt, und sowohl der Ehre der französischen Krone, als der Freyheit ihrer Kirche und ihren Gerechtsamen nachtheilig, daß der König, ohne seine Bischöfe darum zu befragen, einen bisher noch ganz ungewöhnlichen Weg eingeschlagen habe, über Glaubenssachen Bescheide einzuholen. Das Erstaunen und das Aergerniß über die Bulle war bald allgemein. Die einten fanden den Gewissenszwang, etwas, was sie bisher in ihrer Ueberzeugung und mit völliger Gewissensberuhigung für wahr angenommen hatten, nunmehr auf den Ausspruch des Pabstes hin verdammen zu müssen, höchst unerträglich; und die andern glaubten, in dem nämlichen Falle zu seyn, in welchem man vor einem halben Jahrhunderte in Ansehung der Irrthümer des Jansenius war. Man spottete in Versen und Prose über die Kon-

---

*) Ibid. l. c. § XII. pag. 82.

Achtes Buch.

stituzion Sr. Heiligkeit *), und ganz Paris ertönte von Gassenliedern, die man auf die päbstliche Unigenitusbulle sang.

Noailles, auf den nun ganz Frankreich die Augen heftete, war in der peinlichsten Verlegenheit. Als Kardinal mußte er dem römischen Stuhle, und als Franzose dem Könige verpflichtet seyn. Er konnte die Bulle nicht verwerfen, ohne sich wider beyde zu verfehlen. Sein Benehmen in dieser mißlichen Lage macht seiner Klugheit Ehre. Er drang darauf, daß die Konstituzion ohne Bewilligung der gesammten Bischöfe des Reiches nicht angenommen werden könne, und daß zu dem Ende eine allgemeine Versammlung derselben zusammenberufen werden müsse. Der König willfahrte ihm, und die Jesuiten liessen es geschehen, weil sie schon im voraus versichert waren, daß sie durch Chikane, Intrigue und Verhaftsbriefe diejenigen Prälaten zum Schweigen bringen könnten, welche sich der Annahme der Bulle widersetzen würden. Die Versammlung eröffnete sich unter dem Vorsitze des Kardinals von Rohan, welcher den Jesuiten durchaus ergeben war. Le Tellier bezeichnete die Schritte, die man befolgen mußte **), und ließ sich täglich über die Verhandlungen, die in den Seßionen gepflogen wurden, Bericht erstatten, so wie er auch in Rücksicht desjenigen, was in jeder Sitzung in Vorschlag gebracht werden sollte, seine Befehle ertheilte. Man kann sich leicht vorstellen, wie manchem Prälaten zu Muthe war, der sich in dem Falle befand, entweder sein Gewissen oder sein zeitliches Glück aufopfern zu müssen. Allein ob

---

*) Paris fut rempli de quantité de vers & de chansons, & rien ne manifeste peut-être davantage, quelle etoit la disposition génerale des esprits à l'égard de la Constitution, que la joie & l'approbation avec la quelle toutes ces satyres étoient reçues du Public. *Ibid. l. c.* § *XIII. pag.* 91.

**) Ibid. l. c. § XIII. pag. 85.

man gleich einige Bischöfe ins Elend verwiesen, verschiedene Parlamentspräsidenten absetzte, und einen grosen Theil der Sorbonnischen Theologen in die Bastille warf, so wollte es den Jesuiten doch nie gelingen, die Annahme der Unigenitusbulle zu Stande zu bringen. Je mehrere Verhaftsbriefe aus der geheimen Kanzley des königlichen Beichtvaters zum Vorscheine kamen, je heftiger wurde der Widerstand. Es entstunden zwo mächtige Fakzionen, wovon die eine die Konstituzion annahm, und die andere dieselbe verwarf. Die Zerrüttung in der französischen Kirche wurde von dieser Zeit an allgemein. Der König ließ dem le Tellier freye Hände, und dieser rachsüchtige unternehmende Jesuite übte eine Gewalt aus, die allen Ständen, und selbst den höchsten Gerichtshöfen furchtbar wurde. Die Schrecken der despotischen Willkür betäubten alle Franzosen, und die Jesuiten triumphirten mit frechem Hohngelächter über die Unschuld *).

Die Macht dieses schrecklichen Ordens hatte bereits ihre höchste Stuffe erreicht; und es war schon an dem, daß le Tellier und seine Genossen durch die Absetzung des Kardinalerzbischofes von Noailles die Früchte ihrer strafbaren Rache einerndten sollten, als Ludwig XIV. den 1. Herbstm. 1715. in die Ewigkeit gieng.

Kurz vor dem Hinscheiden dieses Monarchen éräugneten sich Umstände, die sowohl in Rücksicht der päbstlichen Unigenitusbulle, als besonders auch des Jesuitenordens von äußerster Wichtigkeit sind. Ehe er aus den Händen des Kardinal Rohans das Abendmahl empfieng, überreichte ihm sein Beichtvater ein Papier, auf welchem das vierte Ordensgelübde der Jesuiten geschrieben war, und welches Se. Majestät mit Andacht lasen **). Vor drey Jahren schon ließ er den

*) Pragmatische Geschichte der Nachtmahlsbulle. Theil. IV. S. 99.
**) Anecdotes ou Memoires secrets sur la Constitution Unigenitus Part. I. pag. 335. — Histoire des Resté-

König, ehe er ihm das Abendmahl reichte, an den Stuffen des Altars die ersten drey Gelübde des Ordens beschwören *). Freylich mag es die Welt seltsam finden, wie ein so grosser König sich dazu habe entschliessen können, ein Profeßjesuite zu werden; denn diese Umstände beweisen es hinreichend, daß er es auf seinem Todbette mittels des vierten Gelübdes wirklich geworden sey. Allein man darf nur an die bigotte Frömmigkeit dieses Monarchen, an seine unbeschreibliche Furcht vor den Höllenstrafen, und dann hinwieder an die ausserordentliche Macht der Jesuiten unter seiner Regierung, und an ihre unaufhörlichen Siege über die Jansenisten denken, um über eine so ungewöhnliche Erscheinung die hellsten Aufschlüsse zu bekommen. Die Beschaffenheit ihrer Ordensgelübde hinderte es nicht, mittels derselben Leute aus allen Ständen, und folglich auch Kaiser und Könige, ihrer Gesellschaft einzuverleiben. Daß sie dieß zu allen Zeiten gethan haben, ist ausser allem Zweifel; und daß sie dieß zufolge des Inhalts ihrer Konstituzionsbücher thun konnten, habe ich, wie mich däucht, hinlänglich im ersten Bande dieser Geschichte erwiesen **). Sicher haben sie der leichtgläubigen Welt nicht einzig in der Absicht, ihrem Hochmuthe zu schmeicheln, die freche Lüge aufgebunden, daß in den ersten drey Jahrhunderten kein Jesuite verdammt werden könne ***). Wie groß mußte nicht das Verlangen vornehmer Sünder seyn, sich in eine so heilige Gesellschaft, in der man keine ewige Strafen zu befürchten hatte,

xions morales & de la Conftitution Unigenitus. Part. I. § XLIV. pag. 451. — Hiftoire generale de la Compagnie de Jefus. Tom. III. Art. V. pag. 258. — Journal d'Orfane. Tom. I. pag. 466.
*) Hiftoire des Reflexions morales l. c. pag. cit.
**) Buch III. Kap. II. S. 159. — 166.
***) Imago primi fæculi Societatis Jefu. Lib. V. Cap. VIII. pag. 648. & feq.

aufnehmen zu laſſen! Nur zu viele Umſtände haben hierinn die Schwachheiten Ludwigs XIV. bewieſen. Es machte ihm wenig Kummer, in ungerechten Kriegen Menſchenblut verſprizt, und ſeine getreueſten Unterthanen der Religion wegen erbärmlich geſchunden zu haben. Aber darüber, daß er die Ehe gebrochen, und in den Armen der Frauen von Monteſpan und Maintenon wohlluſtig geſchwelgt hatte, empfand ſein zärtliches Gewiſſen Höllenangſt. In dieſen Augenblicken der Reue und der Kümmerniß war es wohl kein Wunder, wenn er die heilige Geſellſchaft Jeſu für einen Zufluchtsort hielt, worinn er ohne die geringſte Mühe die Lorbeeren, die ihm das blinde Glück auf dieſer Welt um die Schläfe wand, auch in die Ewigkeit mit ſich zu nehmen hoffen konnte.

In den lezten Augenblicken ſeines Lebens hatte le Tellier ſo unumſchränkte Macht über ſein Gewiſſen, daß es niemand wagte, ihm auch nur in den unbedeutendſten Dingen zu widerſprechen. Der ſterbende König verlangte den Kardinal Noailles zu ſehen, um ſich mit ihm am Todbette auszuſöhnen, und in ſeinen Armen zu verſcheiden. Allein le Tellier wußte dieß zu verhindern. „Alle Welt,„ „ſagte er,„ „würde, wenn der Kardinal in dieſem „Augenblicke am Hofe erſchiene, dafür halten, daß „es Ew. Majeſtät am Rande des Grabes bereuet „hätten, ſich ſo gegen ihn verhalten zu haben„. „Aber„, erwiederte der Monarch hierauf,„ „ich „habe in meinem Herzen keinen perſönlichen Haß „gegen ihn. Ich ſchäzte und liebte ihn immer. „Wenn er nicht hier an meinem Bette erſcheinen „ſoll, ſo mag ihm der Kanzler ſchreiben. Aber „er vergeſſe nicht, von meiner Seite doch wenig„ „ſtens etwas Verbindliches in den Brief zu ſe„ „zen *)„. Der Kanzler ſchrieb, was ihm le Tellier diktierte; und anſtatt etwas Verbindliches, wie es des Königes Wille war, dem gebeugten

---

*) Hiſtoire des Reflexions morales l. c. pag. 452.

Achtes Buch.

Kardinäle zu sagen, flossen aus der mit Galle gefüllten Feder Worte der Kränkung *).

Die Konstituzion, die gerade um diese Zeit von allen Seiten den heftigsten Widerstand litt, lag dem Jesuiten so nahe am Herzen, daß er ihre Annahm noch vor dem völligen Hinscheiden des Königes zum Reichsgeseze gemacht wissen wollte. Er drang zu verschiedenen Mahlen in ihn, eine Schrift zu unterzeichnen, worinn der Regent, Herzog Philipp von Orleans verpflichtet werden sollte, sowohl in Frankreich als in Rom die endliche Annahme der päbstlichen Unigenitusbulle zu betreiben. Allein der König antwortete ihm: „Ihr wisset wohl, daß ich von diesem Handel nie „einen deutlichen Begriff hatte, und daß ich alles, „was ich hierinn gethan, unter eurer Leitung ge= „than habe. Ich gebe es auf euer Gewissen, und „ihr müßet es vor Gott verantworten **).„. „Von „Herzen gern„, erwiederte le Tellier, „nehme „ich diese Verantwortung auf mich. Ew. Ma= „jestät dürfen sich nicht kränken, dem Pabste und „den Bischöfen Folge geleistet zu haben. Was „mich insonderheit betrifft, so hatte ich keine an= „dere Rücksichten, als Gott zu verherrlichen, der „Kirche zu dienen, und mein Gewissen zu beruhi= „gen ***)„. Als er noch wenige Augenblicke vor „dem Hinscheiden des Königes, in Gesellschaft der „Kardinäle Rohan und Bussy, in der nämlichen „Absicht dem Sterbenden die Konstituzionssache „ins Gedächtniß brachte, äußerte sich derselbe mit „folgenden Worten gegen die Ungestümmen: Ich „habe alles gethan, was ich thun konnte, um den „Frieden unter euch wieder herzustellen; es hat „mir aber nicht geglückt. Ich bitte Gott, daß er „ihn euch gebe, und dieß ist alles, was ich nun „noch thun kann. Ich habe es gewiß immer

---

*) Ibid. l. c. pag. 453.
**) Ibid. l. c. 454.
***) Ibid. l. c.

„redlich gemeynt. Bin ich von euch betrogen „worden, so ist es euere, und nicht meine Schuld. „Ich habe nie etwas anders, als das Beßte der „Kirche gesucht *),,.

Ein solches Geständniß kann allerdings für einen Beweis gelten, daß Ludwig mit dem beßten Herzen von denjenigen betrogen wurde, denen er die Aufsicht über sein Gewissen anvertraute. Diese Aufrichtigkeit, die in dem Munde eines Sterbenden rührend ist, macht seinem Charakter Ehre. Aber mit gerechtem Unwillen verabscheuet man dagegen die Ränke der Jesuiten, welche planmäßig unter der Maske eines heuchlerschen Religionseifers die Würde des Thrones schändeten, und mit dem Glücke und dem Wohlstande eines Volkes, wie Knaben mit dem Balle, muthwillig spielten.

Als der König die Augen geschlossen hatte, steckte le Tellier ein Kruzifixbild zwischen die Hände des Verblichenen; und sogleich erschienen wechselweise so lange, bis er beygesetzt wurde, mehrere Jesuiten, welche neben der Leiche laut beteten **). Diese Zeremonie war bisher noch am Hofe eine ungewohnte Erscheinung. Aber die Jesuiten bedienten sich derselben, wenn Leute starben, die ihrer Gesellschaft einverleibet waren.

---

*) Ibid. l. c. — Pragmatische Geschichte der Nachtmahlsbulle. Theil IV. S. 101.
**) Journal d'Orsane. Tom. I. pag. 454. — Anecdotes ou Memoires secrets sur la Constitution Unigenitus. Part. I. pag. 336 — Histoire generale de la Compagnie. de Jesus. Tom. III. Art. V. pag. 258.

Geschichte der Jesuiten.

Neuntes Buch.

Zustand des Ordens in den übrigen Europäischen Reichen bis zu Anfang des achtzehnten Jahrhunderts.

Erstes Kapitel.

Religionsveränderung der Königinn Christine von Schweden. Dieselbe war ein Werk der Jesuiten.

Unter den seltenen Frauen, die durch grosse Geistesfähigkeiten ihre Regierungen berühmt machten, behauptet die Tochter Gustav Adolfs, Christine von Schweden, einen vorzüglichen Rang. Die Natur schien alle Schätze erschöpft zu haben, um aus ihr ein Wunder ihres Zeitalters zu machen. Beynahe noch ein Kind zog sie schon durch ausserordentlichen Witz und Verstand die Aufmerksamkeit der Welt auf sich. Sie beschämte nicht so fast durch ihre ausgebreiteten Sprachkenntnisse, die sie sich in ungemein kurzer Zeit erworben hatte, als vielmehr durch ihren richtigen Geschmack in Beurtheilung der Kunstwerke, alle Handwerksgelehrte. Bis zur Leidenschaft war sie Liebhaberinn der alten klassischen Lektüre, und sie stund

Geschichte der Jesuiten.

beynahe mit allen berühmten Geistern ihres Jahrhunderts in litterarischer Verbindung. Das Gemählde, welches der Jesuite Mannerschied *) von dem Privat- und Regentenleben dieser grossen Königinn entwirft, ist ungemein schön. „Ihre Gestalt ist mehr als mittelmäßig, (schrieb er **); sie hat eine erhabene Stirne, lebhafte Augen, eine Adlernase, und einen reitzenden Mund. Ausser ihrem Geschlechte bemerkt man nichts Weibliches an ihr. Ihre Stimme, ihr Gang und ihre Bewegungen, sind männlich. Fast täglich reitet sie. Ihre Kleidung, die sie zu Pferde trägt, ist kaum 4. oder 5. Dukaten werth. Am Hofe kleidet sie sich eben so einfach. Ausser einem goldnen Ringe sieht man an ihrer Kleidung nichts von Gold und Silber. Nur an Sonntagen widmet sie ihrem Anzuge eine halbe Stunde. Die übrigen Tage beschäftigt sie sich kaum eine Viertelstunde damit. Oft, wenn ich mit ihr sprach, sah ich an ihrem Hemde Dientenflecken. Manchmal hatte sie zerrissene Wäsche an. Nur 3 oder höchstens 4. Stunden widmet sie dem Schlafe. Nach ihrem Erwachen bestimmt sie fünf Stunden der Lektüre. Es ist für sie eine Pein, offene Tafel halten zu müssen. Wenn sie allein im Kabinette speiset, so verweilt sie sich nicht länger als eine halbe Stunde am Tisch. Sie trinkt nur Wasser. Ob eine Brühe wohl oder übel zubereitet war, darüber

---

*) Er war Hauskaplan des in Stockholm residierenden spanischen Gesandten.

**) Memoires concernant *Christine* Reine de *Suede*, pour servir d'eclaircissement à l'Histoire de son Regne & principalement de sa vie privée, & aux evénemens de l'Histoire de son tems civile & litteraire. Tom. I. pag. 427. — Relatio epistolica de Regina Christina, ejusque vitæ instituendæ ratione et Regni administratione.

Neuntes Buch.

über hat sie nie ein Wort verloren, so wie sie auch nie etwas in der Küche anordnete. Ich habe sie öfters versichern gehört, daß sie nie Verdruß oder Unruhe empfunden habe, und daß nichts auf der Welt im Stande wäre, den Frieden ihres Geistes zu stören. Sie rühmte sich, vor dem Tode eben so wenig Furcht als vor dem Schlafe zu haben. Den Morgen bestimmt sie den Regierungsgeschäften, und sie wohnt täglich dem Staatsrathe bey. Alle Geschäfte dieser Art gehen durch ihre Hände, und ganz alleine fertiget sie alle Depeschen und Verordnungen aus. Mit Niemanden, als nur mit ihr konferiren die Gesandten und auswärtigen Minister. Wenn diese in öffentlichen Audienzen gegen die Königinn ihre Anreden halten, beantwortet nur sie dieselben. Es ist eine ganz unglaubliche Erscheinung, aber ich habe mich mit meinen eigenen Augen davon überzeugt, daß die größten Generalen der Armeen, und jene Schweden, deren Ruhm und Tapferkeit ganz Deutschland zittern machte, in Gegenwart ihrer Königinn verstummen und zittern. Sie will von allem, was auf die Regierung des Königreiches Bezug hat, unterrichtet seyn. So weitläuftig und mannigfaltig die Geschäftsberichte seyn mögen, so lieset sie dieselben doch alle. Sie liebt alle Nazionen, und schätzt die Tugend, wo sie solche findet. Hierauf wendet sie alle ihre Aufmerksamkeit. Die Welt, pflegt sie zu sagen, besteht eigentlich aus zwoen Nazionen; aus ehrlichen Leuten, und aus Schelmen. Die erstere liebte, und letztere verabscheute sie, ohne darinn in Rücksicht des Volkes, dem sie angehörten, einen Unterschied zu machen. Die Idee einer ehelichen Verbindung ist ihr unerträglich, und Niemand ist im Stande, sie zum heurathen zu bewegen. Ich bin, sagte sie gemeiniglich, frey geboren, und will frey sterben. Im gesellschaftlichen Umgange ist sie so vertraut, daß man sie nicht einmal für eine Dame vom Stand,

Gesch. d. Jes. II. Band. Aa

um so weniger also für eine Königinn halten sollte. Zugleich aber weiß sie sich so ein Ansehn zu geben, daß man sich in ihrer Gegenwart fürchtet. Sie hat zwar Ehrendamen am Hofe, aber mehr zur Pracht als zum Dienste. Nur Mannsleute hält sie zu Gesellschaftern. Sie fürchtet weder Hitze noch Kälte, und ist sich aller Strapazen gewohnt. Wäre sie mit irgend einer Macht in Krieg verwickelt, so ist es ganz gewiß, daß sie sich selbst an die Spitze ihrer Armee stellen würde. Sie versteht zehn bis eilf Sprachen; Lateinisch, Griechisch, Italienisch, Französisch, Spanisch, Hochdeutsch, Flemisch, Schwedisch, Finnländisch und Dänisch. Auch im Hebräischen und Arabischen ist sie nicht ganz unerfahren. Sie liebt und versteht alle alten Dichter, so wie sie auch alle alten Philosophen, und eine Menge Kirchenväter gelesen hat. Ihr Gedächtniß ist bewundernswürdig. Ihre Freygebigkeit gränzt beynahe an Verschwendung. Sie hat aus Italien, Frankreich und Deutschland die größten Gelehrten und Künstler an ihren Hof gezogen. In Ausübung der Gerechtigkeit ist sie äusserst strenge, und nur selten hat sie Verbrecher, welche durch das Gesetz zum Tode verurtheilt wurden, begnadiget, ob sie gleich kein einziges Todesurtheil ohne Thränen unterzeichnet. Ihre Versprechen hält sie heilig. Mit einem Worte: Dieser bewundernswürdigen Königinn fehlt es an nichts, als an der wahren Religion. Ob ich mit ihr gleich schon öfters zu sprechen Gelegenheit hatte, so war es mir doch immer unmöglich, ihr von dieser Seite beyzukommen. Sie ist durch die Reichsverfassung an ihre Religion gebunden, und sie kann diese nicht, ohne zugleich auch ihre Krone verlassen. Ich hatte hierüber mit einem französischen Geistlichen, und mit andern Katholiken, die sich hier aufhalten, häufige Unterredungen. Aber man sucht

Neuntes Buch. 571

hier allen Fremden glauben zu machen, daß ein Schwede, der seine Religion verändert, seinen Kopf aufs Spiel setze".

Dieses Gemälde entwarf der Jesuite im Jahre 1653, und i. J. 1654 legte Christine die Regierung nieder, und wurde katholisch. Die ganze Welt wollte nicht begreifen, wie es zugieng, daß eine so aufgeklärte Königinn, die seit dem Tode ihres Vaters bis zum westphälischen Friedensschluß so vieles zur Unterstützung der Protestanten beygetragen, nun auf einmal ihre Religion verlassen, und in einem Alter von 27 Jahren, mitten im Laufe einer glänzenden Regierung, von fremden Mächten geehrt, und von ihrem Volke geliebt, drey Kronen wegwerfen konnte, um, im Falle es ihr am Unterhalte fehlen sollte, von der Gnade des Pabstes, oder des Königs von Spanien zu leben. Ob sie gleich sich selbst über die Gründe, die sie zu solchem Schritte verleitet, sey es nun aus Reue oder aus Beschämung, nie bestimmt erkläret hat, so waren doch die meisten Zeitgenossen der Meynung, daß sie aus Leichtsinn, Unbeständigkeit, und aus grossem Hange, fremde Länder, und vornämlich Roms Alterthümer zu sehen, sich entschlossen habe, ihre Kronen und ihre Religion zu verlassen. Allein man findet ausser diesen noch bey weitem wichtigere Aufschlüsse hierüber in der Geschichte. Unter den Gelehrten, die an ihrem Hofe ihr Glück zu machen suchten, befanden sich auch Charlatane; und sie hatte hierinn mit mehrern grossen Geistern die Schwachheit gemein; gewisse Windbeutel eines allzugrossen Vertrauens zu würdigen. Bourdelot, ihr Leibarzt und ein Franzose von Geburt, zeichnete sich unter diesen vor allen aus. Er war witzig und intriguant, und dabey ein verwegener Atheiste, der spottend alle Religionen verwarf. Es ist keine so ganz ungewöhnliche Erscheinung, wenn Leute, auch mit dem herrlichsten Verstande, und zumal gelehrte

Frauen, aus Eitelkeit der Religion spotten. Wirklich verfehlten die Pfeile, die Bourdelot gegen dieselbe spitzte, das Herz der Königinn nicht. Sie wurde von dieser Zeit an zwar keine Spötterinn, aber sehr gleichgültig gegen das Christenthum; wie sie denn auch einmal in Hamburg, anstatt die Predigt anzuhören, im Virgil las *). Selbst nach ihrer Religionsveränderung schrieb sie aus Brüssel, wo sie heimlich in Gegenwart des Erzherzogs Leopold das katholische Glaubensbekenntniß abgelegt hatte, an die Gräfinn Spaare unter andern folgendes: „Meine einzigen Be-
„schäftigungen bestehen dermal darinn, gut zu
„essen, gut zu schlafen, ein wenig zu studiren,
„zu schwätzen, zu lachen; französische, italienische
„und spanische Komödien anzusehen, und die Zeit
„angenehm zu vertreiben. Ich höre keine Predig-
„ten mehr an, und verachte alle Pfaffen, après ce,
„que dit Salomon, tout le reste n'est que sot-
„tise; car chacun doit vivre content, en man-
„geant, buvant & chantant **)".

Unglücklicher Weise wurde Bourdelot von Jesuiten unterstützt, die sich im Gefolge katholischer Gesandten verkleidet und als heimliche Emissäre in Stockholm aufhielten. Im Grunde war die Sittenlehre dieser Leute nicht sehr von der Moral verschieden, welche Bourdelot predigte. Sie paßten dieselbe allen Menschen und allen Religionen an, und dachten, wo sie es nöthig fanden, mit Christinen und mit Salomon darinn übereinstimmend, daß alles eitle Eitelkeit sey. Es ist nicht erst seit gestern sehr begreiflich, wie man von einem Aeussersten ins andere fallen, und aus einem Religionsspötter ein Bigotte werden könne.

---

*) Memoires concernant *Christine* Reine de Suede. Tom. I. pag. 451. Versuch zuverläßiger Nachrichten von Hamburg. Theil III. S. 699.
**) Ibid. l. c. pag. 475.

Neuntes Buch.

Anton Macedo, ein portugiesischer Jesuite, war nach dem Zeugnisse seiner Ordensgenossen *) eigentlich der Held, dem dieses Wunder gelang. Er begleitete als Beichtvater den nach Schweden abgehenden portugiesischen Ambassador, Joseph Pinto Pereira. Dieser war der lateinischen Sprache nicht sehr mächtig, und bediente sich, wenn er mit der Königinn von Staatsgeschäften zu sprechen hatte, gemeiniglich seines Sekretärs als Dolmetschers. Da einst dieser erkrankte, nahm er seinen Beichtvater, der als Weltmann gekleidet war, und sich so ziemlich das Ansehn eines Edelmannes zu geben wußte, in der nämlichen Absicht mit sich zur Audienz der Monarchinn. Macedo war einer der grösten Charlatans seiner Zeit **), und hatte das Glück, die Aufmerksamkeit der Königinn auf sich zu ziehen, die ihn von diesem Augenblicke an nicht mehr aus dem Gesichte verlor. Sie intereßirte sich für ihn, auf eine ganz besondere Art, und entdeckte bald, daß unter der Hülle eines gefälligen und artigen Hofmannes ein Jesuite verborgen sey. Vielleicht aus Schalkheit, vielleicht auch im Ernste ließ sich Christine einst gegen ihn verlauten, daß sie grosses Verlangen hätte, sich freymüthig mit einem von seiner Ordensprofeßion besprechen zu können. Nicht vergebens ließ sich der schlaue Jesuite diesen Wink geben. Er erhielt mehrere Privataudienzen. Es wäre wichtig, zu wissen, wovon in diesen Zusammenkünften gesprochen wurde. Denn es ist nicht glaublich, daß, nach den Versicherungen der Jesuiten ***), von nichts als von den Wahrheiten der Religion und von der katholischen

---

*) *Ant. Franconis* Synopsis Annalium Societatis Jesu in Lusitania. pag. 300.
**) *Niceron* Memoires illust. & fav. Tom. XXXI. p. 324.
***) Multi de vera fide & Ecclesia Reginæ fuerunt cum P. Anton. Macedo, sermones. *Franconis Synopsis l. c.*

Kirche die Rede gewesen sey. Besser noch erklärt sich Macedo selbst in einer gedruckten Schrift *), worinn er gesteht, daß er der erste war, der mit der Königinn jene Dinge verhandelt habe, welche bald darauf die katholische Welt mit Erstaunen erblickte **). Wie dem auch seyn mag: Die Intrigue wurde so geheim gespielt, daß, ausser den allzufreyen Gesinnungen, mit welchen sich Christine in Absicht auf die Religion äusserte, kein einziger Höfling nur das geringste bemerkte, was eine Glaubensveränderung vermuthen ließ. Ihr Verlangen, das sie um diese Zeit (1651) bezeigte, sich der Regierung zu begeben, schrieb man ganz andern Beweggründen, als dem Vorhaben zu, katholisch zu werden. Man glaubte durchgehends, daß sie aus Eitelkeit eben in einem Augenblicke, worinn ihr Ruhm und der Glanz ihres Reiches die höchste Stuffe erreicht hatte, sich vom Throne entfernen wollte, um der Ehre eine grosse Regentinn gewesen zu seyn, durch den Wechsel des Glückes, welches nur für eine bestimmte Zeit ihre Lieblinge zu begünstigen pflegt, nicht beraubt zu werden. Andere aber waren der Meynung, daß sie durch die Niederlegung ihrer Kronen sich neuen Ruhm zu erwerben hoffte, indem es jedermann für ein ganz beyspielloses Wunder halten würde, daß sie in einem so jugendlichen Alter die Regierung eines mächtigen Königreiches niedergelegt und den Ehestand verachtet hätte, um sich ganz unabhängig den Wissenschaften widmen zu können. „Es ist „eine unbezweifelte Wahrheit, (bemerkt bey dieser „Gelegenheit der französische Gesandte Chanut***), „daß sie nach dem Beyspiele der alten Philoso=

---

*) Divi tutelares Orbis Christiani pag. 506.
**) Primus cum Regina Christina de *iis rebus agere* cæpi, quas postea vidit & miratus est orbis catholicus. l. c.
***) Memoires concernant *Christine* Reine de Suede. Tom. I. pag. 207.

Neuntes Buch.

„phen, deren Grundſätze ſie allenthalben zu befolgen
„ſich Mühe gab, den wahren Werth menſchlicher
„Dinge ungemein richtig zu beurtheilen wußte".

Sie trug den 25. Weinmonat 1651 ihren Ent‑
ſchluß, die Regierung niederzulegen, öffentlich dem
Staatsrathe vor, nachdem ſie ſchon zuvor den 12.
Auguſt des nämlichen Jahres den Jeſuiten Mace‑
do in groſſem Geheim mit Briefen und mündli‑
chen Aufträgen an den damals regierenden General
des Ordens, Franz Piccolomini, nach Rom ab‑
geſchickt hatte. Worinn eigentlich dieſe geheimen
Inſtrukzionen beſtanden ſeyn mögen, weiß man
nicht. Nur ſo viel geſtehen die Jeſuiten, daß
Chriſtine, nachdem ſie vorher unter Thränen dem
Macedo ihr Verlangen, die Krone und die Irr‑
thümer ihrer Religion zu verlaſſen, entdeckt ha‑
ben ſoll, denſelben in der Abſicht nach Rom rei‑
ſen ließ, um den General ſeines Ordens dahin zu
vermögen, daß er zween geſchickte Jeſuiten, als
Kaufleute verkleidet, heimlich nach Stockholm
ſchicke, um ſich ihrer zur Beruhigung einiger Glau‑
benszweifel, und zur endlichen und erwünſchten
Ausführung ihres Vorhabens zu bedienen *). Jn

---

*) Cor ſuum aperuit Regina non ſine ſuavibus lachrymis,
quas & P. Antonius Macedo effudit, ſibi mentem eſſe
deſſerta patria, ejusque erroribus, vitam Regno ex‑
torrem degere: ſe velle, Romam pergeret, declararet
Societatis Generali animum ſuum: rogare, ad ſe mit‑
teret, quam diſſimulanter poſſet, duos viros Societatis
notæ ſapientiæ ſub *Mercatorum habitu*, quibus magi‑
ſtris amoveret dubia & totum negotium ad exitus opta‑
tos perduceret. *Franconis Synopſis Annalium Soc. Je‑
ſu. pag.* 300. — Nachdem Chriſtine im Jahre 1655
zu Insbruck im Tyrol öffentlich das katholiſche Glau‑
bensbekenntniß abgelegt hatte, kündigten die Jeſuiten mit
groſſem Triumphe der katholiſchen Welt dieſe Begebenheit
an. Sie ſtreuten allenthalben, und es ſcheint ſogar mit
Wiſſen und Bewilligung der Königinn, eine Art von Ma‑
nifeſt aus, worinn ihre Bekehrungsgeſchichte ſo ziemlich

Rom wurde diese Sache äusserst geheim, und nur von den größten Häuptern des Ordens, betrieben. Piccolomini war, als Macedo in Italien ankam, bereits verstorben, und Goswin Nickel, ein deutscher Jesuite, und nachmaliger General, bekleidete die Würde eines Generalvikars. Er zog den Pater Anal, Aßistent von Frankreich, zur geheimen Konferenz, worinn man sich über die Wahl derjenigen berathschlagte, welche in einer so wichtigen Angelegenheit nach Stockholm reisen sollten. Das Loos traf die Pater Paul Caffati und den Franz Malines. Ersterer war Professor der Mathematik im römischen Kollegio, und letzterer Magister der Theologie in Turin. Beyde traten noch im Winter verkleidet ihre Reise an, und erreichten im Merzmonate 1652 Schweden. Unter dem Vorwande, als wollte sie sich von den beyden Fremdlingen in Wissenschaften unterrichten lassen, schloß sich Christine mit diesen beyden Jesuiten sehr oft in ihr Kabinet ein, worüber freylich die Höflinge nicht wenig stutzten. Ob in diesen geheimen Konferenzen einzig nur von Religionssachen gehandelt wurde, läßt sich sehr bezweifeln, wenn gleich die Jesuiten gestehen, daß sie keine grosse Mühe hatten, die Königinn zu bekehren, indem sie schon zuvor die lebhaftesten Ueberzeugungen von der Wahrheit der katholischen Religion gehabt habe. Gewiß ist es, daß sie schon im May des nämlichen Jahres den Jesuiten Caffati wieder mit geheimen Aufträgen an den Pabst Inozenz X. und den General des Ordens absandte,

im Style der Jesuiten beschrieben wird. Sie berufen sich darinn auf die nämlichen Umstände, und fügen noch bey, daß sich Christine bestimmt gegen den Ordensgeneral dahin geäussert hätte, wie sie katholisch werden wolle, in so ferne man sie von den Wahrheiten dieser Religion überzeugen könne. *Memoires concernant Christine Reine de Suede.* Tom. I. pag. 512.

und daß diese Aufträge einestheils darinn bestunden, sich zu erkundigen, wie hoch sich ungefähr der Aufwandskosten belaufen möchte, im Falle sie in Rom sich niederlassen wollte. Mit ähnlichen Befehlen ließ sie ihren Günstling Bourdelot nach Frankreich eilen, um die Gesinnungen des dortigen Hofes auszuforschen, und zu vernehmen, wie man sie allenfalls, wenn sie ihr Reich verliesse, daselbst ansehen würde.

Die Intrique wurde bis ins Jahr 1654 fortgespielt, in welchem sie den 16 Juny zu Upsal in der Reichsständeversammlung ihrem Vetter Karl Gustav die Regierung abtrat. Man war mit diesem Schritte nicht sehr zufrieden, besonders nachdem die Geistlichkeit schon Winke davon zu haben schien, daß Christine ihre Religion verändern wollte. Um deswegen allen Unannehmlichkeiten auszuweichen, verließ sie in aller Eile Schweden, und reisete über Dänemark nach Brüssel, wo sie den 24. Christmonat in Gegenwart des Erzherzogs Leopold und einiger fremden Gesandten und Minister in die Hände eines Dominikaners heimlich das katholische Glaubensbekenntniß ablegte. Ich habe schon oben bemerkt, daß ihre Aufführung in Brüssel der Religion, zu der sie sich nun bekannte, keine grosse Ehre machte. Sie fieng wider ihre Gewohnheit sehr locker zu leben an, und vernachläßigte die Sittsamkeit ihres Geschlechtes so sehr, daß man ihr, freylich ein bischen zu übertrieben, die schändlichsten Ausschweifungen zu Schulden legte *). Sie verließ Brabant im fol-

---

*) A sacris omnibus alienissimam, in scenicos lusus, aliasque nugas nimis propensam, muliebrem sexum prorsus aversari, neque opera neque consortio muliebri hactenus in Belgio usam, gestus sane non observari nimis decoros aut bene compositos, & plura ejusmodi convitia jam dudum etiam apud bonos fidem invenere. *Burmanni Syll. Epist. Tom. III. pag. 757.*

genden Jahre, nachdem sie Pabst Alexander VII. feyerlichst einladen ließ, nach Rom zu kommen. Sie reisete über Augsburg, wo man ihr auf dem Rathhaus den Tisch zeigte, an welchem ihr großer Vater Gustav Adolf nach der Eroberung von Baiern das Mittagmahl einnahm, nach Insbruck, wo sie sich in der Domkirche mit einer prächtigen Feyerlichkeit in Gegenwart des gesammten Hofstaats öffentlich zur römischen Kirche bekannte. Der Aufwand, den der Hof bey dieser Gelegenheit machte, kostete fünfzehn Tonnen Gold. Auch nachdem sie hier öffentlich katholisch geworden, sah sie die ganze Sache noch immer für eine poßirliche Farce an. Man hatte ihr nämlich an dem gleichen Tage, an welchem sie in der Kirche das katholische Glaubensbekenntniß abgelegt hatte, ein Schauspiel aufführen lassen. Als sie in die Loge trat, sagte sie zu den Cavalieren, die sie begleiteten: „Es ist, meine Herren! allerdings billig, „daß Sie mir nun eine Komödie spielen lassen, „nachdem ich Ihnen zuvor eine Farce gab *)". Sollte dieser Zug wohl etwas anders beweisen, als daß sie sich, ohne auch nur im geringsten von der Zuverläßigkeit der römischen Religion überzeugt zu seyn, nur aus Muthwillen, vielleicht aus Eitelkeit, um Aufsehen in der Welt zu machen, oder vielleicht, was noch wahrscheinlicher ist, aus Gleichgültigkeit gegen alle Religionen, in den Schooß der katholischen Kirche geworfen habe? Wenigstens spricht sie ihre Aufführung von diesem Verdachte nicht frey. Ihre Schicksale, so wie ihr Lebenswandel, waren von dieser Zeit an ein Gewebe von Abentheuern; und so sehr man noch immer ihren Witz und ihren Verstand bewunderte, so anstößig fand man auch anderseits ihre irrende Ritterschaft und ihre seltsamen Launen. Wenn

---

*) Memoires concernant Christine Reine de Suede. Tom. I. pag. 491.

Neuntes Buch.

ſie, wie Gualdo verſichert *), auf ihrer Reiſe von Insbruck nach Rom bey Anſicht des Kirchthurms von Loretto aus der Sänfte ſtieg, mehrere Kniebeugungen machte, und den übrigen Weg bis zur heiligen Kapelle zu Fuſſe gieng; ſo ſahen die guten Catholiken dieſe Demuth freylich für ein beſonderes Wunder an, und Parival hatte allerdings Urſache, auszurufen: **) „Welch eine erſtau„nenswürdige Sache iſt es, zu ſehen, wie eine „junge Königinn den Norden verläßt, um eine Re„ligion anzunehmen, welche durch die Waffen ihres „Vaters ſo auſſerordentlich bedrückt wurde!" Allein man kann es ſicher bezweifeln, ob es Chriſtinen wohl Ernſt war, einem Muttergottesbilde ſo groſſe Ehre anzuthun, nachdem ſie ſich ſchon vorher gegen die Jeſuiten zu Löwen verlauten ließ, daß ſie ſich ſchämen würde, unter die Zahl der römiſchen Heiligen aufgenommen zu werden ***).

Alexander VII. ſchien ein beſonderes Wohlgefallen an der Apoſtaſie berühmter Frauen zu haben. Denn faſt zur gleichen Zeit hatte ſich mittelſt der Jeſuiten auch die Kaiſerinn von China dem päbſtlichen Stuhle unterworfen. Chriſtinens Bekehrung aber war der römiſchen Macht in verſchiedenen andern Rückſichten noch weit ſchmeichelhafter. Beſonders (und dieſes war vielleicht mitunter das vornehmſte Hauptabſehen der Jeſuiten) tröſtete man ſich mit der Hoffnung, daß ihr Beyſpiel für die übrige proteſtantiſche Welt um ſo verführeriſcher ſeyn würde, da man ſie bisher noch immer für eine der erſten Regentinnen hielt. Es iſt gar nicht glaublich, daß Alexander nur einzig in der Privatabſicht, ihr zu gefallen, mit ſo ungeheuerm Prachtaufwande dieſe vornehme Proſe-

---

*) Ibid. l. c. pag. 495.
**) Hiſtoir. du Siécle de Fer. Tom. II. pag. 384.
***) Memoires l. c. pag. 477.

Intinn in seine Staaten aufnahm *). Man kann mit grösserer Wahrscheinlichkeit annehmen, daß er durch die ununterbrochenen Freudenfeste, die er während ihres Aufenthalts in Rom anstellte, und durch den blendenden Glanz, den er noch nie stattlicher als bey ihrem Einzuge in die Hauptstadt schimmern ließ, bey den Protestanten ein heimliches Verlangen erregen wollte, in eine Kirche zurückzutreten, deren Religion für die sinnlichen Kräfte der Menschen so unwiderstehliche Reize hat. Allein diese Absichten mißlangen, und Christine machte noch überdies dem heiligen Vater durch ihre Spöttereyen manchen Verdruß. Sie verließ im Jahre 1660 nach dem Absterben des schwedischen Königes Karl Gustav, Italien, und kam in ihr Vaterland zurück, in der Absicht, die Krone, die sie verlassen hatte, wieder an sich zu bringen. Allein die versammelten Reichsstände warfen ihr vor, daß sie in der Schule der Italiener allzuschlimme Sitten angenommen hätte, und wie man befürchten mußte, daß sie vielleicht in kurzem das schwedische Reich mit Jesuiten und Mönchen überschwemmen würde **). Sie vereitelten also ihr Vorhaben; und Christine sah sich genöthiget, bis an ihr Lebensende, vielleicht mit heimlicher Reue, einen Schritt zu büssen, zu welchem sie die Kunstgriffe der Jesuiten, und ihr Leichtsinn verleitte hatten.

*) Er ließ den Jesuiten 20000 Thaler auszahlen, um der Königinn in ihrem Kollegio festliche Schauspiele anzuordnen. Memoires l. c. pag. 505.

**) Die Reichsstände waren sehr wohl davon unterrichtet, daß die Jesuiten dem Pabste mit der Hoffnung geschmeichelt hatten, ganz Schweden katholisch zu machen. On savoit de bonne part, que le Pape, secondé des Conseils des Jesuites, avisoit aux moyens, d'introduire la religion catholique dans le Royaume, & on étoit persuadé en Suede, qu'ils n'épargneroient ni soins ni dépenses pour parvenir à leur fin. Mémoires Tom. II. pag. 83.

Neuntes Buch.
Zweites Kapitel.

Verhalten der Jesuiten am portugiesischen Hofe unter Philipp III. und IV. Einführung der Nachtmahlsbulle und des römischen Bücherverbots in Portugal. Unterdrückung der Landesgesetze. Immunitätsstreit.

Philipp II. welchem die Jesuiten durch eine wohlgelungene Intrigue die Krone von Portugal in die Hände gespielt hatten, vergrößerte, da er sie zugleich zu Werkzeugen seiner Despotie machen mußte, die Macht ihres Ordens dergestalt, daß sie von dieser Zeit an sowohl ihm selbst, als seinen Nachfolgern furchtbar wurden. Es ist schon im vorigen Bande dieser Geschichte *) bemerkt worden, daß sie, während durch ihre Hülfsleistung alle Patrioten, welche die unrechtmäßigen Angriffe des spanischen Hauses auf Portugal nicht gerecht finden wollten, erwürgt, oder im Meere ersäuft wurden, zu gleicher Zeit sowohl in öffentlichen Schriften als in Volksreden äußerst wüthend den Despotismus der Spanier angegriffen. Dieses zweydeutige Betragen ist eine Eigenschaft, die nur den Jesuiten in einem ganz vorzüglichen Grade eigen war. Während sie durch heimliche Kabale die Unschuld tödteten, warfen sie sich stets öffentlich zu Vertheidigern derselben auf. Aber die Geschichte von Portugal erwähnt noch einer andern Absicht, die sie durch diese Zweydeutigkeit zu erreichen suchten. Sie machten die Regierung verhaßt, um das Reich bloß durch sich beherrschen zu können. Diese Absicht erhellet ganz deutlich aus Begebenheiten, die sich unter den beyden Königen Philipp III. und IV. ereigneten.

*) Buch V. Kap. V. S. 353 u. f.

382 **Geschichte der Jesuiten.**

König Emanuel hatte im Jahre 1506 zu Ehren des h. Rochus, des in der ganzen katholischen Welt verehrten Pestpatrons, zu Lissabon eine Kapelle gebaut, und dieselbe einer zahlreichen Brüderschaftskongregazion als Eigenthum überlassen. Die Lage dieser Kapelle war ungemein reizend, und erweckte in den Jesuiten ein heftiges Verlangen, sich derselben zu bemächtigen. Anfangs gaben sie vor, eine geheime Offenbarung hätte ihnen angezeigt, daß sie an diesem Orte ihr Profeßhaus anlegen sollten *). Die Brüder des h. Rochus bezeugten, daß sie viele Ursache hätten, diese Offenbarung zu bezweifeln. Allein sogleich erschien Don Peter Mascarenhas, dem sie ihr Aufkommen in Portugal zu verdanken hatten, und erklärte, daß er königlichen Befehl hätte, den Zwist beyzulegen. Es brach hierüber eine heftige Gährung aus; die Brüder behaupteten, daß dergleichen Befehle in einem Lande, wo man das siebente Gebot Gottes hält, nicht Statt finden könnten, und erklärten, daß sie mit bewaffneter Hand ihr Eigenthum vertheidigen würden. Es kam zum Gefechte, und von diesem zu einem förmlichen Rechtshandel, worinn entschieden werden sollte, ob man mit gutem Gewissen den Nächsten seines Eigenthums berauben dürfe? Die Jesuiten hatten nicht Mühe, eine solche Frage zu ihrem Vortheile beantworten zu lassen, besonders nachdem sich König Johann III. schon so weit vor ihnen demüthigte, daß er alle Bittschriften, die sie ihm überreichten, stehend unterschrieb, und sich einen bloßen Sachwalter ihrer Gesellschaft

---

*) Recueil chronologique & analytique de tout ce qu'a fait en Portugal la Societé de Jesus depuis son entrée dans ce Royaume en 1540, jusqu'a son expulsion en 1759. Par Mr. *de Sabra da Sylva*. Tom I. Chap. VII. §. 259. pag. 264.

nannte *). Es war also ganz natürliche Folge, daß die Jesuiten den Prozeß gewinnen, und die Brüder des h. Rochus in Kraft eines Abtretungs-instrumentes für ewige Zeiten auf ihr Eigenthum Verzicht thun mußten. Dieser Schritt verleitete sie in der Folge zu immer verwegneren. Dadurch, daß sie die Rochuskapelle zu ihrem Profeßhause machten, kamen sie in die Nachbarschaft des Grafen von Almirante. Dieser hatte neben seinem Palaste einen Garten, der bis an das Profeßhaus der Jesuiten reichte. Er wollte seine Wohnung erweitern, und in dem Garten, der sein Eigenthum war, einige neue Gebäude aufführen. Lange schon warfen die habsüchtigen Leute lüsterne Blicke in den Bezirk ihres Nachbars. Sie fanden den Garten sehr bequem, und konnten nicht leiden, daß er jemand andern, als ihnen angehörte. Die Anstalten, die der Graf zum Baue machte, gaben ihnen Gelegenheit an die Hand, demselben sowohl die Baugerechtigkeit als sein Eigenthum streitig zu machen. Der Garten (sagten sie) ist eine Begräbnißstätte, und folglich kann der vom Grafen unternommene Bau nicht Statt finden **). Der Erzbischof von Lissabon that 1612. den Ausspruch, daß jener bestrittene Gartenbezirk zu keinen Zeiten ein Kirchhof gewesen sey. Damit aber begnügten sich die Jesuiten so wenig, daß sie sich vielmehr aus Tribunal der Suppliken wandten, und Gerechtigkeit foderten. Diese erfolgte. Der Graf erhielt in der ersten und zwoten Instanz die Erlaubniß, seinen Bau fortzusetzen, und die Supplikanten wurden zur Ruhe gewiesen. Nun schien es ihnen einmal hohe Zeit zu seyn, ihre Maske abzunehmen, und der ganzen Welt zu zeigen, was sie in Ansehung der portugiesischen Krone Vorhabens wären. Noch bis auf diese Zeit hatte die päbstliche Nachtmahlsbulle, worinn, wie bekannt,

*) Pragmatische Geschichte der Bulle in Cöna Domini. Theil II. S. 52.
**) Recueil chronologique, l. c. §. 261. pag. 267.

alle Regenten des Erdbodens als unmündige Vasallen des römischen Stuhles behandelt werden, in Portugal so wenig, als in andern katholischen Staaten, Eingang gefunden. Man hatte sie durchgehends als ein verwegenes und den Kronrechten gefährliches System verworfen, und den Päbsten nichts weiter eingeräumt, als sie alljährlich am grünen Donnerstage in ihren eigenen Staaten publiziren zu dürfen. Die Könige von Portugal behaupteten bisher noch immer das Recht, daß kein portugiesischer Unterthan in Rechtshändeln nach Rom citirt werden könne; und die Landesgesetze verordneten ausdrücklich, daß ohne königliche Bewilligung keine päbstlichen Verfügungen oder Verbote im Königreiche kundgemacht werden sollten. Diese Gesetze waren dem Geiste der Nachtmahlsbulle in den wesentlichsten Hauptpunkten sehr nachtheilig. Die Jesuiten leisteten also dem römischen Hofe einen wichtigen Dienst, und vergrößerten zugleich ihre Macht dadurch, daß sie der Krone jenes kostbare Recht raubten. Dies geschah, indem sie 1615. durch die Rota in Rom ein Dekret ausfertigen ließen, Kraft dessen der Pabst allen Krontribunalien die weitere Fortsetzung des zwischen den Jesuiten und dem Grafen Almirante schwebenden Rechtshandels untersagte, die Entscheidung darüber an sein eigenes Gericht zog, und die Partheyen sowohl, als die Beysitzer des Supplikantentribunals von Lissabon nach Rom berief, um von Sr. päbstlichen Heiligkeit zu vernehmen, was Rechtens befunden werden möge *).

Dieser war der erste Streich, den die Jesuiten in Portugal mittelst der Nachtmahlsbulle den Kronrechten versetzten. Ihm folgte bald ein zweyter. Die Regierung hatte 1617. zufolge alten Herkommens gewisser Verbrechen wegen die Güter des päbstlichen Kollektors in Beschlag genommen, und der Gerichts-

be=

*) Recueil chronologique l. c. §. 262 — 266. pag. 268—272.

Neuntes Buch.

bediente unter andern Mitschuldigen einen gewissen
Leitaon gefänglich eingezogen. Dieser war Kleri=
kus in Minoribus *). Wie erwünscht war den
Jesuiten diese Gelegenheit, abermals einen Zweig
der Nachtmahlsbulle auf portugiesischen Boden zu
verpflanzen! Unter dem Vorwande, daß durch die
gefängliche Ergreifung des Leitaons die Personal=
immunität des Pristerstandes verlezt worden sey,
bewogen sie den päbstlichen Kollektor, den Gerichts=
bedienten in den Kirchenbann zu thun. Dieser be=
schwerte sich hierüber bey dem Krongerichte, wo
er auch Schutz fand. Allein eine Verwegenheit bot
der andern die Hand. Der Kollektor, durchaus
von Jesuiten geleitet, erkomunizierte nun nicht nur
allein den Gerichtsbedienten neuerdings, sondern
auch den Kronrichter und seine Beisitzer, und be=
legte alle Klöster, Kirchen und Kapellen in Lissa=
bon, und ihren Vorstädten mit dem Interdikte **).
Daß man zu so unerhörten Freveln schwieg, darf
Niemanden befremden. „Denn es war„, bemerkt
bey dieser Gelegenheit der königliche Generalproku=
rator, Herr Seabra da Sylva ***), „schon so
„weit gekommen, daß man, ohne ins Meer gewor=
„fen, oder meuchelmörderisch hingerichtet, oder
„wohl gar als Feind des Königes und der Regie=
„rung bestraft zu werden, es nicht wagen durfte,
„sich über die Jesuiten, auch auf den erlaubten
„Rechtswegen, zu beschweren.„

Der Plan, nach welchem sie, um die Alleinherr=
schaft in ihre Hände zu bekommen, in Portugal
zu Werke giengen, entwickelte sich immer mehr.
Durch wiederholte Versuche, die ihnen fast alle=

---

*) So werden diejenigen Kandidaten des Priesterstandes
genannt, welche die vier ersten Klerikatsweihen empfan=
gen haben.
**) Recueil chronologique, l. c. §. 267 — 272. pag.
274 — 279.
***) Ibid. l. c. pag. 278.

mal gelungen, hatten sie bereits das königliche An‑
sehn entkräftet; diejenigen, deren Tugenden und
Einsichten ihnen gefährlich seyn konnten, waren
entweder hingerichtet, oder ins Ausland gejagt,
oder durch Schrecken zum Stillschweigen gebracht
worden. Um ihrem Despotismus, den sie auf so
festem Grunde bauten, ewige Dauer zu verschaffen,
hatten sie nun weiter nichts mehr nöthig, als alle
Spuren der Aufklärung dergestalt zu vertilgen, daß
zu keinen Zeiten aus den Finsternissen, in welche
sie den Geist der Nazion versenkten, auch nur ein
Fünkgen Licht hervorschimmern könnte. In allen
Reichen, wo sie Aufnahme und Schutz fanden, hat‑
ten sie zwar den gleichen Zweck vor Augen; allent‑
halben war es ihnen darum zu thun, den Men‑
schen, die sie beherrschten, ihre Einsichten zu be‑
schränken; allenthalben zogen sie das Monopol des
wissenschaftlichen Komerzes an sich, und während
sie in Deutschland durch Aberglauben die Religion
schändeten, spotteten sie in Frankreich und Hol‑
land mittels der Jansenisterey aller Leute, welche
von ihrem Verstande erlaubten Gebrauch machten.
Allein so arg, als in Portugal, konnten sie der
hülflosen Menschenvernunft in andern Staaten
nicht mitspielen, deren Beherrscher, aus eigenem
Interesse, nicht gestatteten, daß ihre Unterthanen
mittels der Unwissenheit unter das Joch der päbst‑
lichen Herrschaft gebeugt werden sollten.

Alle Umstände vereinigten sich in Portugal, die
Ausführung eines so wichtigen Vorhabens zu be‑
fördern. Philipp IV. für welchen die Last der
Regentenpflichten allzu drückend war, überließ die
Ruder der Regierung den treulosen Händen seiner
von Jesuiten beherrschten Günstlinge, während dem
er selbst sich einzig mit Versemachen und Frauen‑
zimmer beschäftigte *). Diese Sorglosigkeit, wo‑
mit sich der Monarch von Staatsgeschäften ent‑

---

*) Recueil chronologique. l. c. Chap. VIII. §. 274.
pag. 281.

Neuntes Buch.

fernte, eröfnete den wachsamen Lojoliten die glänzendsten Aussichen für die Zukunft. Sie sorgten vorerst dafür, daß sie ihre Kreaturen in die wichtigsten Regimentsposten einschoben. Auf solche Weise gelang es ihnen, daß Don Ferdinand Mascarenhas, ein Mann, der zween Brüder zu Profeßjesuiten hatte, und dem Orden ausserordentlich ergeben war, zum Generalinquisitor in allen portugiesischen Reichen ernannt wurde. Diese Beförderung hatte die nachtheiligsten Folgen. Denn unter dem Beystande, oder vielmehr unter dem Namen dieses Hauptes der Inquisizion gelang es den Jesuiten, der portugiesischen Litteratur den lezten Streich zu versezen.

Bisher hatte **Portugal**, nach dem Beispiele anderer katholischen Staaten, sich noch immer alles Ernstes der Einführung des römischen Bücherverbotes widersezt. Man weiß, in welchen Absichten die römischen Päbste, und vornämlich **Leo X.** den Verstand der Nazionen in Beschlag nehmen wollten, und zugleich, in welcher Absicht Kaiser **Karl V.** ganz ohne Zuzug des päbstlichen Stuhles einen eigenen Inder verbotener Bücher in seinen Reichen einführte. Dagegen hatte nun freylich **Paul IV.** nachdrücklich protestieret, und die Jesuiten zu Hülfe gerufen. Unter ihrem Beistande arbeitete er neue Bücherverbotsplane aus; und es ist kein Wunder, wenn in dem Inder nur meist Schriften zum Vorscheine kommen, welche zu Gunsten der weltlichen Herrschaften geschrieben waren. Als nach Beendigung des Trienterkonzils das neue römische Bücherverbot ans Licht trat, wurden alle Nazionen betäubt. Aber die meisten katholischen Regenten verbaten sich die Mühe, die sich Rom gab, ihren Rechtsgelehrten die Methode vorzuzeichnen, nach welcher sie ihre Schriften über die Gränzen der geistlichen und weltlichen Macht verfassen sollten. Jeder behielt sich das natürliche Recht bevor, in seinen eigenen Staaten dasjenige zu erlauben oder zu verbieten, was nach den Grundgesezen der Landesregierung entweder geduldet oder verworfen werden konnte. In diesem Vorrechte behauptete sich Portugal bis zu Ende der Regierung Philipps III. Aber unter seinem Nachfolger vertilgten die Jesuiten dasselbe. Der Generalinquisitor, der bisher ohne Bewilligung des Monarchen keine Bücher verbieten durfte, ließ vom Jesuiten Alvarez einen starken Band von Büchertiteln, die verboten seyn sollten, ausarbeiten, und stellte denselben im Jahre 1624. ans Licht. Voran stund eine Verordnung des Generalinquisitors, wovon der Inhalt im Wesentlichen darinne besteht: Daß dieser Catalog auf seinen Befehl verfaßt worden sey, und daß er nicht nur alle jene Werke, welche in dem ältern römischen Index verworfen, sondern auch solche enthalte, welche erst später von der Kongregazion des Index verboten wurden; daß alle und jede, wessen Standes und Würde sie seyn mögen, in Zeit von dreyßig Tagen diejenigen in Handen habende Schriften, die in diesem Kataloge als verboten angezeigt werden, ungesäumt der H. Inquisizion einliefern sollten; daß, wenn gleich einige dieser Schriften nicht der Kezerey wegen, sondern aus irgend einem andern Beweggrunde *) verboten sind, doch alle und jede verbunden seyn sollten, dieselben auszuliefern, widrigenfals sie sowohl,

---

*) Der königliche Kronfiskal Seabra da Sylva bemerkt an dieser Stelle sehr richtig die verborgene Absicht der Jesuiten, nicht nur alles, was auf Religion Bezug hatte, sondern auch solche Werke zu entfernen, welche die Aufklärung der Menschen auf irgend eine andere Weise beförderten. Solchergestalt hatten sie es in ihrer Gewalt, die Nazionaldenkungsart in allen Fächern der Litteratur zu beschränken, und alle heitern Begriffe zu unterdrücken. Man kann ihnen, und zwar nicht mit Unrecht, den Vorwurf machen, daß sie im katholischen Deutschland einen ähnlichen Stillstand der Geisteskräfte zu befördern suchten.

Neuntes Buch.

als alle Buchdrucker und Buchhändler eine schwere Todsünde begehen, und noch überdieß nach aller Strenge, und wie es die H. Inquisizion für gut befinde, bestraft würden, und daß jeder Buchhändler und Buchdruker, und überhaupt jeder Eigenthümer einer Bibliothek sich gedachten Index anschaffen soll, um sich nach den darinn enthaltenen Vorschriften verhalten zu können u. s. f. *).

So sehr durch die Macht der Jesuiten die ganze Nazion schon betäubt war, und so wenig man es wagte, sich dem Stromme ihrer frevelhaften Anmassungen zu widersetzen; so fehlte es doch gleichwohl nicht an Leuten, welche ihren gerechten Unwillen über den Schritt des Großinquisitors bezeugten. Vornämlich machte man am Hofe verschiedene Bewegungen, und sah das eigenmächtige Beginnen der Inquisizion für einen der gefährlichsten Angriffe der königlichen Macht an. Allein die Jesuiten wußten den Eindruck, den das Mißvergnügen redlicher Patrioten auf die Gemüther machen konnte, sehr geschickt durch einen Kunstgriff zu schwächen, der nur ihrem Orden eigen ist. Denn bisher begriff man nicht, wie es zugieng, daß öffentliche Anstalten, die sie selbst getroffen, von ihnen zu eben der Zeit getadelt wurden, zu welcher sie dieselben ausführten; und man begriff dieß um so weniger, nachdem ihr ganzer Orden, wie es sein Institut zur Ueberzeugung beweist, nur von einem Geiste, und nach der vollkommensten Uebereinstimmung der Denkensart des gesammten Gesellschaftskörpers, beherrscht wird. Es war also eine ganz befremdende Erscheinung, als die Hofjesuiten, unter deren Händen sich doch die ganze Maschine bewegte, auf einmal anfiengen, das Unternehmen des Großinquisitors mit unbeschreiblicher Hitze zu tadeln. Zufälligerweise hatte der Pabst eben zu dieser Zeit die Werke des Jesuiten Poza verboten. Dieser Umstand kam ihnen treflich zu

---

*) Recueil chronologique. l. c. pag. 301. & sq.

statten, ihre wahren Marimen zu bemänteln. Sie schrieen aus einem Halse, daß der römische Inder in monarchischen Staaten keine Gesetzeskraft habe, und daß das Recht, Bücher zu verbieten, den Monarchen gebühre. Sie hatten durch diese List ausserordentlich viel gewonnen. Einestheils wälzten sie dadurch den Verdacht von sich ab, als wären sie hauptsächliche Ursache, daß durch ihre Ränke das römische Bücherverbot in Portugal eingeschoben worden. Anderntheils aber leiteten sie die Aufmerksamkeit des Hofes durch ihr Gezänke von der Hauptsache ab. Denn, während sie zu Madrit, wo damals das Hoflager war, wider den römischen Inder deklamierten, und die verbotenen Werke ihres Poza auch mit dem Arme der königlichen Authorität vertheidigten, führten sie mittelst des Inquisizionsgerichtes denselben mit allem Nachdrucke in Portugal ein.

Wenn sie die wesentlichsten Kronrechte mit so einer Verwegenheit angriffen; so ist sich wohl nicht zu verwundern, daß sie nach und nach auch die gesetzgebende Macht entkräfteten, und, um alle Schätze der Unterthanen an sich zu reissen, die Gesetze des Königreiches tyrannisch und gottlos gescholten*). Unter allen Landesverordnungen war ihnen diejenige, welche den Kirchen den Erwerb neuer Grundstücke verbietet, die unerträglichste. Um sie zu vernichten, bedienten sie sich des schamlosesten Kunstgriffes. Vorerst streuten sie mittels des Beichtstuhles unter dem blöden Volkshaufen hämische Lästerungen gegen den König aus. Er habe (sagten sie) kein Recht an die portugiesische Krone; er sey ein Usurpator, der sich widerrechtlich auf den Thron geschwungen hätte. Um dieses boshafte Vorgeben durch Beweise zu unterstützen, beriefen sie sich auf geheime Offenbarungen, und zogen drey päbstliche Bullen hervor, die in ihrer eigenen Fabricke geschmiedet wurden. Aber

---

*) Recueil chronologique. l. c. §. 301. pag. 311.

Neuntes Buch.

diese Waffen schienen ihnen noch nicht stark genug. Sie jagten den armen Bewohnern von Lissabon Schrecken ein, und drohten von der Kanzel herab denjenigen, welche den Geistlichen den Erwerb neuer Grundstücke streitig machten, mit den fürchterlichsten Strafgerichten Gottes. Wie mächtig sie durch solche Drohungen auf das Volk wirken konnten, begreift derjenige sehr leicht, welcher es weiß, wie tief eine Nazion, der man allen Vernunftgebrauch raubt, in Aberglauben zu versinken pflegt. Die jämmerliche Geisteslähmung griff schon so weit in dem Staatskörper um sich, daß der Präsident und die Syndiken der königlichen Kammer alles Ernstes glaubten, erkommuniziert zu seyn, weil sie ohne päbstliche Bewilligung von den Geistlichen eine Steuer zur Unterhaltung der Reinigkeit und des Pflasters in der Stadt eingetrieben hätten *).

Doch dieses waren nur immer noch Vorbereitungen zu grössern Auftritten. Sie bahnten sich durch solche Versuche den Weg, um ungehinderter und mit besserm Erfolge zum Ziele zu kommen. Der päbstliche Nunzius, Alexander Castracani, ließ sich von den Jesuiten, die fast durchgehends Mittelspersonen zur Ausführung gefährlicher Wagestücke anzustellen pflegten, in ein schändliches Komplott gegen die Landesgesetze verwickeln. In einem Edikte, welches den Jesuiten Anno da Cunha zum Verfasser hatte, erklärte er das Reichsgesetz, daß keine liegende Güter an Kirchen und Klöster vermacht werden können, aus dem Grunde für nichtig, weil dasselbe aus Haß gegen Gott und wider den frommen Willen der Gläubigen verfaßt worden. Er belegte also in Kraft seiner apostolischen Vollmacht alle diejenigen, welche sich der Kirchengüter anmaaßen, und die Kirchenimmunität verletzen würden, mit dem grossen Bann, und mit den Strafen und Censuren der H. Kanonen, apostolischen

---

*) Ibid. l. c. §. 305. pag. 316.

Konstituzionen, des H. Trienterkonzils und der Nachtmahlsbulle *). So viele und so fürchterliche Fluchkeulen, womit die Jesuiten die gesammte Geistlichkeit des Königreiches bewafneten, mußten freylich Schrecken und Betäubung unter den Volkshaufen verbreiten. Allein die Streiche, die sie dadurch den Kronrechten versetzten, waren allzu empfindlich, als daß nicht endlich der Hof, in dessen Angesicht ein so verwegener Frevel verübt wurde, ungeachtet der Ketten, die ihn banden, mit edelm Unwillen aus dem Schlummer erwachen sollte, in welchen ihn die absichtliche List der jesuitischen Fakzion eingewiegt hatte. **Philipp** merkte wohl, woher die Pfeile kamen, die auf seine Krone geschleudert wurden. Er beschwerte sich in einem Schreiben an den Kronprokurator, daß an dem Edikte des päbstlichen Nunzius Leute Antheil genommen, die er mit Wohlthaten überhäuft, und von denen er erwartet hätte, daß sie aus Dankbarkeit sich enthalten würden, ihn zu beleidigen. Er führte in einem andern Schreiben dem päbstlichen Nunzius zu Gemüthe, wie wenig er befugt sey, auf eine so stürmische Art die Reichsgesetze umzustossen, und wie die Könige nicht gestatten können, durch solche willkürliche Anmaassungen sich Rechte entreissen zu lassen, die ihren Kronen durch ehrwürdige Verkommnisse eigenthümlich geworden sind. „Ich könn„te„, sagte er unter andern, „ein so gewaltthä„tiges Unternehmen durch solche Mittel vereiteln, „die mir das Völkerrecht an die Hand bietet. Al„lein aus Achtung gegen den Römischen Stuhl will „ich mich der Gelindigkeit bedienen, und euch in „Güte erinnern, euer Edikt unverzüglich zu wider„rufen, und alle Mißbräuche abzustellen, die ihr „durch dasselbe in meinen Königreichen eingeführt „habet „. Aber vergebens waren diese gütlichen Vorschläge. Mit unbegränztem Stolze beharrte der Nunzius auf seinen Verordnungen, zu deren,

---

*) Ibid. l. c. §. 310. pag. 319.

Neuntes Buch.

Ausführung ihm die Jesuiten hülfreiche Hand boten. In dieser Verlegenheit, in die ihn das strafbare Benehmen einer so ränkevollen Fakzion setzte, nahm er Rechtsmittel zu Hülfe, und überließ es seinem Krongerichte, auf den Wegen der Justiz gegen den päbstlichen Nunzius fürzuschreiten. Der Ausspruch dieses höchsten Tribunals erfolgte den 28. Merz 1637. Darinn wurde Castracani in letzter Instanz alles Ernstes, und im Weigerungsfalle unter Strafe des Hochverraths, aufgefodert, durch eine öffentliche Gegenerklärung sein Edikt zu vernichten, und alles in den vorigen Stand zu setzen *). Das öffentliche Mißvergnügen, das man am Hofe über das frevelhafte Benehmen des Nunzius bezeugte; der Umstand, daß gerade damals der König nachdrücklichst beym römischen Pabste auf Genugthuung drang, und die Hofnung, ungeachtet alles Widerstandes von Seite der Regierung am Ende doch noch zu siegen, bewogen die Jesuiten, wenigstens scheinbar nachzugeben. Nuno da Cunha, dessen Intrigue das ganze Geschäft leitete, verfaßte, um das Krongericht zu beruhigen, eine Gegenerklärung, die im Namen des Nunzius bekannt gemacht wurde, aber in so zweydeutigen Ausdrücken bestund, daß es jedermann fassen konnte, wie geflissentlich man auf Nebenseiten absprang, um dem Hauptpunkte auszuweichen. Denn anstatt förmlich zu widerrufen, begnügte sich der Nunzius, zu erklären, daß er bey Bekanntmachung seines Ediktes keineswegs die Absicht gehabt habe, irgend ein gültiges und auf Konkordate gegründetes Recht der Monarchie umzustoßen.

Gleichwie es den Jesuiten nie Ernst war, in irgend einem Falle nachzugeben, so suchten sie auch, während sie dem Hofe diese scheinbare Unterwürfigkeit bewiesen, nur Zeit zu gewinnen, um neue Waffen gegen die königliche Gewalt zu schmieden. Denn nun fiengen sie an, mittels des Beichtstuhles

---

*) Recueil chronologique. l. c. §. 320. pag. 338 — 345.

wieder neuerdings den Glauben unter das Volk zu bringen, daß Philipp kein Recht an die portugiesische Krone habe, und am allerwenigsten berechtiget sey, ohne Bewilligung des Pabstes die Unterthanen derselben mit Auflagen zu beschweren. Unmöglich konnten sie auf solchen heimlichen Schleichwegen den beabsichteten Endzweck verfehlen. Religionseifer bringt in Leuten, welche sich bedrückt glauben, ausserordentliche Wirkungen hervor; und es war kein Wunder, wenn fast zu gleicher Zeit in verschiedenen Städten des Königreiches Empörungen ausbrachen *). Die königliche Regierung hatte von dem Antheil, den die Geistlichkeit an den Aufruhren genommen, so überzeugende Beweise in Handen, daß sie in einem Schreiben vom 2. Christm. 1637. allen Bischöfen und Ordensvorgesetzten nachdrücklichst einschärfte, ihren untergeordneten Klerus auf eine Art abzustrafen, die der Grösse seiner Verbrechen angemessen ist, widrigenfalls sich der König des ihm eigenthümlichen Rechts bedienen würde, die Schuldigen ohne Rücksicht auf ihre Personalimmunität, sogleich den Kriminalgerichten zu übergeben. „Denn es ist gewiß„, sagte der Monarch in diesem Schreiben **), „daß die „Priester und Mönche dieses Königreiches meine „Vasallen und Unterthanen, und als solche, wenn „sie Aufruhr und Empörung in meinen Staaten „erregen, des Hochverraths schuldig sind. Gleich=„wie aber viele weltliche Regenten ihre Geistliche, „die sich auf solchen Verbrechen befangen liessen, „ohne Zuzug des geistlichen Arms, und ohne sie „vorher ihrer Priesterwürden berauben zu lassen, „sondern zufolge jener Gewalt mit dem Tode be=„straften, die jeder politische Staat von natürli=„chen sowohl als positiven Gesetzen zu seiner eige=„nen Vertheidigung erhalten hat, indem weder die „öffentliche Sicherheit, noch die Dauer desselben

---

*) Ibid. l. c. §. 323. pag. 347—49.
*) Ibid. l. c. §. 324. pag. 350—352.

Neuntes Buch.

„Bestand haben könnte, wenn sie einzig nur von
„der geistlichen Gerichtsbarkeit abhangen müßte;
„so kann auch ich aus königlicher Authorität die
„im Aufru r befangene Priester gleich auf der Stelle,
„mit Hintansetzung der geistlichen Gerichtshöfe mit
„dem Tode bestrafen lassen „.

Als dieses Schreiben an die höhere Geistlichkeit
ergieng, hatten die Jesuiten über das Volk schon
eine zu grosse Herrschaft erworben, als daß ihnen
die Streiche, die der weltliche Arm gegen sie führte,
wehe thun konnten. Vielmehr gab ihnen die Herz-
haftigkeit des Hofes, der ohne Rücksicht auf die
in der Nachtmahlsbulle enthaltenen Grundsätze so
drohend das Immunitätsystem der Klerisen angriff, eine erwünschte Gelegenheit, neue Stürme
auf die königliche Gewalt zu wagen. Denn in eben
dem Augenblicke, in welchem die Flamme der Empörung am heftigsten wüthete, schrieb Nuno da
Cunha den Entwurf einer ähnlichen Bulle nieder,
worinn die Reichsgesetze verflucht und alle königlichen Minister exkommuniziret wurden, schickte denselben nach Rom, und Urban VIII. ließ eine
Kopie davon, mit dem Fischerringe gestempelt, wieder eilends nach Lissabon fliegen. Diese Bulle,
deren wüthender Inhalt den Thron erschütterte, gab
dem päbstlichen Nunzius, oder vielmehr den Jesuiten, durch welche sich dieser durchaus beherrschen
ließ, neue Waffen an die Hand, die Reichsverfassung anzugreifen. Denn gleich darauf erschien unter seinem Namen ein vom Jesuiten Cunha ver-
faßter Hirtenbrief an die gesammte Geistlichkeit,
worinn mit einer Verwegenheit, die ihres gleichen
nicht hat, alle Minister, Richter und Gerichts-
bediente, so wie überhaupt alle, wessen Ranges
und Würden sie seyn mögen, die auf irgend eine
Weise etwas zum Nachtheile der Privilegien und
der Immunität der Geistlichkeit unternehmen, sie
im Erwerbe neuer Grundgüter hindern, oder ihnen die schon an sich gebrachten entziehen möchten,

mit den in den päbstlichen Bullen enthaltenen Er=
kommunikazionen belegt werden. „Damit aber alle
„Rechtgläubige„, (so drückt sich dieser jesuitische
„Hirtenbrief aus *) „die Beleidigung empfinden
„und beweinen mögen, welche man der H. Kirche
„und ihren Hirten zufügte; damit wir an der
„Traurigkeit, worinn sich unsere H. Mutter, die
„Kirche, bey so schweren Bedrückungen befindet,
„Antheil nehmen, und nach dem Beispiele des in
„die Babylonische Gefangenschaft gerathenen Volks
„Israels unsere gerechte Betrübniß an den Tag
„legen; so sind wir, nicht ohne schmerzlichsten
„Kummer, genöthigt, allen Gottesdienst und alle
„Mittheilung der Kirchensakramente in diesem Kö=
„nigreiche dergestalt aufzuheben, daß von dieser
„Stunde an, und zwar unter Strafe des grössern
„Kirchenbanns, alle Erzbischöfe und Bischöfe, alle
„Generalvikarien, Aebte, Prioren, Rektoren,
„Pfarrer, Guardiane, und alle säkulare sowohl als
„reguläre Priester, sogleich bey Ansicht dieses Hir=
„tenbriefes, ihre Kirchen, Kapellen, Klöster und
„Betthäuser schliessen, und sich alles öffentlichen
„Gottesdienstes so lange enthalten sollen, bis der
„H. apostolische Stuhl, oder wir als bevollmäch=
„tigter Nunzius, dieses Indikt aufzuheben für
„gut befinden werden„.

Wenn man bedenkt, daß die portugiesischen Mo=
narchen aus keiner andern Ursache, als um zu ver=
hindern, daß die Geistlichkeit nicht alles Vermögen
des Staates an sich ziehe, durch bestimmte Geseze
verordnet haben, daß an die Kirchen keine Ver=
mächtnisse gemacht, und jene ohne königliche Be=
willigung keine neue Grundgüter durch Kauf an
sich bringen sollte, so begreift man leicht, wie sehr
es der Regierung daran liegen mußte, besonders
zu einer Zeit, wo die unersättliche Habsucht der
Jesuiten durch frommen Religionsbetrug, und

---

*) Recueil chronologique. l. c. §. 326. pag. 357 - 361.

Neuntes Buch.

mittels erschlichener Vermächtnisse, die Einkünfte ihrer Kollegien vergrösserte, zu verhindern, daß nicht solchergestalt das Vermögen des Staates in die Hände solcher Leute komme, welche schon allzumerkbar nach einer souverainen Herrschaft über Portugal strebten. Man hatte bisher nicht ohne Befremden sehen müssen, wie planmässig der Orden dabey zu Werke gieng. So lange dieses Königreich unter spanischer Herrschaft stund, war eigentlich am Hofe zu Lissabon nur eine Statthalterschaft, indem die Residenz des Monarchen immer zu Madrit blieb. War es unter solchen Umständen wohl ein Wunder, wenn die Jesuiten sich mit der Hofnung schmeichelten, den ganzen Staat zum Eigenthum ihres Ordens machen zu können*)? Die Ausführung eines solchen Planes konnte Leuten nicht schwer seyn, welchen sowohl ihr Institut, als ihre ausserordentliche Macht, die sie sich bisher zu verschaffen wußten, so mannigfaltige Hülfsmittel an die Hand bot. Die Herabwürdigung des königlichen Ansehns, die Ausbreitung der Grundsätze des Römerhofes mittels der Nachtmahlsbulle, die Vertilgung der Aufklärung durch die Einführung des römischen Bücherverbots, Aufruhr und Rebellion, und am Ende die Niederstürzung jener Reichsgesetze, welche bisher noch das Volk vor der unbegränzten Raubsucht der Geistlichkeit schützten, waren sichere Schritte, ein so glänzendes Ziel zu erreichen.

---

*) Der Erfolg hat es bisher so ziemlich erwiesen, daß die niederländische Geistlichkeit in unsern Tagen einen ähnlichen Entwurf hatte, als sie das Volk zur Rebellion wider das österreichische Haus verleitete.

Drittes Kapitel.

Thronrevoluzion in Portugal. Wie sich die Jesuiten dabey benommen. König Johann der IV. macht seinen Beichtvater zum Staatsminister. Muster einer jesuitischen Prinzenerziehung.

Indessen schwang sich mitten unter den Stürmen, welche die Jesuiten durch den päbstlichen Nunzius erregten, das Haus Braganza wieder auf den Thron seiner Väter. Diese Revoluzion kam ihnen gerade zur ungelegensten Zeit. Das Frohlocken des Volks, sich von dem Joche einer fremden verhaßten Herrschaft befreyt zu sehen, und die Entschlossenheit der neuen Regierung, die Kronrechte wider alle Anmaaßungen zu behaupten, versetzte sie in eine peinliche Verlegenheit; und schon befürchteten sie, der Früchte ihrer Bemühungen nach Herrschaft und Unabhängigkeit beraubt zu werden.

Allein ihre ungemein fruchtbare Politik wußte sich bald zu helfen. Während sie in Madrit das Haus Braganza in den schimpflichsten Ausdrücken lästerten, sangen sie in Lissabon Freudenlieder über die Thronbesteigung Johanns IV. eines Hauptsprossen dieser Familie. Diese Zweydeutigkeit ihres Betragens kam vornehmlich dem Pater da Cunha trefflich zu statten. Bisher war der ganze Streit, der sich über den Erwerb der Kirchengüter und die Immunität der Geistlichkeit erhoben hatte, sammt allen daraus entstandenen Folgen, seine Intrigue. Der Standpunkt, auf welchem er sich befand, war in allen Rücksichten für ihn sehr gefährlich. Einerseits sollte er die Rechte der Krone anerkennen, und anderseits die Grundsätze der Nachtmahlsbulle retten. Beydes konnte unmöglich neben einander statthaben. Allein der schlaue Jesuite wußte beides zu vereinigen. Indem er sich zum Vermittler in diesem Geschäfte aufwarf, bewies er dem Könige die tiefste Unterwürfigkeit und den wärmsten Diensteifer, während er zu gleicher Zeit mit dem neuen päbstlichen Nunzius Battaglini die Mittel verabredete, wie man einen Frieden schliessen könne, ohne die Vortheile, die man bereits gewonnen hatte, aus den Händen zu lassen. Durch diese Winkelzüge wußte er dem Könige eine Art Stillstandes annehmlich zu machen, während welchem man mit dem römischen Hofe eine Unterhandlung anfieng, die freylich nicht zu Gunsten der Regierung ausfiel, indem es da Cunha so weit brachte, daß Johann IV. gestehen mußte, wie Castracani allerdings zu den gewaltthätigen Maaßregeln berechtiget wäre, die er gegen Philipp IV. und sein Ministerium genommen hätte.

Für den Schrecken, den diese Thronrevoluzion den Jesuiten anfangs verursachte, wurden sie in der Folge über alle Erwartung schadlos gehalten. Ihr Genosse, Anton Vieria, ein unruhiger Geist, hatte die besondere Gabe, das Wort Gottes auf der Kanzel in lyrischen Stanzen vorzutragen. Dem Geschmacke seines Zeitalters war der Mißbrauch, den er auf solche Weise von der Bibel machte, allerdings sehr angemessen, und es war kein Wunder, wenn alles Volk nur poetische Predigten hören wollte. Je weniger das Pathos, das er in schwülstigen Perioden wie Orakel von der Kanzel herunter sprach, dem gemeinen Menschensinn anpaßte, und je weniger man Verstand und Ordnung in seinem Vortrage fand, desto grösser war das Staunen seiner Zuhörer. Die Kirchen konnten die Menge nicht fassen, welche diesen Mann Gottes hören wollte; und bald drang der Ruhm, den er sich so unverdient und auf eine so zweydeutige Art erworben hatte, bis an den Hof *).

*) Recueil chronologique. Tom. II. §. 361. pag. 34.

Geschichte der Jesuiten.

Johann machte ihn zum Hofprediger, und bald darauf zum Beichtvater, in welcher Stelle er durch die überzeugendsten Proben bewies, daß er nur so lange ein Schwärmer und Thor um Gottes willen blieb, als er es nöthig fand, um einen Posten zu erreichen, worinn er durch Hofkabale weiter, als durch poetische Predigten gelangen konnte. Denn durch die schwärzeste Verrätherey brachte er den ersten und redlichsten Staatsminister Franz Lucena auf das Schaffot, indessen er bey dem Monarchen so sehr in Gunst kam, daß ihm derselbe von dieser Zeit an alle Beschlüsse des geheimen Staatsraths zur Uebersicht anvertraute, und solchergestalt die Einsichten seines Ministeriums der Kritik und der Willkür dieses schlauen Jesuiten unterordnete *). Das Vertrauen, das Johann in ihn sezte, wurde endlich so groß, daß er ihn an verschiedene europäische Höfe reisen ließ, um dortige Gesandtschaftsangelegenheiten zu besorgen **).

Es ist sehr begreiflich, daß dieser Jesuite in einer so erhabenen Staatswürde den Vortheil seiner Gesellschaft nicht werde vernachlässiget haben. Wenigstens schob er in alle wichtige Posten entweder seine Genossen oder seine Kreaturen ein. Auf solche Weise geschah es, daß der Kronprinz Theodosius, da er noch nicht das neunte Jahr erreicht hatte, den Jesuiten zur Erziehung übergeben wurde. Diese hüteten sich sorgfältig, auch nur eine einzige Regententugend in ihm auszubilden. Dagegen aber unterrichtete ihn Pater Cosmander in der Sternkunde, und Pater Fernandez in der Musik. Es belustigte den ganzen Hof, daß der Kronprinz schon in einem Alter von zwölf Jahren astronomische und astrologische Traktate schrieb; welche

---

*) Retablissement du Portugal. Part. I. Liv. X. pag. 641.
**) Ibid. l. c. pag. 633.

che seine listigen Lehrmeister mit grosem Triumphe durch den Druck bekannt machten *). Während sie aber durch so unzweckmäßige Beschäftigungen, die um so elender waren, da sie die Sterndeuterey mit der Mystik verbanden, den Verstand des jungen Prinzen verschoben, wußten sie ihm zugleich, womit ihnen wohl am meisten gedient seyn mochte, eine ungemein sklavische Hochachtung gegen ihren Orden einzuflößen. „Kein Sohn, (sagt der Jesuite Franco, welcher die Annalen seines Ordens schrieb **) „kann an seine Mutter „zärtlichere Briefe schreiben, als Theodosius auf „einer Reise an seinen in Lissabon zurückgelasse= „nen Beichtvater schrieb. Ueberhaupt hatte die= „ser Prinz so eine grosse Liebe zu unserm Orden, „daß ihm weiter nichts, als der Rock fehlte, um „einer der Unsrigen zu seyn". Bey verschiedenen Veranlassungen bezeigte er auf eine ganz befremdende Art, wie nahe die Jesuiten seinem Herzen waren. Einst kam man in einem Turnierspiele, welchem der Hof beywohnte, überein, daß der letzte Ritt zu Ehre jener Dame geschehen sollte, die man zu heurathen wünscht, und daß jeder dieselbe bey ihrem Namen nennen sollte. Der Prinz gieng das Aufgebot ein, und als es an ihm war, seine Dame namhaft zu machen, rief er zu allen Anwesenden ***): „Meine Gemahlinn ist der „Jesuitenorden, dem ich mich für mein ganzes Le= „ben angelobe". Sehr oft ließ er sich verlauten, daß er kein Freund derjenigen seyn könne, welche den Jesuiten mißfallen. Schon in einem Alter

---

*) Sie kamen unter folgendem Titel zum Vorscheine: Summa astronomica in duos divisa libros; primus de Astronomia, secundus de Astrologia. Authore D. *Theodosio Lusitano*, anno ætatis suæ duodecimo & labente 1647.
**) Recueil chronologique. Tom. II. §. 383. pag. 53.
***) Ibid. l. c. §. 284. pag. 55.

von fünfzehn Jahren wandelte ihn die Lust an, nach Art des h. Ignazes ein Reformator zu werden. Er wollte alles bekehren; und um der Welt mit einem erbaulichen Beyspiele vorzugehen, machte er das Gelübde, in einen Orden zu treten, die Keuschheit zu beobachten, und das Wort Gottes den Ungläubigen zu predigen *). Glücklicher Weise erhielt er die Krone nicht, die ihm seine Geburt bestimmte. Er hätte sich besser unter die Zuchtruthe eines Novizenmeisters, als in die Regentengeschäfte zu schicken gewußt. Er starb, ein elendes Opfer der Jesuitenpolitik, welcher zu allen Zeiten besser mit blöden als mit verständigen Regenten gedient war.

Viertes Kapitel.

Vormundschaftliche Regierung der Königinn Louise. Schwärmerische Frömmigkeit, die ihr Beichtvater am Hofe einführte. Ränke der Jesuiten, den Prinzen Alphons von der Regierung auszuschliessen. Gewaltthätiges Verfahren gegen ihn. Sie verstossen ihn vom Throne und machen sich mittelst der Reichsstände zu Aristokraten von Portugal.

Nach dem Absterben Johanns IV. trat die Königinn Louise für ihren noch unmündigen Sohn Alphons die vormundschaftliche Regierung an. Das Weiberregiment war zu allen Zeiten den Jesuiten ungemein günstig. Auserdem, daß der mystische Prinzenerzieher Fernandez den geheimen Staatsrath beherrschte, und nach den Zeugnissen seiner Ordensgenossen der Gesellschaft unbeschreibliche Vortheile verschaffte **), drang sich in der Person des Jesuiten Johann Nunez ein Heuchler von einer andern Gattung am Hofe hervor. Unter der Maske einer fanatischen Frömmigkeit

---
*) Ibid. l. c.
**) Recueil chronolog. Tom. II. §. 392. pag. 63 & sq.

heftete er aller Augen auf sich. Bald zerfleischte er sich im Angesichte der Hofdamen den entblößten Rücken; bald lag er, wie ein Heiliger, auf den Knien, und verlor sich in andächtigen Begeisterungen. Es fehlte nur noch an einem Sonderling von dieser Art, um die Leute verrückt zu machen. Louise überließ ihm mit besonderm Troste die Herrschaft über ihr Gewissen, und die Folgen, die eine solche Meisterschaft nach sich ziehen mußte, blieben nicht lange unbemerkt. Denn von dieser Zeit an glich die königliche Residenz eher einem Noviziathause, als einem Hofe. In diesem Kabinette sah man die Damen in erbaulichen Betrachtungen vertieft, und in jenem erblickte man sie mit nackten Schultern, die ihre Seelsorger mit Ruthen strichen *). Diese Züchtigungen behagten ihrem zarten Fleische so wohl, daß sie mit einer Raserey, die selbst nach dem Zeugnisse des Nunes eher Schranken als Aufmunterung verdiente, nach der Ruthe verlangten. Auch führen es die Jesuiten **) als einen ganz besondern Beweis von der Allgewalt an, mit welcher die Tugenden dieses königlichen Beichtvaters auf die Gemüther wirkten, daß verschiedene der vornehmsten Damen den Hof verließen, um sich in solche Klöster zu begeben, deren Ordensinstitute ganz ausserordentlich streng waren. Freylich konnte dies nicht allemal ohne Widerstand von Seite der Verwandten geschehen, welchen es nicht gleichgültig seyn mußte, daß ihre Töchter, die zur Ehre der Familie in der Welt glänzen sollten, sich in schmutzige Kutten steckten, und vor armseligen Priorinnen im Staube krochen. Allein Nunez wußte den Eltern bald eine Herrschaft streitig zu machen, die ihnen das göttliche Recht über ihre Kinder gab. Er ließ die unschuldigen Opfer set-

---

*) *Franco* Tableau des vertus du Noviciat de Lisbonne, Liv. III. Chap. XI. n. 12.
**) Ibid. l. c.

nes Fanatismus heimlich in die Konvente entführen, und drohte den Vätern und Müttern, die ihre Töchter zurück haben wollten, mit der königlichen Ungnade.

Dieser erbärmliche Bigotismus riß ungemein schnell den ganzen Hof mit sich fort. Wer unbelauscht, und ohne von Zeugen gesehen zu werden, die neue Mode dieses Religionsfanatism' belachte, wagte es nicht, in Gegenwart der frommen Königinn mit offenen Blicken aufzuschauen. Alles wimmelte von Heuchlern, weil man, ohne den Jesuiten zu gefallen, keine Gnade hoffen, und keiner Verfolgung entgehen konnte *). Sklavisch beugte man sich vor ihnen im Staube, und als Nunez, natürlich im Geruche der Heiligkeit, verschied, so trugen ihn die ersten Edelleute des Königreiches mit fürstlicher Pracht auf ihren Schultern in die Todtengruft des Profeßhauses zu Lissabon **).

Allerdings mußten diese Umstände der Eitelkeit der Jesuiten eben so schmeichelhaft als ihren Absichten günstig seyn. So wie sie in Religionssachen unbeschränkt herrschten, so hatten sie auch jetzt wieder mehr, als jemals, ihren Einfluß auf die politische Regierung des Reiches behauptet. Ohne die wichtigsten Geschäfte vorher ihrem besondern Urtheile unterworfen zu haben, wurde nichts ausgeführt ***), und die meisten Ver-

---

*) Recueil chronologique. l. c. §. 398. pag. 69.
**) *Franco* Tableau des vertus du Noviciat de Lisbonne. Liv. III. Chap. X. n. 10 & 11.
***) Le Jesuite *Antoine Fernandés* étoit consulté à la cour, comme un oracle, sur les *matieres les plus graves & les plus importantes*. Les personnes de la Familie royale faisoient un cas particulier de ses decisions. On l'appella souvent dans les tribunaux, pour avoir son avis; & aprés l'avoir entendu, les ministres disoient, qu'ils ne savoient ce qu'ils devoient le plus admirer en lui, ou de ses lumieres ou de sa modestie. *Ibid. Chap.* XLIV. *n.* 19.

Neuntes Buch.

ordnungen und Anstalten, die der Hof traf, hatten die unverkennbarsten Spuren von dem Antheile, den die Jesuiten daran genommen. Ein seltsames Gemische von Andacht und Politik war ein charakteristischer Zug der öffentlichen Geschäftsführung; und wenn der Kronfiskal Seabra da Sylva, welcher in neuern Zeiten auf Befehl des Königs Josephs I. die Geschichte der portugiesischen Jesuiten schrieb, von der vormundschaftlichen Regierung der Königinn Louise sagt *), daß sie ganz jesuitisch war, so hatte er sicher die Sache nicht übertrieben.

Indessen stund den verderblichen Entwürfen dieses furchtbaren Ordens ein mächtiges Hinderniß im Wege. Der junge König Alphons, für welchen seine Mutter die Regierung führte, fand an den Bußübungen der Jesuiten keinen Geschmack. Er beleidigte ihren Ehrgeiz gar mächtig, als er bey der Wahl seines Beichtvaters sie ausser acht ließ, und einem Benediktiner die Leitung seines Gewissens anvertraute. Eben so unverzeihlich versündigte er sich an der Politik ihrer Gesellschaft dadurch, daß er meistens nur solche Leute zu Ministern wählte, die ihnen nicht sonderlich günstig waren. Diese Umstände mußten natürlich die Plane der Jesuiten verrücken, denen unter dem Regimente seiner Mutter bisher noch alles nach Wunsche gelang. Die schlimmen Aussichten aber, die sich für sie unter Alphonsens Regierung zeigten, dienten ihnen zur Aufmunterung, allen Kunstgriffen aufzubieten, um der Gefahr, die ihnen drohte, auszuweichen. Zuvörderst suchten sie also zu verhindern, daß er nie die Herrschaft in die Hände bekommen möchte. Zu dem Ende machten sie auch die unschuldigsten Handlungen dieses Prinzen verächtlich. Sie fanden es unanständig, daß er aus seinem Fenster den Jungens zusah, die sich

---

*) Recueil chronologique. Tom. II. §. 398. pag. 69.

im Schloßhofe balgten. Sie tadelten ihn, daß er die Knaben von geringer Abkunft einer Aufmerksamkeit würdigte. Sie beschuldigten ihn einer zügellosen Aufführung; und, um das königliche Diadem in den Augen des Volkes auf eine bisher noch unerhörte Art zu beschimpfen, so stellten sie in allen Kirchen des Reiches öffentliche Andachten an, um für die Besserung des Königs zu beten *). Doch alle diese Ränke wollten nicht gelingen. Daß er an den Gefechten der Knaben ein Wohlgefallen bezeigte, sah man für einen Beweis eines tapfern Gemüthes an; und daß er gegen Geringe herablassend war, konnte nur dem verdienstlosen Ahnenstolz unerträglich seyn. Ein zügelloser und ausschweifender Mensch aber hieß in der Sprache der Jesuiten jeder, der kein Kopfhänger und kein Heuchler war **). Sie verloren demohngeachtet ihren Muth nicht. Ihre Angriffe wurden nur noch kühner, und ihre Entwürfe listiger. Sie wollten ihn nun öffentlich zum Ver-

*) Ibid. l. c. §. 426. pag. 116.
**) Jeder aufmerksame Beobachter wird zur Zeit, als die Jesuiten im Besitze der deutschen Schulen waren, leicht die Bemerkung haben machen können, daß ihre Schüler sich trefflich auf Heuchelen verstunden, und daß diejenigen oft gerade die größten Sünder waren, die öffentlich mit der frömmsten Miene erschienen. Aber es war auch nicht wohl anders möglich, als daß das Beyspiel der jungen Magister, die wie ein todtes Kadaver, oder wie ein lebloser Wanderstab, von ihren Rektoren oder Vorgesezten behandelt wurden, mächtige und unvertilgbare Eindrücke auf das zarte Gemüth der Jugend machen mußte. Anderseits muß man auch gestehn, daß schon der Bigotismus und das ewige Andächteln in den Jesuitenschulen und Seminarien ungemein viel dazu beytrug, lebhaften jungen Leuten, denen die traurige Gestalt der Religionsübung nicht sehr behagen konnte, durch den allzustarken Zwang, in welchen sie eingeschränkt wurden, heuchelnde Gesinnungen beyzubringen.

Neuntes Buch.

rückten machen, um ihn von Rechtswegen aller Ansprüche auf die Krone zu berauben. Die Aerzte verordneten ihm dreymal die Bäder das Caldas. Allein seine treuen Diener warnten ihn vor der Zeit, sich derselben zu bedienen, indem hieben die Mißvergnügten nur die Absicht hätten, unters Volk das Gerüchte zu verbreiten, als wäre er im Gehirne verwirrt. Als dieser Kunstgriff mißlang, bestachen sie einen armen Arzt und einen hungrigen Chirurgus, ein medizinisches Privatgutachten auszustellen, und zu bezeugen, daß die ganze rechte Seite des Königs durch ein hitziges Fieber, welches er in seiner Jugend gehabt, so verletzt worden sey, daß er keine Empfindung mehr hätte; daß von dieser Beschädigung der Mangel des Verstandes herrühre, den er in allen seinen Handlungen zeige, und daß er folglich untüchtig sey, dem Reiche Nachfolger zu geben*). Selbst die schwache Königinn ließ sich durch die niederträchtigen Ränke ihres Beichtvaters und seiner Genossen verleiten, gemeinschaftlich mit ihnen an der Beschimpfung ihres Sohnes zu arbeiten. Sie machte sich kein Bedenken, die gewaltthätigen Anschläge dieser unruhigen Leute zu unterstützen, und ließ es geschehen, daß man mit Gewalt in das königliche Kabinet drang, und Alphonsen seine treusten Diener und Minister von der Seite riß, und in Gefängnisse schleppte.

Gleichwohl siegte der König über die Kabale, und trat (1662.) ungeachtet des Widerspruches von Seite seiner Mutter doch endlich im 19. Jahre seines Alters öffentlich die Regierung seines rechtmäßig ererbten Reiches an. Allein die Entschlossenheit, womit Alphons diesen Schritt that, änderte in der Hauptsache nichts an dem Plane der Jesuiten, deren Kräfte selbst durch den Widerstand, den sie litten, immer stärker wurden. Sie erniedrigten durch neue Lästerungen das königliche Ansehn. Dem Pö-

*) Recueil chronologique. l. c. §. 428. pag. 119 & seq.

bei spielten sie abentheuerliche Legenden in die Hände, und erfanden unter allerley Gestalten Prophezeihungen, die dahin zweckten, eine Neigung zum Aufruhr unterm Volke hervorzubringen. Der Adel, der sich unter der neuen Regierung vernachläßigt glaubte, schob sich von selbst in die Reihe der Mißvergnügten; und die Geistlichkeit, die sich ihres Reichthumes wegen nach Unabhängigkeit sehnte, bot den Jesuiten gemeinschaftliche Hülfe an. Noch konnten sie indessen dem Könige mit einigem Rechtsscheine nicht beykommen. Aber nun wußten sie durch Meisterstreiche ihrer Politik seinen Bruder, den Infanten Don Pedro, und seine Gemahlinn Isabelle, an die Spitze eines Komplottes zu stellen, das nach den urkundlichen Beweisen, welche der königliche Kronfiskal Seabra in seiner Geschichte anführt, durchaus von Jesuiten angesponnen und ausgeführt wurde *).

Es war ungemein leicht, einen königlichen Prinzen, der sich bloß deswegen von dem Ansprüche auf die Krone beraubt sah, weil er jünger als sein Bruder, der regierende König war, zum Haupt einer Verschwörung zu machen. Wenn auch nicht schon die Verachtung, die ihm die Jesuiten von seiner Kindheit an gegen seinen ältern Bruder einflößten **), hinreichend gewesen wäre, denselben zu hassen, so würde doch Eifersucht die gleichen Wirkungen hervorgebracht haben. Wie gerne beredet sich die Eigenliebe, an die Ehre oder die Macht des Nächsten gerechtere Ansprüche zu haben, als derselbe; und wie manche Unterthanen dünken sich bessere und geschicktere Regenten, als ihre Souveraine! Die Jesuiten hatten also nicht viele Mühe, dem ehrsüchtigen Don Pedro ein geheimes Verlangen nach einer Krone beyzubringen, die,

―――――――――――

*) Recueil chronologique. Chap. XI. §. 452—590. pag. 152—306.
**) Ibid. l. c. §. 469. pag. 171.

Neuntes Buch.

nach ihrem Urtheile, Alphons so ganz nicht verdiente. Sie wußten durch prophetische Lügen diesem Verlangen bald Rechtsgründe beyzufügen, und es kam nun zum offenbaren Bruche zwischen dem Monarchen und seinem Bruder. Aber auch jetzt noch war die Intrigue nicht zu Ende. Der Beichtvater der Königinn, ein französischer Jesuite, behielt sich die Ehre vor, die lezte Hand an die Entwicklung dieses ärgerlichen Schauspieles zu legen. Durch eine unbegreifliche List wußte er dieser Prinzeßinn einen Abscheu vor dem königlichen Ehebette beyzubringen, und sie zu verleiten, daß sie sich den 21. Wintermonat 1667. aus dem Palaste ins Franziskanernonnenkloster flüchtete, und zwar unter dem Vorwande, daß ihr Gemahl, der König unfähig sey, ihr ehelich beyzuwohnen. Nun foderten die Reichsgesetze zwar, daß, ohne die Sachen beaugenscheinigt zu haben, keine Ehescheidung statt haben könne. Allein aus Gründen, die der Königinn und ihrem Beichtvater allein bekannt seyn mochten, konnte sie sich hiezu nicht entschließen, und die Jesuiten brachten ihr einen Eid in Vorschlag, der seiner Zweydeutigkeit wegen die Königinn verdächtig machte, daß ihr Vorgeben von dem Unvermögen des Monarchen nicht so ganz richtig sey *). Indessen war diese öffentliche Beschimpfung der königlichen Ehre gleichsam das verabredete Zeichen zu einer Rebellion, in welcher Alphons seine Krone verlieren sollte. Stürmend drangen einige Edelleute, vom rasenden Pöbel begleitet, ins königliche Schloß, führten den Infanten Don Pedro im Triumphe mit sich, und schlossen den König in seinem Kabinette, gleich einem Staatsgefangenen, ein. In diesem Gefängnisse nöthigten sie ihn, schriftliche Versicherung von sich zu stellen, daß er aus eigener Bewegung, und in Kraft seiner königlichen unbeschränkten Macht für gut finde, von

---

*) Ibid. l. c. §. 547. pag. 261.

Geschichte der Jesuiten.

diesem Tage an der Regierung seiner Königreiche auf immer zu entsagen. Hierauf beriefen sie die Reichsstände zusammen, welchen man in einer Schrift, die den Jesuiten Nuna da Cunha zum Verfasser hatte, die Bewegründe vorlegte, warum man auf eine so unerhörte Weise mit dem Könige verfahren sey? „Wir waren (sagten sie) „dazu berechtigt, weil Alphons unfähig ist, eine „Monarchie zu regieren; weil er von seiner Ge„walt Mißbrauch gemacht, und ein Tyrann war, „und weil er endlich die Finanzen des Staates „verschwendet hatte *)“.

Diese Beschuldigungen sind von einer Art, daß es der unpartheyischen Nachwelt keine Mühe kostet, den unglücklichen König wider dieselben zu rechtfertigen. Selbst die Geschichte spricht seinen Verräthern das Urtheil der Verdammung. Denn es ist nichts leichter, als einen Monarchen, dem man seine geschicktesten Minister durch offenbare Ränke raubt, in den Verdacht zu bringen, daß er nicht Fähigkeiten genug habe, den Staat zu regieren. Die Jesuiten hatten nicht allein alle seine Minister, sondern sogar auch seine Kammerbediente, theils gestürzt, theils heimlich aus dem Wege geräumt **). Wie konnte aber der König in diejenigen ein Vertrauen setzen, die von seinen Verräthern in die Stellen der Gestürzten oder heimlich hingerichteten geschoben wurden? Und hatten nicht die Jesuiten schon gleich zur Zeit, als er noch unmündig war, planmäßig an seinem Falle gearbeitet?

Was von dem Vorgeben, daß Alphons tyrannisch regiert habe, zu halten sey, weiß jedermann, der mit den Begriffen bekannt ist, welche die Jesuiten von Tyrannen und rechtmäßigem Tyrannenmord in der Welt ausgebreitet. Philipp II. der seine Unterthanen am Feuer braten, und in Fässer verschlossen ins Meer versenken ließ, war nach der

---
*) Recueil chronologique l. c. §. 567. pag. 278.
**) Ibid. l. c. §. 488—520. pag. 190—231.

Neuntes Buch.

Moral der Jesuiten ein Gerechtigkeit liebender Fürst, indessen Alphons, der keinen einzigen Unterthan aus blosser Willkür oder durch barbarische Gesetze erwürget, nur deswegen ein die Königsgewalt mißbrauchender Tyrann heissen mußte, weil er sich aus ihrem Orden keinen Beichtvater wählte, und durch sie nicht unbeschränkt sein Ministerium beherrschen ließ.

Mit der schlechten Finanzverwaltung hatte es die gleiche Beschaffenheit. In einem Reiche, worinn bürgerliche Kriege herrschen, mußten die Einkünfte der Krone fast allemal Schaden leiden. Indessen beweiset gleichwohl die Geschichte, daß der Reichthum des Staats unter seiner Regierung sehr blühend war; und kann also der Vorwurf einer schlimmen Finanzverwaltung nur in so ferne statt haben, daß Alphons für die Bereicherung der Jesuiten nicht so viel verwendete, als seine Vorfahren.

Indessen bot ihnen die Reichsständeversammlung, die durchaus von ihrem Einflusse beherrscht wurde, eine sehr bequeme Gelegenheit dar, die Lieblingsgrundsätze ihres Ordens in Umlauf zu bringen. In der That war auch die Untersuchung der Hauptfrage, ob die Stände berechtiget seyen, ihren rechtmäßigen König abzusetzen, sehr nach dem Geschmacke der Jesuiten; besonders zu einer Zeit, in welcher sie die Grundsätze der römischen Nachtmahlsbulle zum allgemeinen Staatsrechte aller Regierungen machen wollten. Bisher behaupteten die portugiesischen Stände eine sehr eingeschränkte Macht, und wurden gemeiniglich nur in den ausserordentlichen Fällen zusammenberufen, wenn es um neue Auflagen zu thun war. Allein nun warfen die Jesuiten die monarchische Verfassung zu Boden, indem sie mittelst des an sich sehr natürlichen Grundsatzes, daß die höchste Gewalt der Könige ursprünglich vom Volke herrühre, den Ständen das Recht einräumten, ihre Monarchen willkürlich abzusetzen, wenn sie die anvertraute

Macht tyrannisch mißbrauchen. Es ist kein Zweifel, daß solche Maximen ungemein nachtheilige Folgen haben, wenn eine so unbeschränkte Macht, wie nun durch Hülfe der Jesuiten die Reichsstände behaupteten, in treulose Hände geräth. Denn von dieser Zeit an wurde der Glanz eines portugiesischen Königes, der bis dahin unbeschränkter Monarch war, zum Schatten eines Privatmannes herabgewürdigt, indessen die Jesuiten einen aristokratischen Staat bildeten, der von ihnen willkürlich beherrscht wurde. Anfangs hatten sie zwar, nach dem Beyspiele aller derjenigen, die sich widerrechtlich zu Beschützern eines unterdrückten Reiches aufwerfen, die schlaue Vorsicht, dem Volke mit der täuschenden Vorstellung einer demokratischen Regierung zu schmeicheln. Sie schwiegen gleichgültig zu den offenbarsten Verletzungen der natürlichen und positiven Gesetze, und ernährten auf solche Weise in den niedrigsten Volksklassen den Wahn, daß die Freyheit, welche sie mittelst ihrer Repräsentanten über die Tyranney errungen hätten, ihre Ausschweifungen rechtfertige. Diese politische Verwirrung veranlaßte den damaligen englischen Gesandten Rogert Southwel, der sich eben zur Zeit dieser Revolution am portugiesischen Hofe befand, in einem Schreiben an den Staatssekretär seines Königs die Bemerkung zu machen: „Daß mehr als ein „halbes Jahrhundert erfodert werde, um die „Unterthanen dieses Reiches wieder an Gesetze, „und an eine souveräne Herrschaft zu gewöh„nen *)". Aber diese Demokratie war von keiner langen Dauer. Das Volk, dem man alle Einsichten und allen freyen Vernunftgebrauch schon lange geraubt hatte, mußte sich dem Joche einer verhaßten Aristokratie unterwerfen, an deren Spitze die Jesuiten sich stellten, die keine andere Jurisprudenz und keine andere Moral aufkommen

---

*) Recueil chronologique Tom. III. §. 686. pag. 2.

ließen, als jene, die dem Intereſſe ihres Ordens
angemeſſen war *).

Fünftes Kapitel.

Verhalten der Jeſuiten unter Dom Pedros
Regentſchaft. Sie ſind gute Freunde der
Juden Ihre Bemühung, die Inquiſizion
unter ihre Gewalt zu bekommen. Anſtal-
ten, mittelſt der Miſſionen im portugieſi-
ſchen Indien eine von der weltlichen Macht
unabhängige Monarchie zu errichten.

Die Stände hatten ihrem rechtmäßigen Monarchen nichts weiter als den königlichen
Titel gelaſſen, und ſeinem Bruder Dom Pedro
in der Eigenſchaft eines Regenten die Regierungsgewalt übergeben. Gleichwie dieſer Prinz faſt einzig nur den Bemühungen der Jeſuiten eine Würde,
wornach ſein Ehrgeiz ſo unmäßig ſtrebte, zu
verdanken hatte; ſo war es ſeinerſeits nicht anders als billig, dieſelben an der Macht, die ſie ihm
durch ihre Ränke verſchafften, Antheil nehmen zu
laſſen. Dieſes geſchah denn auch auf eine bisher
noch ganz ungewöhnliche Weiſe. Denn nicht zufrieden, den Emanuel Fernandez öffentlich zu ſei-

*) Après avoir achevé de detruire entièrement la Mo-
narchie, les Jeſuites travaillerent promptement a ſup-
primer auſſi la Democratie, & à reduire tout le gouvernement de Portugal & de ſes domaines a une
Ariſtocratie apparente, laquelle n'ayant point d'autre morale que les leurs, devint réellement, au lieu
d'une veritable Ariſtocratie, une pure Machine politique que les eſprits & les intérêts de ces Religieux
faiſoient mouvoir à leur gré. En un mot, tout cela
ſe reduiſit à un deſpotiſme de l'abſolu conſiſtoire Je-
ſuitique. Ibid. l. c. §. 687. pag. 3.

nem Beichtvater genommen und ihn zum geheimen Rathe gemacht zu haben, ernannte er ihn auch noch zum Deputirten einer beständigen Kommission, zu welcher bisher nur der vornehmste Adel des Reiches gezogen wurde, und dessen Geschäfte unmittelbaren Bezug auf die Sicherheit des Staates, und auf das Kriegswesen hatten. Allerdings war es eine ausserordentliche Erscheinung, an der Spitze des Kriegsrathes einen Jesuiten zu sehen, dessen Beruf am allerwenigsten darinn bestehen sollte, sich in Kriegsgeschäften gebrauchen zu lassen. Allein es gehörte nun einmal in den Plan dieses Ordens, sich nach und nach aller höchsten Tribunalien zu bemeistern, um ihren Despotismus verewigen zu können. Das Aussehen, welches die Wahl ihres **Fernandez** machte, und das Befremden derjenigen, welche bisher in den Jesuiten nur Gewissensregierer, und keine erklärte öffentliche Kriegs-und Staatsminister zu sehen gewohnt waren, einigermassen zu vermindern, so streuten seine Genossen das Gerücht aus, als habe **Fernandez** wider den Willen seiner Vorgesetzten jene glänzende Stellen angenommen. Sie retteten durch dieses betrügliche Vorgeben zwar die Lauterkeit ihres Instituts, welches allen Ordensgliedern nachdrücklichst verbietet, sich in weltliche Geschäfte zu mischen, oder ohne Bewilligung des Generals irgend eine Würde anzunehmen. Allein im Grunde war man doch gar wohl davon unterrichtet, daß **Fernandez**, unbeschadet der Gelübde, die er als Professe vom höchsten Grade beschwor, doch Minister, und zwar mit Gutheissen seiner Vorgesetzten, seyn konnte, weil es dem Orden Vortheil brachte, durch seine Glieder den ganzen weltlichen Staat beherrschen zu lassen.

Seine Genossen machen daraus kein Geheimniß, daß die wichtigsten Staatsgeschäfte durch seine Hände giengen: „**Lom Pedro**, (sagt **France** in seinem **Tugendspiegel** von Coimbra *) „vertraute ihm nicht nur. sein Gewissen, „sondern zog ihn auch in Geschäften von höchster „Wichtigkeit zu Rathe". Der ganze Hof, le= merit Seabra **), hieng von den Launen dreyer Jesuiten ab, des Fernandez, Deville, Beichtva= ters der Königinn, und des Nuno da Cunha, der in Ausübung der gröften Kabalen grau gewor= den. Dieses schreckliche Triumvirat theilte die Souverainität unter sich, und wurde allen denje= nigen furchtbar und gefährlich, die nicht blindlings die Geseze befolgten, die aus dem Profeßhause der Jesuiten zum Vorscheine kamen.

Man thut den Jesuiten grosses Unrecht, wenn man ihnen nur schändliche Entwürfe und Verbre= chen zur Last legt, welche Religion und Mensch= heit beleidigen; und es ist auch gar nicht meine Absicht, ihnen alle Fähigkeit zu schönen und edlen Handlungen abzusprechen ***). Aber die Gerech= tigkeit erfordert es, den Werth jeder nüzlichen Anstalt nach den Privatabsichten desjenigen zu be= urtheilen, der dieselbe trift. So haben sie sich z. B. unter Dom Petros Regentschaft ein sehr gros= ses Verdienst um die Menschheit dadurch erwor= ben, daß sie sich der Juden, die durch die Gese= ze der portugiesischen Inquisizion allzu barbarisch behandelt wurden, mit ungemein thätigem Eifer angenommen: Allein die Absicht, die mit dieser dem Anschein nach so verdienstlichen Handlung ver=

---

*) S. Maj. lui confiant non-seulement sa conscience, mais les affaires les plus importantes, dans lesquelles il donna toujours son avis avec vigueur. Tableau de la vertu de Coimbre. n. 19. pag. 596.

**) Recueil chronologique. l. c. §. 690. pag. 5.

***) Alles Mißverständniß zu vermeiden, muß ich hier anmerken, daß ich nur immer im Allgemeinen den gan= zen Jesuiterorden verstehe. Denn, daß einzelne Glieder desselben sich durch Tugend und Redlichkeit ehrwürdig machten, kann nicht geläugnet werden.

bunden wurde, beschuldiget sie offenbar des Eigennutzes. Sie kannten die Juden für eine reiche und thätige Nazion. Sie wollten, daß die Krone ihr Indien wieder erobern möchte, damit sie in Gemeinschaft der Juden sich der reichen Handlung dieses Landes bemächtigen könnten. Aber wie konnte Portugal bey seinen erschöpften Finanzen so etwas unternehmen? Die Auflösung dieser bedenklichen Frage kostete den Jesuiten keine Mühe. „Ohne den öffentlichen Schatz angreifen zu müssen, (sagte Pater Balthasar da Costa in einem Schreiben an den königlichen Beichtvater und Minister Fernandez **), kann die Ausführung eines solchen Unternehmens zu Stande kommen. Sie fragen mich, auf welche Weise? Und ich antworte Ihnen: Durch ein Mittel, welches weder menschlichen noch göttlichen Gesetzen zuwider ist, ja sich sogar mit beyden wohl verträgt; indem man dabey nur eine der höchsten Eigenschaften Gottes, seine Barmherzigkeit gegen Sünder, nachahmen würde; eine Eigenschaft, deren Nachahmung vorzüglich regierenden Monarchen nicht genug empfohlen werden kann. Ich erkläre mich deutlicher. Welcher vernünftige Mensch würde nicht von Rechtswegen den Regenten loben, wenn er der jüdischen Nazion eine allgemeine Verzeihung bewilligte"? Nach dieser Einleitung entwickelte da Costa sehr deutlich die Folgen, die aus so einem Generalpardon entstehen müßten. Die jüdische Nazion (sagte er) würde sich beträchtliche Summen kosten lassen, um aus den grausamen Händen der Inquisizion erlöset zu werden. Mit diesen Summen könnte sich die portugiesische Krone einen Weg nach Indien bahnen, und eine indianische Kompagnie errichten, die für den inländischen Handel ungemein vortheilhaft seyn würde. Bisher hätten sich

sehr

*) Recueil chronologique. l. c. §. 701. pag. 13. & seqq.

Neuntes Buch.

sehr viele heimliche Juden, aus Furcht vor der Konfiskazion ihrer Güter, mit ihren ansehnlichen Kapitalien ins Ausland geflüchtet. Daraus entstünde für den Handel ein wesentlicher Nachtheil. Es wäre also dem Interesse des Reiches allerdings angemessen, wenn die Inquisizion ihr Verfahren gegen die Juden änderte, und sich hierinn an die römische Geseze hielte, welche diese Nazion unter ihren Schuz nehmen. Man dürfe das Geschrey der Zeloten nicht achten, denen das Interesse der portugiesischen Inquisizion am Herzen liege. Um aber auch hierinn sicher zu gehen, so müsse sich der Regent geraden Weges an den römischen Hof wenden, an welchem bereits diese Angelegenheit durch den Einfluß des Pater Anton Vieira thätigst betrieben werde, u. s. f."

Fernandez fand die Vorschläge seines Mitbruders sehr ausführbar, und trat sogleich mit den Juden in geheime Verhandlungen. Die Bittschrift, mit welcher sie sich an den Thron wendeten, war die Arbeit dieses Jesuiten, und folgenden Inhalts: „Die jüdische Nazion verlangt nur, daß ihre Sachen in Betracht ihrer Strafbarkeit mit katholischer Wahrheit untersucht werden, um das Unschickliche zu vermeiden, das in den Prozessen, nicht aus Schuld des H. Inquisizionsgerichts, welches sie für gerecht und barmherzig erkennt, sondern der Unordnungen und Falschheiten wegen sich ereignen kann, welche in den Anklagen gewisser partheyischer und übelgesinnter Leute offenbar zu Tage liegen. Sie verlangt also, daß ihr für dießmal eine allgemeine Verzeihung gestattet, alle Eingekerkerte losgelassen, und in Zukunft so gerichtet werden, wie der H. Vater in Rom zu richten pflegt. Dagegen erbietet sich gemeldte Nazion, zur Verherrlichung der Ehre Gottes und Erhöhung des Glaubens Jesu Christi, gleich im Märs 1673. 1) Auf ihre Kosten fünftausend Mann in Indien zu stellen, und alles, was nöthig seyn wird, herzugeben. Sie wird die Kosten des Transports bezahlen; sie wird die Fahrzeuge vom Könige nehmen, die Fracht entrichten, und für die Gefahr zur See, Seeräuber und Feuer gut sprechen. 2) Alle zwey Jahre wird sie dort 1200 Mann auf ihre Kosten unterhalten, und nach solchen Gegenden transportiren, wo ihre Gegenwart nöthig seyn wird. 3) Alle drey Jahre wird sie zum Unterhalt der Truppen, die nach Indien bestimmt sind, 20000 Crusados hergeben. 4) Sie wird alle Missionarien mit Reisegeld versehen, und die Wechselbriefe aller Bischöfe in Indien bezahlen, und verpflichtet sich 5), eine indische Handelskompagnie zu errichten, und mit Kapitalien zu versorgen."

Bisher hatte die ganze Geschäftsbehandlung, wenn man die eigennützigen Absichten, die dabey zum Grunde lagen, abrechnet, so ziemlich das Gepräge einer menschenfreundlichen Politik. Allein die Art, wie die Jesuiten dabey zu Werke giengen, vereitelten am Ende den ganzen Plan. Denn anstatt der höchsten weltlichen Macht die Entscheidung dieser Sache zu überlassen, schlugen sie dagegen den Rekurs nach Rom ein. Bisher war das Inquisitionsgericht von Portugal immer ein ganz unabhängiges Krontribunal, über welches die römischen Päbste keine Oberherrschaft behaupten konnten. Daß also die Jesuiten, um den Juden ihr Schicksal zu erleichtern, sich nach Rom wendeten, war eine offenbare Verletzung des portugiesischen Staatsrechts, und eine Kränkung der höchsten königlichen Gerichtsbarkeit. Klemens X. ergriff die Gelegenheit, die sich ihm unter so erwünschten Umständen darbot, den Thron von Portugal seiner Gerichtsbarkeit zu unterwerfen, mit stolzem Triumphe, und ließ sogleich durch seinen Nunzius das königliche Inquisitionsgericht von Lissabon schliessen, und die Registratur unter päbstliche Siegel legen. Darüber entstund ein weit aussehender Zwist, in welchem Dom Pedro, unter dessen mißbrauchten Namen die Jesuiten nach Rom appellirten, eine erbärmliche Figur spielte. Denn die portugiesischen Bischöfe und die Inquisitoren giengen so weit, zu behaupten, daß es in ihrer Macht stünde, Könige abzusetzen. Die Jesuiten triumphirten über diesen Mißbrauch, und es war ihnen eines Theils erwünscht, daß die Inquisizion in einem so hohen Tone gegen Könige sprach. Denn während in Portugal eine ärgerliche Trennung zwischen dem Monarchen und der Klerisey herrschte, suchten sie, unter dem Vorwande, das königliche Ansehn wider die unerträglichen Anmassungen der Bischöfe zu schützen, sich selbst die ganze Inquisizion in die Hände zu spielen. Sie ermunterten von Rom aus den Regenten, mit beharrlichem Ernste auf seiner Appellazion an den päbstlichen Hof zu halten, und machten ihm den Vorschlag, einen neuen Generalinquisitor zu ernennen, und diese Würde einem Jesuiten zu übergeben *). Es läßt sich leicht denken, welche Mißbräuche nothwendig daraus erfolgt wären, wenn die Jesuiten ein so furchtbares Tribunal in ihre Gewalt bekommen hätten. Nur ihrer allzu unbändigen Begierde, mit welcher sie nach dieser Macht strebten, und ihrer ungeduldigen Geschäftigkeit, bey welcher sie ihre Absichten allzu deutlich an den Tag gaben, mußten sie es zuschreiben, daß sich das ganze Geschäft fruchtlos zerschlug. Mit mehr Klugheit, und wenn sie sich nicht so gewaltig und so beleidigend hervorgedrängt hätten, würden sie das glänzende Ziel ihrer Wünsche erreicht haben. Aber unglücklicher Weise hatten sie den Bischöfen und den Inquisitoren selbst die Waffen in die Hand gegeben, mit welchen sie besiegt wurden. Durch die heimliche Unterstützung des verhaßten Grundsatzes, daß die

Dd 2

*) Recueil chronologique l. c. §. 713. pag. 34. & seq.

Monarchie dem Inquisizionstribunale untergeordnet seyn müsse, hatten sie dieses Gericht allzu mächtig und furchtbar gemacht, als daß sich diejenigen, die bisher im Besitze desselben waren, so ganz ohne Widerstande hätten abtreiben lassen.

Was der Orden durch den mißlungenen Versuch, die Inquisition in seine Gewalt zu bekommen, einerseits verlor, dafür wußte er sich anderseits wieder auf eine andere Weise schadlos zu halten. Schon unter Johanns IV. Regierung entstund in Lissabon für die auswärtigen Missionen eine eigene Gerichtsstelle, wozu der General der Gesellschaft die Intendanten erwählte. Die Verrichtungen dieses Tribunals sollten zwar nur darinn bestehen, die Angelegenheiten der Mission, in so ferne sie die Bekehrung der Ungläubigen in Indien betreffen, in gehöriger Ordnung zu besorgen. Allein bald überschritt man die gesetzten Schranken, und es war nun nicht so fast mehr davon, wie die Heiden zu bekehren seyen, als vielmehr von dem Nutzen die Rede, den der Orden von der Handelschaft mit diesen Völkern ziehen könnte. Die Verordnungen, die von Zeit zu Zeit gemacht wurden, beweisen dieses sehr deutlich. Denn schon im Jahre 1676 erschien für das Gouvernement von Angola ein Gesetz, welches allen Weissen (naturalisirten Europäern) verbietet, unter irgend einem Vorwande mit den Schwarzen (Negern) Handelschaft zu treiben. Sie sollen sich sogar nicht unterfangen, tiefer ins Land zu gehen, und die gewöhnlichen Jahrmärkte zu besuchen. Aus dieser Verordnung, bemerkt Seabra*), läßt sich offenbar die Absicht erkennen, den Jesuiten die ganze Handelschaft in die Hände zu spielen. Denn es mußte ihnen daran liegen, alle Europäer zu entfernen, die entweder das Geheimniß ihres strafbaren Kommerzes entdecken, oder aber durch den

---

*) Recueil chronologique l. c. §. 727. pag. 49.

Neuntes Buch.

geringern Vortheil, den sie auf den eingehandelten Waaren genommen hätten, das Interesse, das der Jesuitenorden darauf gewann, vermindern konnten.

In den Provinzen Groß Para und Maragnon entstunden Empörungen, weil sich die Missionarien in weltliche Sachen mischten. Diesem Uebelstande zu steuern, verordnete König Alphons im Jahre 1663, daß weder die Jesuiten, noch andere Religiosen eine weltliche Gerichtsbarkeit in diesen Gouvernements ausüben sollten; und daß die freyen Indianer aus ihren eigenen Zünften sich ihre Vorgesetzten erwählen könnten. Diese Einrichtung konnte den Jesuiten in keinen Absichten behagen, und mußte ihnen auch des Grundes wegen unerträglich seyn, weil sie schon lange den Plan entworfen hatten, aus diesen Provinzen eine von aller weltlichen Herrschaft unabhängige, und nur allein ihrer Willkühr unterworfene Ordenskolonie zu machen. Hiezu bot ihnen die folgende Regierung willige Hände dar. Denn sie gestattete ihnen*), daß in Zukunft die Gesellschaft Jesu nicht nur allein die geistliche, sondern auch die weltliche und politische Regierung in diesen Provinzen besorgen sollte. Zu dem Ende sollten zween Generalprofuratoren von dem Vorsteher der Mission erwählt, und ihnen solche Vorschriften gegeben werden, wie gedachte Vorsteher mit Zuzug aller Missionsväter sie zu entwerfen für gut befinden werden. In den Städten und Flecken sollen sich keine andere Personen, als eingeborne Indianer sammt ihrer Familie, aufhalten dürfen; und zwar der schlimmen Folgen wegen, die aus der Vermischung der Europäer mit jenen Völkern entstehen könnten. Deßwegen soll der Gouverneur alle Weissen und Mamelucken **) fortschaffen,

---

*) Ibid. l. c. §. 731. pag. 52.
**) Kinder, die aus den vermischten Ehen der Europäer mit Indianerinnen entsprossen.

und ihnen zu keinen Zeiten die Wiederkehr gestatten. Wer sich nach Bekanntmachung dieser Verordnung säumt, seinen Aufenthalt zu verlassen, soll öffentlich durch die Strassen der Stadt mit Ruthen gestrichen, und, falls er ein Adelicher wäre, auf fünf Jahre nach Angola, und zwar ohne alle Appellationsgestattung, verwiesen werden.

Aus solchen Verordnungen, die sich eben so wenig mit den Grundsätzen des allgemeinen Völkerrechts, als mit dem wahren Interesse der potugiesischen Monarchie vereinbaren lassen, kann man sehr leicht die Absichten und die Anstalten erkennen, welche die Jesuiten getroffen hatten, einen in jenen Provinzen ganz unabhängigen Staat zu errichten.

Sechstes Kapitel.

Planmäßige Bemühungen der Jesuiten, die katholische Religion in England einzuführen. In wie ferne ihnen ihr Vorhaben unter den Regierungen Jacobs I. Karls I. und Karls II. gelungen. Merkwürdige Verschwörung unter Karls II. Regierung.

Die Katholiken hatten in England immer ein besonderes Schicksal. Man sah sie für gefährliche Unterthanen, für Rebellen und für Leute an, welche die freye Regierungsverfassung des Reiches umzustossen Vorhabens wären. Es erschienen von Zeit zu Zeit strenge Gesetze wider sie; allein sie wurden nicht allemal befolgt. Es ist sogar wahrscheinlich, daß Elisabeths Nachfolger heimlich die Katholiken begünstigten, um sich ihrer zu Unterdrückung der allzu grossen Parlamentsmacht zu bedienen. Aus diesem Grunde mochte vielleicht Jakob I. nie sehr strenge auf die Vollstreckung jener wiederholten Verordnungen gedrun-

Neuntes Buch.

gen haben, wodurch allen Papisten, die den Eid der Treue nicht leisten wollten, England zu verlassen befohlen wurde. Freylich schien er sich auch zu bereden, daß der Katholizismus nur in so ferne schädlich und gefährlich sey, als derselbe mit der römischen Hierarchie in Verbindung stünde. Er wähnte also, daß alle diejenigen, die sich seiner vorgeschriebenen Eidesleistung unterworfen hätten, gehorsame und treue Unterthanen seyen. Allein dieser Wahn war sehr betrüglich. Die Geschichte beweiset, daß die Jesuiten, welche diesen Eid mit so unbeschreiblicher Hitze anfochten, gleichwohl einer Menge Katholiken erlaubten, denselben mit geheimem Vorbehalte zu leisten; und man ist sogar auf Spuren gekommen, daß eben diese Ordensleute, und zwar mit Bewilligung ihrer Vorgesetzten, öffentlich zur Parthey der Presbyterianer traten, um desto heimlicher und mit sicherm Erfolge Proselyten der römischen Kirche zu machen *).

Die Nachsicht, mit welcher Jakob I. gegen die Katholiken verfuhr, schien den Plan der Jesuiten ungemein zu begünstigen. Sie verbreiteten in heimlichen Missionen die Grundsätze ihrer Kirche, und schoben sowohl in Hofdienste als in die Parlamente ihre Kreaturen ein. So ganz verborgen konnten die Anstalten, die sie trafen, doch nicht bleiben; und das Mißtrauen gegen eine Sekte, die man aller Verbrechen fähig glaubte, wuchs von Tag zu Tage stärker. Den Fehler, den Jakob durch sein zweydeutiges Betragen machte, mußte sein unglücklicher Sohn Karl I. büssen. Er strebte mit mehr Eifer als Klugheit nach Despotismus. Man glaubte in ihm zu gleicher Zeit einen Feind der herrschenden Religion und der Staatsverfassung befürchten zu müssen. Es fehlte ihm an Glück und an Unterstützung, seine Plane auszuführen. Ju

---

*) Rapin von Thoyras Geschichte von England. Band V. Buch XVIII. S. 446.

dem auſſerordentlichen Schrecken, in welchem das Volk nur Feinde ſeiner Freyheit zu ſehen glaubte, verleitete der herrſchſüchtige Cromwell die großmüthigſte Nazion von der Welt, ein Verbrechen zu begehen, wovon die Geſchichte kein Beyſpiel aufzuweiſen hat. Sie ließ ihm den 30. Jenner 1649 auf öffentlichem Schaugerüſte das Haupt abſchlagen.

Die Geſchichte führt es als eine Hauptveranlaſſung dieſes unglücklichen Falles an, daß Karl zu viele Partheylichkeit gegen die Katholiken bewieſen habe. Die Parlamente beſchuldigten ihn deſſen ſehr oft. „Er habe" (ſagten ſie) „mit den „Papiſten geheime Verträge gemacht; er ſey ein „Freund der Jeſuiten, ob er gleich zum Scheine „das Gegentheil ſeyn wolle; er bediene ſich derſel„ben zu geheimen Verrichtungen; er habe während „ſeiner Regierung viele öffentliche Katholiken zur „Pairswürde erhoben, und die Vollſtreckung der „Parlamentsverordnungen, die unter Eliſabeths „Regierung wider die Anhänger des Pabſtthums „gemacht worden, durch Gegenbefehle aufgehalten; „die mit aller Gewalt in Irrland geſchehene Ein„führung der römiſchen Religion, und die daraus „erfolgte Niedermetzlung von mehr als 150000 Pro„teſtanten ſey größtentheils ſeiner Neigung zu die„ſer Religion zuzuſchreiben, weil er es unterlaſſen „habe, die Aufrührer zu beſtrafen, und weil man „beweiſen könne, daß der Aufruhr durch geheime „Winke vom Hofe aus unterſtützt wurde u. ſ. f."
Nicht ganz ohne Grund konnten ihm ſolche Vorwürfe gemacht werden. Ob er gleich ſelbſt bis an ſein unglückliches Ende der biſchöflichen Kirche getreu blieb, ſo hatte er doch durch ſeine Nachſicht gegen die Katholiken, und dadurch, daß er ihnen in den erſten fünfzehn Jahren ſeiner Regierung die wichtigſten Bedienungen anvertraute, und ſie zu geheimen Räthen, Staatsſekretairs und Statthal=

tern in den Provinzen beförderte, zu dem Verdacht
Anlaß gegeben, als begünstige er eine Religion,
die dem Volke verhaßt war *). Allein verschiedene Rückſichten ſcheinen ihn bewogen zu haben, keine andere als gelinde Maßregeln wider die Anhänger der römiſchen Kirche zu nehmen. Einmal
hatte er eine franzöſiſche Prinzeſſinn zur Gemahlin, welche eine eifrige Katholikinn, und in der
Gewalt eines Jeſuiten war, dem ſie die Regierung ihres Gewiſſens anvertraute. Karl war ein
zärtlicher Ehegatte**), und es läßt ſich begreifen,
wie viel er auch, einzig nur in der Abſicht, der
Königinn zu gefallen, zum Beſten ihrer Religion
werde gethan haben. Aufferdem noch iſt, wie Rapin anmerkt***), ſehr wahrſcheinlich, daß dieſe
Prinzeſſinn unter dem Beyſtande ihrer Hofbedienten, welche ſämmtlich Katholiken waren, manches
zu Gunſten ihrer Kirche verfügt habe, ohne eben
ihrem Gemahle davon Rechenſchaft gegeben, oder
ihn auch nur darüber zu Rathe gezogen zu haben.
Es iſt ſich nicht zu verwundern, wenn man dem
Könige auch ſolche Dinge, woran er eigentlich keinen unmittelbaren Antheil genommen hatte, zur
Laſt legte. Wenn er ſich zur Zeit, als er mit dem
Parlamente in Zerwürfniſſe und in offener Fehde
war, katholiſcher Unterhändler bediente, ſo bewei-
ſet dieſer Umſtand, daß er ſich auf ſie in jenen
bedenklichen Umſtänden verlaſſen konnte, und daß
ſie des Schutzes, den er ihnen während ſeiner beunruhigten Regierung gab, nicht ganz unwürdig
waren. Denn nicht die Katholiken, ſondern die
herrſchſüchtige Wuth der Independenten haben ihn
aufs Schaffot geführt. Gleichwohl könnte man an-
derſeits auch mit ſehr wahrſcheinlichen Gründen

---

*) Ebendaſ. Band VII. Buch XXI. S. 349.
**) Hiſtoire de la Maiſon de Stuart. Par *Hume*. Tom. II.
§. X. pag. 172.
***) Geſchichte von England l. c. S. 350.

annehmen, daß er sich unter den Papisten einen Anhang machte, um über die parlamentarische Fakzion wo nicht die Oberhand, doch wenigstens das Gleichgewicht behaupten zu können. Die Grundsätze von Unabhängigkeit, welche von dieser Zeit an in beyden Häusern immer herrschender wurden, konnten sich nimmermehr mit der Erhabenheit eines souverainen Monarchen vertragen, dem die Schranken, die man der willkürlichen Gewalt setzte, immer lästiger wurden.

Daß die vermummte Person, welche gleich nach der Vollziehung des Urtheils das von Blut triefende Haupt des Königes aufhob, und dasselbe dem umstehenden Volke mit den Worten zeigte: Sehet den Kopf eines Verräthers! der Königinn Beichtvater gewesen sey *), daran läßt sich sehr zweifeln. Freylich schienen die Jesuiten nicht ganz mit Karln zufrieden gewesen zu seyn. Denn er hatte sein Versprechen, welches er bey seiner Verehelichung gethan, die katholische Religion in England einzuführen, nur halb erfüllt. Er ließ sich auch, nach ihrem Zeugnisse **), öfters, aber vergebens daran erinnern. Mehrere Jesuiten gaben, als die schreckliche Nachricht von der Hinrichtung des Königes erscholl, im Ausland zu verstehen, daß der katholischen Kirche durch diese Begebenheit ein grosser Vortheil zugewachsen sey. Ja ein französischer Jesuite in Paris hatte sogar die Verwegenheit, eine englische Dame, welche über das klägliche Ende ihres Monarchen weinte, mit der barbarischen Versicherung trösten zu wollen, daß Karl keines Mitleidens werth, und ein gefährlicher Feind der katholischen Kirche gewesen sey. Es geschah diesem ungeschickten Tröster nicht ganz unverdienter

---

*) Rolle der ehrwürdigen Pater Jesuiten auf dem Schauplatze der Welt. S. 15.
**) Daselbst l. c.

Neuntes Buch.

Lohn, daß ihn die aufgebrachte Dame die Treppe hinunter werfen ließ *).

Was auch diese Umstände immer für eine Beweiskraft haben mögen, so ist doch so viel aus der Geschichte erwiesen, daß die Jesuiten nach Karls Hinrichtung keinesweges ihr Ansehn in England verloren, und sich unter der Regierung seines Sohns Karls II. ungemein schnell vermehret haben. Dieser hatte schon, als er sich auf seiner Flucht in Deutschland aufhielt, heimlich zu Kölln am Rhein in die Hände des Kardinals Rez das katholische Glaubensbekenntniß abgelegt. Freylich geschah dieses nicht aus Grundsätzen, oder aus Ueberzeugung. Denn er war gegen alle Religionen gleichgültig, und machte sich kein Bedenken, an dem gleichen Tage das Abendmahl in zweyen verschiedenen Kapellen, in der protestantischen öffentlich, und in der katholischen heimlich zu geniessen. Dabey waren seine moralischen Grundsätze nicht die edelsten. Er zweifelte, ob es in der Welt wirklich Ehre und Tugend gebe, und glaubte, daß alle Menschen nur aus Eigennutz handelten **). Daher hatte er selbst gegen seine getreuesten Minister nie ein aufrichtiges Zutrauen, und er sah alle seine Bediente für Schelme an, die ihm nur ihres eigenen Vortheiles wegen dienten. Dabey überließ er sich ohne alle Mässigung den wollüstigsten Ausschweifungen. Oft hatten seine Staatsräthe Mühe, Gelegenheit zu finden, ihm ihre Geschäftsvorträge zu machen. Er schwelgte die meiste Zeit in den Armen seiner Maitressen, die das ganze Ansehn bey Hofe gleichsam gepachtet hatten, und denen er nichts abschlagen konnte. Der Hof bildete sich, wie ganz natürlich, nach dem Beyspiele des

---

*) Daselbst l. c.
**) *Hume* Histoire de la Maison de Stuart. Tom. III. §. VIII. pag. 360.

Königes. „Aller Umgang", sagt Rapin *), „bestund „in lauter Ergötzlichkeiten und Schwelgereyen, und „die Laster zeigten sich daselbst ganz aufgedeckt und „ohne Scheu. Nie hatte man in England einen „ausgelassenern Hof gehabt, als diesen, und zum Un„glücke ließ sich auch das gemeine Volk von dem „schlimmen Beyspiel, das man ihm gab, zu ähn„lichen Ausschweifungen hinreissen." Was bey solchen Umständen den Jesuiten ungemein erwünscht seyn mußte, war der Umstand, daß nur meistens Katholiken, oder Leute, die gar keine Religion hatten, bey Hofe im Ansehn stunden. Ausserdem, daß sich seine begünstigten Höflinge keine Mühe gaben, den Wachsthum der Katholischen zu hemmen, so wurde er vielmehr von Frankreich aus, mittels des königlichen Beichtvaters la Chaise, fast nur mit Maitressen versehen, welche mit den Jesuiten im Spiele waren**). Seine meisten Minister bekannten sich theils heimlich, theils öffentlich zur römischen Kirche. Sein Bruder, der Herzog von York, war ein erklärter Katholike; und da er bey weitem mehr Einkünfte und mehr Verstand als der König hatte, so war es ihm ein leichtes, den Staatsrath fast ganz allein mittels seines Einflusses zu beherrschen. Die Königinn, eine portuglesische Prinzessinn, brachte ihren Beichtvater Anton Fernandez aus Lissabon mit***); und es läßt sich leicht erachten, wie vortheilhaft alle diese Umstände zusammengenommen der Ausbreitung der päbstlichen Religion seyn mußten.

Karl war ein ausserordentlicher Verschwender. Wenn ihn gleich die sehr beträchtlichen Summen, die ihm das Parlament von Zeit zu Zeit bewilligte,

---

*) Geschichte von England. Band VII. Buch XXIII. S. 618.
**) Histoire du P. *la Chaize*, Jesuite & Confesseur du Roi Louis XIV. Part. I. pag. 104. & sq.
***) *Seabra da Sylva* Recueil chronologique. Tom. II. §. 394. pag. 68.

Neuntes Buch. 429

bey weitem reicher hätten machen können, als alle seine Vorgänger, so stack er doch immer in Schulden. Die Menge Kinder, die er ausser der Ehe erzeugte, verursachte ihm grossen Aufwand. Es ist sehr begreiflich, daß der Zwang, sich in Geldbedürfnissen, die oft sehr groß waren, allemal an das Unterhaus wenden zu müssen, für ihn sehr beschwerlich gewesen sey; und es ist kein Wunder, daß seine Günstlinge, die sich durch seine Verschwendung bereicherten, es gerne gesehen hätten, wenn ihr König unumschränkt und in den Stand gesetzt worden wäre, so oft in den öffentlichen Schatz greifen zu können, als es ihm beliebt hätte, ohne um alles, was er nöthig hatte, erst bitten zu müssen. Allein das beklagenswürdige Schicksal seines Vaters mußte ihm noch immer zu lebhaft vor Augen schweben, als daß er es hatte wagen dürfen, für sich selbst etwas zur Erlangung einer unbeschränkteren Herrschaft wider die freye Reichsverfassung zu unternehmen. Diese kluge Furchtsamkeit begleitete allenthalben seine öffentlichen Schritte; und es ist gewiß, daß die Entwürfe des Hofes, die einzig dahin zielten, aus dem Könige einen ganz unabhängigen Souverain zu machen, der hitzigen Gemüthsart des Herzogs von York und der heftigen Gesinnungen der Katholiken ungeachtet, nur nach und nach, und mit vieler Verstellung ausgeführt wurden *).

Indessen ereignete sich eine Begebenheit, die den König in ausserordentliche Verlegenheit setzte. Ein gewisser Oates entdeckte im Jahre 1678 eine Verschwörung, die man in der Geschichte die **papistische** nennt, und deren Anschlag dahin gieng, den König zu ermorden, die Reichsverfassung umzustossen, die protestantische Religion zu vertilgen,

*) Rapin von Thoyras Geschichte von England. Band VII. Buch XXIII. S. 619.

und an deren Stelle die katholische einzuführen *).
Die Aussagen des Angebers dieses Komplottes ent‌hielten wesentlich folgende Hauptumstände:

1) Oates habe sich lange Zeit in dem Jesui‌tenseminar zu St. Omer aufgehalten. Er sey nachher vom Provinzial des Ordens, Pater Stran‌ge, und andern Jesuiten gebraucht worden, ge‌heime Briefe an verschiedene Orte zu bringen, so wie er auch im Jahre 1677 nach Madrid an einen gewissen irrländischen Jesuiten mit Briefen geschickt worden sey, die er unterwegs erbrochen, und daraus ersehen hätte, daß einige Jesuiten nach Schottland abgesandt worden, um die Presbyte‌rianer zur Rebellion zu verleiten.

2) Er habe ferners nach St. Omer einen Brief gebracht, in welchem des Anschlags, den König zu ermorden, ausdrücklich Meldung geschehen sey. Der königl. französische Beichtvater la Chaise habe zu diesem Behufe eigens 10000 Pfund Sterling hergeschossen, und er habe ihm selbst die Danksa‌gungsschreiben überbracht.

3) Er habe auf seinen Geschäftsreisen mehrere Briefe erbrochen, aus denen es sich zeigte, daß der Entschluß gefaßt worden, den König ums Le‌ben zu bringen, die Regierung über den Haufen zu werfen, und die römische Religion wieder her‌zustellen. Die Verschwornen seyen des Erfolges so sicher gewesen, daß einige von ihnen sogar oh‌ne Bedenken behauptet hätten, der König wäre für sie so eingenommen, daß, wenn gleich ihr An‌schlag entdeckt würde, er solches doch nimmer würde haben glauben wollen.

4) Im Monat April 1678 sey er von St. Omer mit verschiedenen Jesuiten nach London gekommen, um einer grossen Rathsversammlung beyzuwohnen, die den 24. des nämlichen Monats in dem Wirthshause zum weissen Pferde auf dem

---

*) Daselbst. Band VIII. Buch XXIII. S. 2.

Strande gehalten worden, und bey welcher fünfzig Jesuiten gegenwärtig gewesen. Man hätte in dieser Versammlung sowohl den Schluß, den König zu ermorden, als auch die Beweise unterzeichnet, wie dieses ausgeführt werden sollte.

5) Er habe auf einer zweyten Reise nach London in Erfahrung gebracht, daß man mit dem Leibarzte der Königinn, Ritter Wackemann, die Verabredung getroffen, den König zu vergiften, und daß sich zwey Jesuiten, Bickering und Grove, angeboten hätten, ihn mit Pistolen zu erschießen.

6) Es sey ihm ausserdem noch bekannt geworden, daß die Jesuiten die letzten Kriege veranlaßt hätten, und daß die im Jahre 1666 ausgebrochene Feuersbrunst in London ein Werk des Provinzials Pater Strange gewesen, welcher dazu ungefähr 80 Personen und 700 Feuerkugeln gebraucht habe. Die Jesuiten hätten dabey nach Abzug ihrer Kosten eine Beute von 14000 Pfund Sterling gemacht, und ausserdem noch ein Kästchen mit Diamanten, die hundert Carat gewogen, in ihre Hände bekommen*).

Während die Parlamente gegen die Beklagten, wovon ein grosser Theil in die Gefängnisse gebracht wurde, einen Inquisiztonsprozeß einleiteten, ließ

*) Hume macht bey Gelegenheit dieser Feuersbrunst die Anmerkung, daß man zwar die Katholiken beschuldiget habe, als hätten sie Feuer eingelegt; aber man sey, so viele Mühe sich auch die Parlamente gegeben, nie auf die eigentlichen Urheber derselben gekommen. Er begreife auch nicht, was die Katholiken für einen Vortheil davon gehabt hätten, London in einen Aschenhaufen zu verwandeln. Aber es sey eben auch kein Wunder, wenn man zu einer Zeit, da man die Katholiken so ausserordentlich haßte, ihnen unbedingt alles zur Last legte, was sie verabscheuungswürdig machen mußte. Histoire de la Maison de Stuart. Tom. III. §. II. pag. 66. & seq.

sich ein gewisser Bedloe freywillig zur Verhaft bringen, weil er Sachen von höchster Wichtigkeit zu entdecken hätte. Er wurde erst von den Staatssekretairen und dann vom Oberhause befragt. Seine Aussagen bestehen im Wesentlichen darinn:

1) Daß er auf Zureden der Jesuiten katholisch geworden sey.

2) Daß der Sekretair der Herzoginn von York, Namens Coleman, hauptsächlicher Beförderer des Anschlags gewesen sey, den König zu ermorden.

3) Daß die Jesuiten ihm zuerst die Verschwörung zu Douvai offenbaret, und vielmal das H. Abendmahl gereicht hätten, um ihn in ihr Geheimniß zu ziehen; daß sie ihn von Douvai nach London an den Pater Harcourt, und dieser ihn kurz darauf nach Paris geschickt hätten.

4) Daß er von den Jesuiten Walsh, le Phaire, Peitchard und Lewis die Namen der Befehlshaber erfahren habe, welche zur Unterstützung der Rebellion die Truppen anführen sollten; daß im die nämlichen Jesuiten entdeckt hätten, was für Truppen angeworben worden, und daß insonderheit zu London 30000 Mann sich einfinden sollten; daß man aus Flandern 10000, so wie auch 20 bis 30000 Mönche und Pilgrime aus Spanien erwarte.

5) Daß der Jesuite le Phaire ihm das Abendmahl gereicht, um ihn ins Komplott zu ziehen, und ihm gesagt habe, wer diejenigen wären, welche ums Leben gebracht, wie auch was für Leute zur Vollstreckung dieses Blutbades gebraucht werden sollten.

6) Daß man beschlossen habe, im Fall einer von den Mitverschwornen verrathen werden sollte, denselben vor seiner Verurtheilung auf die Seite zu schaffen, und das Gefängniß in Brand zu stecken; daß le Phaire, Peitchard, Lewis, Reines und Walsh ihn öfters versichert hätten, wie in ganz England kein Katholike von einiger

Neuntes Buch.

Achtung gefunden würde, welcher nicht von dem Komplotte Wissenschaft, und sich durch Empfangung des Abendmahls verpflichtet haben sollte, dasselbe geheim zu halten.

Dieser war der wesentliche Hauptinhalt der gerichtlichen Aussagen des Oates und Bedloe. Die Geschichtschreiber sind über diese Begebenheit durchgehends im Widerspruche. Der eine verwirft sie gänzlich als eine geflissentlich erdachte Lüge, um die Katholiken verhaßt zu machen; und der andere glaubt, ihre Wirklichkeit durch Thatsachen oder durch Vergleichung mit andern Umständen erweisen zu können. Hume und Rapin sind beyde klassische Geschichtschreiber; nur mit dem Unterschiede, daß ersterer ungemein fruchtbar an Witze und Eleganz, und letzterer mehr trocken und pragmatisch ist. Beyde widersprechen sich. Hume *) legt das allgemeine Mißtrauen der Nazion gegen den Hof, und den Haß der Protestanten gegen die Katholiken zum Grund, und sucht zu beweisen, daß es bey so einer Stimmung der Gemüther einem Betrüger sehr leicht war, durch vorgebliche Komplotte die scheugewordenen Britten zu schrecken. „Alle Anstalten, (sagt er **), „die der Hof traf, waren verdächtig. Jedermann „glaubte und befürchtete nur, daß es auf die Ein„führung einer willkürlichen Gewalt und die Un„terdrückung der Protestanten abgesehen sey. Je„de Bewegung setzte das Volk in Schrecken; und „als sich das Gerüchte von der eben erwähnten „Verschwörung ausbreitete, glich das Staunen „der Engländer dem Erwachen eines Schlafenden „in finsterer Nacht, der jeden Schatten für ein „Gespenst hält. Was einer im betäubenden Schre„cken sah, theilte er seinem Nachbar mit; und

---

*) Histoire de la Maison de Stuart. Tom. III. §. V. pag. 221. & seq.
**) Ibid. l. c.

Gesch. d. Jes. II. Band.   Ee

„da solchergestalt daß Entsetzen allgemein ward, „so verloren die Vernunft und die Grundsätze der „Menschheit ihren Einfluß auf die Gemüther". Einen andern Grund, die Wirklichkeit des Komplottes zu bezweifeln, nimmt Hume von dem Charakter des Angebers her. Dieser war (sagt er *) der schlechteste Kerl, den die Sonne beschien. Durch ruchlose Verbrechen sah er sich genöthigt, katholisch zu werden, wenn er gleich in der Folge die Welt zu bereden suchte, daß er es nur in der Absicht geworden sey, um hinter die Geheimnisse der Katholiken zu kommen, und sie der Regierung anzuzeigen. Es sey eben kein Wunder, wenn er, da ihn seine Liederlichkeit in die äusserste Armuth stürzte, sich durch Bestechung verleiten ließ, das Werkzeug einer Fakzion zu werden, der nichts erwünschter seyn mußte, als das Volk, durch vorgebliche Verschwörungen, gegen den Hof und gegen die begünstigten Katholiken mißtrauisch zu machen. Es sey auch keine sonderbare Erscheinung, wenn ein so verwegener Mensch durch die Erdichtung irgend eines gefährlichen Anschlages gegen die Reichsverfassung sein Glück zu machen hoffte, indem man dasjenige, was man fürchtet, nur allzugerne glaubt. Wie dem auch seyn mag, so ist der Umstand, den Hume von der Liederlichkeit des Oates hernimmt, nicht sehr beruhigend. Man könnte vielmehr gerade das Gegentheil selbst zum Beweise gelten lassen. Daß sich die Jesuiten in Geschäften von solcher Art gemeiniglich nur der liederlichsten Leute bedienten, ist sehr oft bemerkt worden. Ravaillac war ein Auswurf des Menschengeschlechts, und gleichwohl haben sie ihn trefflich zu benutzen gewußt. Je verzweiflungsvoller und verwegener solche Leute sind, die in der Welt nichts mehr zu verlieren, aber viel zu hoffen haben, um so brauchbarer und geschickter sind sie, Verbrechen zu begehen, an die ein nicht ganz ver-

---

*) Ibid. l. c. pag. 227.

Neuntes Buch.

wahrloser Mensch nur mit Abscheu denken kann. Alles, worüber man sich billig verwundern könnte, ist, daß die Jesuiten hierinn einen allzuoffenbaren Mangel an Klugheit zeigten, und den Oates ihren geheimen Rathsversammlungen beywohnen liessen. Vielleicht aber glaubten sie, in diesem Falle keiner besondern Vorsicht benöthiget zu seyn, indem, wie es sich mit vieler Wahrscheinlichkeit vermuthen läßt, der Herzog von York ihrer Parthey ein ungemeines Gewicht verschafte.

Die Prozedur gegen die Angeklagten, und das furchtsame und zweydeutige Benehmen des Königes dabey, erregte allgemein den Verdacht, daß dieser wohl selbst an der Spize der Verschwornen gestanden sey. Aus den Briefen, wovon sogleich Meldung geschehen wird, erhellet, daß dieser Verdacht nicht ganz grundlos gewesen. Dagegen aber machen einige Geschichtschreiber den Einwurf, daß es offenbar ungereimt sey, den König zum Urheber einer Verschwörung zu machen, welche dahin zielte, ihm selbst das Leben zu nehmen. Rapin begegnet diesem Einwurfe durch die Bemerkung *): Daß, wenn gleich die Verschwörung aus dreyen Hauptstücken, aus der Ermordung des Königes, aus der Niederwerfung der Reichsverfassung und aus der Vertilgung der protestantischen Kirche bestanden sey, gleichwohl nur die beyden leztern ihr wesentlich waren, und folglich der König immer als das Haupt derselben angesehen werden könne. Der Entschluß, den König zu morden sey, wenn derselbe gleich an die erste Stelle gesezt worden, weiter nichts als eine Folge und Zugabe zu den beyden andern, und von einigen Mitverschwornen ohne Wissen des Königes zu dem Ende gefaßt worden, den Fortgang der Verschwörung desto geschwinder zu befördern, weil sie geglaubt haben, daß man auf keine mehr sichere und

Ee 2

*) Geschichte von England. Band VIII. Buch. XXIII. S. 2.

geschwindere Weise zum Zweck kommen könne, als wenn man den Herzog von York, der nicht so furchtsam, und dabey munterer und unternehmender als sein Bruder, der König war, auf den Thron setzte. Nimmt man auf den Zusammenhang der Geschichte einige Rücksichten, so zeigt es sich, daß Rapin mehr Glauben verdiene, als Hume. Der Zwang, in welchem Karl leben mußte, war ihm so unerträglich als seinen Höflingen; und es ist kein Wunder, wenn beide Theile sich bestrebten, desselben los zu werden.

Durch die Verhaftung des Secretairs der Herzoginn von York, bekam die Regierung einige Briefe in ihre Gewalt, aus welchen erhellet, daß schon seit mehreren Jahren an der Umwerfung der Reichsverfassung gearbeitet wurde. Auch dürften sie als nicht ganz verwerfliche Beweise für die Wirklichkeit des von Hume bezweifelten Komplottes angeführt werden. Sie sind in den Jahren 1674. und 1675. theils an den königlichen Beichtvater la Chaise, theils an den in Brüssel residierenden päbstlichen Nuntius, von gedachtem Sekretair, Namens Coleman, geschrieben worden. Die an den Jesuiten la Chaise erlassene Schreiben lassen ganz bestimmt wahrnehmen, daß sowohl der König von England, als sein Bruder, der Herzog von York, von Frankreich aus mit ansehnlichen Geldsummen unterstützt wurden *). Diese Aufopferungen von Seite Frankreichs geschahen aus verschiedenen Beweggründen. Einestheils war es dieser Macht daran gelegen, zu verhindern, daß England der Eroberungssucht Ludwigs XIV. keine Hindernisse in den Weg lege. Verschiedenemale drangen die brittischen Parlamente in ihren König, sich der widerrechtlichen Erweiterung der französischen Monarchie zu widersetzen. Aber alle-

---

*) Karl II. bezog vom französischen Hofe mehrere Jahre hindurch 100000. Pfund. Sterling Pension. Rapin l. c. Band. VII. Buch. XXIII. S. 697.

mal vereitelten die Maitressen, die von Frankreich aus besoldet wurden, und die Geldsummen, die dem verarmten Könige angeboten wurden, die Plane der Parlamentshäuser *). Anderseits hatte auch der Bigotismus und die Bekehrungssucht des französischen Hofes sein Spiel dabey. Ludwig XIV. glaubte, daß er sich unstreitig ein grosses Verdienst erwerben würde, wenn den Katholiken in England der Sieg über die Ketzer verschaft werden könnte. La Chaise war sehr geschickt, ihn in diesem Wahne zu bestärken. Coleman hatte nur mit ihm zu thun, und versicherte ihn ausdrücklich in einem Schreiben vom Herbstmonat 1674. **) daß sein Herr, der Herzog von York, in Sachen der katholischen Religion keinem andern Winke folgen werde, als den seinigen. Ein andermal schrieb er ***): „Unser glückliche Fortgang in „diesen Stücken wird der protestantischen Religion „den allerfürchterlichsten Stoß geben, den sie je„mals seit ihrem Entstehen erhalten hat. Wir „haben", (sagt er in einem andern Briefe ****), „ein sehr grosses Werk unter den Händen, wel„ches nichts weniger, als die Bekehrung dreyer „Königreiche, und vielleicht auch durch dieses Mit„tel den gänzlichen Untergang der ansteckenden Ke„tzerey betrift, die so lange Zeit in den mitter„nächtigen Gegenden die Oberherrschaft behaup„tet hat. Seit dem Tode der Königinn Maria „ist noch kein so guter Anschein zu einem glückli„chen Fortgang dieses Unternehmens vorhanden „gewesen, als jetzt. Die Hindernisse die uns in den „Weg kommen müssen, werden allem Ansehn nach „sehr wichtig seyn. Es ist uns daher viel daran ge„legen, daß wir unterstützt werden; denn die Ernd„te ist groß, der Arbeiter aber sind wenig u. s. f."

*) Daselbst l. c. Band VIII. Buch XXIII. S. 23.
**) Daselbst l. c. S. 23.
***) Daselbst l. c.
****) Daselbst l. c. S. 25.

An den päbſtlichen Nunzius ſchrieb Coleman nach Brüſſel *): „Des Herzogs Abſicht iſt, ſich „die Vermittelung des Pabſtes zu Nuze zu ma= „chen, und ſich durch dieſelbe, und die Hülfe „Frankreichs und Spaniens feſt zu ſetzen; wor= „auf ſie mit vereinigten Kräften, und mit allen „Fleiſſe ſuchen werden, die Freunde des Pabſtes, „beſonders aber die Katholiken in der Kirche zu „unterſtützen, und ſie wider ihre größten Feinde „zu ſchützen. Sie werden ohne Zweifel finden, „daß der Pabſt noch niemals eine ſo vortheilhafte „Gelegenheit gehabt, ſeine Anverwandten zu be= „reichern, und die Anzahl ſeiner Anhänger zu ver= „gröſſern, als eben jetzt; wenn er dieſe daher aus „den Händen laſſen ſollte, ſo wird er ſie niemals „wieder ſo vortheilhaft finden. Wenn er alſo je „Gelegenheit gehabt, einen vortheilhaften Gebrauch „von den Schäzen der Kirche zu machen, ſo iſt „es jetzt; denn man kann nichts verlangen, was „der Herzog nicht zum Vortheil der Anhänger „des Pabſtes zu thun im Stande ſeyn ſollte. Hin= „gegen muß er auch ohne dieſe Beyhülfe Ge= „fahr laufen, mit allen ſeinen Bundesgenoſſen zu „Grunde zu gehen". „Sie ſind einerley Mey= „nung mit mir," (ſo drückt ſich Coleman in einem zweiten Schreiben an ihn aus **); „Daß „das Geld das einzige Mittel ſey, welches den „König für den Herzog einnehmen, und ihn „von der Nothwendigkeit, ſich in Bedürfniſſen „an das Parlament zu wenden, befreyen könn= „te. Sie müſſen auch darinn mit mir überein= „ſtimmen, daß zur Begünſtigung der katholi= „ſchen Parthey nichts dienlicher ſey, als den „König in der Noth nicht ſtecken zu laſſen. Es „iſt unſtreitig, daß der König viele Neigung gegen „den Herzog und gegen die Katholiken hat, und „daß er ſich von Herzen gerne und auf eine unauf=

*) Daſelbſt l. c. S. 24.
**) Daſelbſt l. c. S. 25.

Neuntes Buch.

„lößliche Art mit ihnen vereinigen würde, wenn
„er nicht einigen Nachtheil aus dieser Vereinigung
„besorgen müßte. Er wird aber nichts mehr zu
„befürchten haben, wenn er finden wird, daß der
„Vortheil, und folglich auch das Ansehn der Ka-
„tholiken, den Vortheilen und dem Ansehn ihrer
„Widersacher so sehr überlegen ist, daß diese we-
„der Gewalt noch Muth haben, ihnen zu wider-
„stehn. Und dieß wird der König in kurzer Zeit
„sehen, wenn wir ihn nur werden bewegen kön=
„nen, zwey oder drey Dinge zu thun; und ich
„weiß ganz gewiß, daß ihn das Geld unstreitig
„dazu vermögen werde. Denn für Geld thut
„er alles, wenn es gleich zu seinem Schaden
„gereichen sollte u. s. f."

Wenn diese Briefe gleich nur einen sehr entfern=
ten Bezug auf die Verschwörung haben, die Oates
entdeckte, so kann man doch so viel daraus er=
weisen, daß man keineswegs nur aus Haß und
Partheylichkeit den Katholiken Verbrech= zu
Schulden legte, die von gemietheten Leuten zu
dem Ende erdichtet seyn sollten, um den Prote=
stanten Gelegenheit zu verschaffen, sich an ihren
Gegnern rächen zu können. Hätte Coleman vor
seiner Verhaftung nicht noch Zeit übrig gehabt,
seine Papiere zu verbrennen *), so würde man
vielleicht aus seiner spätern Korrespondenz bestimm=
tere Aufschlüsse über das ganze Verfahren erhal=
ten haben. Aber auch die folgende Regierung hat
durch Thatsachen, die der ganzen Welt bekannt
sind, nicht nur die Möglichkeit, sondern das wirk=
liche Daseyn solcher Verschwörungspläne hinläng=
lich bewiesen.

*) „Er hatte" (sagt Burnet in der Geschichte seiner Zeit
    S. 426.) „alle seine Schriften in Sicherheit gebracht,
    „und nur einen einzigen Schubkasten vergessen, wor=
    „inn die eben angezogenen Briefe von den Jahren 1674.
    „und 75. lagen".

Siebentes Kapitel.

Jacobs. II. Thronbesteigung. Ausbreitung der katholischen Religion. Der Jesuite Petersen wird königlicher Staatsrath. Grosses Ansehn der Jesuiten am brittischem Hofe. Schwangerschaft der Königinn. Zweifel dagegen. Man beargwohnt die Jesuiten, den Prinzen von Wallis unterschoben zu haben. Thronrevoluzion zu Gunsten des Prinzen von Oranien.

Karl II. hatte sich in seinem Leben in Absicht auf die Religion immer sehr zweydeutig betragen; auf se'nem Todbette aber ließ er sich das Abendmahl heimlich von einem katholischen Priester reichen. Als sein Bruder, der Herzog von York, unter dem Namen Jacob II. den ererbten Thron bestieg, fieng derselbe die Regierung damit an, daß er sogleich allgemein bekannt machte, wie sein Vorfahrer in dem Glauben der römischen Kirche verschieden sey. Man zeigte allen, denen es daran gelegen war, sich von der Wirklichkeit dieser Sache zu überzeugen, die geheime Kapelle, worinn er dem katholischen Gottesdienste beygewohnt hatte.

Man begriff anfangs nicht, welche Vortheile Jacob von der Entdeckung dieses Geheimnisses haben konnte, indem dasselbe der Ehre des verstorbenen Königes, welcher von den Parlamenten bey so verschiedenen Gelegenheiten und so feyerlich versichert hatte, daß er ein guter Protestant sey, ungemein nachtheilig seyn mußte. Allein das Unbegreifliche verlor sich bald, nachdem Jacob ohne alle Rücksicht auf die Versprechungen, die er bey seiner Krönung machte, die bischöfliche Kirche des Reiches zu schützen, ganz beherzt den katholischen Gottesdienst öffentlich an seinem Hofe einführte. Nicht weniger mußte es die Protestanten befremden, als sie bald darauf sahen, wie alle Leute, die wegen der papistischen Verschwörung im Gefängnisse saßen, frey gesprochen, und Oates, als ein Meineidiger, mehrere Tage an den Pranger gestellt, zweymal mit Ruthen ausgehauen, und zur lebenslänglichen Gefangenschaft verurtheilt wurde. Jedermann konnte bemerken, sagt Rapin *), daß an diesem Verfahren die Rache mehr Antheil als die Gerechtigkeit gehabt, und Oates das Opfer seyn mußte, welches man der Asche fünf unter der vorigen Regierung hingerichteten Jesuiten bringen wollte. **)

Der neue König wußte sich gleich bey seinem Regierungsantritte sehr viele Vortheile zu verschaffen. Durch grausame Hinrichtungen hatte er nicht nur seine gefährlichsten Gegner entfernt, sondern auch ein so allgemein betäubendes Schrecken im ganzen Königreiche verbreitet, daß es niemand mehr wagen wollte, ihm Widerstand zu thun. Er hatte ein Parlament, welches ihm zu Gebote stund, und ein Kriegsheer, welches ihn furchtbar machen und das Volk im Zaum halten konnte. Ganz Eu-

---

*) Geschichte von England. Band VIII. Buch XXIV. S. 189.

**) Die Jesuiten, und überhaupt alle diejenige, welche die Wirklichkeit der vorgedachten Verschwörung läugnen, gewinnen sehr wenig damit, wenn sie sich auf die unter Jacobs II. Regierung geschehene Verurtheilung des Oates berufen. Das Geschwornengericht bestund, nach Rapins Zeugniß, durchgehends aus Leuten, welche sich im Voraus anheischig gemacht hatten, in ihrem gerichtlichen Verfahren nicht anders als nach den Instruktionen der Hofparthey zu handeln. Die Zeugen, die wider Oates gebraucht wurden, waren nur Jesuiten, oder Schüler, die man von St. Omer kommen ließ. Man gestattete dem Beklagten keine rechtmäßige Vertheidigungshülfe, und es schien offenbar, daß seine Verurtheilung beschlossen wurde, um den Jesuiten, die am Hofe nun sehr mächtig wurden, eine Gefälligkeit zu beweisen.

ropa war auf ihn aufmerksam, und jedermann hielt ihn für einen Monarchen, der das Schicksal aller Königreiche zu lenken im Stande wäre. Sicher hatte sich, wiewohl auf eine ganz unbegreifliche Art, Jacob eine grössere Macht, als alle seine Vorgänger zu erwerben gewußt.

Allein unglücklicher Weise strebte er nur in der Absicht, um die herrschende Religion unterdrücken zu können, nach einer unbeschränkten Gewalt. Nicht nur sein sterbender Bruder, sondern auch mehrere Katholiken, die sich an seinem Hofe befanden, mißriethen ihm so einen gefährlichen Schritt, und selbst alle Umstände schienen die Unmöglichkeit der Ausführung eines solchen Entwurfs zu beweisen. Noch war nur ein kleines Häuflein Katholiken im Reiche, und noch stunden ihrer Ausbreitung Gesetze im Wege, die unter den vorigen Regierungen aus Sorgfalt für die Freyheit der englischen Kirchenverfassung entworfen wurden. Man hielt es für ein rasendes Unternehmen, mit einem protestantischen Kriegsheer, und mit einer Flotte, deren Befehlshaber Reformirte waren, eine Religion zu vertilgen, die noch bey weitem einen stärkern Anhang hatte, als jene, die man einzuführen Willens war. Von allen diesen Schwierigkeiten ließ sich aber Jacob nicht schrecken. Er dachte alles Ernstes daran, die Hindernisse die ihm entgegen kamen, aus dem Wege zu schaffen. Schon hatte er die ersten Reichsgerichte nur mit Leuten besetzt, auf deren Unterstützung er sich in Ausführung seines grossen Entwurfes verlassen konnte. Sein geheimer Staatsrath war katholisch. Der Jesuite Petersen, sein Beichtvater, stand an der Spitze desselben, und regierte die ganze Maschine der Politik nach den Grundsätzen seines Ordens. Jacob war unternehmend und beherzt. Seine ersten Versuche waren ihm nicht mißlungen, und das Glück, das ihn an-

Achtes Buch.

fangs begünstigte, machte ihn stolz. Er gieng mit raschen und kühnen Schritten zu Werke, und glaubte, aus zu grosem Vertrauen gegen seine Stärke, aller Vorsicht und aller Mäßigung überhoben zu seyn. Ohne die Grundverfassung des Reiches niederzuwerfen, konnte keine fremde Religion eingeführt werden. Allein es machte ihm keine Mühe, das erste zu wagen, um das letzte zu Stande zu bringen. Seine erkauften und furchtsamen Gesetzleute thaten den Ausspruch, daß alle engländischen Gesetze, Gesetze des Königes wären, daß es folglich ein sowohl von den engländischen als alle übrigen Königen unzertrennliches Recht sey, von peinlichen Gesetzen in besondern Fällen, wo die Nothwendigkeit es erforderte, zu entbinden; daß der König der einige Richter dieser Nothwendigkeit, und dieses nicht ein dem Könige bewilligtes Recht, sondern ein alter Ueberrest der unumschränkten Gewalt der engländischen Könige sey *). Nicht ganz paßte dieser Ausspruch auf die Grundverfassung des Reiches. Aber eben um so eine Gesetzeserklärung war es dem Könige zu thun, um aus eigner Willkür alle den Katholiken gehäßige Verordnungen aufheben zu können. Denn von diesem Augenblick an führten sie im Königreiche ihre Religion frey und öffentlich ein. Die Jesuiten legten in allen grossen Städten Collegien und Pflanzschulen an **). Zugleich wurden in der königlichen Kapelle vier katholische Bischöfe geweihet, und in der Eigenschaft päbstlicher Vikarien in ihre Kirchsprengel geschickt. Ihre Hirtenbriefe, welche an die Weltlichen ihrer Religion gerichtet waren, wurden von dem königlichen Hofbuchdrucker gedruckt, und im ganzen Königreiche ausgetheilt. Die Mönche erschienen zu Whitehall und

---

*) Rapin von Thoyras. Band VIII. Buch XXIV. S. 227.
**) Daselbst l. c.

St. James in ihren Ordenskleidungen, und scheueten sich nicht, zu behaupten, daß sie in den größten Hauptstraßen von London bald feyerliche Prozeßionen zu halten hosten. Man ließ vom Auslande viele fremde Mönche und Missionarien kommen, um die Leute zu bekehren. Um die Ketzer, sagt Puffendorf *), zur Anhörung der Messe zu locken, bot man ihnen so gar Geld an. Niemand konnte sich von dieser Zeit an zu einer angesehenen oder einträglichen Stelle Hofnung machen, wenn er nicht der römischen Religion ergeben war. Es wurden nicht nur alle erledigte Aemter mit Katholiken besetzt, sondern sogar auch die Protestanten, ohne irgend eine Ursache anzugeben, ihrer Würden beraubt, um sie jenen geben zu können. Alle Angelegenheiten des Staatsraths wurden von Papisten besorget. Um den grossen Entwurf ganz England katholisch zu machen, desto geschwinder und sicherer durchzusetzen, verordnete Jacob, daß sich alle Priester der englischen Kirche in ihren Predigten der Kontrovers gegen die Katholiken enthalten sollten. Allein man befolgte dieses Gesetz nicht. Tillotson, Patrick, und andere durch ihre Schriften rühmlich bekannte Theologen, führten auf ihren Kanzeln öffentliche Streitfragen über die römische Dogmatik ein. Der König war mit dieser Kühnheit so wenig zufrieden, daß er ein neues Gericht für gottesdienstliche Angelegenheiten niedersetzte, bey welchem meistens nur Katholiken Beysitzer waren. Die Gewalt dieses neuen Tribunals bestund darinn, alle nur mögliche geistliche Gerichtsbarkeit auszuüben; alle Mißbräuche, welche durch geistliche oder gottesdienstliche Gesetze veranlaßt werden könnten, abzuschaffen; alle Beleidigungen, Versehen, Irrthümer u. s. f. welche begangen worden, oder noch ins künftige be-

---

*) De reb. gest. Friderici Wilhelmi. Lib. XIX. §. 91. pag. 1616.

Neuntes Buch.   445

gangen werden könnten, zu untersuchen, und mit geistlichen Strafen zu belegen; alle Geistlichen eines jeden Standes oder Würde vor sich zu laden; sie durch den Bann, Untersagung der Amtsverrichtungen u. s. f. entweder auf eine Zeitlang oder auf immer, zu bestrafen; die Statuten, Regeln, Patentbriefe der Universitäten, Kollegien oder einer jeden anderen gottesdienstlichen Versammlung zu untersuchen, und sie nach Gutbefinden zu verbessern oder zu verändern *).

Es ist kein Wunder, wenn auf eine so gewaltsame Art die herrschende, und durch Gesetze eingeführte Religion nach und nach geschwächt wurde; und man begreift, wie vortheilhaft den Jesuiten alle diese Umstände seyn mußten, sich theils am Hofe in Ansehn zu bringen, theils die Grundsätze ihrer Religion und ihres Ordens immer weiter zu verbreiten. Beydes ersieht man aus einem Briefe, welchen ein Jesuite aus Lüttich an seinen Ordensbruder in Freyburg in der Schweitz den 2. Hornung 1687 geschrieben hatte. Der Inhalt desselben ist ungemein merkwürdig, und verdient, als ein schätzbares Aktenstück, aufgehoben zu werden **). Er ist folgender:

„Die grosse Neigung des Königs von England
„zu unserer Gesellschaft ist erstaunend. Er wünsch-
„te diesem ganzen Kollegio durch unsern Provinzial
„ein vollkommenes Glück, und empfahl sich auf
„das eifrigste unserm Gebet. Als der Pater Johann
„Reynes nach England wieder zurückkam, em-
„pfieng ihn der König sehr gnädig, und redete

---

*) Rapin v. Thoyras l. c. S. 229.

**) Die Jesuiten von Freyburg machten kein Geheimniß aus diesem Briefe, und liessen mehrere Abschriften davon nehmen, wovon auch eine in die Hände des Professor Heideggers von Zürich kam, welcher sie dem Doktor Burnet, nachmaligen Bischof von Salisbury, übersandte. S. Rapin von Thoiras l. c. S. 235

„in Gegenwart der Königinn viele Stunden lang
„sehr vertraut mit ihm, da sich indessen die Her-
„zoge und Grafen im Vorzimmer befanden, und
„auf Audienz warten muſten. Er fragte, wie
„viele Kandidaten und Schüler wir hätten; und
„als der Pater Provinzial ihm, daß deren ohnge-
„fähr fünfzig wären, antwortete, erwiederte der
„König, daß man zu den Verrichtungen, zu wel-
„chen er die Geſellſchaft gebrauchen wollte, deren
„wohl zwey oder dreymal so viel haben, und sie
„ſich im Predigen gut üben müſſen. Denn, (setz-
„te er hinzu), England hat jetzt solche Leute sehr
„nöthig.

„Es muß Ihnen ohne Zweifel bekannt seyn,
„daß der König in einem Schreiben an den Beicht-
„vater des Königes von Frankreich im Hauſe
„der Wallonen, Pater la Chaiſe, sich erkläret
„habe, er sehe alles dasjenige, was den Prieſtern
„dieses Hauses wiederfahre, so an, als ob es
„ihm selbst geschehen. Als der Pater Clare,
„Rektor dieses Hauses, nach London kam, um
„diese Sache zu betreiben, fand er sehr leicht bey
„dem Könige Zutritt, und erhielt gleich alles,
„was er verlangte. Der König wollte niemals
„zugeben, daß er sich der Gewohnheit nach auf
„die Knie werfen, oder ihm die Hand küſſen ſoll-
„te. Er sagte ſelbſt zu ihm: Mein ehrwürdi-
„ger Pater, es iſt wahr, ihr habet mir zu
„einer andern Zeit die Hand geküßt; wenn ich
„es aber damals gewußt hätte, so wie ich es
„jetzt weiß, daß ihr ein Prieſter seyd, so wür-
„de ich mich vor euch auf die Knie geworfen
„und Euch die Hand geküßet haben. Nachdem
„dieſe Sache vorbey war, sagte der König zu
„ihm, daß er England bekehren, oder als ein
„Martyrer sterben, und lieber noch denſelben Tag,
„an welchem er sein Vorhaben erfüllet, den Tod
„erdulden, als zwanzig Jahre, ohne daſſelbe zu
„bewerkſtelligen, glücklich regieren wolle. Endlich
„nannte er sich selbst einen Sohn der Geſellſchaft

„und sagte, daß ihn unser Wohl eben so sehr als
„sein eigenes erfreue. Man kann diejenige Erkennt-
„lichkeit mit Worten nicht lebhaft genug ausdrü-
„cken, welche er bezeugte, als man ihm beybrach-
„te, daß man ihn aller Verdienste
„der Gesellschaft theilhaftig ge-
„macht habe. Es soll auch einer von unsern
„Priestern zu seinem Beichtvater ausgesucht wer-
„den. Bis jetzt weiß man aber noch nicht, auf
„welchen die Wahl fallen werde. Einige glauben,
„daß es der ehrwürdige Pater Provinzial seyn werde;
„es ist aber solches noch ganz ungewiß. Andere sind
„der Meinung, daß der ehrwürdige Priester, Pater
„Eduard Petersen, welcher in besonderer Gunst bey
„ihm stehet, ein Erzbisthum erhalten werde. Der
„größte Theil hält aber dafür, daß er Kardinal
„werden wird. Seit ein Paar Monaten hat ihm
„der König das Zimmer eingeräumet, welches er
„selbst, da er noch Herzog von York war, zu
„St. James bewohnte. Es kömmt täglich eine
„große Menge Hofleute dahin, welche mit Sr.
„Eminenz sprechen wollen; denn dieser Ehrenname
„wird ihm beygelegt. Der König fragt diesen
„Pater und viele von den größten katholischen Her-
„ren des Königreiches oft um Rath, was man für
„Mittel, den Wachsthum des Glaubens zu beför-
„dern, ohne zur Gewaltthätigkeit schreiten zu dür-
„fen, zu ergreifen habe? Vor kurzer Zeit stellten
„ihm einige von diesen Herren vor; daß er hier-
„inn allzu eilfertig sey; er antwortete aber hier-
„auf: Ich bin alt, und muß daher grosse
„Schritte thun; sonst würde ich euch, wenn
„ich sterben sollte, vielleicht in einem schlech-
„tern Zustande verlassen, als derjenige war,
„in welchem ich euch gefunden. Als er gefragt
„wurde, warum er so wenig für die Bekehrung
„seiner Prinzessinnen Töchter, welche ihn doch ein-
„mal beerben würden, sorge? antwortete er: Gott
„wird dafür sorgen. Ueberlasset mir die Sor-

„ge, meine Töchter zu bekehren; und thut ihr
„nur von eurer Seite alles, was in euerm
„Vermögen stehet, eure Unterthanen und an-
„dere zum Glauben zu bekehren."

„Er hat in den meisten Provinzen katholische
„Statthalter gesezt, und wir werden bald an den
„meisten Orten katholische Friedensrichter haben.
„Wir vermuthen uns auch in unsern Angelegen-
„heiten zu Oxfort einen guten Fortgang. In der
„öffentlichen Kapelle des Vizekanzlers der Univer-
„sität, welcher katholisch ist, befindet sich allemal
„einer von unsern Gottesgelehrten, welcher bereits
„schon einige Studenten bekehrt hat. Der Bischof
„von Oxfort scheint selbst der katholischen Reli-
„gion geneigt zu seyn. Er hat dem Rath vorgetra-
„gen, ob es nicht dienlich wäre, den Katholiken,
„damit sie nicht gezwungen würden, ausser dem
„Königreiche mit grossen Kosten zu studieren, we-
„nigstens eines von denen Kollegien dieser Univer-
„sität einzuräumen; man weiß aber nicht, was
„er für eine Antwort bekommen habe. Als eben
„dieser Bischof einmal zwey von unsern Priestern
„nebst einigen Personen vom Stande zur Tafel ge-
„beten, brachte er einem kezerischen Herrn von
„der Tischgesellschaft die Gesundheit des Königes
„zu, wobey er Sr. Majestät einen glücklichen Fort-
„gang in allen seinen Unternehmungen anwünschte.
„Er sezte hinzu, daß sich die protestantische Reli-
„gion nicht in bessern Umständen zu befinden schei-
„ne, als worinn sich die Stadt Ofen kurz vor
„ihrer Eroberung befunden, und daß die Bekenner
„dieser Religion nicht weit mehr von der Gottes-
„läugnung entfernt wären. Viele haben die wah-
„re Religion angenommen, und viere von den
„vornehmsten Grafen haben ihr Bekenntniß be-
„reits öffentlich abgelegt. Der Pater Alexander
„Reynes, ein Brudersohn des Provinzials, wel-
„cher

Neuntes Buch.

„cher die Kapelle des churpfälzischen Gesandten be=
„sorgt, ist unaufhörlich beschäftigt, die Fragen
„jener Ketzer, welche über ihre Religion Zweifel
„haben, zu beantworten. Man sieht beständig
„eine grosse Menge vor dieser Kapelle spazieren
„gehen, und über Religionssachen streiten. Was
„den Prinz Georg von Dännemark betrift, so
„weiß man eben nicht, zu welcher Religion er sich
„bekennt. Wir werden nach und nach festen Fuß
„in England fassen. Wir lehren die freyen Künste
„zu Lincoln, zu Norwich und zu York, und
„haben zu Worcester eine öffentliche Kapelle, wel=
„che von einer Soldatenwache bedecket wird. Ja
„wir sollen sogar einige Häuser in Wiggan, einer
„Stadt in der Provinz Lancaster, erhalten. Un=
„sere Vortheile haben einen sehr schleunigen Fort=
„gang. In einigen den Katholiken bewilligten Kir=
„chen zählet man an Festtagen oft gegen fünfze=
„henhundert Personen, welche der Predigt bey=
„wohnen. Eben diesen Fortgang haben wir zu
„London. Es wird daselbst alle Feyertage gepre=
„digt, und die Kapellen sind zu klein, alle dieje=
„nigen zu fassen, welche hinein kommen. Zwey
„Priester von unserer Gesellschaft, nämlich Dor=
„mer und Bertue, predigen vor dem Könige und
„der Königinn. Der Pater Eduard Newill pre=
„digt vor der verwittibten Königinn; der Pater
„Alexander Keynes in der churpfälzischen Kapelle,
„und noch andere in andern Kapellen. Es sind
„bereits verschiedene Häuser bey der Savoye,
„ganz nahe an dem Schlosse Sommerset, wo die
„verwittibte Königinn ihre Hofhaltung hat, für
„18000 Gulden gekauft worden, um daraus ein
„Kollegium zu errichten. Es wird sehr eifrig
„daran gearbeitet, damit man noch von Ostern die
„Schulen eröffnen könne.

„Weil sich der König, die katholische Religion
„in diesem Königreiche einzuführen, auf keinen an=

„dern verlassen kann, so wird er bald einen katho-
„lischen Lordlieutenant nach Irrland schicken müs-
„sen. Das Parlament wird sich in diesem Mo-
„nat Hornung ganz gewiß versammeln. Der Kö-
„nig ist Willens, drey Stücke von demselben zu
„fordern. Einmal, daß die katholischen Pairs im
„Oberhause Sitz und Stimme haben, zweitens,
„daß der Test abgeschaft werde; und drittens,
„welches das wichtigste ist, daß die peinlichen Ge-
„setze wider die Katholicken aufgehoben werden
„möchten. Um dieses desto leichter zu erhalten,
„will er ihnen zu verstehen geben, daß er alle die-
„jenigen, welche sich seinem Willen nicht gemäß
„bezeigen wollen, wegjagen werde. Als diese Ent-
„schliessung einige Ketzer mit Schrecken erfüllte,
„und dieselben daher einen gewissen Herrn fragten,
„was sie dabey thun sollten, antwortete derselbe:
„Der Wille des Königes ist hinlänglich be-
„kannt; er wird dasjenige, was er sich vor-
„gesetzt, gewiß ausführen; wenn ihr daher
„nicht unglücklich werden wollet, so unterwer-
„fet euch seinem Verlangen, u. s. f."

Nur meistens dem Schrecken, den der König seinem Volke einzujagen wußte, war der erwünschte
Fortgang seines grossen Entwurfes zuzuschreiben.
Die Anstalten, die er in den ersten drey Jahren
seiner Regierung getroffen, erreichten in einer unbegreiflichen Geschwindigkeit die Absichten, die er
vor Augen hatte. Einmal war er in dem Besitze
einer unbeschränkten Gewalt, der er sich aber
manchmal auf eine allzu stürmische Art bediente,
als daß die Britten nicht mit Entsetzen den Verlust ihrer Konstituzionsmäßigen Freyheit bemerken
konnten. Allein sie hatten ihren König schon zu
furchtbar werden, und ihn schon zu tief in das
Heiligthum der Gesetze eingreifen lassen, als daß
sie es von dieser Zeit an hätten wagen dürfen,
nachdrücklichen Widerstand zu leisten. Einige wenige, welche noch Muth hatten, sich in beschei-

Neuntes Buch.

denen Vorstellungen um Abhelfung der Mißbräuche an den Monarchen zu wenden, wurden unbescheiden abgewiesen, oder in Gefängnisse geschleppt. Dieses Schicksal traf sieben Bischöfe, welche sich dem Befehle widersetzten, eine königliche Erklärung, worinn allen Religionspartheyen Gewissensfreyheit gestattet wurde, in ihren Kirchen öffentlich von den Kanzeln abzulesen. Freylich erregte dieses Verfahren unter dem gemeinen Volke Murren; aber eine Armee von 15000 Mann, die sich in der Nähe von London gelagert hatte, war dem Könige allzusehr ergeben, als daß nicht auch nur die geringste Bewegung derselben jeden Seufzer der sterbenden Freyheit unterdrücken konnte.

Die Unmöglichkeit, unter solchen Umständen die Reichsverfassung aufrecht erhalten zu können, war schon so groß, und die Verzweiflung so allgemein, daß man keinen andern Trost mehr vor sich sah, als das Ende dieser Regierung abzuwarten, und sich der frohen Hofnung zu überlassen, daß seine vermuthliche Thronerbin, die Prinzessin von Oranien, für Großbrittanien eine zwente Elisabeth werden dürfte. Man hatte an verschiedenen Orten ziemlich laut von diesen tröstlichen Hofnungen gesprochen; als der Hof auf einmal die Schwangerschaft der Königinn bekannt machen ließ. So erwünscht diese Nachricht den Katholiken war, so unangenehm und niederschlagend mußte dieselbe den Protestanten seyn, welche sich nun alle heitern Aussichten für die Zukunft auf einmal verschlossen sahen. Es war kein Wunder, wenn von dieser Zeit an der Verdacht entstund, ob man nicht vielleicht einen Thronerben unterschieben wolle. Das Alter des Königes (er war damals fünf und fünfzig Jahre alt) und der Umstand, daß die Königinn mehrere Jahre hindurch keine Kinder hatte, waren sehr geschickt, diesen Argwohn zu verstärken. Mehrere Beyspiele von untergeschobenen Thronfolgern, und unter diesen auch die eigene Geschichte der Königinn Maria von England, welche sich, um ihre Schwester Elisabeth von der Thronfolge auszuschliessen, einen Erben unterschieben lassen wollte, bewiesen die Möglichkeit eines solchen Betrugs auf eine sehr unzweydeutige Weise. Noch bedenklichere Zweifel gegen die Schwangerschaft der Königinn erregte die Unklugheit der Jesuiten, welche sich öffentlich verlauten liessen, daß dieselbe ganz gewiß von einem Prinzen entbunden werden würde *). Sie gaben vor, die Schwangerschaft sey die Würkung einer Verlobung der Königinn zu dem Muttergottesbilde in Loretto. Man scheuhete sich nicht, diesen Argwohn in öffentlichen Schriften sehr laut, und manchmal mit sehr beissenden Anmerkungen zu verbreiten. Man warf diese Schriften sogar in das königliche Schloß zu Whitehall. Sowohl der König als die Königinn waren ganz genau von dem Verdacht unterrichtet, den das Volk in die bekanntgemachte Schwangerschaft setzte. Aber beyde schienen sich geflissentlich zu hüten, durch Beweise den Argwohn aufzuheben. Man beobachtete während der ganzen Schwangerschaft ein äusserst befremdendes Betragen. Die Königinn wollte die ganze Zeit über weder der Prinzessinn von Dänemark, noch irgend einem andern protestantischen Frauenzimmer erlauben, ihren Leib zu berühren, und sie solchergestalt zu überzeugen, daß sie wirklich schwanger sey. Auch ließ sie keinem einzigen protestantischen Frauenzimmer ihren nakten Unterleib sehen. Alle diese Umstände vermehrten den Verdacht, und man legte der Königinn zu verschiedenen Malen die öffentlichen Blätter vor, worinn ihre Schwangerschaft bezweifelt wurde. Aber sie begnügte sich, weiter nichts darauf zu antworten, als: Solche Leute, welche sie eines so schändlichen Vorhabens fähig hielten, wären nicht werth, daß man sich

---

*) Rapin v. Thoyras. l. c. S. 248.

Neuntes Buch.

die Mühe gebe, sie eines andern zu überzeugen *). Sie konnte allerdings gegen die Verfasser solcher Schriften stolz thun. Aber ihrer und der Ehre des Königes mußte es doch allerdings daran gelegen seyn, in einem Falle von dieser Art auch dem allergeringsten Argwohn abzuhelfen. Es hätte sie das Beyspiel der Kaiserinn Konstanzia, Gemahlinn Kaiser Heinrichs VI. an solche Schuldigkeit erinnern können. Als diese in einem Alter von 52. Jahren schwanger wurde, verlangte sie auf öffentlichem Platze vor den Augen des gesammten Volkes entbunden zu werden, um die Geburt ihres Kindes ausser allen Zweifel zu setzen. Allein die Königinn von England vernachlässigte nicht allein während ihres Schwangerseyns alle Gelegenheiten, den Verdacht zu widerlegen, der sich wider die Wirklichkeit desselben erhoben hatte; sondern sie nahm auch bey ihrer Niederkunft ein so zweideutiges Betragen an, daß jedermann mit allem Rechte den schon vorhin geschöpften Argwohn für etwas mehr als nur für blosse Muthmassung annehmen durfte. Man hatte die Prinzessin von Dänemark aus einem nichtigen Vorwande vom Hofe entfernt, um bey der Niederkunft nicht zugegen zu seyn. Die Entbindung gieng gerade zu einer Zeit vor, in welcher alle protestantische Kammerfrauen in der Kirche waren. Das Bett der Königinn war sorgfältig verschlossen, und der König stund im Gefolge seiner Kavaliers weit genug entfernt, um nicht wahrnehmen zu können, was hinter den Gardinen vorgieng. Nur ein einzigesmal schrie die Königinn, als eine Frau, die Geburtsschmerzen leidet, stark auf, und den Augenblick rief die Hebamme, daß sie entbunden sey. Man hörte kein Kind schreyen, und man fand es nicht einmal nöthig, die neue Geburt den umstehenden Herren zu zeigen, welches doch, des

---

*) Daselbst l. c. S. 260.

Hofzeremoniels wegen, sonst zu geschehen pflegt. So wenig die Kindbetterinn erlaubte, vor ihrer Geburt sich ihre Geschlechtstheile besichtigen oder berühren zu lassen, so wenig erlaubte sie dieß auch nach derselben. Ihr gewöhnlicher Accucheur, welcher ihr in den vorhergehenden Geburten beystund, wurde dießmal nicht gerufen, und als er aus eigenem Antrieb und ungerufen mit Pflastern erschien, um die Milch zurückzuhalten, wurde er mit dem trockenen Bescheide zurückgewiesen, daß man seiner und seiner Arzeneyen nicht bedürfe. Ueberhaupt beobachtete man über alles, was die Milch und die Reinigung der Königinn betraf, ein äusserst geheimnißvolles Betragen. Die vorhergehenden Kinder der Königinn waren alle sehr schwächlicher Leibesbeschaffenheit. Dagegen aber schien der junge Prinz, den man nach zwey Tagen einigen Herren zeigte, ausserordentlich stark, und einige Aerzte, welche ihn sahen, hielten ihn für ein mehrere Wochen altes Kind. Dieser Umstand, und noch andere Zwischenbegebenheiten, gaben zu dem Verdachte Anlaß, daß der erste Prinz gleich nach seiner Geburt gestorben, und ihm ein zweyter untergeschoben worden sey.

Doktor Burnet führet alle diese Umstände sehr weitläuftig an *). Es läßt sich freylich verschiedenes dagegen einwenden **). Allein da sowohl der König als die Königinn alles versäumt haben, was die Geburt des Prinzen von Wallis auch nur im Geringsten ausser Zweifel hätte setzen können; so kann man es den Engländern nicht verdenken, wenn sie auch bis auf den heutigen Tag den in der Folge bekannten Kronprätendenten Eduard für einen untergeschobenen Prinzen hielten.

---

*) Geschichte seiner Zeit Theil III. S. 289. u. f.
**) Rapin führt die wichtigsten Einwürfe von Seite 264 bis 271 an.

Neuntes Buch.

Es fehlte bey einer solchen Veranlassung nicht an Gelegenheitsschriften. Sowohl in Holland als in England kam eine Menge davon zum Vorschein. Daß man in einigen derselben die Jesuiten des Betrugs beszüchtigt, und ihnen aufbürdet, als hätten sie in mehreren Klöstern Nonnen geschwängert, um einen Prinzen zu bekommen, den man der Königinn unterschieben könnte, war wohl kein grosses Wunder *). Man würde ihnen aber offenbar zu viel thun, wenn man aus solchen Schriften, die allzusichtbar die Kennzeichen der Leidenschaft an sich tragen, Beweise gegen sie anführen wollte. Gleichwohl ist nicht zu läugnen, daß sie durch ihr unvorsichtiges Vorhersagen der sichern Geburt eines Prinzen sehr starken Verdacht erregen mußten. Will man diesem Umstande noch einen stärkern Beweis an die Seite setzen; so darf man nur das anführen, was die Geschichte ausser allen Zweifel setzt, nämlich das grosse Ansehn des Jesuiten Petersen, welcher als das Haupt des geheimen Staatsraths, und als erklärter Günstling des Königes fast allein alle Geschäfte des geheimen Kabinets, alle gewaltsamen Entschliessungen, und alle Intriguen leitete **). Man kann es allerdings annehmen, daß sowohl der König als die Königinn das Vorhaben, einen Prinzen unterschieben zu lassen, für eine Gewissenssache angesehen, und folglich ihren Beichtvater allererst darüber befragt haben werden. Es wäre gar nicht glaublich, daß sie, zumal bey so zärtlichem Gewissen, es ohne seinen Rath gewagt hätten, der ganzen Welt einen so groben Betrug zu spielen. In diesem Betrachte wäre es freylich sehr begreiflich, daß der Jesuite, ein an Ju-

---

*) Von dieser Art Schriften sind wohl auch folgende: Lettre du R. P. Peters aux P. de la Chaize, touchant les affaires présentes d'Angleterre, 1689. und neu eröfnetes Jesuitenkabinet, 4. 1689.

**) Rapin v. Thoyras. l. c. S. 246.

triguen so fruchtbarer Geist, die für gesunde Lenden sehr behagliche Mühe auf sich genommen hätte, ein ganzes Konvent von Klosterfrauen zu schwängern, um einen Thronfolger zu bekommen. Und bey alle dem wäre diese Handlung dann noch, nach den Moralgrundsätzen seines Ordens, noch immer sehr verdienstlich gewesen. Denn nur der Zweck, welcher die gröstere Ehre Gottes und die Ausbreitung der katholischen Religion war, heiliget nach dem Systeme der Jesuiten auch die schändlichsten und unerlaubtesten Mittel *).

Indessen beschleunigte diese Begebenheit den kläglichen Fall des Königes. Man hatte von dieser Zeit an, weil man nun der Thronfolge wegen ausser allen Sorgen war, an der Ausführung des Entwurfes, den Monarchen unabhängig, und die römische Kirche herrschend zu machen, mit grösserm Eifer zu arbeiten angefangen. Diese Betriebsamkeit brachte die Nazion, welche sich durch die Geburt des Prinzen ihrer einzigen Hofnung beraubt sah, fast zur Verzweiflung; und nothwendig mußte die Kränkung um so empfindlicher seyn, nachdem man so gerechte Ursachen hatte, den Thronfolger für einen untergeschobenen Bastart zu halten. Es war demnach kein Wunder, wenn sich die Mißvergnügten vereinigten, und den Prinzen von Oranien, welcher ein besonderes Interesse hatte, die rechtmässige Geburt des Prinzen von Wallis zu bezweifeln, auffoderten, sich an ihre Spitze zu stellen. Dieser Plan wurde eben so glücklich entworfen, als ausgeführt. Verschiedene vornehme Engländer reisten in allem Geheime an den Prinzstatthalterschen Hof nach dem Haag; und man wurde zu St. James nicht eher gewahr, daß

---

*) Morale de Jesuites extraite fidelement de leurs livres imprimez avec la permission & l'approbation des Superieurs de leur Compagnie. Parr. II, Liv. I, Chap. I, Art. II, pag. 148—209.

Neuntes Buch.

irgend ein gefährlicher Angriff auf **England** zu besorgen sey, als bis **Wilhelm** mit einer ansehnlichen Flotte im Anzuge war, und ein Manifest vorausgehen ließ, worinn er die Rechtfertigungsgründe seines feindlichen Zuges gegen **Großbritannien** darlegte. **Jakob** wurde über diesen unvermutheten Besuch so bestürzt, daß er in der Verlegenheit nicht wußte, was er zuerst thun sollte. Er glaubte durch eine geschwinde Widerrufung aller mittels unrechtmäßiger Gewalt eingeführter Mißbräuche den Beystand seines Volkes zu erhalten. Allein mit welcher Bestürzung mußte er sehen, daß er alles Vertrauen verloren, und die Nazion seine Bereitwilligkeit, geschehene Gesetzesbrüche zu heilen, nur für eine verstellte List hielt, um der drohenden Gefahr zu entgehen! Freylich zeigte er noch immer viele Standhaftigkeit. Er stellte sich furchtlos und zuversichtlich an sein zahlreiches Heer. Allein auch bey diesem fand er kein Zutrauen mehr. Die meisten Offiziers verliessen mit ihren Truppen die Fahne ihres Königes, und vereinigten sich mit dem Prinzen von **Oranien**. Er glaubte, sein ganzes Königreich katholisch gemacht zu haben, und doch wagten es nur wenige, seine Parthey zu nehmen. Sein Zustand wurde noch trostloser, als er sich sogar auch von denjenigen verlassen sah, welche ihn doch zu allen den gewaltthätigen Schritten verleiteten, deren Folgen nun über sein Haupt, wie ein übelaufgeführtes Gebäude, zusammenstürzten. Der Haupturheber all' seines Unglückes, der Jesuite **Petersen**, machte sich frühzeitig aus dem Staub, und floh nach **Frankreich**, unbesorgt, was aus dem Könige, dem er so nachtheilige Rathschläge gab, werden würde. Von allen, sogar von seinen eigenen Kindern verlassen, flüchtete er sich endlich (1688) auf einem elenden Bote aus seinem Königreiche, worinn sein Schwiegersohn, **Wilhelm von Oranien**, ohne alle Mühe sich die Krone erwarb.

Geschichte der Jesuiten.

So ein jammervolles Ende nahm die Regierung des Hauses Stuart in England. Es fehlte dem Prinzen, welcher die Krone auf eine so ungewöhnliche Weise verlor, nicht an den erfoderlichen Eigenschaften, einer der größten Regenten seines Zeitalters zu seyn. Er war mehr unglücklich, als strafbar. In seinen Privatleben zeigte er glänzende Tugenden. Feuerig, aber offenherzig in der Freundschaft; beharrlich in allen Entschliessungen, genau in seinen Planen, herzhaft in seinen Unternehmungen, aufrichtig, treu, und ehrenfest in den Geschäftsverhandlungen verdiente er allerdings ein besseres Schicksal, als ihn betroffen hatte. Allein zu so glänzenden und rühmlichen Eigenschaften fehlte es ihm, wie sich Hume *) ausdrückt, an Achtung für die Religion seines Volkes. Hätte er diese einzige Eigenschaft nicht vernachlässiget, so wäre er, auch als ein sehr mittelmässiger Kopf, der glücklichste und friedlichste Regent von der Welt geworden. Es ist nicht zu läugnen, daß er bey weitem ein besseres Schicksal gehabt hätte, wenn er weniger den Rathschlägen der Jesuiten gefolgt wäre. Da er von Natur schon sehr hitzig, unternehmend und planvoll war, so hatte er sich gerade an die schlimmsten Geleitsmänner gewendet. Die Erfahrung hat es noch immer bestätigt, daß die Jesuiten für Leute von solchem Temperamente sehr gefährliche Gesellschafter waren. Sie suchten immer alle ihre Plane mit Hitze und Eilfertigkeit auszuführen, so sehr dieselben auch der Denkensart und dem Geiste der Völker zuwider waren. Sie sind heftig in ihren Leidenschaften, und ungeduldig in ihren Wünschen. Jeder Widerstand macht sie nur hartnäckig, unbeugsam, ungerecht und rachsüchtig. Allzuvertrauend auf die Stärke und den Kredit ihres Ordens unternahmen sie immer Dinge, die sie nicht ausführen konnten, ohne die

---

*) Histoire de la Maison de Stuart, Tom. III. §. II. pag. 445.

Neuntes Buch.

Welt über sich zu werfen. Wenn sie gleich beschämt oder besiegt wurden, so waren sie nichts destoweniger verwegen und stolz. Kein Jesuite wird zum Geständniß gebracht werden können, unrecht gehandelt zu haben. Da er nur bloß als Maschine einer höhern Macht, als ein todtes Werkzeug seiner Obern handelt, so bleibt ihm auch bey jedem fehlgeschlagenen Versuche noch immer die tröstliche Zuversicht offen, so gehandelt zu haben, wie es das Interesse des Ordens erheischte. Viele Leute konnten voraussehn, wie schlimm es dem Könige von England bey solchen Umständen gehen müsse. Die kluge Königinn Christine von Schweden, die zu ihrem eigenen Schaden erfahren mußte, wie wenig man sich auf die Hülfe der Jesuiten verlassen dürfe, hatte, gleichsam prophetisch, Jakobs Fall vorausgesehn. Sie schrieb an den berühmten Olivekrans, über die Thronrevolution in England unter andern folgendes *): "England liegt jämmerlich darnieder. Bigotte"rie, Jesuiten und Mönche haben den König zu "Grunde gerichtet; und ich habe schon vor einiger "Zeit seinen Fall prophezeihet„. An den gleichen schrieb sie das folgende Jahr **): „Ich "glaube den Kalender, von dem Sie mir Nach"richt geben, gesehn zu haben. Seine Prophezei"hungen sind erfüllt, und das unglückliche Schick"sal des Königes von England beweiset dieß lei"der nur allzusehr. Hätten Sie aber meine Mey"nung schon drey Jahre vorher vernommen, so "würden Sie finden, daß ich mich auf die Astro"logie besser verstehe, als die Engländer, und daß "es besser sey, sich an die irrdische als die himm"lische Sternseherey zu halten. Bigotism', die "Rathschläge der Jesuiten, Mönche und Pfaf-

---

*) Memoires concernant *Christine* Reine de Suede, Tom. II. pag. 295.
**) Ibidem, l. c. pag. 297.

„fen führen alle diejenigen, die sich von ihnen „beherrschen laſſen, unvermeidlich ins Elend,„*). Chriſtine konnte alle dieß aus eigener Ueberzeugung beſtätigen. Alle ihre Briefe, die ſie um dieſe Zeit ſchrieb, enthalten ungemein merkwürdige Winke, wie ſehr ſie es bereute, ſich den Jeſuiten anvertraut zu haben. Hätte Jakob ſo glänzende Fähigkeiten gehabt, als Chriſtine, ſo würde er der Nachwelt gleiche Belehrungen gegeben haben. Denn daran, daß die Jeſuiten faſt nur allein ſeinen betrübten Fall veranlaßten, hätte er ſo wenig zweifeln können, als die Nachwelt, die an ihm zwar viele trefliche Eigenſchaften bewundert, aber zugleich auch ſeine Schwachheit beweint, ſich ſo ſklaviſch und ſo unvorſichtig den treuloſen Händen der Jeſuiten anvertraut zu haben.

*) Wenn die Jeſuiten auf dergleichen Aeuſſerungen Rückſicht nehmen, ſo haben ſie ſich nicht ſehr Glück zu wünſchen, dieſe Königinn katholiſch gemacht zu haben.

www.ingramcontent.com/pod-product-compliance
Lightning Source LLC
Chambersburg PA
CBHW051857300426
44117CB00006B/426